本书由国家社会科学基金重大项目(项目号:20&ZD075)资助

科技创新治理体系现代化

吴金希 等著

商務印書館
创于1897 The Commercial Press

图书在版编目（CIP）数据

科技创新治理体系现代化 / 吴金希等著 . -- 北京：商务印书馆，2024. -- ISBN 978-7-100-24268-4

Ⅰ. F124.3

中国国家版本馆 CIP 数据核字第 20244HP190 号

科技创新治理体系现代化

吴金希　等著

商　务　印　书　馆　出　版

（北京王府井大街 36 号　邮政编码 100710）

商　务　印　书　馆　发　行

北京市白帆印务有限公司印刷

ISBN 978 - 7 - 100 - 24268 - 4

2024 年 9 月第 1 版　　　　开本 880 × 1230　1/32

2024 年 9 月北京第 1 次印刷　　印张 $15^{3}/_{4}$

定价：88.00 元

前　言

本书是国家社科基金重大项目“新形势下我国科技创新治理体系现代化研究”（项目编号 20&ZD075）的部分研究成果。

新时代，创新是引领发展的第一动力，我们要坚持创新在我国现代化建设全局中的核心地位。国内外飞速发展的科技创新实践要求科技创新治理体系理论的指导，科技创新治理体系现代化是国家治理体系现代化的重要组成部分，是治理理论和现代化理论在科技创新领域的融合，对科技创新治理体系问题的研究抓住了时代的脉搏。

“治理”概念与政治学、经济学、管理学、社会学等多个社会科学领域都有交集，它事关一个社会或者组织的资源分配和统治模式，是一种建立在法律、制度、规则、规范、文化基础上的权力和秩序。自从 20 世纪 90 年代以来，现代治理、新治理的理念在社会科学诸领域产生了越来越大的影响，现代治理理论强调从过去的官僚等级机构的“统治”“指挥”模式走出来，向更多地使用准市场、多元治理、网络治理、协同治理方向转变，强调国家、社会和各种微观组织，甚至个人之间相互依赖的网络和联系的重要性，“联合治理”“扁平化组织”“一站式政府”“伙伴关系”“包容性治理”“利益攸关方”“敏捷治理”“精准治理”“动态治理”成为现代治理的关键词。提升现代治理水平能够最大限度发挥各种主体的积极性，提高组织、社会的运营效率和可持续发展水平。

经过数代人的艰苦奋斗，我国科技创新事业已经进入一个新的发展阶段。目前，我国研发资金投入和科技人力资源数量已经在世界上名列前茅，基础研究和技术创新成果也举世瞩目，很多产业已经实现或者正在实现“弯道超车”。但是，面对未来创新强国建设的战略目标，我们还有很多短板。过去的科创治理体系需要与时俱进、优化提升。在科技追赶阶段，由于发展目标明确、试错成本低，后发者只要加大资源投入、组织优势资源集中力量办大事就可以缩小差距、实现快速追赶。但在科技创新实力发展到一定程度，尤其是进入科技无人区的时候，单靠强政策、高投入的推动往往欲速而不达；仅仅强调资源投入是不够的，科技创新发展不再呈现投入越多产出越多的线性发展模式，科技创新治理体系的现代化水平变得非常关键，甚至可以说它已经成为一个社会创新生态体系的决定性因素。

当前，世界正处于新一轮科技革命和产业变革的关键窗口期，新一代通信技术、人工智能、大数据、量子科技、低碳技术、生物技术等新兴科技，从基础研究到产业化的速度前所未有，而且这些技术之间深度融合、迭代加速，这对于任何一个国家而言都是极大挑战，发展的“机会窗口期”稍纵即逝。这时候的科技创新工作迫切要求现代化的治理体系与之相适应，协商治理、敏捷治理、动态治理、精准治理变得很重要。目的是既要发挥创新体系中微观组织和个人的能动作用，又要发挥新型举国体制优势、聚焦国家创新战略、提升国家创新能力、形成国家创新合力，抓住机会窗口，形成新质生产力、实现科技产业革命。同时还要做到协商共治、趋利避害，健全科技伦理治理，避免新技术给人类带来的各种风险。

另一方面，科技创新治理体系没有放之四海而皆准的固定模式，它既有共性，同时又有各国的特殊性，它必须是根植于各国创新实践的。对于中国而言，现代化的科技创新治理体系必须与中国的创新发展实际相结合，做到实事求是、与时俱进。近年来，美国政府发起了对中国的“科技战”和“贸易战”，我国关键核心技术领域“卡脖子”问题凸显，这充分暴露了我国科技创新体系的某些短板。一段时间以来，我们过度看重高技术产业的规模和产值，而忽略了高技术产业发展背后的安全性和战略性，在基础性、关键性科技创新领域投入一直不够坚决，治理体系存在堵点，缺乏长远战略眼光和扎实有效的针对性措施，在关键核心技术领域依赖国外的风险没有被充分重视，中国作为一个大国的创新体系的协同性、整体性、系统性有待提高，这也是我们过去科技创新治理体系失灵的表现。在中国，照搬任何国家的科技创新治理体系必然会在实践中碰壁。我国的科技创新强国建设，既要考虑经济效益，创造一个大众创业、万众创新的生动活泼局面，也要考虑国家战略利益、安全利益，在关键核心技术领域打牢根基。现代化的科技创新治理体系既是多元协同治理的结果，同时又是体现国家战略意志的过程，需要中央的集中统一领导，两者不可偏废。过去多年，尤其是党的十八大以来，我们进行了多轮次、多领域的科技体制改革，不断优化、调整、重组，以提升科技创新治理体系水平，目的就是既要纠正“市场失灵”，又要纠正“政府失灵”，做到现代化的良治，促进科技知识链、人才链、产业链、资金链、政策链的协同和互助，有效发挥市场经济条件下的新型举国体制优势，提升创新体系的整体效能和可持续发展能力，这是创新强国建设的根本所在。

从国际来看，科技创新治理不仅是一国范围的事情，而且涉及全球科技知识资源的流动、共享、共创、贸易和共同治理问题。美国近年对中国发动的科技霸凌行为使得世界有识之士认识到，如果任凭西方霸权国家随意掐断世界科技、产业链条，后发国家发展将永无出头之日。因此，本项目研究团队提出了建设科技创新全球治理体系和探讨建设世界技术贸易组织（WTTO，World Technology Trade Organization）机制问题。全球科技创新治理体系之争本质上是未来发展权之争，它是发展中国家的政治经济学，是“人类命运共同体”理念在科技创新领域的重要体现。对全球科技创新治理体系的研究，将提升发展中国家在全球治理体系中的主动参与意识和话语权。未来，后发国家建设创新型强国过程将长期面临“美国陷阱”问题，我们要积极参与WTTO的建设，促进世界各国科技服务贸易的透明和开放，加快科技创新全球化、可持续发展，打破美国科技霸权。从学科发展角度看，对WTTO的研究将为国际经济学、国际政治学提供一个新视角、新范式，成为一片重要的学术绿洲。

过去多年，课题组团队有幸成为研究科技创新治理体系的先行者。2013 年 11 月，党的十八届三中全会提出国家治理体系和治理能力现代化的问题，同年年底在科技部召开的一个学术座谈会上，笔者就提出了治理体系和治理能力现代化理论在科技创新领域的重要性问题，提出没有治理体系的现代化就不可能有科技创新强国，得到与会专家的热烈响应。随后，笔者作为负责人获批国家软科学重点研究项目——“我国科技创新治理现代化的路径研究”。研究取得了较为丰硕的成果。

2015 年 1 月，我们在清华大学举办了科技治理体系现代化高端学术论坛，柳卸林、路风、高旭东、周程等科技创新领域的专家学者济济一堂，共同探讨了科技创新治理的理论与现实问题。同年，我们发表了论文“科技治理体系现代化：概念、特征与挑战”，系统阐述了什么是科技治理体系现代化，提出了科技创新治理体系现代化的评价标准和原则：有利于实现国家科技战略目标，有利于提升国家产业竞争力和创新能力，有利于提升人民福祉，有利于环境社会可持续发展，有利于促进人类文明进步。论文很快被“人大报刊复印资料”数据库全文转载，成为一篇有重要影响的高被引论文。

2020 年获批国家社科基金重大项目以来，我们组建了课题研究总体组和五个子课题组，成员来自清华大学、北京大学、科技部科技评估中心、中科院大学、丹麦阿尔堡大学等，课题团队开展了全方位、多角度的持续研究，形成了一批有影响力的学术成果。例如，对现代产业体系、现代创新体系、科学城与区域创新体系、国家战略科技力量、基础研究体系建设、日美等国科技创新治理体系发展动态研究、全球创新网络研究、“卡脖子”问题研究、新技术伦理风险研究、新技术生态体系研究等，这些成果或者发表在重要学术刊物上，或者发表在《光明日报》、人民日报《国家治理周刊》等新闻媒体上，都产生了较大的学术影响，有些研究专报获得各级领导的肯定性批示。

尤其是，首席专家团队对产业关键共性技术治理体系问题进行了持续研究。在长期跟踪研究中国战略性新兴产业过程中，我们发现各个产业普遍存在产业共性技术供给不足和共性技术供给主体缺位的问题，这导致基础研究和产业应用始终存在“两张皮”现象，这是当前我国新技术产业屡遭发达国家科技“卡脖子”的重要原因。我们认为，与发达国家相比，发展中国家的企业和大学创新资源相对匮乏、创新能力相对薄弱，照搬发达国家经验，只强调大学和企业的创新主体作用是行不通的。经过大量的国内外调研，我们提出，发展中国家利用后发优势，组建一批面向产业共性技术的高水平研究机构，会有效解决共性技术供给不足的问题，同时也可以促进产学研结合、推动科技成果跨越“死亡之谷”。为此，我们对中国台湾工业技术研究院（Industrial Technology Research Institute, ITRI）、德国弗劳恩霍夫应用技术研究院（Fraunhofer-Gesellschaft, Fh.G）、比利时微电子研究中心(Interuniversity Microelectronics Centre, IMEC)、日本产业技术综合研究所（National Institute of Advanced Industrial Science and Technology, AIST）、韩国科技研究院(Korea Institute of Science and Technology, KIST)、荷兰国家应用科学研究院(Netherlands Organization for Applied Scientific Research, TNO)、美国国家制造创新网络（National Network for Manufacturing Innovation, NNMI）

等典型产业技术研究机构、网络进行了长期跟踪研究，对它们的治理模式进行了系统分析。在此基础上，我们与国内类似机构，如国家制造业创新中心、地方产业技术研究院、新型研发机构，及其他类似研究机构进行了比较。我们发现，在产业共性技术供给体系的治理方面我们存在明显的短板，国内有关研究机构存在的主要问题是定位不清、研究机构之间分工不明、组织缺乏使命感，存在同质化竞争、“与民争利”和资源大量浪费的现象。另外，这些研究机构组织能力建设普遍不足，不重视创新文化和良治体系建设，久而久之，它们逐渐失去了产业共性技术供给“国家队”“地方队”的枢纽功能。

通过治理体系的比较研究，我们越来越认识到这个问题的重要性。我们认为，我国工业化进程还没有结束，我们不仅要面对关键核心技术被“卡脖子”的老问题，同时也要面对扑面而来的新技术革命的挑战，因此，产业界尤其是广大的中小企业需要长期的高质量的关键共性技术供给，产业共性技术研究机构一头连着基础研究机构和大学，一头连着产业界，帮助新兴技术跨越“死亡之谷”，它们是一国创新体系不可或缺的重要枢纽，是一种组织性、体制性和战略性的创新力量，它的职能是临时性的技术创新联盟和商业化的风险投资所不能替代的。它的定位也不同于传统的国立科研机构和大学。从某种意义上说，产业共性技术研究机构是后发国家最重要的战略科技力量，是新型举国体制的主要抓手。

针对全球创新网络（Global Innovation Networks, GIN）及其治理问题，这几年，我们跟踪研究了国际科创中心节点城市，重点分析了北京、波士顿、东京、巴黎、伦敦、硅谷、首尔等15个全球节点，研究采取大数据分析工具，以人工智能领域的科学论文为研究对象，探讨节点城市科学研究能力及相互关系。研究发现，虽然众多全球科创中心城市呈现一种网络效应，互动、交流、合作日益频繁，但是，在科研能力和学术影响力方面，这些科创中心节点的重要性和学术地位是不均等的，其网络特征是快速迭代、不断演化的。未来，全球创新网络的治理问题也是一个重要的研究方向。

总之，研究团队在社科基金重大项目引领下，对科技创新治理体系现代化理论的方方面面开展了卓有成效的研究，无论在理论范式、中国实践，还是在全球治理等领域，涌现了一大批令人瞩目的成果，部分成果集中展示在本专著中。

本书共分为五个部分（二十二章）：科技创新治理体系理论基础与学术前沿；新时代中国科技创新治理：问题、挑战与改革；他山之石：国外科技创新治理经验与案例研究；科技创新中的伦理治理问题；面向未来与世界：新产业、新生态、新治理。其中，北京大学周程教授团队完成第十一章、第十五章；清华大学李正风教授团队完成第十六章、第十七章；丹麦奥尔堡大学/中国科学院大学胡依梅教授团队完成第二十一章、第二十二章；科技部科技评估中心田德录研究员团队完成第九章、第十章；清华大学戎珂教授团队完成第二十章。另外，我们还特别邀请清华大学陈劲教授、杨雪冬教授、高旭东教授，同济大学陈强教授，中国科学院科技战略咨询研究院陈凯华研究员为本书撰稿。其余八章均由清华大学吴金希及其团队完成。全书由吴金希统一审校。

需要指出的是，本书有些章节的内容已经在国内外学术期刊上发表，但是，在统编本书过程中，我们按照既定框架进行了取舍、编排和修订。全书五个部分相互照应，有学术前沿理论分析，有对国内问题和挑战的剖析，有国际比较与典型案例分析，有面向未来的对策研究，这使得本书成为一个逻辑有序、相互支撑的有机体系。相信本书一定能够提升读者对科技创新治理体系现代化问题的系统性认识。这些学术思想及成果不仅会丰富国家创新体系、创新生态体系理论，而且将对国家治理体系和治理能力现代化理论产生重要影响。

感谢国家社科基金的资助，使得本研究能够聚集如此优秀的专家团队，形成一股研究科技创新治理体系现代化的重要学术力量。感谢参与本课题研究的所有专家学者。特别感谢为本专著撰稿的特约专家。衷心感谢商务印书馆编辑李彬老师等的辛勤劳动。博士生陈嘉宁也做了大量的沟通协调工作，在此一并致谢。

感谢一路走来，帮助我们学术成长的各级领导和专家学长，你们的鼓励和鞭策是我们持续成长的不竭动力。虽不能在此一一致谢，但是，内心永存感激。

一本书的质量决定了它的生命力。著名史学家葛兆光先生认为，国内的学术著作很多，但是值得一看的很少。什么样的研究真的是有意义的呢？他认为好的学术研究有三条标准：第一，它是否给本领域、本学科提供了新资料、新文献？第二，它是否给学科内外提供了新的典范、新的方法？第三，它是否提出了新的思路，能否成为国内外学术界的话题之一。我想，尽管仍存在若干瑕疵，但是上述这三条标准，本书应该是做到了。

最后，热忱欢迎海内外专家学者对本专著提出批评建议，共同促进科技创新治理体系现代化理论的发展。

吴金希

2024 年 3 月于清华大学

目　录

第一部分

科技创新治理体系理论基础与学术前沿

第一章

问题提出：科技创新治理体系理论脉络分析

一、引言

科技创新治理（governance of science, technology and innovation, 以下简称 GSTI）体系现代化的问题，既是国家创新体系理论发展的本质要求，又与近年来我国国家治理体系和治理能力现代化的战略进程相伴而生。2013 年，党的十八届三中全会通过了《中共中央关于全面深化改革若干重大问题的决定》，首次提出了“推进国家治理体系和治理能力现代化”这一重要命题。最近几年，我国加快了治理体系和治理能力现代化建设的步伐。2019 年，党的十九届四中全会通过了《中共中央关于坚持和完善中国特色社会主义制度 推进国家治理体系和治理能力现代化若干重大问题的决定》，为国家治理体系和治理能力现代化指明了发展方向。

科技创新领域的治理及其现代化问题是我国国家治理体系和治理能力现代化的关键环节，没有科技创新领域的治理现代化，不仅创新强国建设事业不可持续，而且影响其他领域的治理现代化进程。进入新世纪以来，随着我国科技资源投入大幅度增加，科技创新能力得到大幅度提升，科技创新领域的治理问题重要性日益凸显，GSTI 不仅涉及我国产业竞争力提升和现代化强国建设的问题，而且也涉及基础科学进步和对人类文明贡献的问题。尤其是当前，面对国内外诸多挑战，GSTI 现代化理论与政策建议有利于更好发挥新型举国体制优势、提升科学技术发展水平和产业高质量发展水平、尽快建成创新型强国，同时促进科技与产业、科技与社会融合发展，增强公民参与科技创新治理的水平和能力、创建全民创新型社区，对创新强国建设与中国式现代化建设的伟大目标具有重要意义。

理论上，GSTI 现代化问题是一个综合交叉的新学术领域，不仅涉及经济管理诸学科，还涉及社会学、政治学、国际关系学、科技哲学等，它是现代化理论与治理体系理论在科技创新领域的交叉融合和探索，可以说是新的学术范式。

限于篇幅，本章仅围绕与科技创新治理体系现代化紧密相关的学术领域，对国内外理论进展和成果做一简要回顾和总结，以期理清学术脉络和研究空白，并从前人那里获得学术启发，提出有价值的学术问题和研究方向，有利于未来开展高质量的研究。

二、国际学术界对 GSTI 相关问题的认识和研究脉络

无论是科技创新治理，还是现代化理论，所涉问题广泛，国际上不乏研究者。本节主要从科技创新的治理目标、治理边界、治理主体、治理对象、治理方式等领域，对 GSTI 的学术脉络进行简要梳理。

（一）关于 GSTI 治理目标的讨论

第二次世界大战之后，科学技术对国家、社会发展重要性的认识越来越得到人们的认可，促使各国科技创新（science technology & innovation, STI）政策不断演化，这些政策既有一般性又有差异性，总体而言，STI 政策目标主要是以提高国家竞争力和经济发展绩效为导向。以美国为例，战后，受到范内瓦·布什（Vannevar Bush）《科学：无尽的前沿》[1] 报告的影响较大，政府在基础科学领域的投入大幅增长，希望持续增强国家竞争力。到了上世纪六七十年代，西方国家受冷战、经济停滞、失业率上升、通货膨胀的影响，经济领域的凯恩斯主义大行其道，强调政府对经济社会生活领域干预的合理性，政府在 GSTI 方面的作用也日益受到人们关注。人们希望政府通过在信息技术、生物医学、新材料、航空航天等高科技领域加大科研资助和投入，解决市场失灵问题，获得经济社会的可持续发展。库兹涅茨指出，促进以科学为基础的工业进步和全要素生产率的持续增长，是 20 世纪 40 年代至 70 年代世界科技治理的两个主要目标。[2] 这个时期，STI 政策背后的理论逻辑是科技创新领域的“线性模式”，认为

投入越多，科技创新活动的经济回报也越多，反映了人们对技术进步和经济增长的自信。然而，这种线性模式到后来越来越受到人们的质疑。有人指出，技术变革具有累积性和路径依赖的特征，创新投入与技术进步并非完全同步。[3] 上世纪 90 年代末，斯托克斯提出的科技创新的巴斯德象限（Pasteur' s quadrant）模型纠正了人们对线性模式的迷思，加深了人们对科学、技术与创新之间关系复杂性的理解。[4]

自上世纪 80 年代开始，国家创新系统（national innovation systems, NIS）理论陆续出现，这些理论从日本的国家创新系统经验出发，分析了一国科技创新系统的复杂关系。它们提出：为什么研发投入高的国家经济绩效反而不如研发投入平常的国家？战后日本的技术创新能力为什么后来居上，在汽车、电子等众多产业对欧美等国提出了强有力的挑战？这时候，NIS 以及 GSTI 理论的目标在于回答，如何构建具有国际竞争力的国家创新系统，能够以更有效率的方式参与产业的国际竞争和科技的全球化。[5, 6, 7] 与线性模式不同，国家创新系统下的 GSTI 更强调国家、部门和区域创新系统的多元互动，以促进科学知识的产生，强调国家系统整体效能。吉本斯总结了国家创新系统中知识产生的五个特征：应用导向、跨学科性和相互渗透、异质性和组织多样性、社会责任感、高质量标准等。[8] 后来，可持续发展问题越来越引起重视，成为 GSTI 考虑的一个重要因素。吕克・索特认为，人们对 GSTI 的研究似乎存在危机。一方面，越来越多的证据表明，创新的增长和福利不再以自动“滴流”(trickle-down) 的方式出现，以经济增长目标为动力的政策方法在科学、技术和更广泛的创新方面存在局限；另一方面，随着全球工业扩张，人们越来越担心以化石燃料为基础的不可持续增长的负外部性。[9] 实现变革性转型（transformative change）应该成为 GSTI 的重要目标之一。

进入新世纪以来，随着全球气候危机加剧，如何利用 GSTI 来促进社会可持续发展、构建包容性社会的问题更加引起关注。可持续发展不仅需要技术创新，也需要治理创新，[10] 对变革性转型框架的思考成为 GSTI 的重要方向。可持续创新的成功取决于创新政策、组织协调和研发治理在多大程度上受社会生态和自然环境的驱动。[11] 在向可持续性和包容性社会目标过渡时，GSTI 必然扩展到其他利益相关者，向多元治理模式演变。

总之，以经济增长和竞争力提升为导向的国家创新系统、可持续发展、变革性转型、包容性社会，这些都是 GSTI 的目标所在，也是未来研究必然要考虑的要素。

（二）不同范畴的 GSTI 特点问题

国家创新系统（NIS）和区域创新系统（regional innovation system, RIS）学者从地域角度出发，强调创新过程中地理因素以及区域性制度问题的重要性。创新产生于具有互补（技术、管理、投资或监管）能力的参与者之间的复杂互动，这些能力在特定的区域性制度环境下运作。“系统”一词强调了支撑创新过程的分布式、协调式的机构运作模式。企业、大学、政策制定者和各种中介机构之间的互动产生了正的外部性，这些正的外部性在创新过程中至关重要，却很难由任何行动者独立作用或控制。[12]

创新主体之间的互动需要以合适的治理体系为基础。在国家和区域范围内的经验积累、互动学习和能力建设及其背后的制度体系成为GSTI研究的重点。在对创新系统国际化概念（internationalization of innovation systems）进行梳理时，人们开始认识到区域性的创新系统之间联系的重要性，创新系统正在国际化。[13]地理和区域视角因采用相对静态观点，且空间相对封闭，后来受到部分学者的质疑。[14]通过事先设定国家或地区边界，NIS和RIS概念无法完全捕捉到组织、网络和机构在跨国家层面上的活动，因此在解释创新动力方面显得乏力。[15]

部门/行业创新系统（sectoral innovation system, SIS）的研究一定程度弥补了NIS和RIS的上述理论缺陷。SIS理论认为，是企业所在的部门或者行业而非地理区域因素影响了创新。[16]多个行业（如半导体、汽车、制药、电信等）的比较研究表明，同一行业在不同地区的创新过程具有相似性。[17, 18]因此，SIS有可能比RIS或者NIS更能揭示创新的内在规律。SIS学者为此对产业和部门采取了细致的分类方法，这些分类方法以构建创新过程的技术体系和技术轨迹为基础，[19]这些分类方法为后来者提供了分析框架，但它们对产业的分类并不是一成不变的。而且，SIS的研究还淡化了非公司行为者、非正式机构等利益相关者对创新过程影响的重要性。[20]此外，SIS倾向于关注现有制造业部门的长期工业动态发展水平，而缺乏对新行业和新技术特征的解释。为此，技术创新系统（technological innovation system，TIS）学者们对SIS学者的上述倾向进行了反思，TIS学者的实证研究工作主要集中在新兴技术的系统开发和产业动态特征方面，而不是传统制造业的创新问题。例如，贝尔切克等认为，为了涵盖技术创新复杂的动态性，分析重点要从系统元素和结构扩展到核心功能和过程，以评估系统整体性能。[21]

科宁和费尔南多等比较了在创新、竞争力和可持续发展话语中具有重要影响的三个理论框架：部门创新系统（sectoral systems of innovation，SSI）、技术创新系统（technological innovation systems，TIS）和社会技术系统（socio-technical systems，ST-Systems）。[22]他们从系统边界、参与者和网络、机构、知识、动态和政策方法等六个维度对SSI、TIS和ST-Systems进行了综述和比较，SSI重在分析特定某产业中公司的创新绩效，TIS则聚焦新兴技术的共同演进和传播，而ST-Systems则以促进可持续性转型为重点，这些分析的视角和研究重点显然是有差异的。然而，当将经济竞争力和环境可持续性结合起来时，这些领域的研究会交织在一起，这就要求产业部门、新兴技术和转型政策之间更加协调一致，并进一步发挥治理的互补性。

克里斯蒂安等基于NIS、RIS、SIS、TIS研究中的系统属性，以及国际化视角下多层次参与者的网络和制度环境，提出了全球创新系统（global innovation system, GIS）的概念框架。[23]富恩夫席林等认为，GIS包含了非知识性的活动，例如市场形成、投资动员或技术合法性的创造。[24]全球创新系统是由多层次的参与者网络和制度环境构成的，它们共同支持（或阻碍）创新的跨国形成和扩散。在某些情况下，它们可能会被简化为特定的领土环境，但在另一些情况下，它们取决于世界不同地区之间共同发展的行动者战略、网络和体制动态。综合全面的GIS视角有助于形成更具解释性的视角，以反映STI在治理过程中不断增加的空间复杂性。事实上，全球创新系统 GIS 的概念和我们过去提出的全球创新网络 GIN（global innovation networks）的概念[25]在分析视角上是一致的。

颠覆性技术创新（destructive technology innovation, DTI）往往可以促进一国/地区实现“换道超车”、跨越式发展，也是创新型强国建设的重要目标。颠覆性技术往往会发生突变，改变传统技术轨迹，其创新过程复杂、影响因素众多，具有不确定性和不可预测性，会引发规则和创新生态体系的巨大变革。传统的治理模式和治理方式在对待 DTI 问题上往往表现出僵化和教条缺陷，这不仅会贻误颠覆性技术发展的先机，还可能因缺乏有效的风险防控而导致巨大的发展隐患和伦理冲突。了解 DTI 治理体系对于政府、治理监管者和相关机构有效和高效地制定政策至关重要，以满足高度动态的环境带来的持续需求。[26,27]DTI 的特殊性质使得新的治理术语和治理方法涌现，如联合治理、共享治理、协作治理、数字治理、全球治理、敏捷治理、动态治理、分散化治理、全局性治理等。

（三）关于治理主体问题的研究

政府是 GSTI 研究不可回避的治理主体之一，在传统意义上，政府在战略规划、决策和资源调度等方面扮演着关键角色。例如，在美国先进技术计划、小企业创新研究（SBIR）计划等项目中，联邦政府积极参与并发挥着重要的引导作用。[28,29]2000 年，联合国（UN）提出千年发展目标，并在 2015 年提出 17 项可持续发展目标，使得人们认识到，人类将共同面临可持续发展的挑战和风险，各国政府责无旁贷，这涉及各国政府主导的创新政策

以及全球政策协调与合作问题。[30]学术界对国家创新政策与社会－技术系统变迁的关注也在不断增长。[31，32]

事实上，二战以来，政府的角色是GSTI和科技政策领域的持续热点话题，围绕政府角色的研究可以大致概括为两个方面：一方面将政府视为纠正市场失灵、控制系统性风险的角色，以促进科技创新的发展，或应对特定的系统缺陷和修复负的外部性；[33]另一方面将政府视为创造市场的主体之一，政府为实现社会经济利益的特定愿景而采取积极主动的行为，直接参与GSTI的实施与目标达成。[34，35]过去多数文献是基于这两种视角在探讨政府角色，不同之处在于政府干预的领域和方式存在差异。

实际上，政府在GSTI中的角色和定位是复杂的，各国的国情不同，角色定位各异，发达国家和发展中国家之间政府角色的差别尤其大。政府行动是高度嵌入的，因为它在更广泛的集体行动形式中运作，这意味着政府行动在社会和社会技术的复杂环境中运作，与不同的行为主体开展不同形式的合作和互动，而且政府并不总是处于主导地位。苏珊娜等为此总结认为，政府在社会技术系统中具有观察者、监督者、机会主义者等13种角色，揭示了政府在GSTI中的复杂性。[36]

除了政府这个主要的治理主体之外，其他主体同样重要。例如，作为现代社会最显著的特征之一，用户丰富的知识资源是创新的源泉，他们的积极参与是任何成功创新的重要因素。[37]尤其是在可持续发展的社会技术系统中，如果没有用户、企业和其他利益相关者的积极参与，可再生能源技术的快速发展是不可能的。[38]因此，让各种利益相关者、公众参与到科技创新的治理过程中，建立一个可持续的、多元化的 GSTI 体系，有助于加速科学技术从实验室发现到商业化落地的进程，更有助于社会的可持续发展。

总之，已有研究表明，GSTI 现代化的一个重要表现在于不再以一种政府主导的、相对封闭的方式制定政策，而是充分考虑到各种形式的治理主体角色和行动，以适应社会技术体系变化的复杂性。因此，我们在研究 GSTI 的时候，仅从政府角度探讨显然是不足的。迈向可持续性和变革性的创新之路在很大程度上取决于不同地域、部门、社会层次的众多主体的广泛参与和协商共治。民主协商、多元互动、分散式、网络治理应该是治理体系现代化的应有之义，在 GSTI 领域同样适用。

（四）治理时机与方式问题

理论上，治理可以发生于所有的政策节点和创新过程，具体包括机构设置中的治理、政策制定中的治理、执行过程中的治理、政策评估中的治理等。由于治理的多阶段特征，肖特等认为实现可持续性的变革需要多种政策的组合，考虑不同阶段实际治理的需求，仅依靠单一的创新政策是难以解决的，还应包括市场法规、税收政策等。[39] 以往对治理时机的探讨更多是在 GSTI 阶段划分的基础上，关注治理的短期与长期目标，并在不同阶段的目标中对政策组合进行重组和优化配置，以期实现动态治理。然而，这种治理模式背后所体现的是一种可预测的、确定性治理，即以一种自信的、可预测的方式对 GSTI 进行关键时间节点的划分，并确保配置资源能够在该节点上投入到创新过程中。显然，刚性的治理模式无法为不确定性的实验、学习提供灵活、试错的空间，对以颠覆式技术为代表的新兴科学技术难以提供全面有效的借鉴。也就是说，创新过程是高度不确定性的，治理时机选择也不是一成不变的。

为此，库尔曼等人提出了“试探性治理”（tentative governance）的概念，[40] 即认为 GSTI 应该是临时的、灵活的、可修改的和开放的，具有实验性、学习性、互动性、反思性以及可逆性，以回应现代科技创新的动态变化所带来的不确定性。试探性治理旨在为参与者创造探索和学习的空间，而不是明确规定选项。在这种情况下，参与者们面对技术和组织的复杂性与不确定性，可以不再拘泥于正统、保守的治理手段，而是采取临时性而非永久性、探索性而非确定性的策略。

如前所述，GSTI 中的公众参与问题是治理主体现代化的重要体现，公私合作伙伴关系（public private partnerships，PPP）一度成为多元治理的热点。PPP 方式既是多元主体治理模式，又是一种治理方式的变革。经济合作与发展组织（OECD）把科技创新领域的 PPP 合作模式定义为“公共参与方和私人参与方之间建立的有固定期限或无固定期限的任何正式关系或协议”[41]。根据 PPP 原则，公私双方在决策过程中为实现互利互补的目标，共同投入资金、人员、设备和信息等资源，以达到科技创新领域的特定目标。PPP 协议的顺利实施离不开治理体系中的制度性安排和共同愿景，而诚信文化和责任意识则是 PPP 方式治理成功与否的文化基因。以美国为例，该国在各种创新计划中都广泛运用 PPP 的方法，承担合作项目的成员有高校、国家实验室、非营利组织和大中小企业等，参与者根据项目角色的不同分担不同的项目成本。这种 PPP 治理模式不仅促进了新技术的快速扩散，还促进了各种主体创新能力的提升。

由于 GSTI 往往是一个系统性、多主体、较长周期的过程，对其成效的评估具有一定的挑战性。莫拉斯－加拉特等认为，目前的大部分评估仍然是在项目层面上进行的，并且主要基于影响评估和责任的简单模型，[42] 治理绩效评估的理论落后于创新实践。苏珊娜等基于创新政策工具评估、创新政策组合评估和社会经济绩效评估三个角度，提出了系统导向的 GSTI 评估模型。[43]GSTI 评估系统方法的出现将促进更加全面、实事求是的创新政策的制定，但相对而言，目前的研究仍有很多空白。在本项目研究过程中，我们特别邀请了中国科技部科技评估中心的专家参与，他们一直从事中国科技政策绩效的评估，具有丰富的实践经验。

近年来，GSTI 新的治理方式层出不穷，例如，用于新技术识别和风险预警的地平线扫描（horizon scanning）方法、应用于高风险技术的监管沙盒、技术审计与预警等方法，还有适用于政策试点的政策实验室。这些新方法适用于不同的战略目标、技术背景和互动环境。

总之，国际学术界对 GSTI 的研究从治理目标、治理主体、治理对象、治理边界、治理时机、治理方式等角度已有不少的探索，为未来研究提供了丰富的理论基础及可借鉴的思路。

三、国内学界相关研究的简要分析

国内学术界对 GSTI 的研究主要集中在技术创新经济学、科技公共管理学、科学技术与社会等几个领域。我们以“科技创新治理”为主题进行论文统计分析发现，近年来国内对科技创新治理的研究迅速增加、成果大量涌现，相关的中文文献已经接近千篇。

如果从研究的历史脉络分析，从上世纪 90 年代开始，学者们从不同的学科背景出发，对 GSTI 问题做出了不同学术贡献。迄今为止，这些研究大体可以分为三个阶段，演化发展脉络如图 1-1 所示。

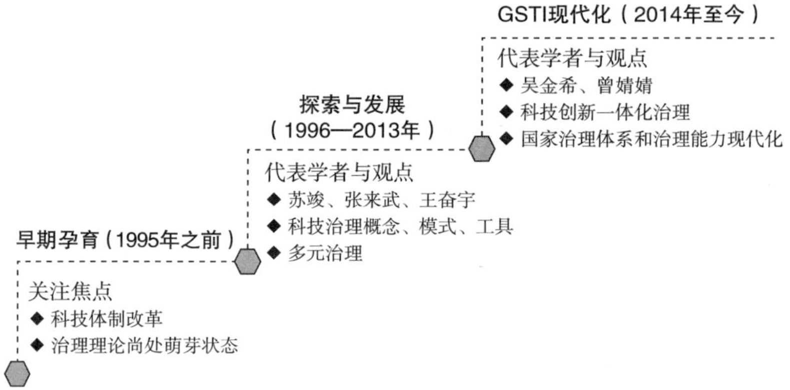

图 1-1　国内学者 GSTI 研究的演化脉络

（一）第一阶段：GSTI 早期孕育阶段（20 世纪 90 年代中期以前）

上世纪 90 年代以前，治理理论研究在我国基本处于空白状态，在科技创新领域，学者们更多关心的是科技体制改革问题，这一阶段算是科技治理理论的早期孕育阶段。

众所周知，改革开放之前的计划经济时代，我国科技体制是高度计划的，且存在科技与教育脱节、科技与生产分离、科技与经济“两张皮”的现象。1985 年 3 月，《中共中央关于科学技术体制改革的决定》发布，改革开始在科技领域逐步展开，强调“科学技术是第一生产力”，提出“经济建设必须依靠科学技术，科学技术工作必须面向经济建设”的指导思想，科技管理体制由过去的计划体制向市场化体制过渡。

到上世纪 90 年代中期，“科教兴国”战略成为新的科技改革指导思想，强调把粗放式的经济增长转变为集约式的经济增长，走依靠科学技术进步和劳动者素质提高而实现经济增长的新路。[44] 强调科技创新，加速科技成果产业化。国家对科研机构市场化转制、科研资源分配的竞争制度等进行了系统改革。

80 年代开始的科技体制改革重在从上至下进行制度性变革，改革的相关议题为科技治理的出现和发展做了铺垫。

（二）第二阶段：治理理论的初步探索与发展阶段（20 世纪 90 年代中期到 2013 年）

从上世纪 90 年代开始，随着科教体制改革的深入推进，科技治理的问题逐渐引起关注，学者们开始对科技治理体系的概念内涵、模式等方面进行阐释。科技治理将科技产品视为公共物品，通过优化市场机制及创新系统功能，运用政府行政职能及手段完善创新资源配置。[45] 这时对治理问题的探讨更多局限在科技研发领域，而对创新和新兴技术产业发展方面的治理问题的探讨比较少见。很多学者认为，科技治理重在科技管理方式与制度的优化与改革。饶毅等指出，我国科技管理仍处在“人治”阶段，科技部门需要简政放权，将创新权下移给市场及企业。[46] 陆铭等指出，科技创新治理主要包含四个要素，即治理主体、治理工具、治理结构和治理机制。[47] 王健和梁正分析了我国 WAPI 国家标准设立和推广的政策过程，提出全球科技治理时代下国家技术标准设定的政策范式。[48]任重比较了不同创新治理机制的优缺点，提出分布式创新治理机制的基本特征。[49]邢怀滨和苏竣认为全球科技治理需要在国际层面干预、规制科学技术发展的制度和规则体系，这反映了全球化时代科技创新的新特点。[50]

进入新世纪，人们开始认识到科技治理主体多元化的重要性。张来武认为，推进科技创新的公共治理，要准确把握政府和市场之外的第三方力量，并充分发挥非正式关系的作用。政府应该积极推动自身职能的转变，为第三方力量的发展腾出空间；第三方力量应勇于探索，积极回应科技创新宏观管理体制的转型，不断完善组织体系，提高服务科技创新的能力。[51]王奋宇等认为，应通过有效整合创新主体及创新要素，最终形成政府、企业与其他社会组织共同参与的治理格局。[52]俞可平认为，国家治理体系现代化是社会政治经济现代化的必然要求，它本身也是政治现代化的重要表征。他认为治理虽然能够部分弥补政府在协调以及调控方面的缺陷，但也存在着一些局限性。因为治理不具备政治强制力，也不能完全替代市场合理配置资源，治理应该是一种手段，是政治和市场手段的延伸。[53]

方新提出，解决科技与经济结合问题的立足点在于由科研院所转向企业，优化科技资源配置的重点应由注重数量增长转向注重效益，深化科研院所和高等院校体制改革应重在能力建设和制度建设等。[54]杨继明在对创新治理和公共治理关系的研究中发现，多方主体的参与性、民主性和合作是近几年世界各国科技管理体制改革的新走向。[55]彭华涛指出，政府在改革管理过程中应着重把握政府与地方、政府与市场、政府与企业关系，改善计划管理体制下的垂直管理模式。[56]宋河发等认为，应该注重完善宏观的科技管理组织体系，建立健全全民参与的多元化诉求治理模式。[57]陈套在研究多主体治理结构时指出，创新主体的地位与功能需要进一步明确，政府在科技创新治理中应侧重加强创新政策立法，使科技治理体系民主化、法制化；应该加大对中介组织的指引，促使其完善；高校和科研院所应该构建现代化的协同创新治理体系；发挥企业的创新主体地位，完善政府对企业研发的投入与风险规避。[58]李瑶在分析科技创新链条时指出，科技资源配置在科技创新的上、下游环节中，分别应以政府配置和市场配置为主导；在中游环节政府主要是进行引导性投入，并建立科技中介机构。[59]

总之，人们越来越认识到，过去传统意义上政府的"管理"往往是单向、单主体、自上而下的，而现代意义上的"治理"则更强调主体的多元化、信息的透明化、决策的科学化。

（三）第三阶段：站在国家治理体系现代化的角度看 GSTI 问题（2014 年至今）

随着创新型国家的建设和推进，我国不少科学技术已从跟踪进入到引领阶段。以 5G、区块链、大数据、人工智能为代表的新一代科技和产业迅猛发展，我国很多技术已达无人区，有些企业已经处于国际领先地位，前面没有对标学习的对象，因此需要政府、企业、科学家、公众共同参与、协商治理、共同承受风险，促进创新生态的良性发展。

辜胜阻认为，要从构建新型举国体制，加大基础研究与原始创新投入，深化科技成果产权改革，培育科学精神、工匠精神和企业家精神，推进资本市场改革和开放式创新等多方面推进科技创新治理体系和能力现代化。[60] 贾永飞提出应该构建科技创新治理体系的实施路径：首先，构建多元主体互动的协同治理体系，完善现代科技创新治理机制；其次，深化科技体制改革，激发科技创新活力；再次，面向关键核心技术，优化科技资源配置；最后，培育科技创新人才队伍，完善科技人才评价激励机制。[61] 史威提出，面对全球各行各业的数字化转型，我国创新治理能力已不能适应国家创新驱动发展要求，必须改进创新治理模式，推动治理方式向数字化转型。[62] 梅亮认为，科技创新的治理需考虑特定科技创新活动的不同特点，面向科学研究、技术开发、社会发展不同阶段的界面交互与差异化责任，进行不同治理准则的匹配。[63] 戴建军等认为，新时期我国科技创新体制在以下方面需要提高：一是资源分散、重复、低效的问题还没有从根本上得到解决；二是科研人员开展原创性科技创新的积极性尚未充分激发；三是产学研的职能定位时有错位、融合程度不高；四是创新型人才培养、科技管理和政策协调、科技评价体系构建等领域进展滞后。[64] 柳卸林等建议决策部门应从创新生态的角度重新思考我国科技管理模式，从培育更具竞争力的创新生态系统着手，提高国家科技管理的效率和产业创新的能力。[65]

2013 年年底，党的十八届三中全会召开，随着第五个现代化 [66]——国家治理体系和治理能力现代化的提出，学者们在概念、要素、路径和模式等方面对科技创新治理现代化展开了全方位讨论。吴金希认为治理现代化的本质是指治理要达到一种理想模式，即在公平、公正、高效、民主、法制、参与等原则指导下，实现组织整体及各利益相关者当前及长远的利益最大化。“科技治理体系现代化”是指多个利益主体和行动者之间协同、合作、交流、互动，以使得我国科技创新相关制度体系和治理过程逐步实现法治化、科学化、民主化和文明化的过程。[67] 胡伟从创新治理现代化层面分析，主张在深化科技体制改革过程中，把“科技举国体制”转变为市场主导的体制，充分发挥市场导向作用，加强市场在引导成果转化以及资源配置中的主导作用。[68] 薛桂波认为，良好的科技治理模式需要科研机构、科学家和社会公众的参与，通过民主参与调动社会公众关注科技发展的积极性。[69]

总之，从上世纪 90 年代开始，国内学者开始积极关注科技治理问题，近年来，大家开始对 GSTI 体系现代化的相关概念、特征及要素问题开展研究，已经有不少的学术积累可资借鉴。

四、我国科技体制改革与科技创新治理的政策实践分析

（一）创新逐渐成为现代化建设全局的核心问题

党的十八大以来，中国出台了一系列具有深远影响的科技体制改革政策措施，科技创新治理的内涵不断丰富。2012 年 11 月，党的十八大报告提出，科技创新是提高社会生产力和综合国力的战略支撑，必须摆在国家发展全局的核心位置。[70] 我国科技体制改革进入了快车道。2015 年 9 月，中共中央、国务院印发《深化科技体制改革实施方案》，聚焦创新驱动发展战略，目的是构建

中国特色国家创新体系，以此推进科技治理体系和治理能力现代化，营造有利于创新驱动发展的社会环境，加快创新型国家建设步伐。[71]

2016年5月，中共中央、国务院发布《国家创新驱动发展战略纲要》，为建设创新型国家提供了行动指南。[72] 纲要提出，到2020年要进入创新型国家行列，到2030年跻身创新型国家前列，到2050年建成世界科技创新强国。无论从治理主体、治理方式，还是从治理目标、治理手段来看，我国科技创新治理体系现代化都又前进了一大步。2017年10月召开的党的十九大提出，深化科技体制改革，要建立以企业为主体、市场为导向、产学研深度融合的技术创新体系。2018年2月召开的党的十九届三中全会通过了《中共中央关于深化党和国家机构改革的决定》，要求重新组建科学技术部，加强、优化、转变政府科技管理和服务职能。[73] 直到今天，我国优化政府科技管理和服务职能的改革仍然在不断深化进行中。

随着国际科技格局的重大演变，2018年5月，习近平总书记提出要坚持以全球视野谋划和推动科技创新，全方位加强国际科技创新合作，全面提升我国在全球创新格局中的位势，提高我国在全球科技治理中的影响力和规则制定能力。[74]

总之，党的十八大以来的科技体制机制改革始终围绕调动科技人员积极性，始终围绕促进科技和经济相结合，始终围绕加强科技对社会发展、民生改善、生态保护、国防安全的支撑这一主线，在不同阶段谋划和推进科技体制改革，并出台相应政策措施将改革成果予以制度化、法制化，推动国家创新体系不断优化完善。[75]

（二）国家治理体系和治理能力现代化政策趋势分析

科技治理体系和治理能力现代化是国家治理体系和治理能力现代化的重要组成部分。2013 年，党的十八届三中全会提出了“推进国家治理体系和治理能力现代化”命题，要求“到2020年，在重要领域和关键环节改革上取得决定性成果，完成本决定提出的改革任务，形成系统完备、科学规范、运行有效的制度体系，使各方面制度更加成熟更加定型”[76]。推进国家治理体系和治理能力现代化要更好地发挥制度优势、创新治理体系，以现代化手段不断提高治理能力的变革要求。

2019 年，党的十九届四中全会审议通过了《中共中央关于坚持和完善中国特色社会主义制度 推进国家治理体系和治理能力现代化若干重大问题的决定》，为“坚持和完善中国特色社会主义制度，推进国家治理体系和治理能力现代化”制定了整体目标、提供了行动纲领。[77] 决定对完善科技创新体制机制进行了全面部署：（1）构建社会主义市场经济条件下关键核心技术攻关新型举国体制；（2）加大基础研究投入，健全鼓励支持基础研究、原始创新的体制机制；（3）建立以企业为主体、市场为导向、产学研深度融合的技术创新体系；（4）健全完善科技人才发展机制、科技管理体制和政策体系。完善的科技创新体制机制，有助于探索中国特色自主创新的新道路，加快提升自主创新能力，解决科技、市场“两张皮”的问题，促进科技创新协调有序、充满活力。

（三）“卡脖子”问题与新型举国体制

党的十九大以来，错综复杂的国际环境给我国发展带来了较大风险与挑战，关键核心技术被“卡脖子”成为中国式现代化的一个瓶颈制约问题，GSTI 现代化问题遇到了新的挑战。实践证明，只有依靠科技自立自强，才能抓住新一轮科技革命和产业变革的机遇。习近平总书记指出：“实践反复告诉我们，关键核心技术是要不来、买不来、讨不来的。只有把关键核心技术掌握在自己手中，才能从根本上保障国家经济安全、国防安全和其他安全。”[78]这为新形势下科技创新治理现代化提供了指导思想。

新型举国体制如何发挥作用成为新时代 GSTI 的核心命题。新型举国体制根植于中华深厚的历史文化传统，是社会主义制度优越性的体现。党的十九届六中全会指出：“党坚持实施创新驱动发展战略，把科技自立自强作为国家发展的战略支撑，健全新型举国体制，强化国家战略科技力量，加强基础研究，推进关键核心技术攻关和自主创新，强化知识产权创造、保护、运用，加快建设创新型国家和世界科技强国。”[79]

近几年，围绕新型举国体制发挥作用遇到的问题，改革继续在“深水区”攻坚克难。《深化科技体制改革实施方案》中部署的 143 条改革任务基本完成，一系列改革解决了科技体制领域很多想解决而没能解决的矛盾和问题。[80]国家改革了国家自然科学基金、国家“863”计划、“973”计划等项目的组织管理办法，促进了科创资源的集中高效利用和统一管理；实行关键核心技术科研攻关的“揭榜挂帅”“赛马”制度等；进行科技评价体系的系统改革、坚决“破五唯”；实行院士制度改革、科技成果转化分配制度改革、专利保护制度改革、科技部的改革、成立中央科技委员会等。

这些举措使得中国科技创新治理体系现代化进入一个新境界。有些改革仍在优化过程中。日新月异的治理体系改革实践呼唤理论界认真总结研究这些政策实施效果，提出更加完善的GSTI理论框架。

五、对已有理论的简要评述

通过以上对国内外相关文献和党的十八大以来主要政策的梳理，我们要肯定国内外学界以及决策者关于科技治理、体制改革、创新体系、科技政策的研究成果和政策实践，有些领域已经有了较为丰富的理论积累。但是，毋庸讳言，在国家科技创新治理体系现代化这个重大命题上，已有研究仍存在若干学术空白。

（一）已有研究系统性不够

简单来说，已有研究存在“三个相分离”或结合不紧密的现象：科学技术的治理问题与创新领域的治理问题相分离；国家科技创新政策机制设计与政策评估相分离；科技创新的国内治理体系与国际治理体系相分离。从未来GSTI现代化的角度来看，科技与创新问题密不可分，政策设计与实践效果密不可分，国内治理与全球治理密不可分。

未来，GSTI不仅是个科技体制改革问题，更是一个新质生产力及其治理问题；不仅是公共政策问题，更是一个创新生态体系整体转型问题。GSTI现代化的本质就是相关利益群体围绕科学、技术和创新的互动、博弈、协同和共治的过程，需要从系统、全面、生态的角度和战略的高度，对政府、社会公众、科技共同体和产业界等利益攸关方进行分析。

近年来，国内关于国家现代化和中国式现代化的理论和政策实践发展很快，我国在科技体制改革、科技资源分配和治理方面出台了一系列改革措施，进入一个新的发展平台期。这些政策是多年来学术界和决策者互动的结果，但是，政策出台以后效果如何，需要对治理绩效进行系统评估。

从学科发展角度来看，GSTI 现代化是个多学科交叉问题，既是一个经济学问题，也是社会学、政治学甚至哲学问题。各个学科对治理和现代化的理解是不同的，需要多学科相互借鉴和交叉融合，利用多学科方法工具和综合视角来分析问题。

（二）中国国家创新体系和能力建设进入新阶段，理论研究要与时俱进

目前，我国在科技投入、人才资源、创新成果等方面已经基本跨入创新型国家的行列。世界知识产权组织《全球创新指数报告》显示，中国 2022 年排名达到第 11 名，是所有中等收入国家中排名最高的。[81] 过去我国科技创新实力与世界领先国家差距较大，治理问题显得不是很迫切，只要强调学习效率，即可快速提升科技创新能力。但是，当一国科技创新逐渐从跟踪进入引领，甚至无人区的时候，前面已经没有参照物，“集中力量办大事”也失去了目标，这时候，缺乏良治、善治，科技创新往往变得浪费太多、风险巨大。[82]

随着 AI、大数据、量子科技等新兴领域的发展，新一轮科技革命正在由“导入期”向“拓展期”过渡，中国正处于不容错过的“窗口期”。这时候，迫切需要发挥政府、科学家、企业家风

险投资、中介机构等社会各方面的积极性，形成合力。现代化治理体系能提升协商共治、敏捷治理、精准治理的水平，促进科技链、创新链、资金链、人才链、政策链的协同。因此，科技创新治理体系现代化问题变得尤为迫切。

（三）美国对中国发起贸易战、科技战带来的科技全球治理问题值得重点研究

科技创新治理同时也是全球性问题，近年来，这个问题的重要性更加突出。当今世界，任何高技术产业都是高度全球化的，没有哪一个国家能够独自完成任何一个技术链和产业链。人类科技创新全球化的道路不可阻挡，需要理性研讨和建立新的全球科技创新治理体系，这也是本项目 GSTI 研究的重点内容之一。过去学术界虽有涉猎，但是没有像今天这样急迫。就像国际贸易领域的 WTO 制度一样，在科技领域也需要一个全球治理机构 WTTO。发展中国家在面对霸权国家科技霸凌时，只强调补短板、自主创新是不够的，要团结起来，尽快形成全球共识，维护一个公平公正的全球科创合作体系，这方面仍有大量的问题值得研究。

六、本研究的学术价值与实践意义

科技创新治理体系现代化研究开创了一个新的理论范式。科技创新治理不仅是科技治理问题，也不能用其他领域的现代化理论照搬照抄。它是科学共同体、新兴产业创新共同体、政府决策者、社会公众，甚至中介组织、金融系统等利益攸关方，围绕科技资源的分配、科学知识的生产、技术发明、科技成果应用、产

业创新、新技术的大众普及、新科技的伦理和法律边界、国际科技创新交流与合作等多领域的共享、互动、共治的过程。

过去多年，从自主创新到科技自立自强，从“集中力量办大事”到“新型举国体制”，从产学研合作到五链融合，从“揭榜挂帅”到“破五唯”，从科技部改革到成立中央科技委员会，我国科技创新治理成效显著，有很多独有的特色和经验，对这些经验的总结以及未来重大挑战的认真探索，是“扎根中国大地写论文”“讲好中国故事”的最佳实践。中国 GSTI 现代化理论成果的学术意义必将超越国界，尤其对广大发展中国家产生重要影响。

科技创新领域的全球治理问题将开辟一个重要的学科方向。互联网和数字经济时代，全球科技创新联系越来越紧密，但是这方面的全球治理问题过去并没有引起人们的重视，霸权国家动辄“脱钩”“断供”，这是对后发国家的公然掠夺。过去，人们对国际贸易治理体系已经论述很多，但是科技创新领域的全球治理则仍处于萌芽状态。对这个问题的研究对于发达国家而言，它们并不一定感兴趣，而对于广大后发国家来讲，这却是困扰创新发展的一个重大问题。本研究提出的 WTTO 问题将极大推动国际经济学、国际政治学的发展，科技创新全球治理学必将成为一片重要的学术绿洲。

总之，本研究的学术价值和政策含义是显而易见的。科技创新治理体系现代化将加快我国创新强国的建设，使我国赢得与发达国家长期的科技创新竞赛，也有利于我国国家治理体系和治理能力现代化建设，更有利于在科技创新领域趋利避害、促进社会可持续发展。

第二章

新时代提升国家创新体系整体效能的内在要求与治理体系特点

一、引言

科技创新是提高社会生产力和综合国力的战略支撑，从根本上决定着国家和民族的前途命运。当前全球创新环境与格局正发生重大变化，场景驱动、数据驱动、跨领域跨学科交叉融合成为新的创新范式。习近平总书记在主持召开新时代推动东北全面振兴座谈会时强调："积极培育新能源、新材料、先进制造、电子信息等战略性新兴产业，积极培育未来产业，加快形成新质生产力，增强发展新动能。"[1] 加强科技创新，形成新质生产力，加快实现高水平科技自立自强，亟须进一步加强中央科技委领导下的新型科技创新举国体制建设，其重点工作是全力提升我国国家创新体系整体效能。

党的十八大以来，我国不断推进科技体制机制改革，以知识创新、技术创新为主体的国家创新体系不断发展。党的十九大确立了到2035年跻身创新型国家前列的战略目标，党的十九届五中全会提出了坚持创新在我国现代化建设全局中的核心地位，把科技自立自强作为国家发展的战略支撑。党的二十大对完善科技创新体系、提升国家创新体系整体效能做出战略部署。这对我们积极应对风险挑战具有重要指导意义。根据2023年9月国家统计局、科学技术部、财政部发布的《2022年全国科技经费投入统计公报》，2022年我国研究与试验发展（R&D）经费30782.9亿元，比上年增加2826.6亿元，增长10.1%，研发投入总量世界排名第二，2023年全球创新指数我国在全球排名第12。与此同时，原始创新不足、关键核心技术"卡脖子"存续、科技成果转化不力等方面的问题依然严峻。这说明国家创新体系效能有待进一步提升，国家创新体系的治理体系急需完善。全力提升我国国家创新体系整体效能和完善治理体系，对从根本上解决科技与经济脱节、促进经济高质量发展、建设现代化产业体系、早日建成世界领先的科技强国具有重要战略意义。

二、准确把握国家创新体系的真实内涵与内在要求

实现创新驱动是一个系统性的变革，创新不仅仅包括科技创新，还包括制度创新、理论创新、政策创新等。这就要求我们准确把握国家创新体系的内涵属性。英国创新经济学家克里斯托夫·弗里曼教授在研究日本技术经济范式转变时发现，日本在技术落后的情况下，以"技术立国"为方针，辅之于制度创新，只

用了 30 年的时间便使国家经济实现强劲发展。因而他认为，在人类历史上，技术领先国家的这种追赶、跨越不仅是技术创新的结果，还伴随有许多制度、组织的创新，从而是一种国家创新体系的系统演化结果。这种思想在其 1987 年出版的《技术政策与经济绩效：日本国家创新系统的经验》一书中首次以“国家创新体系”这个概念完整表述出来：在国家经济发展过程中，仅靠自由竞争的市场经济是不够的，需要政府组织有关研究机构、产业界、教育培训等资源形成具有战略重心的创新网络，通过网络的动态相互作用，促进新技术的吸收、完善和扩散。而技术经济范式的根本性转变，则依赖于国家创新体系对技术创新资源的集成能力、集聚效率和适应效率。[2]

弗里曼开辟的“国家创新体系”理论体系，强化了一国政府、企业、大学、研究院所、中介机构之间寻求一系列共同的社会和经济目标过程中的建设性相互作用，并形成由公共部门和私营部门在科技创新活动中的准确定位及相互关联，由此促进了新技术的开发、引进、改进和扩散。国家创新体系的主要功能是优化创新资源配置，协调国家的创新活动。据此，弗里曼认为一国的经济活动仅靠新古典自由主义经济学的自由竞争是不够的，并根据日本的经验指出了在国家干预下加快建立国家创新体系的重要性，强调一个国家在面临剧烈技术变革的情况下，具有将技术创新与组织创新、社会创新结合起来的必要性。创新的成败最终取决于国家调整其社会经济范式以适应技术经济范式的要求和可能性的能力。

为此，国家创新体系的确切内涵可概括为：一国在积极组建公共科研能力和企业创新能力的基础上，构建政府、市场、社会创新力量协同互动的制度安排。

中华人民共和国成立以来特别是改革开放以来，我国创新体系建设取得了巨大成就，我国科技实力正在从量的积累迈向质的飞跃，从点的突破迈向系统能力提升。但是与建设世界科技强国的目标和新科技革命的要求相比，我国国家创新体系整体效能的提升还需要在知识创新的公共性、技术创新的竞争性、科技创新活动的系统协同和竞争有效等方面发力，以形成更为高效的国家创新体系。

三、加强国家公共科技能力建设

第一，加强基础研究。在 2023 年中共中央政治局进行第三次集体学习时，习近平总书记强调:“加强基础研究，是实现高水平科技自立自强的迫切要求，是建设世界科技强国的必由之路。各级党委和政府要把加强基础研究纳入科技工作重要日程，加强统筹协调，加大政策支持，推动基础研究实现高质量发展。”[3] 基础研究功在当代、利在千秋。加强基础研究，是支撑产业技术创新的有力保障，特别是为破解关键核心技术“卡脖子”提供应有的理论支撑，也是迈向基于科学的产业创新的根本保障。基础研究同样具有公益性。2021 年，联合国教科文组织发布的《开放科学建议书》提到，开放科学应支持整个科学界、不同研究团体和学者，以及传统科学界以外的广大公众和知识持有者的需求。开展基础研究并关注开放科学活动，将有力推动国家公共科学能力的提升，促进科学研究和科学普及相结合，从而为全社会创新素质提升提供重要保障。

第二，中国特色国家实验室体系以新建的国家实验室为重要主体，以优化、重组后的国家重点实验室为支撑。国家实验室要积极完成能源、信息、材料、生命科学等重大领域的基础研究和工程实验，力图在重大科学原理发现、重大工程科技创新等方面取得卓越成效，同时也要在成果转化方面有新的探索和突破，力图通过建设国家实验室，形成若干具有知识密集型的技术创新集群，助力我国产业的现代化进程。国家实验室要进一步按照“四个面向”的部署要求，紧跟世界科技发展大势，适应我国发展对科技发展提出的使命任务，坚持问题导向，力争形成多学科、产学研结合、成规模的新型研发组织。国家实验室同国家重点实验室结合，形成的中国特色国家实验室体系，将进一步加快原始性、前沿性的重大科学创新，为基础研究的原理发现、关键核心技术的机理分析提供强大支撑，同时也应进一步关注对区域经济、产业经济的贡献。

党的二十大报告指出：“统筹推进国际科技创新中心、区域科技创新中心建设，加强科技基础能力建设。”[4] 国家实验室要发挥集中力量办大事的制度优势，加快建设大科学装置，建设和完善国家重大科技基础设施，着力建设具有国际顶尖水平的实验室，并加快吸引汇聚国内外大量顶尖科学家进行大规模、跨学科的科研协同创新和集成创新。例如，怀柔科学城加快建设高能同步辐射光源、多模态跨尺度生物医学成像设施、综合极端条件实验装置、地球系统数值模拟装置、空间环境地基综合监测网 5 个国家重大科技基础设施，以及 11 个科教基础设施和 13 个交叉研究平台，正成为国家战略科技力量的高度集聚区，也成为先进仪器设备产业集群的重要支撑。

第三，国家科研机构以中国科学院、中国工程院为主体，会同我国在农业、林业、医学、中医学、环境科学等领域的国家级科研机构（如中国农业科学院），形成国家级科研体系。国家科研机构要以国家战略需求为导向，着力解决影响制约国家发展全局和长远利益的重大基础研究和关键技术突破问题。今后要进一步关注关键共性技术等科研工作，为我国产业安全和产业新旧动能转换赋能，这是发挥国家科研机构这一国家战略科技力量赋能现代化产业体系营造的关键。

第四，高水平研究型大学是我国基础研究的主力军和重大科技突破的生力军。建设现代化产业体系视域下的高水平研究型大学，充分发挥基础研究深厚、学科交叉融合、人才资源丰厚的优势，通过重大的基础研究和关键核心技术攻关，为科技自立自强提供前沿性突破性科技创新成果。有组织科研是高水平综合研究型大学和行业特色研究型大学成为国家战略科技力量的主要形式，通过承接国家重大任务、搭建高水平科研平台（如全国重点实验室）、组建高水平科研团队、形成高水平科研成果，促进高水平研究型大学在对接国家战略需求、形成未来科学和未来技术等新优势方面发挥积极作用。开展“有组织科研”就是高水平研究型大学发挥新型举国体制优势、打造国家战略科技力量、赋能产业现代化的有益探索。[5]

四、强化企业创新主体地位

第一，强化企业科技创新主体地位。这是深化科技体制改革、推动实现高水平科技自立自强的关键举措。在二十届中央全面深化改革委员会第一次会议上，习近平总书记指出："要坚持系统观念，围绕'为谁创新、谁来创新、创新什么、如何创新'，从制度建设着眼，对技术创新决策、研发投入、科研组织、成果转化全链条整体部署，对政策、资金、项目、平台、人才等关键创新资源系统布局，一体推进科技创新、产业创新和体制机制创新，推动形成企业为主体、产学研高效协同深度融合的创新体系。"[6]企业是有效连接生产者和用户的核心单元，企业创新能力的高低，是影响国家创新体系效能的关键。推动企业成为创新主体，加快创新资源向企业聚集，有助于更好地发挥市场机制在提升研发投入与产出效率、有效实施科技项目、提高科技人才效益等方面的重要作用。[7]

党的二十大报告指出，要"强化企业科技创新主体地位，发挥科技型骨干企业引领支撑作用"[8]。这是进一步优化我国科技结构（主要指高校、科研院所和企业在科技创新活动中的分工比例），提升我国国家创新体系整体效能的又一重大议题。报告还指出，"加强企业主导的产学研深度融合"[9]，就是进一步提高企业在科技创新的立项、转化等方面作用的战略转型。面向国家战略需求由企业组织高校、科研院所进行科技创新活动，将从根本上解决我国长期存在的科技成果转化率低的困境，也将进一步提升我国创新体系的整体效能。

第二，不断完善企业创新的治理结构。科技领军企业在面向国家战略需求、遵循市场经济规则组建分工明确、互利互赢的大中小企业合作、产学研协同、国有企业民营企业合力的创新联合体方面具有独特优势，为此应积极鼓励科技领军企业通过组建技术创新中心、创新联合体等方式，充分运用市场机制凝聚海内外创新资源，并不断探索运用市场化手段和先进的商业模式吸收用户、创新型企业、大学和科研院所等创新单位形成战略明确、能力协同互补的高能级创新组织。[10] 加强董事会或理事会领导下的企业创新治理机制，形成企业、高校、科研院所等多方共同建设、共同管理、共同运营、良性互动的治理结构，以“治理现代”促“产品卓越、品牌卓著、创新领先”。

第三，进一步优化中小科技型企业的发展环境，提高竞争力和创新力。党的二十大报告指出：“营造有利于科技型中小微企业成长的良好环境。”[11] 为此，需加快培育一批高精尖、专精特新等科技型中小企业，支持高新技术中小企业积极关注颠覆性技术创新。同时，选择若干创新资源集聚、产业生态完善、协作配套良好的地区，打造特色产业集群。支持产业集群依据“推动创新链产业链资金链人才链深度融合”[12] 原则，推动集群内企业针对产业、区域的共性技术需求展开联合攻关，加快共性技术研发和应用。推进科研大数据和产业大数据深度融合，加速区域内外大中小企业创新能力、生产能力、市场能力的有效对接，推动资源能力跨行业、跨区域融合互补，全力提升产业技术创新效能。

第四，加强创新联合体系建设。加强产业核心技术、共性技术攻关，是我国科技创新的重大任务。产业共性、关键核心技术是聚焦于某一专门领域的独特且难以模仿的技术，例如芯片、操作系统、计算软件、超高精度机床、高端仪器装备等。国家技术创新中心围绕国家重大战略急迫需求，着重突破共性、基础性关键核心技术，其关键是构建和完善面向产业技术体系建设的创新联合体，以进一步保障重点产业链供应链安全。同时，积极应对新科技革命，抢占全球产业技术创新制高点，开辟发展新领域新赛道，塑造发展新动能新优势，从而不断形成未来技术和未来产业，成为对国家重点产业领域技术创新发挥战略支撑引领作用的重要科技力量。创新联合体重在依托科技领军企业，以关键技术研发为核心，以动态整合创新资源为手段，以科技创新的信息化平台为支撑，快速完成技术创新与产业化、产业集群建设、产业链韧性等任务。[13]

五、我国国家创新体系的治理之道

2018 年 5 月 28 日，习近平总书记在中国科学院第十九次院士大会、中国工程院第十四次院士大会上指出："要坚持科技创新和制度创新'双轮驱动'。"[14]2022 年 9 月 6 日，习近平总书记在中央全面深化改革委员会第二十七次会议上强调："要发挥我国社会主义制度能够集中力量办大事的显著优势，强化党和国家对重大科技创新的领导，充分发挥市场机制作用，围绕国家战略需求，优化配置创新资源。"[15]这对于进一步提升我国国家创新体系整体效能具有重大的指导意义。这要求克服传统举国体制中的封闭性强、研发成本高等不足，运用系统思维，努力探索中央科技委领导下的新型举国体制，强化党的领导、政府有为、市场有效和人民参与的新型运行机制和治理体系，在以国家战略需求为导向下运用统筹机制和竞争机制凝聚创新资源，以体系观统筹发挥各创新主体的主观能动性，形成协同有效、动态演化的创新网络。

第一，加强党的领导。中国特色社会主义最本质的特征是中国共产党领导。党的二十大报告指出："完善党中央对科技工作统一领导的体制。"[16] 加强党中央对科技工作的权威和集中统一领导，增强"四个意识"、坚定"四个自信"、做到"两个维护"，建立权威的科技创新决策指挥体系，是实现高水平科技自立自强的根本保证，也是进一步体现我国科技创新工作实现国家使命驱动、国家需求牵引，从而极大地优化我国科技创新资源配置效率，提升国家创新体系整体效能的关键。

第二，强化政府有为。伦德瓦尔从李斯特的"追赶战略"基础理论出发，分析李斯特对亚当·斯密的"看不见的手"的理论修正，肯定了李斯特建立国家基础设施和机构、提升智力资本积累价值的主张，对弗里曼指出的政府在提升科技基础设施中的积极角色也给予充分认同。[17] 因此，需要突出政府在科技创新活动中战略统筹、创造环境、引导方向、提供服务的作用。不断加强我国科技创新的战略决策和统筹布局，加强各部委的科技创新任务协同，加强中央和地方政府在科技创新布局和资源配置方面的协同。引导研究型大学、国家科研机构不断增强基础研究、关键核心技术开发等公共科研能力建设，加强政府、企业、大学、金融等多部门的协同，加强教育科技人才一体化协同，加强国际科技创新中心和区域科技创新布局，加快转变政府科技管理职能，营造良好创新生态。

第三，推动有效市场。党的二十大报告指出：”加强企业主导的产学研深度融合，强化目标导向，提高科技成果转化和产业化水平。强化企业科技创新主体地位，发挥科技型骨干企业引领支撑作用，营造有利于科技型中小微企业成长的良好环境，推动创新链产业链资金链人才链深度融合。”[18]这就需要进一步加快建设与发展科技领军企业，不断鼓励科技领军企业组建以提升产业链供应链韧性、加快建设原始创新策源地为己任，以产业的形式为国家形成若干高水平的战略科技力量。科技领军企业要依托前瞻性的科技创新愿景、使命和战略，完善的组织管理体系，较高的科技创新投入水平，以及完善的创新文化，加快集聚创新资源，努力形成以企业研究院为主体的自主研发与创新体系，强化自主创新能力建设，在关键共性技术、前沿引领技术和颠覆性技术方面形成显著优势，成为名副其实的“科技型骨干企业”。要积极鼓励科技领军企业以国家战略需求为牵引，通过组建创新联合体，以实施国家重大项目等为支撑，依托全国重点实验室、国家技术创新中心等重大科技平台，以市场化、激励相容的原则吸收大学、科研院所、同业或跨界企业以及中小企业，形成紧密合作的创新联合体，并通过价值创造、场景驱动、开放协同、国际化合作等市场行为进一步加快提升所在产业的科技创新能力。强化以科技领军企业为主体的创新联合体建设与发展，突破传统的企业科研组织界限，依托新型举国体制优势，加大集成内外部创新资源。在这一过程中，一方面，充分发挥中央部委和地方政府以国家战略需求为导向、对科技领军企业的创新政策支持作用，为重大产业技术创新与扩散能力建设提供保障。另一方面，遵循市场经济规律，实行以“揭榜挂帅”为特征的开放型创新机制，把不同学科、不同背景的产业龙头企业、高水平研究型大学和科研院所组织起来，打造高能级创新联合体，构建有助于产业链、供应链安全和产业国际竞争力提升的产业创新生态。[19] 切实保障产业链安全，提升供应链韧性水平，加强产业链创新链的融合发展，共同促进传统产业的转型升级、战略性新兴产业的发展，探索未来产业的培育，从而为我国产业实现高质量发展提供有力支撑。

第四，加强人民群众的参与度。党的二十大报告指出，“全面建设社会主义现代化国家，必须充分发挥亿万人民的创造伟力。全党要坚持全心全意为人民服务的根本宗旨，树牢群众观点，贯彻群众路线，尊重人民首创精神，坚持一切为了人民、一切依靠人民”[20]。伦德瓦尔的分析结果表明，并不是所有的创新活动都来源于研发活动。干中学、用中学和互动学习每个经历都在影响着科技创新的产生与扩散。[21] 在知识经济、数字经济时代，自由创客是科技创新的生力军，创新的逻辑起点逐步转向后熊彼特主义，即科技创新过程中多元社会主体共同参与和价值共创。人民群众是国家创新系统中的重要组成部分，创新为了人民，创新依靠人民，创新成果由人民共享。[22] 由于创新主体的多元化以及创新的非商业性质逐渐凸显，对于创新的治理不能单纯依靠政府管制和市场调控。公共创新等后熊彼特创新大多具备公共物品的性质，因此公地的治理模式对后熊彼特范式的创新治理提供了一个可供参考的模板。[23]根据奥斯特罗姆的观点，创新治理更多地要依靠公地自治的方式。[24]但是，由于创新属于无形的资源，在数字化时代的流通及传播速度比较快，因此对于创新公地的治理又有与传统公地治理不同的地方。必须从创新公地资源的权属问题入手，综合运用市场调控、政府干预及公地自治等多种方式，借助区块链等数字化溯源技术，解决产权保护和创新激励的问题，从而保障创新公地的有序运行。

第五，加强各国家战略科技力量的协同。国家战略科技力量是实现高水平科技自立自强的中坚力量，也是代表国家参与国际科技竞争、建设社会主义现代化国家的重要力量。强化国家战略科技力量，提升国家创新体系整体效能，是当下及未来我国加快实现高水平科技自立自强的关键举措。[25]2021 年 5 月 28 日，习近平总书记在中国科学院第二十次院士大会、中国工程院第十五次院士大会和中国科协第十次全国代表大会上的讲话中指出："世界科技强国竞争，比拼的是国家战略科技力量。国家实验室、国家科研机构、高水平研究型大学、科技领军企业都是国家战略科技力量的重要组成部分，要自觉履行高水平科技自立自强的使命担当。"[26]

充分发挥新型举国体制优势，就要不断增强以科技领军企业为核心、中国特色国家实验室体系为重要组成部分的国家战略科技力量，同时在高水平研究型大学、国家科研机构中布局建设若干国家战略科技力量，从而显著增强我国基础研究的原始创新能力和产业技术的自主创新能力，形成重大原创性的基础研究成果，突破更多的关键核心技术、形成更多的未来技术，更好履行国家战略科技力量参与现代化产业体系建设的使命担当。

在发展好国家实验室等四类国家战略科技力量的基础上，今后还要进一步健全新型举国体制，加强国家实验室、国家科研机构、高水平研究型大学、科技领军企业的科学分工与有效协同，综合运用政策资源和市场机制，动态链接适配主建力量，组建高强度的协同攻关体系，及时响应和攻克产业重大任务，不断提升国家创新体系整体效能。科技领军企业凝练和策划重点领域全产业链攻关目标任务，重点推动融通创新；国家实验室主要牵头开展基础研究和应用基础研究突破；高水平研究型大学立足人才培养以及交叉融合的基础研究成果供给，开展有组织的科研；国家科研机构围绕国家战略需求有组织、规模化地开展跨学科、跨领域的交叉融合性科研活动，提供大科学装置、重大科研基础设施和大型科研仪器等支撑。

第六，科技现代化是促进世界科技进步和和平繁荣的现代化。表现在深度参与全球科技治理，深化国际科技交流合作，主动布局和积极利用国际创新资源，积极主导和参与国际大科学计划和工程，共同应对气候变化、能源安全、人类健康等人类共同挑战。党的二十大报告指出，要“扩大国际科技交流合作，加强国际化科研环境建设，形成具有全球竞争力的开放创新生态”[27]。这就需要在强化企业技术创新主体地位的基础上，加强科技与金融、科技与贸易等方面的深入融合。发挥天使投资、风险投资、私募基金等对科技创新的支撑、放大效能，加强金融科技在提高科技信贷风险管理能力方面的作用和对技术经纪人、知识产权交易人员等新型金融人才的培养。积极支持面向战略性新兴产业、未来产业的企业通过资本市场发行股票和债券融资。可启动企业技术创新国际化工程，建立一批海外研发中心，推动企业研发国际化，搭建国际化人才平台，汇聚国际人才，进一步推动研发国际化，打造国际品牌。

总之，在党的正确领导下，我国的研究与开发经费投入、科技人力资源当量、重大科技创新平台建设位居世界前列。国家战略科技力量已经形成。我国国家创新体系改革的关键是进一步形成中央科技委领导下的新型举国体制，部委协同、央地协同的高效创新体系不断优化，国家战略科技力量协同有序、政府与市场协同的创新体系运行通畅，公共的科技平台建设和市场化的企业科技创新有效协同。进一步加强党领导下的政府、市场、社会有机结合的国家创新体系建设，既是新型举国体制的新探索，也是进一步发挥中华优秀传统文化的应有之举，更是提升国家创新体系整体效能的关键举措。

第三章

"统筹"：中国现代化进程中的治理经验与基本逻辑

一、引言

后发国家现代化过程通常都会遭遇"好事不会同时发生"的困境，发展资源的有限性、治理能力的边界性与发展任务多元化、治理需求扩展化之间的矛盾，构成了现代化进程中的基本问题。这些问题在中国这个超大型国家现代化进程中表现得更为多样复杂。中国共产党作为中国式现代化进程的领导者，在长期的革命、建设、改革实践中，探索出摆脱现代化困境的中国式道路，其核心理念就是"统筹"。从"统筹兼顾"到"统筹发展"再到"统筹治理"，体现了中国共产党对现代化认识理路的不断跃升，也是中国式现代化的升级转型。统筹治理是国家治理体系和治理能力现代化的基本形态，是中国式现代化在新时代全面展开的重要原则。在中国，统筹治理要发挥党的领导的确定性以应对发展中的诸多不确定性，要保持战略定力，发扬自我革命精神，深入发展全过程人民民主。

二、“好事不会同时发生”：后发国家现代化的难题

“现代化”是对人类社会急剧变革的动态概括，是一个“集大成”的过程，在经济、政治、社会、文化等诸多领域都在发生，呈现出工业化、城市化、教育的普及、劳动分工的扩大、社会结构的分化、经济增长、公共设施和福利的改善等特点。[1] 现代化会对既有体制产生全面冲击，也“是历史形成的各种体制对迅速变化的各种功能的一个适应过程”[2]。这些体制的集中表现就是民族国家，民族国家既是现代化的产物，也是现代化的实现者。然而，各国步入现代化进程是有先后顺序的。学界通常根据现代化开启的时间和启动力的来源，区分出先发内生型现代化与后发外生型现代化两种实现现代化的方式。先发内生型现代化出现于西欧和北美，相关国家率先开始工业革命，引领全球工业化发展，塑造世界经济政治格局，从而享受到现代化较为全面的成果。而非西方国家则是被动卷入现代化进程的，虽然可以学习模仿先发国家，但是要在短时间内实现赶超，面临着更为复杂艰巨的现代化任务，经济增长、社会发展、福利改善、教育普及、民主参政等多方面的现代化目标难以同步实现，即“好事不会同时发生”[3]。几乎所有的后发国家，都面临着“发展综合征”（development syndrome），经历了认同、合法性、参与、渗透和分配等多重危机。[4]

针对后发现代化国家的发展难题，出现了不同的理论和实践探索。这些探索大致可以分为两大类：一类强调后发国家具有的独有“优势”，即“学习先进技术”和“制订发展计划”。格申克龙提出，一个国家的经济越是落后，其经济发展的速度就会越快，出现这种现象的根本原因就是后发优势。在主观意愿上，后发国家面对先进国家展现的发展前景，会在心理层面产生实现工业化赶超的强烈愿望，形成全社会的发展共识；在客观条件上，后发国家可以引进先进国家已经相对成熟完备的技术、设备，学习先进国家的经验、汲取失败教训，发挥国家的作用，并制订发展规划。[5]另一类强调要看到后发国家的“后发劣势”，并进行有针对性的解决。不同学者对“后发劣势”有不同的理解，并提出了不同的解决之道。例如杨小凯等学者认为，后发国家，尤其是经济转轨国家，“在政治垄断下的经济转轨将被国家机会主义所挟持”，由此产生了巨大的制度代价，“大大超过它赎买既得利益平滑转型的短期好处”。[6]林毅夫则认为，“后发国家是否必须先完成英美式的宪政体制改革才能取得经济的长期增长”是值得商榷的，英美国家的制度并非后发国家必须选择的最优体制。他指出，后发国家可以针对“后发劣势”进行有针对性的政策选择，来配置资源禀赋，以“在发展的每一个阶段都能够诱导其企业较好地按其要素禀赋结构所决定的比较优势来选择产业”[7]，真正发挥后发优势。这些争论恰恰说明，后发国家要实现发展，面临着更为复杂的情况。

概括而言，所谓现代化中“好事不会同时发生”，核心就是后发国家都面临着发展资源有限性与发展任务多元化、治理能力的边界性与治理需求的扩展化这两对基本矛盾，它们也构成了后发现代化中的基本关系。对于后发现代化国家来说，现代化难题主要集中在发展和治理两个方面。一方面，发展在解决旧问题时也会带来新问题，“发展综合征”意味着后发国家虽然在较短时间内实现了跨越式发展，但各类问题也集中暴露。“欧洲和北美的现代化进程延续了几个世纪，大体上来说，每次只解决一个问题或对付一种危机。但是，除了西方，世界其他地区在现代化进程中，中央集权、民族融合、社会动员、经济发展、政治参与、社会福利等等，不是依次而至，而是同时发生。”[8]另一方面，当多重问题和危机同时发生时，多重治理目标如何协调的问题就出现了。比如，汲取资源发展经济的需要与增加社会福利的要求相冲突，集权的需要与分权的要求相冲突，等等。进而言之，后发国家一般都面临资源有限的制约，在管理、资本、技术等方面可调动的资源不足。有限的治理资源在应对治理需求总量增加、多样化和超辖区化时显得更为捉襟见肘，就会出现治理超载，导致治理秩序混乱、治理系统停摆，甚至面临崩溃的危险。加之先发国家形成的示范效应压力，容易引发社会内部的失望情绪，导致社会动荡。总之，治理压力的存在加剧了发展与风险的共生效应，后发国家的现代化普遍面临着现实与期待脱节、起跑与追赶并存、发展要求与稳定需求叠加、有限的资源难以应对多重任务的局面。

中国作为后发现代化国家，除了遭遇现代化带来的诸多困境外，还因为自身规模巨大，面临的挑战更为艰巨。正如习近平总书记所说，“我国作为一个人口众多和超大市场规模的社会主义国家，在迈向现代化的历史进程中，必然要承受其他国家都不曾遇到的各种压力和严峻挑战”[9]。面对这些挑战和压力，中国依然创造了经济快速增长和社会长期稳定两大奇迹，中国共产党在应对现代化带来的复杂局面时更展现了不断提升的统筹能力。

三、从统筹兼顾到统筹发展：中国式现代化道路的探索

中华人民共和国成立初期，面对一穷二白、相对封闭的发展条件，以毛泽东为代表的中共领导者将长期革命战争时期形成的统筹理念，逐步转化到社会主义改造和建设工作中，从军事斗争领域转化到经济建设、社会建设领域中。

早在井冈山根据地和瑞金时期，毛泽东就敏锐地提出要把握住“组织革命军事斗争”和“改良群众生活”的统筹问题，提出要在工作中解决好“桥和船”的关系问题、先进与落后的关系问题。[10]在延安时期，毛泽东开始系统思考党的建设和国家建设问题。1942 年 12 月，毛泽东在《抗日时期的经济问题和财政问题》中提出了“公私兼顾”“军民兼顾”[11]的原则。1943 年 6 月，在《关于领导方法的若干问题》中，毛泽东讲到做工作需要“统筹全局”，不能在一个时期有多个中心工作，分散资源和精力。“领导人员依照每一具体地区的历史条件和环境条件，统筹全局，正确地决定每一时期的工作重心和工作秩序，并把这种决定坚持地贯彻下去，务必得到一定的结果，这是一种领导艺术。”[12]1949 年 3 月，毛泽东在《党委会的工作方法》中提出：“党委要抓紧中心工作，又要围绕中心工作而同时开展其他方面的工作。我们现在管

的方面很多，各地、各军、各部门的工作，都要照顾到，不能只注意一部分问题而把别的丢掉。凡是有问题的地方都要点一下，这个方法我们一定要学会。”[13]这些关于领导工作的思想可以概括为“两点论”和“重点论”。

中华人民共和国成立之后，各项建设开始全面展开，统筹兼顾的思路在社会主义建设的探索中逐步明确下来。这一时期统筹兼顾的目的在于调动一切积极力量建设社会主义。1950年，毛泽东在《为争取国家财政经济状况的基本好转而斗争》中提出，要同时做好土地改革、巩固财政经济、保证解放军足够力量条件下复员一部分、对旧有社会文化事业进行改造、救济失业工人、团结各界民主人士、肃清反革命分子、巩固和发展党组织等多个不同方面的工作。其中，在财政经济工作中，要“在统筹兼顾的方针下，逐步地消灭经济中的盲目性和无政府状态，合理地调整现有工商业，切实而妥善地改善公私关系和劳资关系，使各种社会经济成分，在具有社会主义性质的国营经济领导之下，分工合作，各得其所，以促进整个社会经济的恢复和发展”[14]。1956年，毛泽东发表了著名的《论十大关系》，全篇都体现了统筹兼顾的思想，梳理了社会主义建设必须处理的主要矛盾和关系。1957年，毛泽东在《省市自治区党委书记会议上的讲话》中正式将“统筹兼顾”上升至建设社会主义的战略方针：“所有这些，都是统筹兼顾。这是一个什么方针呢？就是调动一切积极力量，为了建设社会主义。这是一个战略方针。实行这样一个方针比较好，乱子出得比较少。这种统筹兼顾的思想，要向大家说清楚。”[15]同年，在《关于正确处理人民内部矛盾的问题》一文中，毛泽东将“统筹兼顾、适当安排”作为单独一节，强调统筹兼顾是对六亿人口的统筹兼顾。[16]

“统筹兼顾”的基本原则也体现在中共其他领导人的工作思路中。例如，刘少奇提出的“两种劳动制度”和“两种教育制度”将社会劳动和知识教育统筹结合在一起，有效配合了发展经济和提高全民文化水平的现实需要。陈云提出“计划指标必须切合实际，建设规模必须同国力相适应，人民生活和国家建设必须兼顾，制定计划必须做好物资、财政、信贷平衡”[17]等，兼顾了发展任务与实际国力的平衡、经济建设与人民生活的双重需要。

改革开放以来，党和国家的中心工作转移到经济发展和现代化建设上，“统筹兼顾”原则有了更新更广阔的实践场景，实现了向“统筹发展”的转变。“统筹发展”在这一时期的目的在于推进改革开放和现代化建设。1979 年，邓小平在党的理论工作务虚会上明确提出继续坚持统筹的方法：“中国式的现代化，必须从中国的特点出发。比方说，现代化的生产只需要较少的人就够了，而我们人口这样多，怎样两方面兼顾？不统筹兼顾，我们就会长期面对着一个就业不充分的社会问题。这里问题很多，需要全党做实际工作和理论工作的同志共同研究，我们也一定能找出适当的办法来妥善解决。”[18]邓小平提出社会主义的根本任务是解放和发展生产力，强调“现代化建设的任务是多方面的，各个方面需要综合平衡，不能单打一”，“各种任务之间又有相互依存的关系，如像经济与教育、科学，经济与政治、法律等等，都有相互依存的关系，不能顾此失彼”。[19]

邓小平是从如何实现更快发展的角度来强调统筹的。只有发展了，才能更好地实现统筹，实现高水平的统筹，才能真正体现社会主义的优越性。1986年，他在总结过去发展经验的基础上指出平均发展是不可能的。要坚持走社会主义道路、实现共同富裕的根本目标，在当时的历史阶段必须允许一部分人、一部分地区先富起来，以带动和帮助落后地区。进而，在1988年邓小平提出“两个大局”的论述：“沿海地区要加快对外开放，使这个拥有两亿人口的广大地带较快地先发展起来，从而带动内地更好地发展，这是一个事关大局的问题。内地要顾全这个大局。反过来，发展到一定的时候，又要求沿海拿出更多力量来帮助内地发展，这也是个大局。那时沿海也要服从这个大局。”[20]这些论述都强调要统筹不同区域、不同群体的发展进程，以此激发发展的动力，形成发展的合力。针对发展中产生的问题，也要用统筹的方法来解决，最具代表性的是“两手抓，两手都要硬”的方法论原则。1989年，他明确指出：“要两手抓，一手要抓改革开放，一手要抓严厉打击经济犯罪，包括抓思想政治工作。就是两点论。”[21]1992年，邓小平进一步强调：“要坚持两手抓，一手抓改革开放，一手抓打击各种犯罪活动。这两只手都要硬。”[22]

随着社会主义市场经济的发展和对外开放的不断扩大，现代化引发的诸多问题，比如城乡、区域以及收入差距拉大，资源环境压力增加等问题更为凸显。中共领导人对于如何运用统筹思路解决这些问题有了更为成熟全面的认识。

首先，将“统筹兼顾”确立为改革和发展的指导思想和原则。1999年，江泽民在省部级主要领导干部金融研究班结束时的讲话中谈道：“改革开放和现代化建设是一项宏伟而复杂的系统工程，各方面的工作必须相互协调、相互配合，顾此失彼、畸重畸轻，就不会取得最终的成功。塑造一个人头像，眼睛、鼻子、嘴巴、耳朵和眉毛都要成比例。如果不成比例，各个部位雕琢得再好也没有用。哪怕一个部位没有安排好，也会破坏整体的平衡和美感。我打这个比方的意思是，我们做工作，必须做到统筹兼顾。古人说，'不谋全局者不足谋一域'，说的就是这个道理。"[23]江泽民将统筹作为实现经济社会协调发展的重要方法，强调社会主义现代化建设的一个重要指导方针就是实现经济社会协调发展，"在经济建设任务十分繁重的情况下，一定要统筹兼顾地抓好教育、科技、文化、卫生、体育、环境保护、计划生育等各项工作，努力促进经济、社会、环境协调发展"[24]。

2003 年，胡锦涛指出要牢固树立全面发展、协调发展、可持续发展的科学发展观，对党的发展思想进行了系统总结，"统筹兼顾"被确定为科学发展观的根本方法。统筹还体现在对发展全面性的认识上，胡锦涛指出："随着我国经济社会的不断发展，中国特色社会主义事业的总体布局，更加明确地由社会主义经济建设、政治建设、文化建设三位一体发展为社会主义经济建设、政治建设、文化建设、社会建设四位一体。"[25]从"三位一体"到"四位一体"的升级，是在继承统筹兼顾、统筹发展思想的基础上，结合中国作为发展中大国的实际，对全面建设社会主义现代化国家认识的深化。

其次，统筹发展的核心是不同利益的协调。毛泽东曾做出社会主义建设中要"兼顾国家、集体和个人三个方面"的论断。随着市场经济的发展，1989 年江泽民重申个人、集体和国家的关系问题，进一步认可不同利益的合理性，认为人民群众的根本利益是一致的，只是不同阶级和阶层会存在不同的具体利益。所以，“在制定和执行政策时，一定要反复调查，充分论证，统筹兼顾，正确处理个人、集体、国家三者利益的关系，既体现长远的、根本的利益，又照顾当前的利益；既考虑国家整体利益，也关心群众的现实要求”[26]。党的十七大提出要“统筹中央和地方关系，统筹个人利益和集体利益、局部利益和整体利益、当前利益和长远利益，充分调动各方面的积极性。统筹各方利益尤其是当前利益和长远利益，体现了党对利益是统筹各种关系的核心的深刻把握。

再次，随着时代的发展，需要统筹的重大关系更加明确。1995 年，江泽民在党的十四届五中全会上做了《正确处理社会主义现代化建设中的若干重大关系》的讲话，这些重大关系既包括对毛泽东《论十大关系》中原有内容的进一步强调，比如“国防建设和经济建设的关系”“中央和地方的关系”，也指出了旧问题在新环境中的新表现，比如“第一、第二、第三产业的关系”“东部地区和中西部地区的关系”“收入分配中国家、企业和个人的关系”，还增加了新发展阶段的新关系，比如“改革、发展、稳定的关系”“速度和效益的关系”“经济建设和人口、资源、环境的关系”“市场机制和宏观调控的关系”“公有制经济和其他经济成分的关系”“扩大对外开放和坚持自力更生的关系”“物质文明建设和精神文明建设的关系”。[27]党的十六届三中全会明确了“五个统筹”，将“统筹城乡发展、统筹区域发展、统筹经济社会发展、统筹人与自然和谐发展、统筹国内发展和对外开放”[28]作为完善社会主义市场经济体制的要求。党的十七大，又把统筹国内国际两个大局列入需要统筹的重大关系。对需要统筹重大关系的清醒认识，反映了党的理论的与时俱进品格。

最后，随着国家经济实力和党的领导能力的不断提升，统筹发展的机制方法也不断丰富完善。在解决区域统筹上，集中提出统筹全局、平衡中国现代化全局的重大区域发展战略。党的十五届四中全会提出要实施西部大开发战略，把东部沿海地区的剩余经济发展能力用以提高西部地区的经济和社会发展水平、巩固国防。党的十六大提出振兴东北地区等老工业基地的战略任务，在沿海地区经济发展基础上推动地区协调、全面发展。2004 年国务院政府工作报告提出促进中部地区崛起，推动东中西区域良性互动、协调发展。在城乡统筹上，党的十六届五中全会提出要按照“生产发展、生活富裕、乡风文明、村容整洁、管理民主”的要求，推进社会主义新农村建设，推动城乡协调发展，保证占人口大多数的农民参与现代化进程、共享现代化发展成果。在经济社会发展统筹上，逐渐关注社会建设，党的十六大报告将“社会管理”与“经济调节、市场监管、公共服务”并列为四项政府职能。党的十七大报告提出“要健全党委领导、政府负责、社会协同、公众参与的社会管理格局，健全基层社会管理体制”[29]。在内外统筹上，党的十五大提出“积极参与区域经济合作和全球多边贸易体系”，“鼓励能够发挥我国比较优势的对外投资。更好地利用国内国外两个市场、两种资源”。[30]在政治建设上，统筹推进民主法治建设，“最根本的是要把坚持党的领导、人民当家作主和依法治国有机统一起来”[31]。这些统筹发展的机制方法既建立在中国式现代化阶段性成果的基础上，又在实践中为推动中国式现代化在新时代全面展开奠定了必要的基础。

四、统筹治理与中国式现代化的全面推进

党的十八大以来，中国特色社会主义进入新时代，中国式现代化全面展开、深入推进。统筹思想被贯彻到改革发展稳定、内政外交国防、治党治国治军等治国理政各个方面，“统筹发展”的思路跃升到“统筹治理”的新阶段。习近平总书记强调：“我们党要领导一个十几亿人口的东方大国实现社会主义现代化，必须坚持实事求是、稳中求进、协同推进，加强前瞻性思考、全局性谋划、战略性布局、整体性推进，实现发展质量、结构、规模、速度、效益、安全相统一。”[32]这种“全局性谋划、战略性布局、整体性推进”的发展改革思路是统筹思想在新时代的具体体现。习近平总书记关于“统筹治理”的思想可以归纳为以下五个方面：

（一）从“国之大者”出发，把握治理目标的统筹

中国式现代化是一个超大国家的现代化，必须始终关注“国之大者”。习近平总书记指出，“要自觉讲政治，对国之大者要心中有数，关注党中央在关心什么、强调什么，深刻领会什么是党和国家最重要的利益、什么是最需要坚定维护的立场”[33]。国之大者，既是一种始终铭记国家前途命运、中华民族伟大复兴的情怀，也是一种防范“青萍之末”的警觉，更是一种从长远根本考虑问题的“大局观”。

从“国之大者”出发把握治理目标，首先是将各领域、多层

次、各主体的目标协同到党和国家大政方针的指引下。统筹推进“五位一体”总体布局，把握经济建设、政治建设、文化建设、社会建设和生态文明建设等主要领域的治理目标；协调推进“四个全面”战略布局，把握“全面建设社会主义现代化国家、全面深化改革、全面依法治国、全面从严治党”的战略目标；统筹顶层设计和分层对接，通盘考虑党和国家机构设置，科学配置党、国家、政府各主体职责，构建系统完备、科学规范、运行高效的党和国家机构职能体系，全面提高国家治理能力和治理水平。在党的领导下，动员全国各族人民，团结一切可以团结的力量，调动一切可以调动的积极因素，努力寻求最大公约数，画出最大同心圆，凝聚最广泛共识，汇聚起实现民族复兴的磅礴力量。

其次，统筹把握治理目标的长期性和阶段性。中国式现代化是发展阶段性和长期性的统一。一个国家的发展，既有远大前景，也有各个阶段面临的不同问题、不同矛盾。这在党的历史、社会主义发展史中均有体现。习近平总书记指出，“党的二十大确定的目标任务有近期的，有中期的，也有长期的，要分清轻重缓急，既要全面推进，又要突出重点”[34]。因此，统筹治理既要把握长期性的发展方向，又要关注阶段性的发展问题。发展的阶段性为发展的长期性提供了基础，即长期发展目标是由阶段发展的连续跃升来实现的。正如习近平总书记所指出的，“中国共产党人追求的共产主义最高理想，只有在社会主义社会充分发展和高度发达的基础上才能实现。想一下子、两下子就进入共产主义，那是不切实际的”[35]，“今天我们所处的新发展阶段，就是社会主义初级阶段中的一个阶段”[36]。中国仍是世界上最大的发展中国家，要想以中国式现代化实现中华民族伟大复兴，必须发挥治理效能，着力解决现阶段发展难题。

同时，发展的长期性为发展的阶段性规定了方向，即每个发展阶段不是随意确定的，所有具体发展实践都应该纳入长期性目标规定的框架之内。习近平总书记指出：“社会主义初级阶段不是一个静态、一成不变、停滞不前的阶段，也不是一个自发、被动、不用费多大气力自然而然就可以跨过的阶段，而是一个动态、积极有为、始终洋溢着蓬勃生机活力的过程，是一个阶梯式递进、不断发展进步、日益接近质的飞跃的量的积累和发展变化的过程。”[37]但实现发展跃升，不能肆意妄为，“科学社会主义基本原则不能丢”[38]。中国式现代化的远景目标必须始终坚持社会主义方向不变，不能为解决阶段性发展的难题而走向贫富差距过大，甚至是两极分化的道路；不能只搞物质文明而忽视精神文明、生态文明，走杀鸡取卵、竭泽而渔的老路；也不能背离走和平发展道路的初衷。在中国式现代化的后半程，更需要统筹好发展的阶段性和长期性，统筹好当前利益和长远利益、局部利益和整体利益，从而不陷入实用主义短视化、功利化的陷阱。

（二）从中国与世界关系发生历史性变革出发，把握治理资源的统筹

以中国式现代化全面推进中华民族伟大复兴，必须实现资源配置的均衡，统筹好内部治理资源和外部治理资源，统筹好内部治理过程中的不平衡因素，才能最大限度地发挥治理效能。

从内部来看，现阶段中华民族伟大复兴已经进入后半程，改革进入深水区、攻坚期，继续推进改革的任务依然艰巨。从外部

来看，世界正在经历百年未有之大变局，2020 年开始突发的新冠疫情增加了未来发展的更多变数，各种形式的保护主义抬头，国际格局的变化引发了西方世界的激烈反应。在这样的时代背景下，统筹治理就是要打破“内外有别”的思维定式，统筹考虑内外变化及其互动关系，积极塑造有利于和平发展的世界环境。2022 年 12 月召开的中央经济工作会议提出“六个更好统筹”，其中之一即为“要更好统筹国内循环和国际循环，围绕构建新发展格局，增强国内大循环内生动力和可靠性，提升国际循环质量和水平”[39]。为此，我们要胸怀天下，继续坚持全面对外开放，积极参与全球治理，“用对话合作取代零和博弈，用开放包容取代封闭排他，用交流互鉴取代唯我独尊”[40]，建构全方位、多层次、多元化的开放合作格局。始终做世界和平的建设者、全球发展的贡献者、国际秩序的维护者，推动构建人类命运共同体，建设持久和平、普遍安全、共同繁荣、开放包容、清洁美丽的世界，建设相互尊重、公平正义、合作共赢的新型国际关系。在推动构建人类命运共同体的过程中，不断汲取人类治理文明的优秀成果，积极发展全球伙伴关系，积极参与全球治理体系改革，不断提升和发挥全球治理制度性话语权。

要优先解决好国内治理问题，为有效应对外部挑战提供有力支撑。归根到底，中国实现高质量发展和良好治理，既是中国人民对美好生活的向往，也有助于世界人民福祉的实现。要实现内部高质量发展和良好治理，就要统筹治理资源，推动区域平衡发展。对此，党的二十大报告提出：“推动西部大开发形成新格局，推动东北全面振兴取得新突破，促进中部地区加快崛起，鼓励东部地区加快推进现代化。支持革命老区、民族地区加快发展，加强边疆地区建设，推进兴边富民、稳边固边。推进京津冀协同发展、长江经济带发展、长三角一体化发展，推动黄河流域生态保护和高质量发展。高标准、高质量建设雄安新区，推动成渝地区双城经济圈建设。”[41] 全面建设社会主义现代化，“一个地区、一个民族都不能落下，同时我国区域差异大、发展不平衡，现代化进程不可能齐步走，要鼓励有条件的地区率先实现现代化，支持带动其他地区实现现代化”[42]。在这一过程中，更要关注农村发展，推动实现共同富裕。

（三）从中国式现代化进程出发，把握治理任务的统筹

完成治理任务是治理行动的最终目的，而不同任务往往存在不同的指向性，或者在目标上相互排斥，或者在先后顺序上需要协调，或者在资源配置上需要调整，因此统筹不同治理任务涉及思想观念、体制机制、政策安排等诸多方面。要统筹各项治理任务，就要将统筹治理的思想贯彻到各个领域的治理活动中。习近平总书记对各领域的统筹治理问题都做过明确指示，这成为这些领域工作的重要指针。例如，要处理好全面深化改革中顶层设计与“摸着石头过河”的关系，对重大改革举措慎之又慎，对看准了的问题也要有改革的决心，可以投石问路，先试点再推广；要统筹好政府和市场的关系、继承和创新的关系、开放和自主的关系；在推进社会主义协商民主时，要统筹发挥政党、人大、政府、政协、人民团体、基层以及社会组织等多方面的协商作用；在深化机构和行政体制改革时，要统筹考虑各类机构设置、统筹使用各类编制资源，科学配置党政部门及内设机构权力，形成科

学合理的管理体制；等等。

在统筹不同治理任务时，要优先处理好发展与安全的关系，要“坚持发展和安全并重，实现高质量发展和高水平安全的良性互动”[43]。所谓“发展才是硬道理”，就是将发展作为国家建设的首要任务；而安全是一切问题的底线，如果丧失安全，一切将无从谈起。统筹发展与安全，一方面需要在发展的过程中居安思危，防范风险，不能因一时的平稳发展忽视安全隐患；另一方面需要推进安全思路和手段创新，统筹内部和外部安全，统筹政治安全、经济安全、粮食安全、能源安全等诸多具体方面的安全。

（四）从更充分发挥中国制度优势提升国家治理效能出发，践行统筹治理

党的十九届四中全会提出要“把我国制度优势更好转化为国家治理效能”。推动国家治理体系蕴含的显著优势更加有效地转化为国家治理效能，需要坚持统筹治理的思想，统筹推动各项改革，有效破除利益、制度和观念藩篱，补齐治理体系和治理能力的短板。

要释放治理效能，就必须坚持全面改革，更加注重改革的系统性、整体性、协同性。习近平总书记指出，“全面深化改革，全面者，就是要统筹推进各领域改革”[44]。一些深层次的体制机制弊端与利益固化的藩篱之间存在着各种联系，只在某个领域内进行单项改革，并不能从根本上解决问题，只有统筹进行全面深化的改革，国家治理体系和治理能力现代化才能逐步推进。

释放治理效能，就要不断筑牢改革发展安全的同心圆，将各个方面的积极因素充分动员起来，形成合力。现代化是一个社会

利益和诉求多元化的过程，也是一个实现全社会意愿和要求最大公约数的过程。中国之所以能取得现代化历史上的两个奇迹，根本原因在于通过党的领导，实现了人民群众的同心合力，避免了许多国家现代化进程中遇到的社会分裂、政治动荡、民族冲突等问题，在人民群众的支持和参与下集中力量办成了大事难事。没有广泛共识，改革就难以顺利推进，发展也难以取得全面成功。当下，社会结构深刻变动，利益格局深刻调整，思想观念深刻变化，凝聚改革共识难度加大，统筹兼顾各方面利益任务艰巨，就更需要坚持群众路线，相信群众，依靠群众，团结群众，发挥群众的积极性和创造力。

释放治理效能，就是不断提高各项制度的执行力。制度执行力的高低关系到制度优越性的发挥，关系到国家治理效能的实现。如果没有强大的制度执行力，政策目标和效果就很有可能与制度设计的初衷发生偏离，治理绩效大打折扣，再好的制度也难以发挥作用，甚至流于形式、成为摆设。在这一方面，领导干部作为“关键少数”要带头执行制度，维护制度权威。更要健全权威高效的制度执行机制，加强对制度执行的监督，坚决杜绝做选择、搞变通、打折扣的现象。

（五）践行统筹治理，在统筹改革发展安全中坚持中国式治理原则

一是要坚持党的领导，以领导力量的确定性，应对治理中的不确定性。中国共产党是中国特色社会主义事业的领导核心，“全面建设社会主义现代化国家、全面推进中华民族伟大复兴，关键在党”[45]。习近平总书记特别强调指出：“治理我们这样的大

党大国，如果没有党中央权威和集中统一领导，如果没有全党全国思想统一、步调一致，什么事也办不成。”[46]只有充分发挥党总揽全局、协调各方的领导核心作用，不断增强党的政治领导力、思想引领力、群众组织力、社会号召力，才能把各方面力量团结凝聚在党中央周围，巩固共同奋斗的思想政治基础。

二是发扬斗争精神，保持战略定力。统筹治理的关键是“统筹”，即统合各类要素，做好顶层筹划，坚持“两点论”和“重点论”的统一；更重要的是，“要发扬斗争精神，勇于面对各种风险挑战，勇于克服各种困难，坚定不移把党中央决策部署落到实处”[47]。中国式现代化的战略安排是经由几十年发展实践做出的科学判断，要想真正将统筹治理落实到全面建设社会主义现代化国家的过程中，就必须认识到过去做的、现在做的、将来做的所有事情都是为了实现一个长期目标而努力，从而不急于求成，不采用实用主义和功利主义的做法，并且始终集中精力做自己的事，保证中国式现代化进程不因任何外部势力的干扰而有所迟滞甚至中断。

三是要发展全过程人民民主，充分调动和发挥各方面的能动性和积极性，实现全过程 - 全维度治理。与其他国家的现代化相比较，“以人民为中心”是中国式现代化的本质特征，也是中国国家治理现代化的基本价值遵循，是其出发点、落脚点和衡量标准。习近平总书记指出，“发展社会主义民主政治就是要体现人民意志、保障人民权益、激发人民创造活力”[48]。人民通过多种方式参与到国家治理的各个领域、各个环节和具体实践之中，可以更充分认识中国特色社会主义制度的本质特征，熟悉制度的规范要求，体会制度的内在优越性，从而坚定制度自信，更加珍惜制度发展的成果，并将制度倡导的价值理念、提出的目标要求，转化为自觉的实践，积淀为持久的思想遵循，真正成为国家治理的主体，实现制度现代化与人的现代化的统一。

四是要坚持系统思维、底线思维，重视源头治理、依法治理。党的十八大以来，中国特色社会主义的制度架构日益完善、国家治理的运行机制不断改进，中国式现代化有了更为完善的制度保证，但“越是取得成绩的时候，越要有如履薄冰的谨慎，越要有居安思危的忧患”[49]。系统治理强调国家治理主体和治理内容的系统性，要求治理主体要从政府包揽转向政府主导、社会共同治理，要求经济建设、政治建设、文化建设、社会建设、生态文明建设系统推进。依法治理要求发挥法治的固根本、稳预期、利长远作用，以良法促善治，坚持法治国家、法治政府、法治社会一体建设，实现科学立法、严格执法、公正司法、全民守法。源头治理要求治理环节从事后处置向源头治理前移，强化风险意识，建立健全风险研判机制、风险评估机制、风险防控协同机制和责任机制。

五、结语

统筹理念的不断升级丰富，是中国式现代化实践的必然结果，也是避免“好事不会同时发生”陷阱的重要原因，生动展现了中国共产党在领导一个大国迈向现代化强国进程中认识的不断成熟和实践的不断深化（见表 3-1）。

表 3-1　统筹兼顾—统筹发展—统筹治理的理路跃升

	统筹兼顾	统筹发展	统筹治理
历史阶段	社会主义革命和建设时期	改革开放和社会主义现代化建设新时期	中国特色社会主义新时代
目的	调动一切力量建设社会主义	推进改革开放和现代化建设	以中国式现代化全面推进中华民族伟大复兴
外部环境	冷战时期的对抗	和平与发展成为时代主题	世界进入百年未有之大变局
制度条件	党的领导和社会主义制度的确立	党的领导和社会主义民主法制建设	党的全面集中统一领导及推进国家治理体系和治理能力现代化
基本方法	确定阶段重心，围绕中心工作开展各方面工作	注重发展的可持续性和综合平衡性，以发展实现统筹，局部带动整体，对立面协调发展	把握治理目标的长期性、阶段性，统筹内外部治理资源，坚定战略定力，发扬斗争精神，坚持系统思维
主要手段	政治要求，思想统一，行政命令	政治要求，思想统一，市场机制，法律制度，行政命令	党的全面集中统一领导，自我革命，市场机制，法律制度，行政命令
主要内容	经济建设，公私关系，粮食问题，灾荒问题，统一战线问题，少数民族问题等	改革和开放，改革发展稳定，物质文明建设和精神文明建设，民主与法治，政府与市场，政府与社会，人口与资源、环境等	全面深化改革和对外开放，发展、改革和安全，国内循环和国际循环，有为政府和有效市场，区域协调，党和国家机构改革等

当下，中国式现代化已经进入全面展开的新阶段，以“统筹治理”为理路，统筹治理目标、治理资源和治理任务，将“统筹治理”思维贯彻到全面建设社会主义现代化国家的全过程，才能实现高质量发展，实现国家治理体系和治理能力的现代化。可以说，中国式现代化本身就是各方面统筹治理的现代化。

马克思在《资本论》第一版序言中写道：“工业较发达的国家向工业较不发达的国家所显示的，只是后者未来的景象。”[50]这说明即使各国开启现代化进程的时序不同，但实现工业化、现代化是历史发展的潮流，后发国家应该向先发国家学习借鉴。而中国的现代化实践进一步说明，即使在后发现代化国家之间也存在相互学习、相互借鉴的可能。随着越来越多的后发国家对现代化道路的认识不断深化，后发国家之间相互借鉴学习，可能比单向度地向西方先发现代化国家“取经”更有意义。

对于诸多后发现代化国家来说，要解决好“好事不会同时发生”问题，避免陷入各种各样的现代化陷阱。中国式现代化形成的“统筹治理”理路是富有启发性的。概括而言，一是要有全局观念，以战略性、整体性和全面性的观念推进现代化，“统筹全局”，照顾、平衡好各方面的利益和发展，不能“只见树木不见森林”，不能只顾当下、不管长远；二是不同阶段要有明确的重点或中心任务，要有战略上的优先排序，根据自身国力和现实条件，正确确定每个发展阶段的重点任务，围绕中心工作开展其他方面的工作，引领促进其他方面的发展；三是善于将有限的资源动员整合起来，解决紧迫的、“卡脖子”的问题，实现关键领域或环节上的自主，并形成外溢效应，实现局部带动整体。

第四章

“核爆”机理与科技创新治理效能

一、引言：“核爆点”概念及内涵解析

上海市委书记陈吉宁在2023年上海市两会首次提出科创“核爆点”概念。他指出，“一个创新的城市应该有几个‘核爆点’，这里是创新思想的源泉、新赛道的风口点，是全球各类最好创新资源的汇聚区”[1]。

上海提出科创“核爆点”概念后，引发社会各界广泛讨论。金力对“核爆点”的概念做出如下解读：创新思想的源泉，对应的是基础研究、应用研究和成果转化的活跃度；新赛道的风口点，对应的是新兴领域和新兴产业的显示度；创新资源的汇聚区，对应的是全球创新要素的集中度。[2]陈强认为，打造科创“核爆点”需要抓住科技范式转换的先机，并需在着力提升要素浓度和能级、谋划生态位势、建立触发机制方面进行实践探索。[3]熊磊认为，“核爆点”是指在技术、市场、政策、社会需求等多种要素相互作用、积累下，创新活动突然加速和增多，进而产生巨

大影响力和价值。[4]

核爆是利用铀等可裂变物质，依靠核裂变链式反应，在几微秒时间内释放出巨大能量的过程。核爆主要载体是原子弹，主要由装药、引爆器、反射层三部分组成。其中核装药主要指高浓度的裂变材料物质，为了达到核爆效果，其装药量必须超过临界质量。引爆器是核爆反应的触发条件，其中的高能炸药是推动和压缩核装药的能量来源。反射层一般由高密度材料铍或铀－238组成，[5]其目的是反射链式反应中产生的中子，使其回到反应过程中继续参与链式反应。[6]

与常规炸药爆炸依靠化学反应释放能量相比，核爆主要能量来源为能够激发原子层面能量的链式反应。其产生过程包括以下步骤：①起爆阶段：引爆装置中炸药爆炸，将核裂变材料迅速压缩到临界状态；②触发阶段：达到临界状态的裂变材料释放出高能中子，其重原子核裂变为两个较轻的原子，同时释放出大量能量；③链式反应阶段：释放出的中子再去撞击其他未发生裂变材料的重原子核，从而形成链式反应，直到裂变材料低于临界状态。

核爆反应具有释放能量高、反应速度快、辐射效应显著的特点。科创“核爆点”概念的提出与现实世界的“核爆”密切相关，两者的机理具有一定相似性（见图4-1）。与核爆反应类似，科创“核爆点”对创新成果的“见效时”“当量级”和“辐射面”提出了更高要求。正如核武器由核装药、引爆器和反射层三部分组成，科创“核爆点”也需要有足够的“关键质量”、恰当的“引爆方式”，依靠“链式反应”才能完成激发，汇量变为质变，在短时间内充分释放科创能量，实现从 0 到 1，再到 10、100 的科创“核爆”效应。

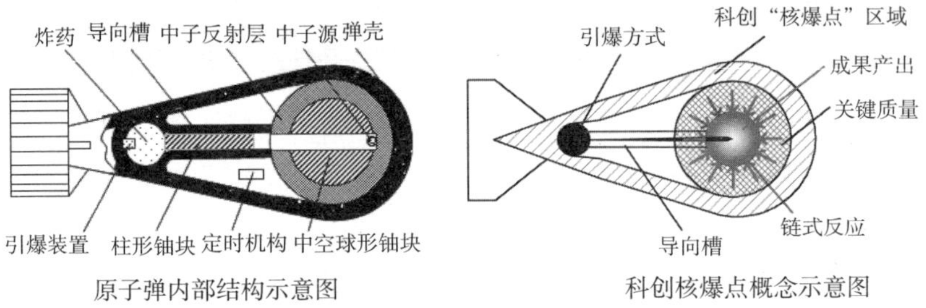

图 4–1　科创“核爆点”的原理类推

二、科创“核爆点”的实现机制

（一）足够的“关键质量”

核武器成功起爆的关键是达到足够的裂变材料浓度，只有裂变材料浓度超过特定临界值，才能保证裂变中子能充分吸收和转化，并产生更多裂变中子，进而激发更多反应。陈吉宁书记以“核爆点”为比喻，指出“全球科创资源汇聚”这一特点，生动形象地揭示了科技创新领域产生“核爆”效应的重要条件，即足够的科创要素浓度。

从国内视角看，以北京、上海、深圳为核心的城市群是经济要素和科技创新要素集聚程度最高的区域，也是科技园区、创新街区的集中承载地。2022 年我国 R&D 经费共计 30870 亿元，北京、上海、深圳三者合计达 6705 亿元，占比近 22%；[7] 2022 年我国发明专利申请数量为 1464605 项，北京、上海、深圳合计达515603项，占比35%，[8]两个指标均远高于全国其他地区。

从国际视角看，表4-1汇总了全球10个科技创新中心人才储备、科研产出、高新企业、金融资源四个科创要素指标，可以看出，各科创中心都集聚了一大批各学科、各领域的高层次科技人才、科技领军企业、高校院所、大科学设施、金融资源等。虽然在各项细化指标上各有所长，但总体上各大科创中心的科创要素浓度均远超出各国平均水平。人才储备方面，十大科创中心每百人中至少有1位活跃科学家，波士顿和北京的活跃科学家密度均突破了4%；美国科创中心硅谷、纽约、波士顿在顶级科学奖方面远远领先于世界其他科创中心；高校院所方面，各科创中心都有至少4个世界200强研发机构和高校，北京、纽约、上海在该项指标方面力压群雄；在高被引用论文数量上，以美国为首的科创中心则遥遥领先；在高新企业方面，作为科创中心发挥市场驱动作用的重要载体，独角兽企业数目可以作为衡量科创中心活跃程度的判断指标，以旧金山－圣何塞为代表的科创中心坐拥310家独角兽企业，总市值8万亿美元，其2022年VC投资占全美比例达32.7%；[9]而金融资源是支撑科创中心建设的核心要素之一，“世界排名前十的科创中心，80%也是金融中心；世界排名前十的金融中心，80%也是科创中心”[10]。各类科创要素的大规模聚集使得各类科创活动在深度和广度上不断拓展，并对周边产生辐射溢出效应，甚至引领全球科技的发展，达到“核爆”的效果。

表 4–1　全球十大科创中心指标汇总

	人才储备		科研产出		高新企业		金融资源
	活跃科学家（人数/每百万人口）	世界顶级科学奖获得者数目*	世界200强研发机构+高校数目	高被引论文数量	独角兽企业数目	高科技制造业市值（十亿美元）	VC投资
旧金山－圣何塞	26567	53	7	14000	310	8000	21314
波士顿	46091	41	7	16000	47	600	5639
慕尼黑	24094	2	4	—	—	—	765
纽约都市圈	15936	51	15	16000	140	2000	14412
伦敦	24578	10	8	10000	48	400	9137
苏黎世	30473	8	4	—	—	—	—
上海	11000	—	11	4000	89	200	13160
北京	41546	6	14	10000	107	600	8120
东京都市圈	—	10	8	4000	8	1000	—
粤港澳大湾区	—	—	16	8000	67	900	11510

* 世界顶级科学奖指诺贝尔奖、菲尔兹奖、图灵奖。

资料来源：清华大学产业发展与环境治理研究中心，Global Innovation Hubs Index 2023，数据截至 2023 年。

总结国内外典型科创中心的基本特征，在各类型科创要素如人才储备、科研平台、高新企业、金融资源方面，各大科创中心无论是质量还是密度都远超同级别地区。由此可见，足够的科创要素浓度，即“关键质量”，是打造科创“核爆点”的必要条件。

只有汇聚大量高层次研究型人才，并依托高能级的高校院所和企业研发机构，通过足够资金和政策支持，才能够充分激发各类科创元素的催化效应，为后续“核爆点”涌现打好基础。

（二）恰当的“引爆方式”

有了足够的裂变材料，核武器还需要一个引爆装置来释放裂变材料中蕴含的能量。包括引爆装置和裂变材料的布置方式、相对距离等都直接决定了核爆炸的性能，如爆炸威力、辐射水平等。打造科创“核爆点”，也需要设计恰当的“引爆方式”，下面以硅谷和新竹为例，探究两种不同类型的“引爆方式”。

1. 硅谷科创“核爆点”的引爆方式——斯坦福大学 + 军方投资

斯坦福大学被称为硅谷创新的摇篮。学界普遍认为，硅谷能在 20 世纪 50 年代初具规模，斯坦福大学起着至关重要的作用。[11] 斯坦福大学是美国乃至世界半导体、计算机科学领域的研究中心，不但为硅谷培养了大批电气领域顶尖人才，还推动了高校与工业界的密切交流。20 世纪 50 年代，斯坦福就建立了产学研密切结合的大学研究园区，如今这里汇聚着大批硅谷顶尖的科技公司，包括加州最大电子设备制造商惠普公司和施乐公司研发中心，[12] “园区向南慢慢扩大，形成了今天的硅谷”[13]。

斯坦福大学也特别重视科技成果的转化和落地，其课堂和实验室不仅传授知识，还与企业建立密切合作关系，[14] 课堂教学中企业实地实习占据重要比例。在这种培养模式下，硅谷的创新创业热情高涨，硅谷全部产值中有 62% 是与斯坦福大学有各种联系的公司创造的。[15] 硅谷的创业者充分利用知名大学和研究机构的知识裂变效应，将新理论、新技术、技术人才、风险资本、商业模式导入产业领域。

除了斯坦福大学提供足够的知识储备作为硅谷科创核爆的“引爆装置”外，硅谷早期发展与军方投资也密不可分。20世纪40年代初，圣克拉拉谷以农作物经济为主。第二次世界大战爆发后，美国政府开始大力投资军事领域相关科学研究。斯坦福大学在电气相关研究领域处于世界领先水平，因而获得大量军方投资。雷达、计算机方面的研究需要大量电子元件支持，导致供应链和产业链向硅谷集中，促使一批电子企业形成。[16] 20世纪50年代，硅谷地区国防工业迅猛发展，大量硅谷科研人员被军方雇用，参与军事方面研究，为其电子工业的形成和发展奠定了基础。进入冷战时期后，为了在“军备竞赛”和太空领域取得领先地位，美国国防部继续投入大量资金用于先进技术开发，极大刺激了硅谷企业的发展。[17] 1962年，硅谷100%的集成电路订单均来自国防部门。[18] 硅谷早期的一批高科技企业如惠普、IBM等的快速发展就是得益于这些投资和订单。

在初期阶段，硅谷企业完全依赖于冷战带来的国防订单，直到20世纪70年代，硅谷企业才能够通过民用市场订单实现自我发展。如快捷公司的集成电路先是面向国防部，后来才切入消费市场，在手提收音机、助听器、电脑等方面得到广泛应用。此外还有移动通信、互联网等产品也是脱胎于军用设备，逐步成熟后推向民用市场。[19] 1959年，仙童公司（英特尔的前身）获得美国国防部1500万美元的合同，为“民兵”弹道导弹提供晶体管。1958—1974年间，五角大楼向硅谷的公司采购了10亿美元的半导体研究成果和产品。[20]

总结硅谷经验，其引爆方式主要来自斯坦福大学和军方投资的双重引导。其中斯坦福在硅谷人才培养、文化涵养、知识生产方面起到了关键作用。在初期阶段，政府和军方的大量采购为硅谷发展提供了充足资金支持。两者共同构成硅谷发展的源动力，打造了硅谷科创“核爆”效应的先导“引爆装置”。在此基础上，陆续催生了集成电路、微处理器、互联网等科创发明，使得硅谷一直保持在信息科技领域的领先态势，将人类先后带入了信息时代和人工智能时代。

2. 新竹科创“核爆点”引爆方式——顶层设计 + 人才导向

我国台湾地区新竹产业园区有亚洲“硅谷”之称，美国《选址》（*Site Selection*）杂志将其评选为全球十大发展最快的科技园区的第一名。[21] 2020 年台湾地区新竹科学园区的营业总额达 12439 亿新台币，占台湾地区科技园区营业总额比重达 41%。[22] 虽然该园区在大陆企业竞争下利润逐年下滑，市场份额被不断瓜分，但是其早期发展模式仍值得借鉴学习。

与硅谷“核爆点”源动力来自国防需求和本地人才推动相比，新竹产业园区的引爆方式主要是依靠顶层规划加外部人才助力，其中政府对园区的规划和海外留学归来的各类人才发挥了重要作用。

园区规划体现在新竹科技园区的方方面面。园区最初的建设目的是振兴产业经济，摆脱 20 世纪 70 年代西方经济危机造成的对外经济依赖现象。新竹园区定位于高科技产业的代工和制造，这样就避免了与硅谷等地区的正面竞争，并形成了垂直分工，找到了符合自身定位的发展方向。[23] 园区成立之初就确定了科学化、国际化、学园化的建区方针，并选择了电子计算机及外围设备、精密仪器机械、集成电路等市场前景广阔的方向作为重点发展领域。[24] 在作为其主要产业的高科技产品生产加工方面，新竹园区在晶圆代工、集成电路封装、集成电路测试三个领域的市场占比分别达 67.4%、44.8% 和 60.0%。[25]

当地政府在政策推动方面发挥了重要作用。园区成立之初，就制定了相关的法律政策，仅 1986 年，当地政府就出台和修订了 11 项有关创新支撑和投资鼓励方面的法律条文。除此之外，还规划了保税工业区、工业住宅区、风景保护区、污水治理区等相关功能分区，形成了有利于创新产出和投资的功能环境。对于高新技术企业，在企业税收、贷款、奖励资助等方面也都有一系列优惠政策。[26]

与硅谷主要依靠前期投资的“引爆方式”不同，新竹地方政府干预范围更广、力度更大。考虑到初创企业无论是科技实力还是经济效益与硅谷大公司都无法比拟，很难承接大型项目和科研投入，新竹地方政府担负起相关扶持工作。[27] 以园区内星通电子为例，在企业成立前五年中，企业没有利润，主要依靠政府补贴生存。五年中，星通总共获得 10 项创新补助，4 项主导性产品补助，若以当时补助最低标准衡量，也可达 6500 万新台币。与之相对应，新竹园区的高新技术企业成活率达到 80%，远高于硅谷平均水平。[28]

新竹园区早期发展还得益于对于人才工作的重视。20 世纪 60 年代，新竹就允许科研人员将其专利和技术作为股份进行投资或者交易，这一政策对吸引海外高层次科学家来园区创业具有深刻意义。[29] 1983 年，来新竹创业的海外人才为 27 人，随后每几年以翻一番的速度增加，至 1994 年年底该数字提升为 1362 人。[30] 这些人才主要来自美国高校，其中相当一部分曾在硅谷工作过，有着创新创业的浓厚兴趣，对世界科创发展趋势也有敏锐的洞察力。譬如，台积电创始人张忠谋早年就读于哈佛大学，先后担任过德州仪器和通用仪器的高管，后受邀回台湾地区担任工业技术研究院院长，并负责世界首个晶片代工厂的筹建工作，主导台湾地区晶片产业发展。以张忠谋为代表的人才给台湾地区带来大量先进技术，加速了新竹科创"核爆点"的形成。

打造科创"核爆点"，需要有恰当的"引爆方式"作为科创核爆效应的触发点和引线。总结硅谷和新竹的"引爆方式"可以看出，虽然两者定位不同、禀赋不同、引爆方式也有差别，但两者都抓住了科创发展的关键环节，从而在新兴产业发展中把握住重要机会。这也是打造科创"核爆点"，并保证其创新浓度和威力的关键所在。陈吉宁书记指出，科创"核爆点"必然是"新赛道的风口点"，而作为起爆关键的"引爆方式"更应具有足够的科创势能和动能。其中科创势能主要体现在"新"上，只有足够新颖的科创成果，才能够对科技和产业领域起到变革引领作用，具有足够的势能引发后续的科创连锁反应；而科创动能主要体现在"风口"上，只有科创成果与人类经济社会发展同频共振，才能够挖掘其潜在价值，进而在市场资本驱动下激发后续的科创连锁反应。

（三）顺畅的"链式反应"

核爆威力主要基于链式反应原理，其中裂变的产物作为下一次裂变的反应物，形成一个持续放大的反应链，如此循环往复，释放能量是常规炸药的几何倍级。科创“核爆点”的产生和发展，也来自各类科创要素互相碰撞融合、各种科创成果交替递进衍化，并最终形成一种类似“三螺旋理论”描绘的协同递进式科创进程。

1.“链式反应”迭代演进的典范——硅谷

以硅谷为例，其“链式反应”主要体现在企业 - 企业、高校 - 人才 - 企业两个主链条之间的交错融合递进过程。企业 - 企业链条方面，硅谷早期企业大多属于半导体制造产业，以惠普、仙童半导体等为代表，其制造的晶体管、电路板等元件不仅宣告了第三次产业革命的开始，也为后续集成电路、微处理器奠定了技术基础。[31] 20 世纪 70 年代，硅谷创新型企业层出不穷，俨然成为世界科创中心，其中有专注芯片制造的英特尔、个人电脑制造商苹果公司等。随着互联网诞生和相关硬件的不断升级，又催生出谷歌、Facebook、英伟达等高科技巨头。[32]

高校 - 人才 - 企业链条在此过程中也发挥了重要的催化作用。硅谷以其开放自由的创业精神和独特的地理区位，吸引了大批高科技人才，斯坦福大学成立斯坦福工业园，致力于推动高校技术转化和师生创新创业。2022—2023 年，从斯坦福大学走出的创业人才达 472 人，排名全美高校第一名，其中融资额在 100 万美元以上的初创企业达 195 家。[33] 源源不断的创新型人才成为硅谷创新链的重要环节和策源之基。当这些人才成长为硅谷产业核心人物后，通常会以各种方式回馈母校，致力于培养和招揽更多人才加入。斯坦福大学人均获奖学金达 6.2 万美元，其中大部分来自私人捐赠；伯克利、斯坦福高校联合国家实验室和加速器中心，制订“产业联盟计划”，构建大学为硅谷企业输送人才、企业为大学提供科研设备和孵化资金的良好互动模式，不仅实现了科学研究与创新实践的深度融合，也推动了科研成果的商业化提速。实现了高校－人才－企业的良性链式反应。[34]

硅谷凭借这种“环环相扣、螺旋递进”的科创链式反应，始终引领着 AI、医疗科技等行业的科创变革。硅谷所展现的半导体→计算机→互联网→人工智能的创新历程，呈现出科创链式反应自我递进、自我强化的特点。由此可见，在选择恰当的“引爆方式”后，还需打造顺畅的“链式反应”，为科创活动提供足量的“催化剂”和“润滑剂”，才能够让科创“核爆”持续递进。

2.“链式反应”陷入困顿的案例——日本筑波科学城

筑波科学城起源于 20 世纪日本“技术兴国”的发展战略，已发展成为日本设备最完善、人员最庞大的科学研究中心。[35] 截至 2020 年，筑波科学城共设立 29 个国家级研发和教育机构，拥有近 2 万名科学家、研发工程师等人才，集中了日本国内 40% 的国立科研机构和科研经费预算。[36] 表 4-2 给出了硅谷与筑波相关指标对比，筑波科学城政府介入程度和投入力度明显更大。但是在经历了 20 世纪 80 年代的短暂辉煌后，筑波的后续发展却越发乏力。[37]2021 年，硅谷的国内生产总值超过 4035 亿美元，而筑波仅 116 亿美元。[38] 与硅谷科创成果遍地开花相比，筑波更侧重于基础研究方面的突破，在产学研交流与合作成果落地方面略显不足。

表 4–2　硅谷与筑波部分指标对比

	硅谷	筑波科学城
定位	世界级科创中心	有世界影响的科学城
研究人员数目	400000	20000
诺贝尔奖获得者数目	200+	5
居民数目	266 万，仅亚裔占比就达 37%	24 万，外籍比例 4%
著名高校	斯坦福大学，QS 排名第 5；加州大学伯克利分校，QS 排名第 4	筑波大学，QS 排名第 355
国内生产总值（亿美元）	4035	116
高等研究机构数目（国家级）	2 个，劳伦斯伯克利实验室和 SLAC 国家加速器实验室	29 个，代表有 Advanced Industrial Science and Technology（AIST）和 Japan Aerospace Exploration Agency（JAXA）
累计培养初创企业数目	40000	372
政府介入程度	前期国防大规模投资	前中后期规划组织投资主要依靠政府

资料来源：Brochure about Tsukuba Science City. 2019, https://www.invest.indus.pref.ibaraki.jp/cms/wp-content/uploads/2021/07/Brochure-about-Tsukuba-Science-City.pdf, 令和元年度茨城県市町村民经济计算，https://www.pref.ibaraki.jp/kikaku/tokei/fukyu/tokei/betsu/keizai/shityoson2019/index.html, Joint Venture Silicon Valley. Silicon Valley Index. https://siliconvalleyindicators.org/data/people/, CBRE. Silicon Valley Research and Development Figures Q4 2022,https://www.cbre.com/insights/figures/silicon-valley-research-and-development-figures-q4-2022，https://www.cbre.com/insights/figures/silicon-valley-research-and-development-figures-q4-2022，U.S. Digital Economy: New and Revised Estimates, 2017–2022. 其中硅谷数据截至 2022 年，筑波数据截至 2021 年。

从链式反应视角看，筑波未能维持创新势能的根本原因是科技成果没有顺利转化为现实生产力，没有释放出足够的创新能量，使得整个链式反应丧失了动能。具体来看，主要体现在三个方面。

科研成果落地动力不足：筑波科学城管理部门拥有绝对主导权和所有权，科研成果大多归政府所有。同时，其市场化因素也不够活跃，科研成果未能快速转化为工业产品和生产力。[39]部分日本财阀控制市场流通环节，难以产生对高科技产品的兴趣和推动力，同时期科研机构产值严重低于政府投入，导致政府财政压力过大。[40]高额的研发成本和滞缓的回报率进一步阻碍了创新的发展，并被后人称为“现代科技乌托邦”[41]。

对科研人才激励欠缺：筑波科学城大部分科研人员属于政府雇用，具有浓厚的政府管理色彩。有研究表明，筑波从研发立项到成果落地平均需要10年时间。[42]层层官僚主义固然严重阻滞了科创进程，同时政府对科研成果的分配占用也是症结所在，导致科研人员创新激励愈发欠缺。[43]曾因发明蓝色二极管而获得诺贝尔奖的中村修二没有从其发明中获得过任何分红，他指出日本的研究人员没有从公司获得与成就相符的公正报酬。[44]不合理的分配制度极大影响了科研人员的科研效率和热情，20世纪80年代，筑波科研人员自杀比例约为全国平均水平的两倍。[45]

较为封闭的科研系统：与硅谷相反，筑波建立之初的目的就是围绕日本“科技立国”理念，由政府统一规划建设，官僚主义氛围浓重；[46]加上日本国内财阀势力和文化影响，鲜有与外来思想技术碰撞交流的积极性。这些因素导致筑波未能抓住互联网革命、计算机科学发展中出现的创新机遇，与硅谷差距越拉越大。

总结对比硅谷和筑波的科创链式反应，可以看出两者虽都拥有高密度的关键质量要素，但是创新成果产出方面却存在较大区别，这可能与创新要素间的活跃通畅程度有关。在硅谷，人才、资本、知识之间交流互动频密，创新人才活跃外向，文化氛围开放包容，创新成果能够迅速落地转化。筑波在发展前期，依托充沛的科创要素资源，取得了一系列成功。但后期过度依赖政府投资以及乏力的人才激励逐步成为筑波创新链条传导的障碍。由此可见，提升链式反应的“顺畅度”是释放科创“核爆”威力的关键所在。

三、辨识“核爆”机理，提升科技创新治理效能

从科技创新治理角度看，区域创新生态系统的形成是一个复杂且漫长的过程，涉及各类科创资源的配置、协调及整合，决策者往往难以辨识和理清具体实现路径，从而陷入治理困境。科创“核爆点”在客观上提供了一种全新的解析视角，即将科创中心区域的创新活动分为“关键质量”准备阶段、“引爆方式”触发阶段以及后续“链式反应”扩大成效阶段。在对区域创新生态系统进行系统梳理的基础上，决策者可以以打造科创“核爆点”为抓手，推动区域科技创新治理体系建设和升级，具体沿以下逻辑展开。

（一）着力提升科创要素的“关键质量”

创新活动离不开各种要素的深度互动，创新要素的浓度构成

科创“核爆”的“关键质量”。因此，提高各类科创要素浓度是各项准备工作的当务之急。

首先需要明晰科创“核爆”区域各类创新要素的浓度特征，扬长补短，系统化配置各种创新要素，重点聚焦人才、知识、技术、平台、资本、服务、治理七个维度。

在人才方面，根据区域发展潜力和科创“核爆点”起爆方向，谋划布局相关科技和产业领域的高层次科技人才和高技能从业者，形成由战略科学家、基础研究人才以及青年科学家组成的多层次、宽领域的人才战略储备。在知识和技术层面，谋划建设有利于发挥人才潜能的科技基础设施、高能级研究平台，让各类人才能够将知识和技术成果转化为现实生产力；推动高水平科研机构和新型研究型大学建设，加强高校、企业、研究机构之间的人才交流，促进知识和技术的碰撞融合；鼓励大企业建立开放创新中心，增强知识和技术的承接和转化能力。在金融资本方面，结合知识生产、传播与扩散、转化为现实生产力的过程性特征，通过政策引导，建立由属性不同、偏好各异的资本构成的金融服务体系，为科技创新活动提供全生命周期的融资支持，改善区域科创金融环境。在服务治理方面，围绕区域科技创新活动的核心需求，培育专业化机构和队伍，提升科技基础设施的开放设计水平和服务效能，构建面向特定领域的科技服务体系。

（二）探索符合自身定位的“引爆方式”

总结新竹园区成功引爆科创“核爆点”的经验，可以看出当地政府对自身发展态势及科创发展趋势形成了明确判断，并积极融入到全球科技和产业分工格局中，以技术带动产业，提前谋划“引爆方式”。

当前，国际形势变幻莫测，科技突破风起云涌，对政府的预判力和统筹能力都提出了更高要求。打造科创“核爆点”，必须在深刻认识其形成机理的基础上，因势而谋，顺势而为，探索符合自身定位的“引爆方式”。可以瞄准科技产业新赛道，组建创新生态联合体，寻求增量市场的突破空间；可以对焦国家重大战略需求，打造战略科技力量，突破“卡脖子”技术瓶颈；可以推进更高水平开放，营造具有全球竞争力的开放创新生态，融入全球科技和产业竞合。

（三）激发顺畅的“链式反应”

“链式反应”是催动科创“核爆”威力的有效路径，保证其顺利进行需要科创要素之间有充分的互动和碰撞。可以将创新链、产业链、人才链、资金链的融合度和顺畅度作为激发“链式反应”的着力点。

创新链是科创“链式反应”的源头活水；产业链是创新成果转化、创新能量释放、“链式反应”得以实现的载体；人才链是“链式反应”能否顺畅进行和能级高低的决定性因素；资金链可以视为“链式反应”中不可或缺的“催化剂”和“放大器”。推进“四链融合”，激发顺畅的“链式反应”可以从以下几个方面着手：一是发挥战略科学家在“四链融合”中的方向识别和组织推动作用，给予其充分的自由度和试错空间。二是优化科技财政投入结构，强化其战略性、基础性及生态性功能导向，激活国资创投在区域金融服务体系中的引导和功能保障作用。三是提升

“四链融合”功能性平台的服务效能，从数据归集、算力赋能、算法支持、设备仪器共用、软件共享、知识产权服务等方面提供全方位保障。四是创建“四链融合”的互动场景。依托园区、高校院所、众创空间，举办各类交流活动，推动思想、知识及技术的快速扩散和转化。

第二部分

新时代中国科技创新治理：问题、挑战与改革

第五章

从思想变革到改革实践：党的十八大以来中国创新驱动发展战略的回顾

一、引言

党的十八大以来的十几年是以习近平同志为核心的党中央大力实施创新驱动发展战略、成功推动中国科技创新事业实现了历史性跨越的十几年。

本章从科技思想、改革实践、创新成效等几方面对党的十八大以来中国科技创新历程和成就进行了简要回顾。本章提出，党的十八大以来中国在科技创新思想、创新驱动发展战略、科技体制改革等方面发生了系统性的变革，促进我国在资源投入、基础研究、技术创新、产业国际竞争力以及创新活力等诸方面取得长足的进步，已经初步迈入世界创新型国家的行列。

最后，本章对促进中国尽快成为全球创新强国和世界科创中心的目标进行了展望，并提出了五点政策建议。

二、从原创性思想到创新强国大战略

科技创新事业的迅速发展有赖于前瞻性的科技思想和系统的战略谋划。党的十八大以来，围绕创新驱动发展战略，以习近平同志为核心的党中央提出了一系列具有深远影响的原创性新思想，从哲理思想和系统方法论等方面把中国科技创新事业提升到一个新高度。

首先，创新已经成为新时代新发展理念的基调和底色。党的十八大以来，习近平总书记几乎在所有的重要会议以及地方考察过程中都将创新发展放在重要位置，“创新”一词出现在公开讲话和报道中的次数已超过千次。[1]从“创新是引领发展的第一动力”到“科技自立自强”，从中央政治局的多次科技集体学习，到两院院士大会讲话以及地方考察，习近平总书记的讲话无不体现对中国科技创新事业的关心关爱，更重要的是，他提出的一系列原创性思想使得人们对创新驱动发展战略、高质量发展、创新强国等新时代新发展理念有了新认识。

其次，创新是引领发展的第一动力。随着过去长期支持中国经济高速增长的生产要素优势不断减弱，人口、资源、环境面临的压力逐步增大，中国发展亟须转变传统以消耗大量物质资源为主的发展方式，转向为创新驱动发展。2015年，习近平总书记就明确指出，为了适应和引领中国经济发展新常态，关键要依靠科技创新转换发展动力，把创新作为引领发展的第一动力，把创新摆在党和国家发展全局的核心位置。[2]无论是“第一动力”还是

"全局的核心"，这些都反映了中央对科技创新在中国现代化新征程中重要意义的战略判断，具有很强的引领性。

再次，近年来，面对大国间博弈加剧等外部环境变化，以习近平同志为核心的党中央准确研判世界大势，主动提出构建新发展格局来应对，而构建新发展格局最本质特征就是实现高水平的科技自立自强。科技"霸凌主义"再次给我们敲响了警钟，一些关键核心技术是要不来、买不来的。[3]唯有坚持科技自立自强，将关键核心技术掌握在自己手中，才能够牢牢掌握竞争和发展的主动权，从而在根本上保障国家经济安全、国防安全和其他安全。

最后，人才是科技创新的关键资源，如何培养、使用、激励人才决定了我们事业的成败。2021 年 4 月，习近平总书记在考察清华大学时指出，中国教育是能够培养出大师来的，我们要有这个自信。这是对中国高等教育和科教战线人才培养体系的肯定。这是一个创新的大时代，各类科技创新领域的学术大师竞相涌现。他们在"嫦娥"奔月、"祝融"探火、"蛟龙"入海、北斗导航、高铁驰骋、5G 通信等众多科研领域做出开拓性成就，涌现出王大中、黄大年、马伟明等一大批新时期德艺双馨的战略科技人才。人才教育投入持续增加、"双一流"建设深入推进，一流大学已经成为中国基础研究的主力军和重大科技突破的策源地。

这些引领性的原创思想为指导形成事关中国科创事业全局的创新驱动发展战略打下了认识论基础。在《中国共产党第十九届中央委员会第五次全体会议公报》以及《中华人民共和国国民经济和社会发展第十四个五年规划和 2035 年远景目标纲要》中，中央明确提出，坚持创新在中国现代化建设全局中的核心地位，把科技自立自强作为国家发展的战略支撑，深入实施科教兴国战略、人才强国战略、创新驱动发展战略，完善国家创新体系，加快建设科技强国。

三、系统深入的体制机制改革及大踏步的创新实践

在上述一系列创新发展新思想的指导下，过去十几年，中国系统推进科技体制改革，改革涉及的范围之广、出台方案措施之多、改革力度之大世所罕见，很多举措都是“啃硬骨头”，属于“深水区”的攻坚克难。现在，《深化科技体制改革实施方案》中部署的143条改革任务基本完成，对重点领域和关键环节的改革形成全面发力、多点突破的格局。一系列改革解决了科技体制领域很多多年想解决而没能解决的矛盾和问题。我国创新主体能力、创新活力、创新环境有了较大的改善。比较突出的包括如下六个方面。

（一）科技资源分配体系重塑

针对过去在管理领域存在的科研项目重复申报、科技计划管理条块分割、科技资源配置碎片化等痼疾，国家改革了国家自然科学基金、国家“863”计划、“973”计划等项目的组织管理办法，将国家科技资源和计划进行了全面整合，促进了科创资源的集中高效利用和统一管理。普遍实行首席科学家承担项目的“限项”规定，避免了资源错配和重复浪费。实行关键核心技术科研攻关的“揭榜挂帅”“赛马”制度等。简化了项目申报、评估结题、经费使用等环节的繁文缛节，创造环境让科学家潜心搞科

研。另外，还针对科研设施与仪器重复建设和采购等问题，促进统一开放的科研设施与仪器国家网络管理平台建立，推动科技资源开放共享。

（二）“破五唯”及科技评价体系的系统改革

科技评价制度是科技创新领域的“指挥棒”。很长一段时间以来，“唯论文、唯帽子、唯职称、唯学历、唯奖项”的歪风困扰中国科创领域，而且形成了严重的路径依赖。在党中央的决策部署下，科教创新领域以“破五唯”为抓手，对人才和学科评估体系进行了系统深入的改革，着力破除科技创新领域的表面文章和形式主义。力推高质量的教育、科研和创新，唯创新和高质量发展是举，风气面貌为之一新。科技“泡沫”和“帽子”满天飞现象得到一定程度的遏制，以创新质量、能力、价值、贡献论英雄正成为科技战线和教育界的共识。

（三）改革基础学科的人才培养体系

为了弥补中国基础科学研究的短板，除了加大基础科学的资源投入之外，还对人才培养体系进行了大刀阔斧的改革。例如，近年来，中国高校深入实施“强基计划”，积极探索基础学科拔尖创新人才培养模式，围绕着“为国选材、厚植强基、拔尖领军、创新未来”的人才选拔和培养定位，重点支持基础学科、核心技术领域相关学科发展。选拔全国拔尖的青年英才，服务于国家重大战略的需求。鼓励国家实验室、国家重点实验室、前沿科学中心等科研机构及平台，以参与重大科研任务的形式培养拔尖创新人才。相信在不远的将来，这些改革措施将极大促进提升中国基础科学研究创新能力。

（四）区域创新体系布局及优化

创新强国的建设是以区域创新体系为支撑的。过去十几年，中国加快了区域创新体系的建设步伐。基本形成以北京、上海、深圳等为核心的各具特色的国际创新型中心城市，带动中国区域创新体系高质量发展。“十四五”期间，为提升中国基础研究的水平，强化原始创新能力，国家支持北京、上海、粤港澳大湾区形成国际科技创新中心，建设上海张江、安徽合肥、北京怀柔、大湾区综合性国家科学中心，汇聚世界一流科学家开展科研领域具有前瞻性、战略性、关键性的科研攻关。[4] 鼓励地方进一步加大体制机制创新，先行先试、探索经验、做出示范，建设国家自主创新示范区。

（五）推动军民协同创新体系发展

党的十八大以来，中国在一些重点领域积极进行军民科技协同创新，产生不少融合发展的科技创新成果，例如天河超级计算机、激光陀螺、北斗系统、“高分二号”卫星等。在航天领域，中国已经有 2000 多项军民协同创新技术成果应用到国民经济各个部门。现在“民参军”“军转民”的障碍正在逐步移除，深度专业化分工、军民有机协同协作的创新局面正在形成，区域性的军民协同创新示范区、“试验田”也在不断发展，很多协同合作创新成果如雨后春笋一般涌现出来。

（六）支持中小企业创新发展，培育“专精特新”企业

企业作为创新的主体，是推动创新创业的生力军。针对中国中小企业创新能力不强的问题，近年国家把坚持走“专精特新”之路作为促进中小企业高质量发展的重要途径，激发中小企业活

力和发展动力，推动中小企业转型升级。党的十八大以来，推进“专精特新”中小企业的梯次培育，初步形成从普通中小企业到一般“专精特新”中小企业，再到“小巨人”企业、隐形冠军企业、单项冠军企业和领军企业的梯次发展格局。“专精特新”企业成为解决当前中国“补链强链”“卡脖子”以及提升制造业核心竞争力问题的关键所在。

其他领域的很多改革也都非常重要，例如院士制度改革、科技成果转化分配制度改革、专利保护制度改革等。2020 年，国家对专利法进行了新一轮的修订，加大了专利权人的保护力度，通过出台实施专利质量提升工程，以“高水平创造、高质量申请、高效率审查、高效益运用”为目标，严格把握每个环节，从发明创造到专利申请、代理、审查，再到运用和保护，促进中国从知识产权大国迈向知识产权强国。

四、突破性成就和标志性成果涌现

党的十八大以来，在一系列改革和创新驱动发展战略推动下，中国在科技创新事业上取得了历史性突破，初步进入创新型国家行列。根据 2022 年世界知识产权组织（WIPO）公布的《全球创新指数报告（2021）》，中国创新指数排名由 2012 年全球第 34 位上升至 2021 年全球第 12 位，已经成为全球创新版图上不可或缺的关键部分。[5]

党的十八大以来，中国在科技创新各个领域都取得了大幅度进步。[6]在基础研究方面，2021 年中国高被引论文数是 2012 年的

5.4倍，达到42920篇，占世界比重为24.8%，位居世界第2位。在发明专利方面，2012—2021的十年间，中国每万人发明专利拥有量由3.2件提升至19.1件。PCT专利申请量由1.9万件增至6.95万件，连续三年位居世界首位。在科技人才方面，内地入选世界高被引科学家数量由2014年的111人次提高到2021年的935人次。在创新型企业方面，2012—2021年间中国高新技术企业数从4.9万家增加到33万家；涌现出一批像华为、大疆、宁德时代、联影医疗、迈瑞医疗等具有国际竞争力的高技术企业，2021年中国683家企业进入全球企业研发投入2500强；2021年中国企业在PCT国际专利申请量排名前10、前20、前50的机构中占比分别为30%、35%、26%。

党的十八大以来，中国科技创新事业全面开花，在若干领域获得了突破性的进展，涌现出一批在国际上影响很大的标志性成果，充分展示了中国科技创新逐渐开始引领世界的能力。

（一）5G技术及推广

以华为、中兴通讯为代表的通信设备制造商在5G时代技术全面领先世界，业内公认，5G技术是中国通信产业真正意义上第一次站在世界通信产业的领先者队伍中，实现从“3G突破”到“4G同步”再走向“5G引领”。根据中国信通院公布的数据，在ETSI进行5G专利声明的产业主体中，排名前十的企业中中国企业占了四名。

在新技术推广应用中中国也走在世界前列。2019年，中国5G商用牌照正式发放，标志着中国开启5G时代。在5G的推广上，无论是用户数量、基站数量，还是网络覆盖规模，中国都位居全球首位。中国5G基站数量占全世界六成以上，基站基本覆盖了全国所有县城城区。此外，5G典型应用场景涉及国民经济97个大类中的40个，在无人驾驶、矿山、港口等领域正在开始实现规模应用。5G技术的迅速普及应用将极大加速中国数字经济发展。

（二）核能高温气冷堆技术

中国实施国家科技重大专项高温气冷堆核电站示范工程以来，努力推动高温气冷堆技术从“实验室”走向“工程应用”，实现产业化。通过校企合作，清华大学、中国核工业集团有限公司、中国华能集团有限公司形成“小核心、大协作”协同创新战略。2021年12月20日，随着石岛湾第四代核电技术示范工程并网发电的成功，中国成为世界少数几个掌握第四代核电技术的国家，实现了中国先进核能技术由“跟跑”“并跑”到“领跑”的飞跃。第四代核电技术的领先无论对于中国能源结构改善还是应对全球气候变暖都具有重大战略意义，是中国科技界对人类文明做出的一大贡献。

（三）量子信息科技

党的十八大以来，中国高度重视量子信息科技的发展，并在量子通信、量子计算领域，突破了一系列重要科学问题和关键核心技术，取得了多项具有国际影响力的重要成果。在量子通信领域，2016年中国自主研制并成功发射世界上首颗量子科学实验卫星“墨子号”；2017年中国建成全球首条远距离光纤量子保密通信骨干网“京沪干线”。在量子计算领域，中国成功构建可以达成“量子计算优越性”的“祖冲之二号”和“九章二号”量子计算原型机。量子科技有可能成为中国引领发展的又一重要领域。

（四）大国重器上天入地、突飞猛进

除了在高铁领域领先世界以外，中国在航空航天、深潜、航母等方面也取得若干重大标志性科技成果。党的十八大以来，中国的航天事业不断刷新纪录，实现“神舟”问天、“嫦娥”揽月、“北斗”指路、“天和”遨游星辰等一项项壮举，载人航天工程正式从“载人飞船阶段”迈向“空间站时代”，中国跻身航天强国之列。“蛟龙号”载人深潜器，创造了下潜 7062 米的世界同类作业型潜水器最大下潜深度纪录，可在占世界海洋面积 99.8% 的广阔海域中使用。两艘技术先进的国产航母“山东舰”“福建舰”相继下水入列，标志着中国综合军事科技能力的大跃升。

（五）新兴数字技术产业蓬勃发展，数字经济正在领先世界

党的十八大以来，中国以超级计算、大数据、区块链、智能技术等为代表的新兴技术呈现出快速发展和突破应用，促进了大数据、人工智能等战略性新兴产业蓬勃发展。中国出台了一系列政策以支持数字经济，推进数字经济和实体经济的深度融合，推动产业数字化和数字产业化稳步发展，基本形成横向联动、纵向贯通的数字经济战略体系。2021 年，中国数字经济规模达到 45.5 万亿元，占 GDP 比重达到 39.8%，发展态势世人瞩目。

五、未来展望：优化创新生态，迎接全球创新中心的中国时代

展望未来，我国将在 2035 年基本实现社会主义现代化，关

键核心技术实现重大突破，进入创新型国家前列。到本世纪中叶，中国必将成为世界创新强国和全球科技创新中心，如果没有世界科技创新中心地位的支撑，中国建成现代化强国、实现百年梦想的伟大目标将受到影响。

历史上看，全球科技创新中心经历了五次大转移，从文艺复兴时代的意大利到催生了两次科技和产业革命的英国、法国、德国、美国等。21 世纪，中国能否取代美国成为全球名副其实的科技创新中心？这将考验我们这个民族的智慧、决心和组织能力。今天，21 世纪已经过去了五分之一多，未来仍需要我们几代人、几十年的艰苦卓绝的努力，才能顺利实现这个伟大梦想。

过去十几年，虽然我们取得了一系列辉煌成就，但是丝毫没有骄傲自满的理由。当前，中国原创性、原理性的科学发现尚不多见，具有全球影响力的战略科学家还不多，基础研究实力还不能说领先世界，某些方面甚至还有较大差距。在技术创新方面，中国在芯片、新材料、生物医药等领域的关键核心技术被“卡脖子”问题还很严重。国家创新型的教育体制还不完善，科技组织能力还有待提高，新时代新型举国体制还需要不断探索。

展望未来，为了加快建成世界创新强国，中国亟须补足短板、优化创新生态。当前，尤其需要强调如下五个方面。

一是千秋基业、唯在得人。在科创领域，人才是第一资源，投资于人远比建大楼、搞园区和争买昂贵的科学仪器设备更重要。要让科技创新人才成为全社会最受尊重的人才。中国应继续优化提升创新型教育体系建设，改革高考录取制度，鼓励孩子从小创新创业，培养他们的好奇心、批判精神和创业勇气。在科研人才的选、用、评价方面，应真正做到以人为本、唯才是举，注重创新的实效，形成奋发向上、团结互助的良性人才成长环境。

特别重要的是，中国要营造出良好的国际化人才环境，善于引进国际精英人才，无论东西南北中，要聚天下英才而用之，努力使中国成为世界高端人才的磁石。要破除现有体制机制藩篱，不拘一格降人才，促进人才的合理流动，吸引全球人才为我所用。

二是持续进行体制机制改革。深化改革永远在路上，要不断探索现代院所和一流高校治理体系改革，继续优化同行评议制度，以及人才评价和考核制度，调动各类创新主体的积极性、主动性。另外，还要优化产学研合作、专利成果转移转化等制度。

三是促进基础科学家坐得住"冷板凳"。科技自立自强，长远来看要依靠基础研究。基础研究解决的是从 0 到 1 的突破，必须营造潜心研究、宽容失败的科研氛围，从待遇、工作条件、团队建设、学会组织等方面创造条件，形成健康的科学绿洲和创新生态，破"五唯"，让科学家坐得住"冷板凳"、潜心研究"真问题"、敢于"攀高峰"、勇于过"无人区"，形成良性的碰撞交流环境，长期艰苦奋斗，做领先世界的高质量研究。

四是弘扬企业家精神。要强化企业技术创新的主体地位。要更大力度地保护发明专利、鼓励创新创业，激励创新型企业家涌现。鼓励中国企业，尤其是民营企业加强基础和应用基础研究，走"专精特新"的创新发展之路。

五是促进中国发明、中国专利、中国标准、中国创新"走出去”。要不断拓宽中国创新的世界级朋友圈，扩大中国标准和新型技术的市场占有率和国际影响力，提升中国创新引领世界科技和产业革命的能力，用中国创新的“汪洋大海”淹没科技霸凌主义的“封闭孤岛”。

第六章

新时期中国式创新：挑战与对策

一、引言：新发展模式

党的十八大以来，探索新的经济社会发展模式成为主旋律。党的十九大报告指出，中国特色社会主义进入新时代，我国社会主要矛盾已经转化为人民日益增长的美好生活需要和不平衡不充分的发展之间的矛盾。我们要在继续推动发展的基础上，着力解决好发展不平衡不充分问题，大力提升发展质量和效益，更好满足人民在经济、政治、文化、社会、生态等方面日益增长的需要，更好推动人的全面发展、社会全面进步。其中，高质量发展，绿色发展，共同富裕，尤为重要。

（一）高质量发展

习近平总书记在中国共产党第十九次全国代表大会上的报告指出：“必须坚持质量第一、效益优先，以供给侧结构性改革为主线，推动经济发展质量变革、效率变革、动力变革，提高全要素生产率，着力加快建设实体经济、科技创新、现代金融、人力资源协同发展的产业体系，着力构建市场机制有效、微观主体有活力、宏观调控有度的经济体制，不断增强我国经济创新力和竞争力。”[1]

《中共中央关于制定国民经济和社会发展第十四个五年规划和二〇三五年远景目标的建议》指出：“我国已转向高质量发展阶段，制度优势显著，治理效能提升，经济长期向好，物质基础雄厚，人力资源丰富，市场空间广阔，发展韧性强劲，社会大局稳定，继续发展具有多方面优势和条件。”[2]

（二）绿色发展

选择绿色发展是中国政府的主动行为，体现了一个国家对发展模式的深刻思考和责任担当。习近平总书记在中国共产党第十九次全国代表大会上的报告指出：“坚持人与自然和谐共生。建设生态文明是中华民族永续发展的千年大计。必须树立和践行绿水青山就是金山银山的理念，坚持节约资源和保护环境的基本国策，像对待生命一样对待生态环境，统筹山水林田湖草系统治理，实行最严格的生态环境保护制度，形成绿色发展方式和生活方式，坚定走生产发展、生活富裕、生态良好的文明发展道路，建设美丽中国，为人民创造良好生产生活环境，为全球生态安全作出贡献。”[3]

中国坚持绿色发展的一个具体措施是积极“降碳”。习近平主席在第七十五届联合国大会一般性辩论上提出：“二氧化碳排放力争于 2030 年前达到峰值，努力争取 2060 年前实现碳中和。”2021 年 9 月 22 日发布的《中共中央 国务院关于完整准确全面贯彻新发展理念做好碳达峰碳中和工作的意见》做出了具体的安排。[4]

（三）共同富裕

在经济发展中坚持“共同富裕”是中国社会主义制度的根本要求。《中共中央关于制定国民经济和社会发展第十四个五年规划和二〇三五年远景目标的建议》指出：“坚持以人民为中心。坚持人民主体地位，坚持共同富裕方向，始终做到发展为了人民、发展依靠人民、发展成果由人民共享，维护人民根本利益，激发全体人民积极性、主动性、创造性，促进社会公平，增进民生福祉，不断实现人民对美好生活的向往。”[5]

在共同富裕的路上，中国已经取得了巨大成就。习近平总书记在2021年2月25日召开的全国脱贫攻坚总结表彰大会上指出：“经过全党全国各族人民共同努力，在迎来中国共产党成立一百周年的重要时刻，我国脱贫攻坚战取得了全面胜利，现行标准下9899万农村贫困人口全部脱贫，832个贫困县全部摘帽，12.8万个贫困村全部出列，区域性整体贫困得到解决，完成了消除绝对贫困的艰巨任务，创造了又一个彪炳史册的人间奇迹！这是中国人民的伟大光荣，是中国共产党的伟大光荣，是中华民族的伟大光荣！”[6]

共同富裕的路还很长，还面临很多挑战。2020年5月28日李克强总理在十三届全国人大三次会议闭幕后出席记者会并回答中外记者提问时指出：“中国是一个人口众多的发展中国家，我们人均年收入是3万元人民币，但是有6亿人每个月的收入也就1000元，1000元在一个中等城市可能租房都困难，现在又碰到疫情，疫情过后民生为要。怎么样保障那些困难群众和受疫情影响新的困难群众的基本民生，我们应该放在极为重要的位置，我们采取的纾困政策有相当一部分就是用于保障基本民生的。”[7]

二、新时代新创新模式

在新的经济社会发展模式下，我国的创新模式也在探索之中，并发生了重大变化。其中，2018 年以来中美关系的重大变化大大加速了这一进程。新的创新模式内容非常丰富，但核心是建设国家战略科技力量，加强自主创新，实现高水平科技自立自强。这在领导人讲话与国家政策方面都有非常清楚的体现。

2016 年《“十三五”国家科技创新规划》指出：“聚焦国家目标和战略需求，优先在具有明确国家目标和紧迫战略需求的重大领域，在有望引领未来发展的战略制高点，面向未来、统筹部署，布局建设一批突破型、引领型、平台型一体的国家实验室。以重大科技任务攻关和国家大型科技基础设施为主线，依托最有优势的创新单元，整合全国创新资源，聚集国内外一流人才，探索建立符合大科学时代科研规律的科学研究组织形式、学术和人事管理制度，建立目标导向、绩效管理、协同攻关、开放共享的新型运行机制，同其他各类科研机构、大学、企业研发机构形成功能互补、良性互动的协同创新新格局。加大持续稳定支持强度，开展具有重大引领作用的跨学科、大协同的创新攻关，打造体现国家意志、具有世界一流水平、引领发展的重要战略科技力量。”[8]

2020 年《中国共产党第十九届中央委员会第五次全体会议公报》提出：“坚持创新在我国现代化建设全局中的核心地位，把科技自立自强作为国家发展的战略支撑，面向世界科技前沿、面向经济主战场、面向国家重大需求、面向人民生命健康，深入实施科教兴国战略、人才强国战略、创新驱动发展战略，完善国家创新体系，加快建设科技强国。要强化国家战略科技力量，提升企业技术创新能力，激发人才创新活力，完善科技创新体制机制。”[9]

2022 年 10 月召开的中国共产党第二十次全国代表大会提出：“完善科技创新体系。坚持创新在我国现代化建设全局中的核心地位。完善党中央对科技工作统一领导的体制，健全新型举国体制，强化国家战略科技力量，优化配置创新资源，优化国家科研机构、高水平研究型大学、科技领军企业定位和布局，形成国家实验室体系，统筹推进国际科技创新中心、区域科技创新中心建设，加强科技基础能力建设，强化科技战略咨询，提升国家创新体系整体效能。”[10]

特别是，2023 年 12 月 11—12 日在北京召开的中央经济工作会议指出：“必须坚持高质量发展和高水平安全良性互动，以高质量发展促进高水平安全，以高水平安全保障高质量发展；以科技创新引领现代化产业体系建设；切实增强做好经济工作的责任感使命感，抓住一切有利时机，利用一切有利条件，看准了就抓紧干，能多干就多干一些，努力以自身工作的确定性应对形势变化的不确定性。”[11]

三、当前面临的主要挑战

在新的创新模式下，成就是巨大的，包括新兴产业的迅速发展（比如新能源、新能源车）。但是，新的创新模式的探索仍然面临非常多的挑战。主要包括：心存幻想，信心不足，看不到问题的本质，政策和战略的针对性和有效性有限，决策机制和组织实施存在障碍等。

（一）心存幻想

很多人希望中美关系尽快改善，甚至不惜让渡重大利益；或者通过与其他国家加强合作解决遇到的技术封锁困难，对国际合作抱有不切实际的想法，特别是打着“对外开放”的幌子。

创新当然需要博采众长，向国内外有优势的个人和单位学习，进行开放式创新。但是，学习是有限度的，特别是国际化背景下的学习。要认真思考两个问题：一是别人为什么愿意让我们学，二是我们有没有实力学。一般而言，只有自己强大了，别人才愿意合作，学习别人也才能有效。

（二）信心不足

认为美国太强大，如果“再给5—10年的时间，情况会好得多”。一个典型的例子是，很多人认为高端光刻机太先进、太复杂，没有全球合作，任何国家都不可能单独造出来。在ChatGPT等大模型出来以后，相比之下，中国企业似乎又落在了后面，信心不足的情况进一步加深。

（三）看不到问题的本质

弄不清楚技术一被“卡脖子”就陷入被动的根本原因，很多措施难以奏效。比如，对于基础研究的作用，“链长”的作用，揭榜挂帅的意义与局限性，国际化的优势与局限性，科学自立自强与技术自立自强是什么关系，“新型举国体制”的核心是什么，等等，认识都有待深化。

基础研究当然重要。但是，基础研究一是费时费力，远水不解近渴，二是很多时候与现实的市场竞争距离非常远，有了好的基础研究也不能保证企业的竞争优势、国家的竞争优势。实际上，大多数技术“卡脖子”问题都不是基础科学的问题，而是工程问题，是实践问题。

很多企业都在当“链长”，这非常重要。但是，很多时候“链长”既缺资源也缺威信。更令人担心的是，有些企业担心当“链长”会影响它们的业务发展，特别是当它们比较依赖进口设备、原材料、零部件时，会受到美国的打压。

揭榜挂帅是一个好办法，在很多时候可以起到立竿见影的作用。但是，揭榜挂帅也有其局限性：一是因为知识、技术、能力的积累需要时间，揭榜挂帅在短期内解决不了这个问题；二是对于重大技术挑战，个人、小团队是无能为力的，需要大兵团协同。

科技自立自强是打破技术封锁的必由之路。但是，科学自立自强与技术自立自强其实是两个概念，虽然有联系，但是也遵循不同的规律。

“新型举国体制”是建设国家战略科技力量的体制基础，是实现科技自立自强的重要保证。但是，很多人过多地强调“新”，因为现在是市场经济了。其实，“举国”才是核心和根本。之所以强调“举国”，就是因为单纯的市场经济解决不了科技自立自强的问题。

（四）政策和战略的针对性和有效性有限

这是上面问题的必然反映，也是最大的挑战。比如：建设国家战略科技力量，最重要的建设主体是谁，国家、组织（国家实验室、重点实验室、企业、高校、研究院所），还是个人？在建设国家战略科技力量的过程中，各级领导者的作用是什么？他们有没有足够的资源完成任务？

有的企业指出：如何成为国家战略科技力量？谁代表国家？发改委、国资委、工信部，还是科技部，抑或是其他政府机构？企业应该听谁的？

这个问题需要高度重视。实际上，江泽民同志在 2008 年就发表文章，提出我国信息技术产业发展的政策措施：依托国家重大工程，实现核心技术的突破，鼓励使用国产首台套产品，大力推进电信、计算机、广电“三网融合”，建设国际信息技术产业基地，实行有利于产业发展的财税政策，建立支持创新发展的风险投资机制，发挥知识产权和标准的保障支撑作用，造就一批行业领军人才和高端技术人才，健全促进信息技术产业发展的法律法规。[12] 这些建议，既切中要害又非常具体，但是十多年过去了，有多少真正落实了呢？没有有力的组织保障，宣传号召的作用有限。

（五）也是最主要的，决策机制和组织实施存在障碍

面对多重目标，在主要矛盾上不易形成科学共识；即使存在一定的共识，组织落实也不到位，责任主体不够清楚，配套支持不够到位。

四、对策与建议

如何有效应对新的创新模式面临的诸多挑战？我们的研究表

明，核心是三个问题：深刻认识实现高水平科技自立自强的重大意义；深刻认识实现高水平科技自立自强的基本规律；对实现高水平科技自立自强进行有效的安排。[13]

（一）深刻认识实现高水平科技自立自强的重大意义

为什么要实现高水平科技自立自强？主要是国际形势的变化，特别是中美关系的变化。从特朗普到拜登，美国连续两届政府采取极力打压中国、极力防止中国在经济上超越美国的行动，使两国关系发生了实质性变化。党的二十大报告特别指出：坚持发扬斗争精神，增强全党全国各族人民的志气、骨气、底气，不信邪、不怕鬼、不怕压，知难而进、迎难而上，统筹发展和安全，全力战胜前进道路上各种困难和挑战，依靠顽强斗争打开事业发展新天地。这告诉我们，实现高水平科技自立自强，需要想尽一切办法，应对外部挑战，短期内重点解决技术“卡脖子”问题，长期则要实现科学技术的世界引领，为实现中华民族伟大复兴提供坚实的科学与技术支持。

国际关系的重大调整还意味着，在今后相当长的一段时间里，世界上将同时存在一个以中国为主导的技术创新体系以及相应的产业体系和经济体系，以及一个以美国为主导的体系。需要特别指出的是，至少在相当长的一段时间里，这两大体系，从本质上讲是相互竞争而不是合作的关系。因为本质是竞争为主，就需要分出胜负，双方都需要拼尽全力，争取成为胜出的一方。

这也意味着，这两大体系“脱钩”是必然的，虽然在一定条件下也会有合作和重叠。对此，没有必要回避。中国需要做的，是以强大的实力吸引尽可能多的国家加入自己主导的体系。实际上，按照哈佛商学院著名学者波特（Porter）的理论，[14] 建立以本土企业为主导的技术创新体系、产业体系和经济体系，不单纯是被“逼上梁山”，而应该是一种“主动选择”，因为这才是增强中国企业、产业和国家竞争优势的正确选择。

需要特别指出的是，“脱钩”很容易引起担心和误解。比如，与美国之外的其他国家深化融合是不是更好的选择？核心在于，与别人融合的基础是什么？没有实力的融合，只能是依附，终将难以持久，而且成本巨大。

（二）深刻认识实现高水平科技自立自强的基本规律

我们的研究表明，对中国而言，实现高水平科技自立自强，需要遵循两个基本规律：国际经济合作的基本规律与国家竞争优势来源的基本规律。就第一个规律而言，核心是在国际经济合作中坚持什么原则，是基于比较优势的“自由贸易”，还是基于竞争优势的“有管理有限度的国际化”。

我们的研究表明，在今后相当长的一段时间里，经济国际化是“有管理有限度的国际化”。也就是说，国际化本身存在着矛盾，矛盾积累到一定程度就需要干预，包括主权国家通过政策进行的干预（比如各种贸易、投资方面的协调）。[15]

企业竞争的性质是有管理有限度的经济国际化的重要微观基础。具体而言，企业竞争的基本性质是有生有死、优胜劣汰。[16, 17] 在一国之内，这样的结果是资源优化配置的必然要求。但是，超出了国界，情况就变了。比如，如果一个国家的很多企业缺乏竞争优势，这些企业就会在竞争中失败：或者因为进口产品的冲击而失败，或者因为外来投资企业的竞争而失败，或者两个因素都存在。因为问题难以在世界范围内解决，比如允许失去工作的职工到其他国家就业，缺乏竞争优势的企业所在国就会面临非常大的经济和社会压力。也就是说，经济国际化本身是存在矛盾的，因而必然是在曲折中前进：当在竞争中失败的企业所在国认为国际化积累的矛盾已经太大时，就必然会对经济国际化进行管理，包括对自由贸易的管理，也包括对投资的管理。

为什么是有限度的经济国际化？国际贸易最稳定的基石是“取长补短、互通有无”。比如，中国缺少石油和天然气，俄罗斯缺少蔬菜，中国向俄罗斯出口蔬菜，俄罗斯向中国出口石油和天然气，是最自然、最稳定的国际经济关系，因为这本身不涉及两国企业你死我活的问题，是真正的“双赢”。问题在于，这样的“经济互补领域”一般而言是有限的，因而国际经济交往的规模一定会受到限制；超过“取长补短、互通有无”的范围，就进入了“优胜劣汰、你死我活”的状态。

当然，从动态看，“经济互补领域”可以大大扩展。比如，现在中国缺少高端光刻机，国外有高端光刻机，中国进口、其他国家出口是可以互惠互利的；未来情况可能倒过来，中国有更高端的光刻机，其他国家没有，这时候就换成中国出口、其他国家进口，也是互惠互利的。问题在于，这是一个异常复杂的过程，即使不考虑政治和军事因素，在涉及成千上万种产品的情况下，要在多个国家之间实现真正的“动态平衡”，难度极大。这就又回到了有管理的经济国际化状态。

经济国际化是有管理有限度的国际化，也在于以比较优势为基础的自由贸易理论和实践存在巨大挑战。从理论上看，著名经济学家萨缪尔森指出，在一定条件下，自由贸易会损害有关国家的利益。[18]从实践看，40多年以来，很多中国企业选择了加入美国主导的技术创新体系、产业体系和经济体系的发展战略，这一战略的好处是短期效益明显，但是一个重大缺陷是不利于本土企业进行自主技术创新，建立自己主导的创新体系。2018年以来，这一缺陷暴露无遗：一些企业、一些产业在技术封锁面前非常被动，甚至毫无还手之力。就像孙悟空，本事再大，一个筋斗云十万八千里，但还是跳不出如来佛的手掌心。

就第二个规律而言，核心是深刻理解国家竞争优势来源于强大的以本土企业为主导的创新体系、产业体系和经济体系。[19, 20]所谓以本土企业为主导的创新体系、产业体系和经济体系，就是本土企业分布于创新活动（特别是技术创新活动）、产业活动和经济活动的各个环节，创新活动、产业活动和经济活动不会因为没有外资企业参加就会受到严重影响；本土企业在技术创新和其他经济活动中形成相互支持、相互依赖的关系。

简而言之，以本土企业为主导的创新体系、产业体系和经济体系的一个重要表现是，本土的零部件使用企业愿意使用本土零部件生产企业的产品，本土的用户愿意购买本土企业生产的产品。现在的情况是，在不少领域，本土的零部件使用企业能不用本土零部件生产企业的零部件就不用，本土的用户能不购买本土企业生产的产品就不购买。

推而广之，本土的大学、研究所、企业和其他利益相关者愿意形成相互支持、相互依赖的关系，在科学研究、技术开发、市场开拓、人才培育等方面进行密切的合作。

需要特别强调的是，对中国这样的大国而言，以本土企业为主导的创新体系、产业体系和经济体系必然是独立、自主、领先、开放的科学体系和技术体系。没有独立、自主，肯定是不安全的；没有领先的安全，意义是有限的；开放是手段，不是目的，有条件开放则积极开放，没有条件开放就自力更生。

（三）对实现高水平科技自立自强进行有效的安排

实现高水平科技自立自强，需要进行一些具体的安排，采取一些具体的措施。我们重点讨论国家和企业层面的安排。

国家是建设国家战略科技力量、实现高水平科技自立自强的领导者，中央政府是道路的选择者，战略的制定者，过程的组织者，环境的创造者。具体而言，政府政策的重点包括：①旗帜鲜明地保护、保障本土企业的生存权、发展权，维护公平公正的国际经济秩序；②以高远的目标引领发展和创新；③以重大工程带动国家创新体系的重塑；④加强组织领导。

当本土企业受到其他国家的打压和封锁时，只有旗帜鲜明地给予强有力的支持，包括实施对等的反制政策，才能让本土企业看到希望。否则，本土企业就会有“孤掌难鸣”“独木难支”的感觉。作为发展中国家的企业，本来就处于劣势地位，没有国家的支持就很难有希望了。

在国际经济关系中，单纯强调“双赢”是远远不够的，需要让不遵守公平公正的国际规则者付出足够高的代价。在经济领域，面对华为被美国政府打压，面对大量的中国企业被列入“实体清单”，一个重要的问题是如何保护中国企业的利益，在必要的情况下对美国企业实行对等的政策。

为此，需要坚持“应战原则”，就是不怕冲突，敢于保卫自己的利益。抗美援朝是一个典型例子。中华人民共和国成立之初，中美经济、军事力量相差悬殊，但是，为了保家卫国，毛泽东等领导人还是做出了出兵朝鲜的决定。对于抗美援朝的意义，习近平总书记在纪念中国人民志愿军抗美援朝出国作战70周年大会上的讲话说得非常清楚。

建设国家战略科技力量需要有良好的氛围，除了上面讲的生存权、发展权，以高远的目标引领发展和创新可以提振士气、激励行动。习近平总书记在党的二十大报告中指出：“全面建成社会主义现代化强国，总的战略安排是分两步走：从二〇二〇年到二〇三五年基本实现社会主义现代化；从二〇三五年到本世纪中叶把我国建成富强民主文明和谐美丽的社会主义现代化强国。”

习近平总书记还指出：“未来五年是全面建设社会主义现代化国家开局起步的关键时期，主要目标任务是：经济高质量发展取得新突破，科技自立自强能力显著提升，构建新发展格局和建设现代化经济体系取得重大进展。”

在这样的战略安排之下，以“两个第一”，即“迅速建成世界第一经济大国”“加速建设世界第一经济强国”这样高远的目标塑造创新的氛围是必要的。[21]“迅速建成世界第一经济大国”的核心是在高质量发展的前提下，提高经济发展速度。没有比较高的发展速度，创新就没有条件、没有氛围。这里的关键是需要认识到，高速度与高质量可以并行不悖。一段时间以来，我国经济发展速度下降的一个重要原因是很多人把经济“高速度”发展与“高质量”发展对立起来，认为要实现“高质量”发展就必须把发展速度降下来。这是一种严重的误解。

“加速建设世界第一经济强国”的核心是在经济活动的各个领域加速迈进世界一流。在国际竞争日益加剧、国内竞争国际化的背景下，只有迅速走向世界一流才能生存和发展，否则就会被淘汰。这里的关键是大力弘扬企业家精神，加速推动技术能力和管理能力的提升，大力提升企业的竞争优势。[22，23，24，25]

重塑国家创新体系，核心是建立以本土企业为主导的创新体系、产业体系和经济体系。只有这样，才能从根本上摆脱一些国家主导的不公正体系，切实掌握发展的主动权。理论和实践都证明，重大工程对技术能力的提升和创新体系的建设具有重大的带动和引领作用。[26]无论是美国的“地面防御计划”“曼哈顿工程”“阿波罗计划”，还是中国的“载人航天工程”“北斗计划”，都是非常成功的例子。[27]

鉴于重大工程的带动和引领作用，我国政府可以实施三大工程：产业格局重塑工程；“卡脖子”技术突破工程；前沿技术突破工程。产业格局重塑工程的主要目的是在一些有条件的产业大幅度提升已经建立或者比较容易建立的以本土企业为主导的创新体系的规模、实力和世界影响力。中国在不少产业已经有了很好的基础（比如风电和太阳能等新能源、核能、新能源汽车、高铁、特高压、移动通信、钢铁、建材等），需要做的是发挥市场＋政府两个力量，而不是仅仅依靠市场的力量，加速提升中国经济的国际竞争力和影响力。

“卡脖子”技术突破工程的核心是以政府力量打破单靠企业解决不了的国外技术封锁，比如芯片生产，包括高端光刻机。这需要正确的思路。一是全自主。建立一条或几条完全自主的芯片生产线，排除不友好国家的任何技术封锁风险。二是不怕起点低。比如，可以从 90 纳米起步，然后迅速迭代、迅速提升。实际上，起点低有好处，特别是对复杂技术来说，也可以说是最好的选择，因为技术容易突破。另外，也不必担心市场需求——中国多层次的芯片市场有足够的空间。三是选择、配置精兵强将。生产线所在企业的一把手要政治过硬、业务过硬，有足够的影响力。四是全方位支持。政府给予挑选出来的企业以市场、资金等全方位的持续的支持，特别是市场的支持，包括政府采购、军事订货等。有了市场，就可以形成迅速迭代、迅速提升的支撑条件。

前沿技术突破工程的核心是迅速确立技术优势。在严峻的国际形势下，中国需要在一些经济和军事技术领域，即使是很少的领域，迅速动员特殊力量，加速进入世界前沿，建立压倒性优势。为此，可以借鉴美国在二战时期为了超越德意日而进行的成功实践，以中国最顶尖的大学，特别是军工和国防院校为核心，下达特殊任务，给予特殊支持，取得特殊突破。特别需要指出的是，为了让这些学校完成交办的特殊任务，需要明确这些任务的性质，落脚点是实实在在的、世界领先的技术。对这些学校党政一把手的考核，关键是看任务的落地，规避论文导向。

麻省理工学院（MIT）是很好的例子。MIT 深度参与了二战期间美国军事技术的研究工作，从雷达到飞机火力控制系统到数字计算机。在这个过程中，MIT 的学生培养也大大加强。比如由 NDRC 支持的在 MIT 的辐射实验室进行的研究，特别是雷达研究。该研究于 1940 年 10 月正式启动，美国 20% 的物理学家在这个实验室工作过，仅次于曼哈顿工程。[28]

强有力的组织领导是落实前面提出的措施的重要保障。特别是在市场经济条件下，如果过于强调市场的“自发作用”，而缺少组织领导，好的政策也难以发挥作用。[29, 30, 31]特别是在中央政府层面，除了创造良好的环境以外，还需要抓住主要矛盾，具体落实一些重大工程的实施主体。实际上，在地方政府层面，乃至企业内部，也需要如此。

科技领军企业作为国家战略科技力量的中坚力量，是实现高水平科技自立自强的关键。为了切实发挥中坚作用，需要采取五项措施：第一，解放思想，打破认知误区；第二，加速创建世界一流企业，切实提升企业自身的研发能力和创新水平；第三，积极构建以本土企业为主导的创新体系；第四，积极参与国家主导的重大创新项目；第五，大力弘扬企业家精神。

解放思想，打破认知误区，核心是认识到，以前的以“引进、消化、吸收”和加入美国主导的体系的道路已经走到尽头，对中美关系的改善更需要丢掉幻想，迅速改变优先购买国外零部件、原材料和设备，即使很贵也买的做法，充分认识建立和巩固以本土企业为主导的创新体系、产业体系、经济体系的重要性。[32, 33]在国际关系发生实质性变化的背景下，企业竞争优势的来源主要在于以本土企业为主导的创新体系而不是“在全球范围内配置资源”。对行业领先企业，尤其如此，否则，一旦被“卡脖子”就会非常被动。

第二个认识误区与处理好企业与高校、研究院所的关系，处理好“产学研”结合有关。需要认识到，越走向世界一流，越需要增强企业自身的创新能力，对外合作只能是补充。也就是说，企业需要自己重视基础研究能力，自己成为新理论、新技术突破的核心力量，高校、研究院所主要是起辅助作用。这是因为，基础研究具有双重功能：一是增进公共知识，二是提高企业自身对最先进的知识的吸收能力。企业自身的基础研究能力不够，即使外部存在所需知识、技术，也没有能力吸收，即使想搞“产学研”合作，也没有能力基础。

为了提高企业的基础研究能力，要大幅度提升相关的人力物力财力投入，包括大量招收博士毕业生。美国应用材料公司有 12600 名员工，其中 4000 多名拥有博士学位，就是一个很好的例子。

第三个认识误区涉及基础研究与工程化的问题。当前，很多问题不是基础研究的问题。高端光刻机的科学原理非常清楚，之所以做不出来，不是基础研究问题，而是工程能力不足的问题。或者说，是没有通过有效的工程项目把高端光刻机做出来的问题。

加速创建世界一流企业是第二项措施。为什么要加速建设世界一流企业？在新的国际形势下，只有成为世界一流企业，才能掌握生存和发展的主动权。如何建设世界一流企业？核心是加速培养自主技术创新能力。为此，一是要自己动手培养能力。在实际进行技术开发、产品开发的过程中自己亲自动手实现，而不是依赖外力。这方面的文献中，关于发达国家领先企业的非常多，国内的研究也不少，包括北京大学路风教授的研究。[34, 35] 用通俗的语言来讲，就是毛主席说的，要想知道梨子的味道，需要亲口尝一尝。就像做数学题，抄一遍也有帮助，但是帮助不大，远远不如自己在冥思苦想后找到答案，既高兴又真正提高了能力。

真正做到“亲自尝试”必须打消机会主义的念头，至少是少一些这种念头。过去几十年里，机会主义的做法非常流行，过度依赖“合资”，过度依赖“产学研合作”，过度依赖“开放式创新”，都是典型的例子。机会主义做法的实质是，自身的能力不够，总想利用外部资源来弥补。这在一定条件下，比如技术要求比较低的情况下，是可行的。但是，随着技术要求的提高，效果就会越来越差。更重要的是，一个企业可以这样做，其竞争对手也可以这样做，因而不会形成独特的资源和能力，不会真正提升企业的竞争能力。[36，37]

需要指出的是，抛弃机会主义与“关起门来搞创新”没有任何共同之处。实际上，没有一个企业会傻到“关起门来搞创新”，因为创新的人才需要不断引进、不断培养，创新的合作需要坚持，这都要求不能关门。抛弃机会主义的核心是充分认识到外部力量的局限性，充分认识到技术创新需要像吃梨子一样“亲口尝一尝”。

外国企业也会犯机会主义的错误。Rosenbloom 和 Cusumano 在研究录像机（VCR）产业的发展时发现，原本在技术上、市场上都更有优势的美国企业 RCA 和 AMPEX 之所以最终败给了索尼、JVC、松下等企业，根本原因在于它们在创新上采取的是机会主义的做法。[38]具体而言，RCA 等企业不明白新产品开发的基本特点：往往涉及很多不同的技术，需要一点一点突破，需要各项技术的整合，特别是产品设计与制造工艺的整合。这些企业总是试图以设计突破性的产品赢得竞争优势，结果发现产品设计难以成功，更不用说开发出先进、成熟的制造工艺。相反，索尼等企业则是在非常高远的目标指导下（把产品价格从 5 万美元降低到 500 美元），长期坚持“在不断尝试中学习”（learning by trying）的原则，一点一点取得技术进展，一步一步把产品性能提高，一步一步完善生产工艺。

二是遵循创新能力培养的基本规律。包括：舍得在创新上进行比较大的资金投入，建设先进的实验设施，配备先进的实验设备，创造良好的科研和工作氛围，因为在其他条件相同的情况下，资金投入越大，技术创新成效就可能越大；从事创新的人员数量多、素质高，因为知识的获取是一个充满了“创造性”的过程，在其他条件相同的情况下，从事创新的人员的数量越多、素质越高，技术创新的成效就会越大；优化研发组织，重塑研发文化，因为以跟随、模仿为核心的研发与以引领、创新为核心的研发存在巨大差别。

积极构建以本土企业为主导的创新体系是第三项措施。[39，40] 对零部件、原材料和设备的使用者而言，就是要拿出真金白银，主动培育国内产业链；对零部件、原材料和设备的生产者而言，就是要主动从使用者（用户）的角度出发，尽快提高产品技术水平和质量，特别是可靠性。

一个典型例子是深圳地铁与设备供应商的合作。上世纪 90 年代末，深圳地铁成立之初就认识到，要建设世界领先的地铁公司，依靠跨国公司是做不到的，满足不了技术、经济要求，而是需要大力扶持国内企业，尽快实现地铁设备的国产化。本土的地铁设备供应商如长春客车厂（长客）也非常积极，因为那时的国内地铁设备市场基本被跨国公司垄断，国内设备企业基本没有机会和能力进行竞争。为了生存，长客等国内地铁设备企业都非常渴望出现深圳地铁提供的这样的机会。

深圳地铁与长客进行了非常有效的合作，成效也非常明显。1995 年地铁进口设备的合同价格折合成人民币平均为 2.71 亿元 / 公里，其中进口的地铁 A 型车辆每节折合人民币 1510 万元。深圳地铁与长客的紧密合作彻底改变了这一状况，A 型车辆价格在国产化之初就降低到每节人民币 1000 万元左右。

深圳地铁与长客的紧密合作是通过一系列创新实现的，特别是通过特殊的安排，长客作为一家没有生产业绩的国内企业以价格低和技术承诺分高的绝对优势一举中标。长客中标后，如何保证高端 A 型车的质量？深圳地铁的办法是，与长客紧密合作，为长客提供必需的测试机会，首先在没有人的夜里试用，然后在乘客很少的晚上试用，最后才投入实际运营。在这个过程中，深圳地铁与车辆供应商紧密合作，针对发现的一系列问题，一个一个地解决。

第四项措施是积极参与国家主导的重大创新项目。如前所述，政府可以以重大创新项目带动技术创新，企业可以成为重要的牵头单位。这是一种选择，可以非常积极，也可以不那么积极。有远见的企业、企业家，应该选择积极参与，因为这是打破技术封锁、取得主动权的必然选择，也是成为创新引领者的必然选择。

第五项措施是大力弘扬企业家精神。企业家精神的核心是“不畏艰难困苦，不惧环境艰难，想尽一切办法也要开辟出一条企业发展的成功之路”[41]。东方公司是一个非常典型的例子。这家公司是中石油的下属企业，在 1999 年亏损 8.8 亿元，是中石油下属企业中的第一亏损大户。但是，通过持续不断的创新，该公司现在已经是行业当之无愧的领导企业。具体而言，不像国内很多企业，面对外国公司的技术“卡脖子”，东方公司不是忍气吞声，而是奋起应战，自主研发地震资料处理解释一体化软件。2004年年底，GeoEast V1.0研发成功，在全球物探行业引起强烈反响。然后，经过十多年的持续发展，GeoEast整体达到国际先进水平，部分技术国际领先，成为全球主流软件之一，先后通过雪佛龙、埃克森－美孚等国际石油公司资质认证，成为中石油主力物探软件平台，为找油找气做出重要贡献。作为我国大型核心软件自主研发与推广应用典型案例，GeoEast被评为国家油气重大科技专项标志性成果、中国十大创新软件产品、中石油集团十大工程技术利器，荣获国家科技进步奖二等奖。

五、结语

党的十八大以来，我党对经济社会发展的新模式进行了系统深入的探索，强调要坚定不移贯彻创新、协调、绿色、开放、共享的新发展理念。以此为基础，以建设国家战略科技力量、加强自主创新、实现高水平科技自立自强为目标的新创新模式也在探索之中。探索已经取得重大成就，同时也面临很大的挑战。只有不断探索，才能有效应对这些挑战，特别是需要对现有的创新体系、产业体系、经济体系进行深层次的重塑，核心是尽快建立以本土企业为主导的体系。没有这样的重塑，仍然附着在别人主导的体系中，无论做出多大努力，都很难有成效。这也需要解放思想，冲破很多已有的认知的束缚。

第七章

产业共性技术研究机构：一种不可或缺的战略科技力量

一、引言

经过几十年的发展，中国科技创新能力已获得巨大提升，无论从研发投入，论文、专利等知识产出，还是从人才培养规模等方面来看，中国已初步迈入创新型国家的行列，成为科技创新“准强国”。

但是，要清醒地看到，我们离一流创新强国差距还很大，这主要表现在：在基础科学领域，多以跟风式研究为主，原创性、原理性的科学突破仍不多见；在产业创新能力方面，像华为这样的企业仍属凤毛麟角，大多数产业的关键核心技术仍受制于人，“卡脖子”的地方还很多；从创新生态方面看，无论是科学共同体还是产业生态体系，还缺乏良性的创新文化；从创新的组织体系来看，关键、底层、共性产业技术的供给体系严重缺位。

当前，中国企业技术创新和科研院所的科研之间的鸿沟仍然很大，这表面上是由于大学和科研院所科技成果转化不畅所致，而实际上主要原因在于企业技术需求侧的消化吸收能力不够。过去几十年，中国企业抓住改革开放的机会，利用人口红利和低成本优势做强做大“中国制造”，但目前大部分中国制造仍处于技术成熟、半成熟的产业领域，绝大多数中小企业创新能力仍然薄弱，承接科研单位研究成果转化的能力不够。

美国对中国发起“贸易战”“科技战”以来，中国显露出来的所谓“卡脖子”技术基本上都是产业中的关键、底层、共性技术，这类技术往往是复杂、多学科集成技术，需要长期积累和培育，存在一定的外部性和市场失灵。在这些领域建立健全相应的研发体系是后发国家追赶超越必不可少的体系性能力和基础，是国家战略科技力量关键所在。这种共性技术研发体系与大学、国家实验室、企业实验室功能不同，它们是连接基础研究和产业应用开发的桥梁，更是打通科技成果转化的关键通道。

存在众多“卡脖子”现象反映了中国创新体系的一个短板，即产业共性技术供给不足，这与中国曾一度忽视产业关键共性技术研究体系建设有关系，这是中国创新体系的结构性缺陷，问题源于理论认识上的模糊。改革开放以来，我们创造了很多“新名词”，例如创新联盟、创新中心、大学科技园、孵化器、新型研发机构、创新联合体等，希望这些机构来实现科技成果转化、嫁接科技与市场的联系，但是，这些机构不能代替产业技术研究机构的建设，实践证明，寄希望于这些机构解决“卡脖子”的问题是难以达到预期目标的。

“十四五”期间及以后相当长时期，应当将发展中国产业共性技术研究能力作为建设国家战略科技力量的重中之重。一定要在决定国家未来经济命脉的战略产业领域，建设一批高质量、可持续的产业关键共性技术研究机构，为高质量创新发展提供制度和组织保障。

二、产业共性技术研究机构的角色和作用

在一国创新体系中，不同创新主体承担的角色、定位各不相同。一般而言，大学重在基础研究和原创性理论发现，企业重在产品和服务等应用端开发设计，而国家实验室往往聚焦国家所面临的重要的国防、卫生、环境和社会挑战。尽管它们之间业务有交叉，但是受职责所限，这些机构很难投入足够多的资源从事产业共性技术研究。

产业共性技术是指该技术是该产业的基础和“公地”（commons），它的发展对产业内所有上下游关联企业都有利，属于一种工具性、标准性、底层性的技术，也属于竞争前（pre-competition）技术，具有一定的外部性。把这类技术的研发完全交给市场、靠市场体系去激励，往往存在市场失灵现象，尤其是后发国家广大的中小企业往往不愿承担这个风险，或者没有能力承担这个责任。

同时，产业共性技术不完全是基础研究，也不完全是应用研究，它往往涉及多学科交叉，属于复杂性、根本性和集成性的创新，需要长期跟踪和培育。对于难以承担较大创新风险的中小企业而言，它们需要“亲眼看到”这种关键共性技术的可靠性、可

预测性和可获利性，因此需要研究机构将这种技术成果“做出来”，做给业界“看”，实现“由零到一”的转换和创新应用示范。因此，产业共性技术研究往往超出了大学实验室基础研究的范畴，进入“小试”“中试”阶段，不仅涉及科学原理，还要考虑到工艺可靠性和经济上的可行性，需要大量的投入和系统的再创新，所以研发周期往往较长、投入人力物力相对较多、风险相对较高，适合产学研用、多学科“大兵团”长期作战，这往往是偏重教育和基础研究的高校所不愿意或者无能力承担的。而集中优势科技创新资源攻坚克难、把关键共性技术做出来，并“手把手”交给企业，尤其是业内广大的中小企业，改善这些企业的技术创新能力，最终促进整个产业技术的更新换代，这正是产业共性技术研究机构的职责所在。

可以说，产业共性技术研究机构一边连接着大学和科研院所的基础研究，一边连接着市场的实际应用，解决的是创新体系中“死亡之谷”的问题，它们必然能够推动科技成果工程化和商品化，提升整个产业的创新能力和竞争力。如果说大学实验室侧重于基础研究和教育，国家实验室主要解决国家“上天入地”重大科技战略需求的话，产业技术研究院则是一国科技成果转化为现实生产力的核心力量。只重视大学和国家实验室，而忽视产业技术研究院建设，必然导致科技成果转化不畅。

因为其公共性和外部性，这样的机构不能完全市场化，需要政府持续支持，否则难以为区域内企业提供公共技术服务和高质量技术供给。第二次世界大战以后，无论是新兴工业经济体还是发达国家都非常重视公立产业技术研究院的建设，以解决产业关键技术研发和科技成果转化过程中的共性问题，例如德国弗朗霍夫应用技术研究院（Fh.G）、中国台湾工研院（ITRI）、日本工业技术研究院（AIST）、韩国科学技术研究院（KIST）等。甚至近年来美国兴起的美国制造业创新中心，其性质也类似，这些机构为提升所在地区产业竞争力起到了重要作用，成为不可或缺的区域创新引擎。[1, 2, 3, 4, 5]

当然，由于发展阶段、历史文化、体制机制不同，世界没有一个放之四海而皆准的国家创新体系。在产业共性技术研究方面，除了公立产业技术研究院外，其他的机构也承担过相同或相近的功能。例如，第二次世界大战以后，美国企业在全世界大多数产业领域都形成了一定的垄断优势，因此有资源和实力建设行业内一流工业实验室，加之美国强有力的反托拉斯法律约束，促使这些企业主动将产业关键共性技术成果外溢给同行，带动整个产业技术能力的提升，客观上，这些工业实验室承担了部分公立产业技术研究院的职能。典型的是晶体管的案例。众所周知，晶体管技术是AT&T公司的贝尔实验室于1947年发明的，为了避免受到美国反托拉斯法的惩罚，贝尔实验室不得不迅速将晶体管技术廉价转移给同行，促进了全世界半导体产业的迅速发展。

但是，与发达国家大企业有雄厚的实力建立工业实验室不同，广大的后发国家的众多企业大多属于产业的跟踪模仿者，绝大多数企业没有足够的资源建设并维持一个高水平的企业实验室。这时，国家集中有限的创新资源建立一个服务于区域内众多企业的公立产业技术研究院就变得不可或缺，这是后发国家发挥举国体制的一种重要形式。

当前，很多发展中国家盲目照搬美国模式，在建设国家创新体系过程中陷入大学或企业的“二元困境”。在这些国家的创新体系中，如果大学只专注于基础研究，企业专注于应用研究，那么，中间就会呈现出巨大的知识鸿沟。处于象牙塔的大学必然越来越远离本国产业实际，只关心“纯科学”问题，会逐渐走向追逐国际热点和国际“论文引用率”的国际大循环道路；而国内产业界则因为研发能力弱小，没有足够的人力物力和技术资源从事关键共性技术研究，因此在这方面会越来越依赖国外的先进技术和标准。久而久之，后发国家的基础科研和产业终将被发达国家牵着鼻子走，进入一种“双重依赖”状态。这种状况对一个后发国家来说，是非常危险的。这种风险在中国的国家创新体系中也不同程度地存在。

三、组织体系过于松散、过分市场化是当前中国产业技术研究体系的缺陷

由于种种原因，很长一段时期以来，我们无论在政策制定还是在创新实践中，对产业共性技术研究体系的建设缺乏清晰的战略定位，措施失当、效果不佳。

改革开放以前，中国承担产业共性技术研究的单位主要是工科院校和原工业部门所隶属的研究机构，亦即所谓的“大院大所”。后来，实行科研院所市场化改革后，原隶属于各工业部门的数百个公共研发机构，以及地方千余个研究单位全部转制为企业。在推向市场后，这些科研院所短期行为明显，有些机构在终端产

品层面与业内企业竞争，产业共性技术供给不足的矛盾开始显现。

中国科学院及各类国家实验室种类繁多，但其定位主要在于解决国家重大战略和民生需求，这与面向产业的应用技术研究有很大距离。况且，这些研究机构贪大求全现象比较普遍，且存在过度“市场化”问题，导致低层次重复研究，弱化了国家战略科技力量的使命。

过去多年，中国建设世界一流大学步伐逐渐加快，大学发展围绕国外各种排名指标转，大学研究与中国产业实践的脱节是不容回避的事实。尤其是过去承担部分共性产业技术研究的工科院校的理科化实属可惜，它们离中国产业发展的实践越来越远，这其实并不符合现阶段中国发展的国情。

当前，无论是在大学还是在国有科研院所，中国创新体系呈现明显的“两头热、中间冷”的现象，一头是基础研究，一头是“双创”。各个单位都在比拼显示度较高的“诺奖级成果”和“高被引论文”；另一方面，“双创”活动也热火朝天。但是产业共性技术这个需要长期耕耘和培育的中间桥梁被有意无意忽略。大学研究无暇顾及科技成果进一步转化，重归象牙塔现象比较明显。产业共性技术研究中的样品化、试生产、工程化、规模量产等关键环节，不仅资金需求量大，而且研发、试生产周期长、风险大、支撑要素繁多，这些科研活动往往无助于快速发表 SCI 论文。近年来，随着“双一流”建设考核任务加重，大多数地方大学也纷纷加入到 SCI 论文发表的滚滚洪流中，地方大学也开始远离区域内中小企业。

此外，自改革开放以来，为促进产学研合作，中国仿效西方发达国家，建立了很多科技园、开发区、生产力中心、火炬中心等，包括近年如雨后春笋般出现的“新型研发机构”，它们或多或少地起到了科技成果转化的作用。但是，总体上看，这些机构本身没有太多的研发力量，更多地以一种临时性的“平台”或者“虚体”的形式出现，往往呈现散、小、弱等特点，可持续发展的能力较弱。

“十三五”期间，有关部门牵头成立了十余家“国家创新中心”，希望补齐产业共性技术研发的短板。但是，如果在体制机制方面不做出全面深刻改变，难免会成为过去“国家工程技术（研究）中心”的翻版，难以做到专注、公立、高质量和可持续发展。

过去几年，中国部分省市也成立了若干地方性的产业技术研究院，希望解决区域创新体系中的技术供给问题。但是，由于对产业技术研究院性质了解不够或者资源投入不足，加之运营体制不顺，这些机构普遍存在资源“拉郎配”、使命感缺乏、研究目标不明确、人才难留、资金没有保障等问题。

四、政策建议

近年来，美国特朗普以及拜登政府的科技霸凌行径，使我们更清醒地认识到中国产业发展中关键共性技术缺失的弊端。之所以存在那么多“卡脖子”的问题，就在于过去很多产业的发展是建立在美国的底层技术之上的。换句话说，我们的“双重依赖”问题是非常严重的。

“十四五”期间乃至未来相当长的一段时间，解决中国产业共性技术供给不足问题应该是实现国家科技自立自强的根本。必须高度重视产业共性技术研究院的建设，尽快将其建成一种组织性、体制性和战略性的创新力量。当前，无论是大学、国家实验室、企业实验室，还是技术联盟、风险投资、新型研发机构，都不能代替战略性的公立产业技术研究院。缺少产业共性技术研究机构，就难以集中优势创新资源攻坚克难、突破产业发展的技术瓶颈，也不能很好地解决中国产学研结合不紧密的问题，更不利于中小企业转型升级，最终导致创新领域的“死亡之谷”越来越深，“卡脖子”的地方越来越多。针对上述分析，提出如下具体的政策建议。

（一）将加强产业共性技术研发力量建设当作未来中国战略科技力量的重点来抓

未来，攻克关键共性技术应该是中国战略科技力量核心任务所在。我们一定要在战略性新兴产业等领域，围绕“卡脖子”问题，建设一批高质量、能长期发挥作用的产业技术研究院，吸引国内外精兵强将、积淀研究能力、优化管理模式，培育良性文化，突出其公立性、加强成果转移转化、为产业界提供更多高质量的技术供给，使之真正成为中国“战略科技力量”。

（二）加强现代院所制度改革和建设

继续分类改革国家科研院所，激活重组现有科创资源，尤其要发挥中国科学院和中国工程院的资源优势和牵引作用，鼓励有关院所“瘦身”、提升专业化水平。在体制机制建设上，要虚心借鉴中国台湾工研院和德国弗劳恩霍夫应用技术研究院的先进经验，探索创建现代院所制度，既防止行政化色彩过浓的倾向，又防止研究院与民争利、过度市场化的倾向，保持其持续创新能力和公共性。

要提高研究机构人员的流动性，防止研究机构成为“养人”单位，反对过去那种“面多了加水、水多了加面”的过度多元化发展模式，精炼队伍，专注关键共性技术研发，形成优胜劣汰的良性文化。

（三）要珍惜并发挥工科大学的传统优势

在“双一流”建设中，加大共性产业技术研发成果在一流大学评定指标中的权重，反对“五唯”，要自信自强，将“论文写在中国的大地上”，引导优秀一流工科大学及相关专业持续专注于国家高科技共性技术研发。

另外，要根据不同行业特点，因地制宜成立国家产业共性技术研发基金，完善“科研揭榜制”，吸引广大科技人员专注解决中国技术瓶颈。同时，也要鼓励大型企业和平台型企业打破垄断，促进技术成果向中小民企转移转化，优化创新生态体系。

（四）要大力发展区域性的产业共性技术研究体系

各地方要结合区域特色产业和产业集群，构建服务地方产业的共性技术研究机构和特色高等学校，做出特色，着重于提升服务当地企业的能力。

总之，要十分清醒地认识到，“卡脖子”问题和科技成果转化率低等问题的存在源于中国创新体系的结构性缺陷，一定要做长期打算，不要被各种暂时的排名和表象所惑，全面深化科技体制改革，持续优化中国创新生态体系。

第八章

构建高效能科技治理体系的目标导向和重点任务

一、引言

党的十九届五中全会提出，“坚持创新在我国现代化建设全局中的核心地位，把科技自立自强作为国家发展的战略支撑”。习近平总书记在两院院士大会上重要讲话中进一步强调“实现高水平科技自立自强”[1]。科技自立自强与自力更生、自主创新一脉相承，是中国特色自主创新道路与时俱进的最新要求。[2]面对复杂的国际科技竞争环境和国内创新驱动发展转型的迫切需求，高水平科技自立自强为新时期中国的科技发展指明了方向，同时对建立高效能的国家科技治理体系提出了更加紧迫的要求。

二、高水平科技自立自强需要建立高效能的国家科技治理体系

（一）高水平科技自立自强需要优化国家战略科技力量的梯次接续布局，提升系统创新能力

世界科技强国的竞争，比拼的是国家战略科技力量。国家战略科技力量是实现科技自立自强引领的核心。[3]以国家实验室、国立科研机构、高水平研究型大学、科技领军企业为代表的国家战略科技力量应在国家创新体系建设中明确自身的功能定位，履行高水平科技自立自强的使命担当。但是，当前我国在多个领域面临“卡脖子”问题和“被动脱钩”风险，国家战略科技力量未能充分发挥实战作用，功能履行重叠，战略科技力量的增量和存量未形成有效耦合。为此，需构建梯次接续的战略科技力量体系，在迫切需要突破的关键核心技术方面形成有效的协同攻关机制，从而提升系统创新能力。

（二）高水平科技自立自强需要强化战略需求导向的重大科技任务布局和前瞻性基础研究，提升自主可控能力

习近平总书记在科学家座谈会上指出，“研究方向的选择要坚持需求导向，从国家急迫需要和长远需求出发，真正解决实际问题”。“拿来主义”导向的科技发展不可能形成强大的原创能力，不能解决自身发展的重大关键问题。科技自立自强必须建立在基础研究和原始创新的深厚根基上。我们必须从国家战略需求出发，鼓励前瞻性基础研究和颠覆性技术研发，为关键核心技术

突破提供知识基础。但是，我国战略需求导向的科技项目布局不够完善，若干研究领域部署与国家需求结合不够紧密，战略需求导向的资助管理模式仍有待创新。实现高水平科技自立自强，必须超前部署前瞻性基础研究和颠覆性技术研发，为国家战略需求提供系统的解决方案。

（三）高水平科技自立自强需要优化科技资源配置和强调目标导向，形成资源集聚效能

集中力量加快科技补短板、扬长项，锻造“杀手锏”，需要在科技资源配置上加强顶层设计，不仅需要发挥国家作为重大科技创新组织者的作用，也要充分发挥市场在技术研发方向、路线选择等方面的导向作用。但是，由于目前科技自立自强在领域、目标、标准、路径以及组织模式等方面尚不明确，科技资源仍不能以实现科技自立自强为目标进行有效配置。央地、部委、区域之间的科技资源配置缺乏统筹安排，尚未形成企业充分参与重大科技问题凝练的机制，资源配置碎片化、分散化、重复化的问题仍然存在。实现高水平科技自立自强，需要不断优化科技资源配置方式，使国家财力更多地集中在打基础、攻关键、利长远的重大战略问题、基础科学和前沿技术研究上，提高创新质量和效率。

（四）高水平科技自立自强需要强化科技人才优先意识和加速高水平科技人才队伍建设，形成人才发展新格局[4]

国家科技创新力的根本源泉在于人，谁拥有了一流创新人才、拥有了一流科学家，谁就能在科技创新中占据优势。高水平科技自立自强根本在于拥有一批具有国际竞争力的高水平科技人

才队伍。我国拥有世界上规模最大的科技人才队伍，但高水平人才不足、结构不合理、评价制度不科学、激励机制不健全等问题依然突出。同时，我国青年人才和科研后备人才的培养尚未与科技活动规律有效结合，科技发展与研究人才培养尚未融合发展。实现高水平科技自立自强，必须从根本上转变人才发展观念，优化发展方式，深化人才制度改革，构建创新友好型人才政策环境，激发创新人才活力，培养造就一支规模宏大的高水平科技人才队伍，在国家创新发展实践中成就创新人才事业发展梦想，为科技自立自强不断提供高水平、可持续的人才支撑。

（五）高水平科技自立自强需要强化开放创新和实现更广泛的国际科技合作，形成对外开放新格局

科技自立自强描述了一国科技发展能力，开放合作创新描述了科技发展方式。高水平科技自立自强需要高水平开放合作创新。科技自立自强不是自我封闭、自我循环，而是以增强自主创新能力为目标进行的开放创新，从而在自主基础上推动开放，在开放合作中实现自主。我国要面向全球建立科学研究基金，搭建全球科技人才发展平台，全面融入全球科技创新网络。从国际看，大国科技竞争加剧，美国仍对我国采取科技遏制战略，不断扩大与我国科技交流合作的研究领域限制范围。从国内看，我国经济由高速增长阶段转向高质量发展阶段，需要开展更高水平、更高层次的科技合作。实现高水平科技自立自强，要以全球视野谋划和推动科技创新，全方位加强国际科技创新合作，[5]构建层次更加丰富、结构更加多样、领域更加宽广的高水平对外开放格局。

三、构建适应高水平科技自立自强的国家科技治理体系的重点任务

实现高水平科技自立自强需要建立高效能的国家科技治理体系，系统改革、全面优化，增强在科技力量统筹、科研组织方式、科技资源配置、科技人才发展、国际科技合作等方面的治理能力和水平。

（一）面向国家战略需求优化战略科技力量布局

第一，以实现高水平科技自立自强为目标加快推进国家实验室组建工作。国家实验室是国家自主创新能力和竞争力的核心载体。以国家重大战略需求为导向组织重大科技项目，整合和优化优质科技资源，开展重大科技攻关，[6]使之成为国家基础科学和前沿技术的综合研究和系统集成平台。

第二，强化中国科学院在国家战略科技力量中的骨干引领作用，发挥其多学科交叉、大团队整合、科教深度融合的优势，通过灵活、高效的科研组织模式开展重大科技任务攻关，及时满足国家经济社会发展中的重大科技需求。

第三，面向国家重大需求和新兴交叉前沿领域重组国家重点实验室体系，探索建立国家重点实验室新的体制机制，使国家重点实验室成为国家重大科技任务的提出者和承担者。

第四，高标准打造以国家实验室、一流大学、科研院所和创新型企业构成的国家战略科技力量，支持企业主导的产学研创新联合体建设，加强前沿引领技术系统发展能力建设。[7]

（二）面向国家战略需求健全重大科技任务管理机制

第一，从“四个面向”出发凝练科学技术问题，既要“坚持应用需求明确、技术突破明显”以解决国家的“燃眉之急”，也要敏锐把握真正具有颠覆性作用的创新科技，消除国家“心腹之患”。

第二，改革重大科技项目的立项方式，将“自上而下”的宏观决策部署与“自下而上”的自由探索相结合，有效衔接基础研究、应用研究和试验开发，加强我国在前瞻性基础研究、前沿引领技术、战略高技术领域的创新能力，形成推动攻克关键核心技术的强大合力。

第三，制定使命导向的创新政策，聚焦国家重大战略需求和重大科技问题，强化科技主管部门在项目实施过程中的总体管理，提高项目承担单位的协同创新能力，以集成性、系统性成果作为重大科技项目的考核方向，避免出现系统性项目碎片化、研究成果拼盘化。

（三）建立健全关键核心技术攻关的新型举国体制

第一，发挥我国资源动员能力强的体制优势，也发挥市场规模大、发展机会多的市场优势，以服务国家重大战略需求为目标，克服科技资源配置低效、分散、重复的弊端，加强重要领域关键核心技术攻关，强化关键环节、关键领域、关键产品保障能力。

第二，在事关国家发展长远、全局和安全的空天海洋、信息网络、人工智能、能源资源、智能制造、卫生健康等战略必争领域，加快实施一批科技重大专项。

第三，建立关键核心技术动态清单，实施关键核心技术攻关工程，根据国家战略需求和产业发展需要及时调整任务布局，集成优势创新资源开展攻关。面向重点科技任务，建立制度化的科技力量动员和整合机制。

（四）建立符合科研规律的科技人才发展机制

第一，建立创新领军人才培养机制。探索“重大科技创新平台＋重大科技项目”的高水平人才培养模式，在重大科技活动实践中培养一批具有国际水平的战略科技人才、科技领军人才、创新团队。

第二，加快建立符合科技活动需求的研究生教育培养制度，试点在高校和科研院所根据科研任务和培养条件自主确定研究生招生数量，加强科研主力军的培养。

第三，加快建立科技创新人才分类评价体系，按照基础研究、应用研究与试验开发、工程技术开发等科技活动规律实施分类评价，优化人才评价和奖励制度，激发不同科技创新人才活力。

（五）以共赢合作开拓国际科技合作新空间

第一，发挥我国创新基础设施优势，在气候变化、生命健康、环境保护、数字安全等全人类面临的共同挑战领域积极开展国际科技合作。

第二，支持更多科学家参加国际会议，在国际科学组织、国际科技期刊任职，发挥科学家群体的积极作用，讲好中国科技人文价值观。

第三，加强民间科技交流合作，鼓励学术界、产业界和非营利组织通过会议、技能和专业知识培训教育、文化交流和科技援助等形式开展国际交流和合作。

第四，拓宽科技合作对象和途径，推动更加开放、包容、务实的科技交流与合作，充分发挥“一带一路”在构建科技创新共同体中的作用，提升科技创新的国际化水平，增强我国科技“软实力”和国际影响力。

第九章

新时期关于进一步推动我国科技体制改革的思考

一、引言

党的十八大以来，习近平总书记高度重视科技创新，亲自谋划和推动重大科技体制改革任务。科技体制改革“四梁八柱”基本建立，重点领域和关键环节多点突破，《深化科技体制改革实施方案》部署的143项任务全面完成。[1]《科技体制改革三年攻坚方案》各项改革任务加快推进。目前，大国科技博弈的艰巨性、紧迫性、严峻性急剧增加，科技创新资源成为我国高质量发展最重要的生产要素。习近平总书记在2020年9月11日主持召开科学家座谈会[2]时强调，我国经济社会发展和民生改善比过去任何时候都更加需要科学技术解决方案，都更加需要增强创新这个第一动力。新形势对进一步完善科技体制机制提出了更高、更迫切的要求。

围绕深化科技体制改革，诸多学者都在开展相关研究，提出思路建议。一些学者针对深化科技体制改革开展顶层系统研究，面向我国新时期深化科技体制改革提出思路建议。苏继成等梳理总结了党的十八大以来科技体制改革对经济社会发展的影响概况，从经济学视角研判了新时期新形势下国家层面科技领域体制机制改革存在的薄弱环节和短板，并提出进一步深化改革的总体思路和主要措施。[3]孙福全面向新一轮科技体制改革攻坚，从关键核心技术攻关、企业创新、科技人才、政府职能转变等四方面提出政策建议。[4]马名杰等回顾了我国科技体制改革历程，总结了改革经验并面向下一阶段改革提出了系列展望。[5]

一些学者探索研究我国科技体制改革的理论制度框架。孙玉涛等剖析了我国科技体制改革的逻辑关系，探索构建一个制度学习、制度变迁、制度适应和制度冲突的综合分析框架，以期解决我国科技体制改革中的重点难点问题。[6]眭纪刚对国际上关于国家创新体系理论的研究进行了系统梳理，并研究了该理论对我国建立国家创新体系、持续深化科技体制改革的指导意义。[7]一些学者结合科技体制改革大背景，聚焦某一改革关键领域展开剖析研究。付广青基于科技体制改革及国家、江苏省科研诚信建设要求，剖析了科研诚信的定义及影响因素，结合农业领域科研单位存在的诚信问题，提出改进完善思考与建议。[8]中国科学院院刊特约评论员强调在我国创新体系中，要有一批真正具有系统扰动能力的新型研发机构，发挥其“鲇鱼效应”。[9]魏星、暴丽艳等聚焦深化科技体制改革背景下激励科研人员的政策体系展开研究，基于相关理论探索构建我国科技人才政策体系，并提出政策具体优化建议。[10, 11] 一些学者对典型地区的科技体制改革做法开展梳理研究。郭红侠等梳理分析了各地方在推进科技管理制度建设、科技计划管理改革、科研项目经费改革、科研院所改革等方面的典型做法，并立足宁夏实际提出对宁夏科技体制改革的系列启示。[12]

但总体上看，围绕国家改革精神，结合新形势新要求，在整体研究把握改革重点领域、关键环节进展和痛点剖析基础上，分析提出下一步改革思路的有关研究还较少。本章着重从"点"上深入剖析改革攻坚"真问题"，全面调研多层级、多类型改革主体，凝练形成改革共性问题，从发展角度紧紧围绕党中央对新一轮科技体制改革攻坚做出的重要任务部署，提出进一步改革思路和政策建议，以期为新时期进一步深化科技体制改革提供思路。

二、党的十八大以来科技体制改革进展

党的十八大以来，党中央系统布局和整体推进科技体制改革，科技领域基础性制度基本确立，一些重要领域和关键环节改革取得实质性进展，啃下了不少硬骨头。[13] 一是打造科技攻坚和应急的体制机制和组织体系。探索关键核心技术攻关新型举国体制的有效实现形式，[14] 在新冠疫情防控科研攻关中坚持五条技术路线协同研发并取得积极进展。[15] 二是统筹优化国家科技力量体系。推进国家实验室建设，重组国家重点实验室体系，建立企业主导产业技术创新的体制机制，以扩大自主权为抓手激活高

校和科研院所科技创新活力。[16] 三是健全科技人才制度体系。对科研人员实行分类管理，分配政策进一步强化知识价值导向，加大科研项目绩效和成果转化奖励力度，高层次人才收入分配更加灵活。[17] 四是建立科技、产业、金融快速连接通道。构建完善科技成果转化法律和政策体系，[18] 科创板搭建金融资本支持科技创新的大平台。[19] 五是提升科技创新治理能力。修订《中华人民共和国科学技术进步法》，成立国家科技咨询委员会，构建科技大监督格局，大力推进科技评价制度改革。[20] 六是深入推进中央财政科技计划和经费管理改革。优化整合国家科技计划，建立健全“让经费为人的创造性活动服务”的资金管理机制，完善加强基础研究的机制。[21] 七是强化区域创新高地建设和开放合作。加快建设北京、上海、粤港澳大湾区三大科创中心，积极主动参与全球科技治理，牵头组织国际大科学计划和大科学工程。[22]

这些改革举措推动了科技大发展和生产力大提升，促进了生产关系调整和政府治理优化，我国国家创新能力综合排名由 2012 年的世界第 34 位上升至 2022 年的第 11 位。

但通过笔者的调研，我们发现，当前创新态势相比于建设世界科技强国目标和高水平自立自强的要求还有很大差距，还需要深入剖析落实创新驱动发展战略面临的体制机制性障碍梗阻，进一步加大改革攻坚力度。

三、研究方法设计与实施

2021 年以来，在科技部有关改革调研任务的牵引下，笔者将

“从上到下”把握重点领域改革落实情况与“由下至上”发现基层实际问题的思路相结合，采取实地调研、专题座谈、一对一访谈等方法，深入听取来自各类创新主体的近300名科研人员意见，与各有关部门、地方管理部门合计31名管理人员充分沟通交流，并根据问题线索追根溯源，查找政策措施落实问题。

（一）实地调研典型地方和创新主体

笔者所在研究团队赴南京、福建、河北、山西等积极进行改革探索的地方开展实地调研，听取地方管理部门和创新主体在落实改革中遇到的问题和改革诉求。围绕“三评”改革落实情况，赴甘肃、广东开展专题调研，共实地走访5个高校、9个科研院所和7个企业。

（二）召开系列专题座谈会

围绕科技评价改革、高校和科研院所落实改革情况、典型地方落实改革情况等主题，合计召开25场专题座谈会，共130余名科研人员和31名管理部门人员参会。

（三）一对一访谈科研人员和科研管理人员

完成对39名院士、专家的面对面访谈和对95名科研人员、科研管理人员的线上访谈工作，访谈对象实现全国31个省区市、各类型科研单位、各年龄段全覆盖。访谈内容以成果转化、企业创新、减负放权、科技评价、人才激励等重点领域改革举措惠及科研一线的实际情况及有关问题为重点，同时开放式听取访谈对象对其他改革领域的意见和建议。

（四）查找政策措施落实存在的问题

最后，整理形成改革问题清单，结合多方反馈意见，筛除个性问题，保留共性问题。对标中央文件和制度规定，对问题线索追根溯源。

四、科技体制改革面临的问题分析

（一）新形势下暴露的体制机制问题

1. 科技创新统筹协调能力难以适应最新改革布局

当前，科技内涵和外延已发生深刻改变，科技与经济、安全、军事、外交、人才等领域深度交叉。新修订的《中华人民共和国科技进步法》颁布实施，[23]《科技体制改革三年攻坚方案》经中央深改委第二十二次会议审议通过，[24]党中央对科技创新定位更高、要求更高。

但在当前体制下，部门间、央地间、区域间的科技“多张皮”问题切实存在，一些关键性改革、重大政策制度因缺乏强力的统筹协同推动受阻，许多现行制度难以适应科技创新的需要，国家科学技术全面进步与国家科技管理统筹能力相对不足的矛盾越来越突出，新修订的科技进步法做出的一系列规定在现有统筹机制下全面落实存在困难。科技自立自强的目标使命迫切需要建立更加强有力的“大科技”领导体制，进一步发挥党和国家作为重大科技创新领导者和组织者的作用。

2. 科技创新资源一体化高效配置的格局没有形成

目前从国家全局看，对科研经费、项目、机构、基地、设施、人才、数据等创新资源协同规划不够，相互之间衔接不足，聚焦战略目标不够，科技创新资源配置没有做到全国“一盘棋”。

各级科技管理队伍的专业化能力和水平存在不足，传统的“科研项目导向”资源配置模式没有根本改变。一些边缘学科、冷门学科缺乏稳定支持，比如病毒学是冷门和高风险行业（学术风险、职业风险、责任风险），研究队伍规模小，支持力度和政策保障不足。

科技创新链条存在结构性问题，基础研究投入不足且渠道相对集中，主要依靠中央财政投入，地方、企业、社会资本投入基础研究的积极性不高，[25]科技型企业科研人员在访谈中普遍反馈基础研究投入大、回报周期长、收益少，有能力投入基础研究的企业少，而既有能力又有意愿投入基础研究的企业更少。国家对企业和社会力量支持基础研究缺乏有效的政策激励。

3. 国家战略科技力量体系化布局不足

经过几十年的建设，我国科技力量不断增强，建立起了包括高校、科研院所、企业等在内的多层次科技创新体系，但整体上各自功能存在一定交叉重叠。部分科研单位主管部门管理人员反馈，近年来由于各地和各单位追求短平快的各种科技指标，各类平台出现重复性建设，造成一定程度的浪费。目前，“召之能战、战之能胜”的国家科研机构和人才团队不够，高校、院所、企业的职责定位和使命不清晰，出现了高校院所一哄而上搞“卡脖子”技术攻关、企业大干快上抓基础研究等不符合科研和产业规律的现象，也出现了高校办“院所”、院所办“高校”的“内卷”情况，有时高校院所与企业在资源和产业发展上还成了竞争对手，导致科技资源分散、战略科技力量不够聚焦。

（二）长期存在的改革“硬骨头”难题

科技人才、科技评价、企业创新等重点改革领域仍有一些长期存在的老问题、“硬骨头”尚未突破，制约了创新活力的有效释放，需要政府部门进一步组织研究找准解决方案。

1. 激励科研人员潜心研究的薪酬制度急需完善

一是科研人员收入结构中基本工资收入偏低。《关于实行以增加知识价值为导向分配政策的若干意见》[26]提出，要稳定提升科研人员基本工资。目前，多位科研人员在访谈中指出，竞争性项目支持绩效占工资比例越来越高，科研人员在项目申报、过程管理和评价上花费的精力越来越多，一定程度上助长了浮躁的科研氛围，打压了部分真正想潜心研究的人员的积极性。二是国有企业和事业单位工资总额和绩效工资总量管理使科研绩效奖励政策难以充分兑现，高层次人才工资在科研单位绩效工资总量中单列改革尚未落地。《关于进一步完善中央财政科研项目资金管理等政策的若干意见》[27]将中央财政科研项目中间接费用比重提高，加大绩效激励力度；《关于扩大高校和科研院所科研相关自主权的若干意见》[28]提出，高层次人才薪酬可在所在单位绩效工资总量中单列，相应增加单位当年绩效工资总量。目前，奖励经费发放受单位绩效工资总量限制，且未能建立绩效工资总量稳定增长机制，高层次人才薪酬在绩效工资总量中单列政策尚未落实，对科研人员激励效果未能充分兑现。

科研单位管理人员普遍反映，相关部门对高层次人才分配激励实行清单制管理，本单位已报送高端人才清单，但相关部门尚未核准，高层次人才工资仍在绩效工资总量中挤占其他科研人员工资。

2. 科技评价改革仍需深化

一是评价活动中“四唯”问题尚未根除。《关于深化项目评审、人才评价、机构评估改革的意见》[29]提出，要突出品德、能力、业绩导向，克服唯论文、唯职称、唯学历、唯奖项倾向。目前，破“四唯”有关部署要求已在各级单位管理文件中体现，但在实际评价活动中将论文等成果数量作为主要评审标准的思维惯性仍未全面破除，一些科研人员表示，部分评审专家习惯于把论文影响因子、被引用次数等量化指标作为主要评定依据。

二是尚未构建起科学合理的科技人才评价体系。《关于深化项目评审、人才评价、机构评估改革的意见》提出，要推行代表作评价制度，注重标志性成果的质量、贡献、影响。目前，相关科研单位间落实评价改革力度和效果差异较大，既存在破除“四唯”后未能探索建立科学合理科技评价体系的情况，也存在破除“唯论文”后反而产生“唯顶级期刊”“唯专家”等不良倾向的情况。

三是人才“帽子”与物质利益和资源分配过度挂钩。《关于深化项目评审、人才评价、机构评估改革的意见》提出，不把“帽子”等作为项目申报限制性条件，不简单以“帽子”确定薪酬待遇、配置学术资源。目前，人才评价结果使用异化现象仍然突出，科研项目、工资薪酬等各类资源与人才称号挂钩严重，一般科研人员的资源获取受到严重挤占。多位科研人员反映，“帽子”和各类政策支持、利益分配仍直接挂钩，“帽子”是跳槽到更高平台的台阶。

3. 企业创新主体地位有待进一步加强

一是企业在国家科技创新决策中的参与度和话语权仍然不足，国家研发布局和项目形成过程中反映企业和产业需求不够。《深化科技体制改革实施方案》[30]提出，要发挥企业和企业家在国家创新决策中的重要作用，市场导向明确的科技项目由企业牵头实施。多位企业科研人员反映，企业需求难以在国家重大科技创新布局和科技计划任务中得到体现，项目验收考核把关不到位，一些通过验收的项目成果与预期不符，难以满足产业需要。

二是国有企业创新内在动力不足。《深化科技体制改革实施方案》《关于实行以增加知识价值为导向分配政策的若干意见》等文件提出，要建立促进国有企业创新的激励制度，实施股权和分红激励、成果转化奖励、高端人才市场化薪酬试点等系列政策。目前，相关改革举措落实过程中缺乏针对性的制度设计，企业因工资总额限制约束和国有资产流失顾虑不敢贸然落实。

三是激励企业创新的优惠政策有待进一步完善。《深化科技体制改革实施方案》对制定科技型中小企业的条件和标准、修订高新技术企业认定管理办法做出部署要求。目前，相关政策已完成修订，但对科技型中小企业的政策激励措施比较单一，高新技术企业认定中还存在各地把控标准不一、对高研发投入而未赢利的企业成长性打分不合理等问题。

四是企业与高校、科研院所对接渠道不畅，技术成果交易市场还不健全。《促进科技成果转移转化行动方案》[31]等文件提出，要鼓励高校、科研院所在不增加编制的前提下建设专业化技术转移机构。目前，全国普遍缺少能够将高校、科研院所研究成果与企业需求精准对接的专业化技术转移机构。某企业高级工程师反映，高校与企业之间信息不对等，企业不知道高校做了什么，高校不知道企业需要什么。

（三）改革落实存在的梗阻性障碍

仍然存在对科研单位管理简单化、政策细化落实指引不明确、多领域改革精神不一致等情况，一些改革政策在传导落实过程中仍存梗阻，导致出现国家放权、逐级收紧、基层收权的现象，需要各级政府部门创新完善抓落实的方式方法。

1. 对科研机构管理简单化、行政化问题依然存在

《关于扩大高校和科研院所科研相关自主权的若干意见》部署完善科研事业单位章程管理，下放机构设置、岗位聘用、职称评审权限等改革任务。目前，有的主管部门或地方存在“一碗水端平”思想，对科研机构简单套用事业单位统一管理制度，未充分考虑科研机构的特殊性，形成扩大自主权等改革落实的“梗阻”。

一是科研院所推进章程管理存在阻力。有的单位表示制定了章程但主管部门不予批复，有的单位表示章程虽然得到批复但主管部门并未严格遵守，单位行使自主权面临无章可依或有章难循的局面。二是一些主管部门尚未将内设机构管理、职称评审、岗位聘用等方面自主权下放至科研单位。根据相关院所长座谈反馈，部分单位没有权力自主设立内设机构，部分单位的高级（尤其是正高级）职称评审权仍在主管部门。

2. 部分改革领域缺少细化落实指引且容错免责机制不健全

当前出台的重大改革文件中宏观指导性政策居多，细化操作

指引较少，科研单位在改革落实过程中面临一些实施困扰。例如，《实施〈中华人民共和国促进科技成果转化法〉若干规定》[32]明确成果转化中负责人履行勤勉尽责义务，可免除后续成果价值变化产生的决策责任，但由于当前缺少勤勉尽责具体标准，单位在成果转化过程中存在较多顾虑。调研了解到，相当一部分科研院所领导人员因担心带来国有资产流失的问责风险，主动推动成果转化积极性较低。

3. 科研单位因对审计检查心存顾虑而对改革举措落实畏首畏尾

国家层面出台相关改革政策后，若相关行业管理部门没有制定落实配套细则，一些下属科研单位不敢直接执行相关改革，担心有关审计、纪检、监察部门掌握的经费使用等办法与国家最新改革政策要求不一致。部分科研管理人员反映：单位在下放的自主权范围内制定的政策，有时得不到审计等部门认可，被要求整改退钱；有的时候审计与政策要求尺度不一，不同审计人员把握尺度又不一，科研人员与审计人员之间没有对话辩论的机制。

五、未来一个时期推进科技体制改革的思路与建议

当前，我国发展进入主要依靠科技创新驱动的新阶段，我们更需要把科技创新真正摆在国家发展全局的核心位置，使其在现代化建设全局中能发挥更多支撑、引领作用。[33]面向实现建设世界科技强国的总目标，打通制约科技改革举措落实落地的关键环节梗阻、推进科技政策扎实落地的任务十分紧迫。[34]科技部原

部长王志刚强调，抓科技政策扎实落地将从几个维度来做：一是从综合集成、系统部署来抓扎实落地；二是要通过抓重点来抓落实；三是要各方形成合力来抓落实。[35] 新形势下，必须突出问题导向，坚持有限目标，瞄准痛点难点，聚焦“四个面向”，主动担当、协调联动，动真碰硬、善作善成，以“钉钉子”的精神推进落实改革任务。[36]

（一）强化科技统筹与部门协同，全面强化党对科技工作领导的制度保障

中央科技委的成立形成了更高规格的科技统筹机制，它立足党和国家发展全局，负责科技创新顶层设计、战略规划、重大任务等方面的决策部署，做好部门间、央地间协调分工，加快建成集中统一、高效权威的科技创新领导机制。要进一步转变政府职能，在中央科技委领导下进一步强化科技管理部门在科技战略规划、国家创新体系建设、深化科技体制改革、科技人才队伍建设等方面的宏观统筹职能，从项目、经费的微观管理中彻底脱离。

（二）完善科技资源配置方式，更加聚焦国家重大需求

强化科技资源一体化配置，加强科技项目与科研机构、平台基地、重大基础设施布局建设的统筹规划，明确中央和地方科技投入事权的划分，加强中央对地方科技创新、资源配置的指导和统筹，完善科技资源区域布局和创新要素跨区域流动机制。健全科技投入和项目形成机制，推动稳定性支持和竞争性支持相协调，强化中央财政的引导作用，完善中央、地方、企业、社会多元化科技投入机制；在战略必争领域强化政府自上而下的任务设计，完善面向国家重大需求和世界科学前沿的科学问题凝练机制。

（三）持之以恒推进科技评价改革落实落地，推动基层科研单位落实评价主体责任

完善分类评审机制，在评价活动中进一步突出国家目标导向的主导地位。建设我国的世界一流科技期刊，引导科研人员把科技成果在国内首发应用。对纯基础和冷门学科延长评价考核周期，实行五年以上的长周期评价。强化用人单位评价主体责任，“破四唯”和“立新标”并举，推动制定符合单位实际的评价标准。发挥好各单位学术委员会、同行、利益相关方作用，细化分类机制，丰富评价维度，全面准确反映成果创新水平、转化应用绩效和对经济社会发展的实际贡献。[37]深化破除科技评价中“唯帽子”倾向，从国家层面明确不得根据人才称号分配学术资源、薪酬待遇等利益，纠正将承担相关科研项目异化为人才称号使用的不良导向，全面梳理各层级各类人才称号并开展深度清理工作。

（四）强化企业创新主体地位，推动以企业为主体的科技组织建设

培育科技领军企业，发挥科技领军企业市场导向和资源整合优势，探索产业链、创新链双链融合“链长制”。形成完善的创新联合体工作机制，聚焦重点领域组建一批企业牵头、产学研深度融合的创新联合体。健全完善央企科技创新激励保障机制，将研发投入、重大突破等情况纳入业绩考核。扶持科技型中小微企业成长为创新重要发源地，在国家层面提高科技型中小企业研发费用加计扣除比例基础上，进一步将地方探索的科技计划项目优先支持、创新券支持、研发后补助等方式总结提炼为全国范围科

技型中小企业的普惠政策。

完善高新技术企业评价指标体系，针对成长性打分指标，考虑到不同规模企业所能达到的净资产增长率、销售收入增长率等不同（如大型企业总体上发展趋于稳定），且不同宏观经济环境下企业整体上所能达到的成长率也不同，应综合考虑经济背景和企业规模设置动态的得分指标空间，如每年将上一年度该规模企业平均增长率设为及格分数，以此为基础制定该年度不同规模企业的成长性指标打分区间表，使认定指标更加科学合理。

（五）深化科研院所改革，健全有别于一般行政事业单位管理的体制机制

推动科研机构立法，从法律层面上明确国有科研机构的独立法人地位、国家使命、职责权限、管理体制等重要内容。开展以国家使命和创新绩效为导向的现代科研院所改革，[38] 可以考虑以试点方式推动部分科研院所明确各自使命定位，通过提高稳定经费支持、国家使命类重大科研任务长周期支持等方式确保科研院所能够围绕使命凝聚大团队、稳定开展研究活动，避免各科研院所之间聚焦热点领域无序竞争的情况。建立符合科研事业单位特点的新型法人制度、治理架构、收入分配制度，推动科研事业单位制定章程，并在章程中明确科研事业单位的自主权，以及主管部门管理边界，确保做到按章程管理，以“确权”方式保障科研单位拥有相关科研自主权。健全面向科研机构的定向委托重大科技任务机制和绩效评价制度，切实做到有效应用绩效评价结果，构建起将绩效评价结果与科研机构布局定位、基本科研业务费核定、绩效工资总量调整等挂钩的制度体系。

（六）完善改革容错和正面激励机制，营造“鼓励改革、宽容失误”的良好氛围

根据《关于进一步激励广大干部新时代新担当新作为的意见》有关精神和要求，结合成果转化、国企改革等领域特点，出台细化实化、可落地、可操作的配套政策措施，建立健全改革容错纠错机制，划清“可容”与“不容”的边界，明晰改革失误免责条件，保护勤勉尽责、出于公心、未谋私利的改革干部，鼓励大胆先行先试。也要建立健全推进改革的激励和奖惩机制，对于改得好、改得快的地方、部门和人员给予表彰，加强典型地区、改革事件和改革人员的宣传；严格落实改革任务的责任制，对于不改革、慢改革、阻碍改革的地方、部门和人员予以严肃追责问责。

第十章

新形势下国家科研机构聚焦国家使命改革的调研

一、引言

调动国家科研机构力量聚焦国家使命是新时期实现高水平科技自立自强的必然要求，在当前时代背景下尤为重要和紧迫。近年来，党中央高度关注科研机构管理改革工作，习近平总书记在2021年两院院士大会上强调，国家科研机构要以国家战略需求为导向，着力解决影响制约国家发展全局和长远利益的重大科技问题，加快建设原始创新策源地，加快突破关键核心技术。[1] 相关部门已经部署启动使命导向的科研院所管理改革试点工作。

本章紧扣引导国家科研机构聚焦使命开展科研这一主题，以中央级科研院所作为研究对象，在调查研究的基础上，梳理分析国家科研机构使命导向管理改革研究的逻辑，明晰科研机构履行使命现状，发现问题，并分析问题产生原因，在此基础上从国家创新体系建设全局视角探讨如何体系化地突破改革难题。

二、新时期国家科研机构开展使命导向管理改革的必要性

党的二十大报告强调，以国家战略需求为导向，集聚力量进行原创性引领性科技攻关，坚决打赢关键核心技术攻坚战，并对优化国家科研机构、高水平研究型大学、科技领军企业定位和布局提出具体要求，[2]这就要求必须重新审视国家科研机构的定位、特征与职责。国家科研机构作为国家建制化科研力量，是使命导向科技创新的关键组织实施者，以国家使命和创新绩效为导向推动现代科研院所改革刻不容缓。[3]从历史经验看，科研机构改革需要从国家科技创新体系的全局视角予以支持和推动，需要通过一套完整的制度来配置科研机构的权、责、利，协调各利益相关方之间的关系，这是值得深入探讨的重要命题。

目前学者们聚焦这一主题已经开展了大量相关研究，并强调了开展使命导向的科研机构管理改革的重要性。尹西明等提出科研机构应以国家战略需求为导向，解决影响制约国家发展全局和长远利益的重大科技问题。[4]李正风对国家战略科技力量的内涵进行深入审视，强调了平台、人才、组织方式、文化、团队整合能力等是战略科技力量的重要支撑。[5]陈劲等提出重要院所要在科技创新中发挥“国家队”的重要作用，应聚焦国家使命开展有组织的集成攻关。[6]万劲波等围绕开展“有组织的基础研究”分析了主要国家对战略科技力量的任务部署和资源配置方式，提出

要围绕国家战略需求布局科技力量，通过改革资源配置等机制引导战略科技力量聚焦主责主业产出重大成果等思路建议。[7]贺德方等构建了国家创新体系框架结构图，并明确了科研机构的位置以及与其他体系的互动关系。[8]从调动科研机构创新活力的角度，一批学者前期也对相关制度体系开展了系列调查研究。霍竹等分析了扩大高校和科研院所自主权改革制度总体布局设计、主管部门放权等情况。[9]李佳莹等深入研究科技评价改革现状与问题，提出评价是资源分配的指挥棒，是调动科研机构创新活力的重要手段，一系列梗阻难题制约着评价改革落实，同样也对科研机构改革构成掣肘。[10]目前，对于国家科研机构在我国战略科技力量中的定位已经较为清晰，激发其创新活力的政策保障体系也在学界调查研究和政界决策落实的耦合中日渐完善，但在如何聚焦国家使命组织发挥好国家科研机构力量这一命题上，仍存在不少研究缺口。

从现实实践看，国家科研机构在我国战略科技力量中的定位已经较为清晰，但当下仍暴露出部分科研机构主责主业不聚焦、使命任务与创新要素配置不匹配、服务国家战略急需不到位、治理机制不完善等情况，对加快实现高水平科技自立自强提出了挑战。为此，我国政府着眼强化战略科技力量，已开始探索中央级科研机构使命导向管理改革。2022 年，科技部、中央编办、财政部、人力资源社会保障部已经先行启动科研院所使命导向管理改革试点工作，按照“可落地、可操作”的思路，基于现行的科研事业单位管理体制、科技资源配置方式等基本制度，提出了面向不同管理层级系列改革举措。党的二十大报告高度重视科技创新，围绕科技体制提出一系列涉及制度改革的重大决策部署，包括“完善党中央对科技工作统一领导的体制”“深化财政科技经费分配使用机制改革”等。这些涉及基础、影响全局的体制改革，为突破现有基本制度体系，更加系统、更深层次地推动国家科研机构使命导向管理改革提供了可能。未来国家在这一领域具有强烈的深化改革现实需求，为开展相关研究赋予了明确的现实价值。

鉴于此，本章围绕通过体制机制改革引导国家科研机构聚焦使命开展科研这一主题，对我国科研机构使命泛化问题起因、新时代背景下的使命内涵界定、新时期科研机构履行使命的政策和制度框架等进行了梳理分析，明晰科研机构履行使命现状并分析主要问题产生原因，在此基础上从国家创新体系建设全局视角探讨如何体系化地突破改革难题。

三、研究方法

本章作者长期跟踪科研机构改革发展情况，近年来围绕新形势下如何聚焦国家使命调动科研机构力量这一问题，从科研机构改革相关的政策制定者、政策落实者、政策惠及者、政策研究者等方面开展全方位研究，调研访谈了若干利益相关方，掌握了大量一手素材。需要说明的是，目前我国对于国家科研机构尚无明确界定，但考虑到中央级科研院所与国家科研机构具有较大重叠性，中央级科研院所表现的问题同样适用于国家科研机构，本章将不对两者作刻意区分。

（一）访谈政府部门

本章作者线下访问了科研机构管理部门，包括科技部、财政部、人员编制部门、人社部门等单位，以及中科院、行业主管部门等科研机构上级主管单位，通过调研，分析了我国院所改革整体历史逻辑、各类院所改革政策设计初衷以及落实中存在的困难，掌握了各类政府资源传导配置到科研机构的全流程及资源配置的主要逻辑。

（二）开展问卷调查

为从更广的“面”上了解、掌握科研机构履行职责使命现状，研究组设计了使命导向的院所管理改革问卷，面向中央级科研院所科研人员发放，问卷涉及对本单位履行使命情况、履行使命的资源保障情况等问题，共回收有效问卷 668 份。为深入了解大的科研环境背景，研究组设计发放了科技评价改革问卷，共回收科研人员反馈有效问卷 10815 份。

（三）实地调研典型院所

作者调研了中科院理化技术研究所、中科院空天信息创新研究院、中科院华南植物园、地科院矿产资源研究所、中国中医科学院中药研究所、气科院、环科院、中国地震局地质研究所等 8 家中央级科研机构，与管理人员、科研人员近 60 人进行座谈研讨，逐个“解剖麻雀”，从财政、人事、科技等各部门角度全面深入了解科研机构履行职责使命的典型经验做法及存在的具体问题。

（四）与科研院所负责人座谈交流

研究过程中，作者召开三场专题座谈会，与中科院计算所、中科院高能物理所、中科院数学所、中科院物理所、中科院化学所、中科院生态环境研究中心、中科院地理所、农科院作物所、社科院工业经济研究所、医科院药物所、交通运输部公路所、林科院森保所等院所十数位院所负责人研讨各院所履行国家使命改革现状，以及从院所领导层面具体推动国家相关改革的想法和难处。

（五）与政策研究专家咨询研讨

与来自国务院发展研究中心、财科院、人科院、中科院、清华大学、北京大学、北京师范大学等单位的 27 位科技政策研究专家学者研讨现状，对下一步如何从体制机制上调动科研机构服务国家战略需求的活力等问题，咨询相关专家关于改革思路的意见。

四、国家科研机构使命导向改革的基本逻辑

（一）理论逻辑——使命导向的科技创新政策提供的新思路

21 世纪以来，全球科技创新进入空前密集活跃的时期，新一轮科技革命和产业变革正在重构全球创新版图、重塑全球经济结构。许多国家都在探寻以创新为主导的经济增长方式，通过制定有针对性的创新规划与政策来应对重大的社会和技术挑战。政府干预创新的职能发生了重大变化，并非只是简单的修补市场失灵，还有基于国家重大战略和公共利益的创新。[11] 使命导向科技创新（mission-oriented R&I）理论受到学界认可，被当作一种应对挑战的政策形态，[12] 被视为创新政策的圣杯，[13] 被认为有可能成为创新的新浪潮或新范式。[14]

国家科研机构作为国家建制化科研力量，是解决影响制约国

家发展全局和长远利益的重大科技问题的主力军，必然是使命导向科技创新的关键组织实施者。因此，国家科研机构（或称国立科研机构）在国家创新系统建设中的作用、在承载国家战略使命中的作用受到学界重视。研究认为部分国立科研机构（如美国国立卫生研究院，NIH）实施使命导向科技创新取得了显著成效，[15]公共组织必须为实现使命设定长期的方向和承诺，[16]同时，方向设定不能被认为是一个“挑选赢家”的问题，而是一个优先考虑社会目标并为最佳解决方案创造有利条件的过程。[17]当前，我国正处于向高质量发展转型关键时期，使命导向型科技创新政策是解决转型失灵的重要政策路径。[18]

（二）历史逻辑——我国多轮科技体制改革后面临的新问题

我国科研院所在成立时具有清晰的使命定位，但随着时代迁移在履行使命方面存在挑战。回顾我国科研院所体系发展历程：1949年成立中科院不仅解决了我国中央级的国立科研院所的有无问题，也在“两弹一星”等重大任务中发挥了重大作用；20世纪50年代大规模成立行业科研院所的目标也十分明确，即在计划经济背景下，推动行业应用研究和技术开发。

改革开放后，我国科研机构改革经历了三个阶段，体制机制发生了重大变化。第一阶段：1985年开始对科研院所的拨款制度进行改革，实行经费分类管理，对从事技术开发的科研院所减少国拨经费、鼓励通过多种形式取得收入，对从事基础研究和部分应用研究的科研院所试行科学基金制，对从事社会公益事业的科研院所试行国拨经费包干制。第二阶段：1999年开始实行市场化改革，先后将国务院部门所属376个技术开发类科研院所转制为企业，分三批对国务院部门所属248个社会公益类科研院所按照非营利性科研院所运行管理、转企改制、转为其他类型事业单位、并入大学等四个方向进行分类改革。第三阶段：2012年开始按照国家关于事业单位分类改革的部署，逐步区分为公益一类、二类事业单位，同时实施了部分局部调整性改革，特别是着眼激活院所动力，开展了扩大科研相关自主权改革。

总体来看，三个阶段改革着力点均未放在强化院所履行职责使命上，并且受制于计划经济体制下的编制管理模式等原因，我国国家科研机构出现布局长期固化、动态调整难等问题，应对新变化和新需求的反应和调整迟缓。同时，由于资源配置、治理架构、科研组织模式等缺乏配套设计，科研院所履行使命缺乏评价制度激励约束和资源条件保障，导致一些院所对自身使命认知泛化、业务无序扩张，未能聚焦国家战略需求开展科研活动。

（三）现实逻辑——高水平科技自立自强提出的新要求

国家科研机构的使命总体上应该包括引领科学前沿、服务国家战略需求、担负社会发展和人类发展责任等内容，在当前的新时代背景下，“使命”的具体内涵也具有鲜明的时代特征。为了推动我国高质量发展，实现高水平科技自立自强，当前和今后一个阶段国家科研机构的使命核心内涵在于应对挑战，包括解决“卡脖子”问题、占据战略性技术领域国际制高点、应对社会重大挑战等。

对于基础研究类科研机构来说，其使命是保持国际领先水平或同等水平的科学研究，为占据战略性技术领域国际制高点提供基础支撑，引领国内相关领域科学发展。对于公益属性强的行业类科研机构来说，其使命是为相关领域发展提供持续的技术供给，重点解决涉及重大民生、国家安全等方面的问题，比如农业领域要聚焦保障种质安全等。对于与产业界密切相关的应用研究类科研机构，其使命是推动行业高质量发展，特别是在开辟新领域、新赛道方面发挥关键支撑作用，在功能上，必须兼具知识创造者和高校、企业间沟通桥梁纽带的作用。对于从事国家战略工程的应用研究类科研机构来说，其使命是作为新型举国体制中国家重大工程任务的牵头组织者，组织动员各界局部的科技力量汇聚成体系化的科技力量，集中力量完成关键核心技术攻关任务。

五、我国科研机构履行使命存在的问题分析

在调研中，我们了解到目前科研机构履行使命的现状及对相关改革的看法，发现我国科研机构履行使命存在以下两种突出现象：

一是被政府具体事务缠身。部分科研机构大部分人员精力都在支撑主管部门政府事务上，了解国际前沿研究不多，竞争国家级科研项目不积极，开展科研活动少，这种情形在一些行业部门所属的科研机构较为突出。

二是对使命概念越来越淡化。一方面，为更容易争取到项目经费支持、刊发高影响因子文章，各支科研队伍普遍集中在热点领域，做短平快的研究，一些冷门基础领域没人做，少有人坐得住冷板凳。另一方面，逐利情况凸显，部分科研机构主要业务变成承接市场委托，其中一些甚至将生产经营作为主业。

在前述我们面向科研院所人员所做的问卷调查中，研究人员认为单位重点科研方向与国家使命任务和战略需求高度一致的仅占28.0%，有10.6%认为差异较大（见表10-1）；认为本单位科研条件、经费能够完全保障履行国家使命实际需求的仅占7.9%，有36.9%认为存在较大缺口（见表10-2）。

表10-1　本单位重点科研方向与国际前沿和国家使命一致性的调研情况

	差异较大	较为一致	高度一致
您所在单位重点科研方向与相关领域国际研发前沿的对应性如何？	17.5%	67.0%	15.5%
您所在单位重点科研方向与国家使命任务和战略需求的对应性如何？	10.6%	61.4%	28.0%

表10-2　本单位履行国家使命的条件保障程度的调研情况

	存在较大缺口	基本能够保障	完全能够保障
您所在单位科研条件、经费能否保障履行国家使命的科研实际需求？	36.9%	55.2%	7.9%
您所在单位人才团队规模和水平、科研组织动员能力能否保障履行国家使命？	31.2%	55.3%	13.5%

通过调研，我们发现，出现上述现象，以及相关改革设想难以落实主要有以下几方面原因。

（一）不知道该不该改——科研院所本身概念与边界不清，国家对部分机构属性定位不清

与高等教育法、公司法中对高校和企业的身份做出明确界

定相比较，我国对科研机构没有明确的概念和界定范围，相关部门对哪些单位属于科研机构没有统一的口径。“科研机构”“科研院所”“科研事业单位”等各种表述在领导讲话、各类规范性文件中频频出现，互相之间概念是否统一、边界在哪里均没有定论。科研机构的编制、经费、项目等分散在不同部门管理，但没有任何一个部门真正掌握我国科研机构的底数。一般事业单位要服务政府事务，对其往往是要加强管理，而科研机构要聚焦国家战略需求开展科研活动，应对其放开自主权。然而由于基本概念不清，很多院所的定位游离在两者之间，对其没有统一的管理制度，主管部门简单套用事业单位统一管理制度，简单化、行政化管理。[19] 在这一情况下，一些院所使命泛化，科研属性大打折扣，其中一部分将主要精力都投入在支撑主管部门的日常事务上，还有一部分的主业逐渐转向市场化经营业务。这一情况尤以行业部门所属院所为甚。问卷调查中，仅 10.5% 的行业部门所属院所人员认为本单位重点科研方向与相关领域国际研发前沿高度一致，该比例仅为中科院院所人员的一半左右（见图 10-1），同时行业部门所属院所人员中有 34.1% 认为本单位人才团队规模和水平等指标在保障履行国家使命方面存在较大缺口，该比例在中科院院所人员中则是 28.6%（见图 10-2）。

（二）没有稳定支持改不动——履行职责使命缺乏长周期、稳定性的资源保障，科研团队频繁变换方向、目标行为短期化

我国现行各类科技项目多以竞争性课题方式择优汰弱、奖勤罚劣，项目实施周期一般为三到五年，且未建立滚动支持机制。

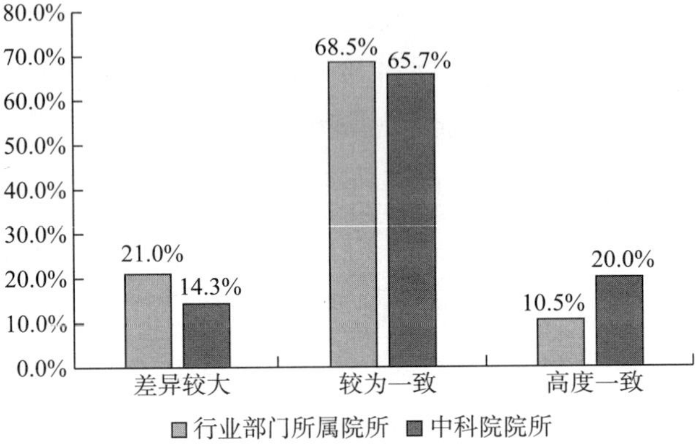

图 10–1　不同类型科研院所人员认为本单位主要科研方向与国际前沿一致性

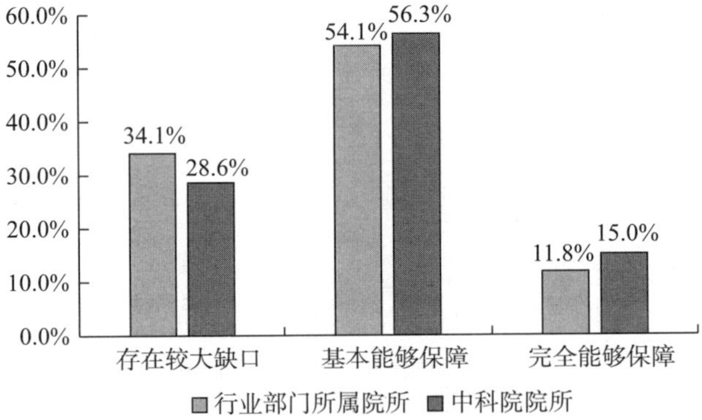

图 10–2　不同类型科研院所人员认为本单位对于履行国家使命的人才条件保障情况

相对于项目周期，大部分科研机构从事的基础性、公益性研究活动具有持续性、长期性特征，部分领域研究需要十数年乃至数十年数据积累，与当前项目实施周期存在偏离，保障科研人员“甘坐冷板凳”的项目支持机制尚未形成。同时，科研机构稳定性经费占比过低，调研中各家院所普遍反映仅占总收入的不足1/3。一些经费从财政拨付到上级部门时是非竞争性的，在上级部门向院所分配时又变成了竞争性经费。竞争性经费占比过高，造成了科研机构跟着项目跑、自我定位难、自主研发主动性缺失等一系列问题。

（三）有稳定支持也不愿改——固有的科技评价和资源配置制度、思维惯性难以为使命导向改革保驾护航，谁先改谁吃亏

整个科技管理体制是系统性的，科研机构改革难以单兵突破。目前，科研单位开展科技评价普遍还是以看论文、看影响因子、看项目经费为主，对“坐冷板凳”从事冷门、基础领域研究欠缺评价激励。无论对科研机构还是对科研人员个人来讲，开展稳定支持改革后，不能去竞争项目，不能去争热点，在现有评价考核和资源配置体系下将意味着没有各级政府的“帽子”“项目”，意味着在评奖、评头衔等各类评价活动中根本无法与其他个体同台竞争。在科技评价改革的问卷调查中，科研人员普遍认为以往科技评价和资源配置中存在的上述有关突出问题改善程度不大（见表10−3），而这些大环境下存在的问题对于阻碍科研机构开展使命导向的管理改革是决定性的。另一方面，目前对科技成果的评价考核体系不利于团队间开展合作，例如很多单位在职称评审中只认被评对象作为第一作者发表的文章，对科研项目组织实施只认牵头人的贡献。

表 10-3 科研人员认为科技评价中存在的突出问题改善情况

	有明显改善	有一些改善	没有多少变化	情况变得更差	不存在该问题
过分看重论文数量、所发刊物影响因子，而非科研成果自身的科学价值、学术贡献	14.7%	45.2%	33.5%	5.1%	1.5%
人才“帽子”仍是引进人才、分配资源的主要依据	9.9%	25.8%	46.2%	15.6%	1.6%
不同地区间、单位间以高薪酬高待遇竞价抢挖“帽子”人才	9.6%	27.6%	43.3%	15.6%	2.0%
“帽子人才”圈子化，在各类科研活动评审时话语权过大，学阀情况严重	9.7%	26.5%	39.4%	21.8%	1.9%
缺乏对人才、机构的长周期评价	10.0%	32.7%	45.1%	8.9%	1.6%
社会机构利用少量定量指标进行简单排名，不强调科技内涵质量	10.4%	32.8%	37.8%	12.1%	2.4%

（四）不具备组织动员大团队的能力——科研机构缺乏充分的用人权、评价权和激励权，组织实施重大任务的措施和手段不足

近年来，扩大自主权等改革切实提升了科研机构自我管理权限，但科研机构在人员调整、经费调配、评价激励等方面的自主权仍不充分，影响了其调动力量实施国家重大科技任务的组织动员能力。其中，存在已有政策规定的自主权下放遇阻的情况，也存在编制、绩效工资等控制从严从紧的情况。

不少科研机构提出，绩效工资总量制约了激励政策的作用发挥，编制制度导致编制内人员固化、人员流动不畅等困境，高级职称比例限制压低了青年科研人员成长的“天花板”。同时，由于职称不仅体现专业技术地位，而且与工资、养老、职工福利等

各方面挂钩，对人员激励也产生了直接影响。

六、深入推动使命导向管理改革的思路及建议

开展使命导向的管理改革是聚焦国家使命、激活调动科研机构力量的重要手段，当下开展的改革试点是探索改革落实有效路径的重要方式。但整个创新体系的架构以及互相之间的反馈机制决定了科研机构选择科研方向的逻辑，科研机构改革的内在逻辑与科技资源配置的逻辑深度关联。使命导向管理改革与科技评价改革、院所分类改革、科研领域“放管服”改革等环环相扣、互相制约，难以单兵突进，如果不从整个创新体系入手解决问题，改革很容易变成表面功夫。下一步，要把握好解决资源配置难题这一主线（见图 10-3），从完善组织机制保障、抓好重

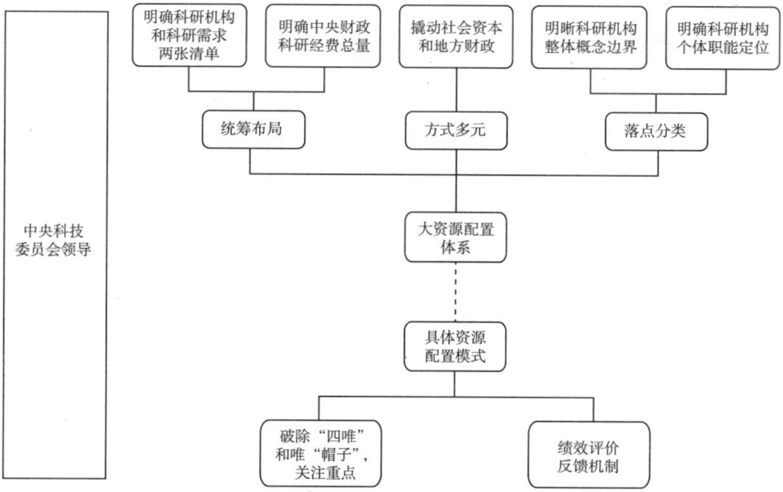

图 10-3　资源配置体系与使命导向的科研机构管理改革衔接关系图

点改革环节、优化科研环境制度保障等角度体系化解决改革难题（见图 10-4）。

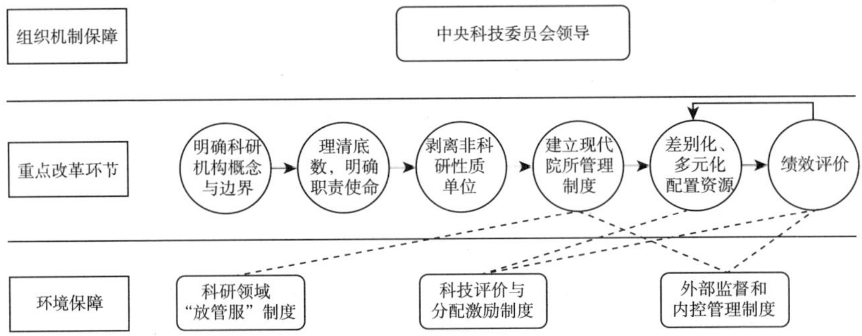

图 10-4　使命导向的科研机构管理改革主要框架图

（一）做好改革统筹协调是第一要务，中央科技委员会应发挥改革牵头作用

科研机构管理存在“九龙治水”现象（见图 10-5），任何一项看似简单的改革都与多个领域深度关联。例如，前期在推动明确科研机构内涵这一问题上，有的部门虽掌握院所的核心资源但与科技“关系远”，没有义务推动做这项工作，而有的部门想做但没有资源，统筹协调力度也不够，其他把握院所命脉的部门并不支持和承认，致使一件很有必要的基础性工作始终未能得到推动。再如，提高科技计划项目间接经费比例受到事业单位绩效工资总量掣肘；一批科研机构开展了绩效评价改革试点，但评价结果未能有效利用、未能与资源配置挂钩；等等。

使命导向管理改革是当下科研机构改革的核心内容，对各方面资源调配统筹的需求更高，既需要对财政、编制、人事等各类政府资源统筹协调配置，也需要对一些科研机构动刀改制，还需要对科研机构认定的指标、流程和权力所属部门等全面明确，必须要由高规格的单位统筹协调相关部门共同推进。

2023年，中央科技委员会组建成立，旨在加强党中央对科技工作的集中统一领导，其职能包括统筹推进国家创新体系建设和科技体制改革，统筹布局国家战略科技力量等。[20]科研机构既作为改革具体落实单元，是整个科技体制改革的微观缩影，同时作为创新主体，也是国家创新体系的重要组成部分。

本章认为，使命导向的科研机构管理改革工作意义重大、内涵复杂、涉及面广，应由中央科技委员会统一领导，调动各有关部门体系化研究、设计改革任务，统筹布局科研机构，统筹部署各类资源，一体化推动改革落实。

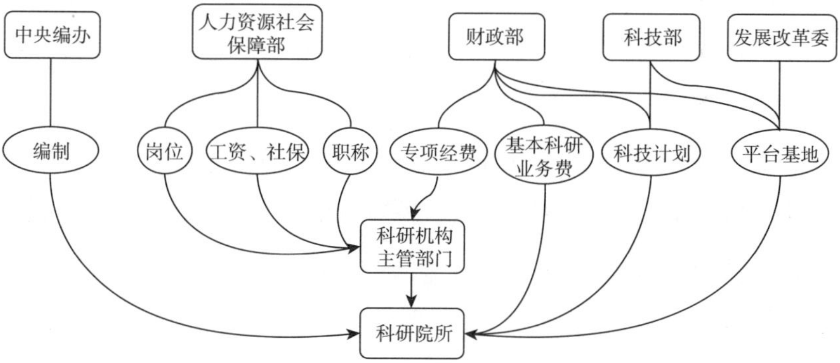

图10-5　政府资源分配传导现状

（二）解决科研机构整体概念边界模糊与个体职能定位不清问题，建立现代院所管理制度

基础不牢，地动山摇。明确科研机构基本内涵、明确各机构

职能定位是做好改革科学化设计的前提，更是做好精准化资源配置的必要条件。建议在中央科技委员会的统筹领导下，研究明确科研机构的基本概念与边界。在此基础上，一要理清底数，对照科研机构的概念与边界开展认定工作，理清我国科研机构清单，将主业不是科研工作的单位从科研机构的序列中剔除，全面掌握我国科研机构改革发展状况。

二要明确定位，着重处理好公益活动与经营活动的关系、科研机构与政府的关系、科研机构与高校的关系。对于保留的科研机构，按照公益属性的要求，进一步将履行行政职能和从事生产经营的单位、部门从科研机构中剥离。对于保障国家战略需求的科研机构，明确政府支持经费占比要求，确保院所主要精力投入到国家任务中。进一步明确科研机构与高水平研究型大学在战略科技力量中的定位，高水平研究型大学主要担任基础研究的主力军和重大科技突破的生力军，科研机构着力解决影响制约国家发展全局和有着长远影响的重大科技问题。

三要优化管理，建立不同于一般事业单位的科研机构管理制度，为科研机构实施重大任务提供充分自主权。推动科研机构聚焦使命制定或完善章程，并强化章程在院所管理中的“基本法”地位，实行基本管理框架基础上的“一所一策”管理方式。按照章程明确的制度完善科研管理机制，理顺主管部门与科研机构之间的关系，保障科研机构享有充分的法人自主权。明确界定主管部门与科研机构权责，主管部门管方向、管政策、管引导、管评价和监督，为科研机构实施章程管理提供必要的制度保障。

（三）理清国家重要科研需求和科研财政经费总量，建立布局统筹、落点分类、方式多元的大资源配置体系

优化科技资源配置是开展使命导向管理改革的重中之重，与做好科研机构布局、重大科研攻关任务布局紧密关联，直接决定院所使命的设计和执行保障。但当前既存在对基础领域的稳定支持保障不足，也存在对热点领域多头重复支持，同时还存在战略领域难以撬动大团队集中攻关等问题，主要原因在于各个部门多头配置科技创新资源，统筹配置不够，缺少科学化、合理化的资源配置布局，未能把国家需求和科研机构底数很好地对应上。

建议在中央科技委员会的统筹领导下，理清国家重要科研需求领域清单，综合考虑已有科研机构布局和改革发展情况，做好国家需求与院所使命的衔接布局，明确各科研机构的职责定位和主攻方向。在综合掌握国家重要科研需求领域清单和年度拟投入科研的中央财政经费总量基础上，按不同类型科研领域分类配置资源，对需要国家资助的基础领域，确保高比例的稳定资助保障，并在国家科技计划布局设计中根据项目研发周期性规律，采取滚动方式给予长周期支持；对战略必争的重要领域，通过定向委托、揭榜挂帅等形式，直接面向科研单位委托重大科研任务；对市场急需的前沿领域，调动企业参与指南设计，着力撬动社会资本，以市场作为考核的实施主体，以实际转化应用成效作为考核的主要指标。

（四）完善质量、贡献、绩效导向的科技评价制度体系，建立推动院所聚焦国家使命的闭环管理机制

科技评价是由上至下传导的“指挥棒”，是决定资源配置和考核晋升的关键要素，是保障使命导向管理改革的重要环境因

素。当前，评价制度制约的关键点在于评价关注点与期望产出不匹配：前者以高水平期刊、高影响因子论文等作为评判成果“质”的简单方式，重点关注这类成果的“量”；后者重点关注成果的“质”，并以满足国家重大需求、解决领域实际问题等作为评判成果“质”的方式。

建议从三个层面推动科技评价与资源配置制度改革。在中央科技委员会层面，统筹对科研机构的各类考核评价活动，全面开展科研机构绩效评价工作，采取用户评价为主的方式，评价院所履行使命的实际成效。在具体资源配置层面，在科研任务安排部署、财政拨款、科研机构人事管理、绩效工资总量核定等工作中，将绩效评价结果作为重要依据。在科研机构层面，引导其突出使命任务导向、完善考核评价和分配激励制度，结合重大科技任务实施周期开展评价活动，评价中更加注重团队贡献、淡化个人排名。对于在承担国家重大科研任务中做出突出贡献的科研人员，在工资分配、高级职称评审和岗位聘用中给予倾斜，对于承担重大任务的科研骨干，可实行年薪制、协议工资制或项目工资制；对于从事基础性、公益性研究的科研人员，加大院所本级对其基本工资、绩效工资的保障力度。

第三部分

他山之石：国外科技创新治理经验与案例研究

第十一章

举国体制的韩国样板：以韩国半导体技术赶超过程为例

一、引言

“集中力量办大事”是中国特色社会主义建设实践中成就众多事业、取得重大科技成果的重要法宝。[1]通过社会主义建设初期的相关实践经验总结提炼出来的“举国体制”概念中蕴藏着我国显著的政治优势与制度优势。这些优势在如1956年出台的《1956—1967年科学技术发展远景规划》[2]和2006年发布的《国家中长期科学和技术发展规划纲要（2006—2020年）》[3]等一系列科技规划中均有体现。与科技规划相对应，“两弹一星”“石油会战”“人工合成胰岛素”“载人航天”“北斗工程”“探月工程”、高铁建设等一系列重大科技与产业技术成就意味着举国体制在我国过往的科技攻关中发挥了重大作用，且将持续发挥作用。[4]

顾名思义，举国体制是指国家在有限的资源约束下，在全国范围内最大限度调动资源向特定的少数目标集中，从而促使乃至保证目标在短时间内实现跨越式达成的体制。但有限资源的过度集中与倾斜意味着举国体制是一种典型的非均衡发展战略。[5]随着我国科技发展进入新阶段，开始面临新挑战，传统举国体制的局限性逐渐浮现，"新型举国体制"随之提出。

"新型举国体制"一词首次出现于我国《国家"十二五"科学和技术发展规划》中。[6]该规划在"加快实施国家科技重大专项"一节中明确提出"加快建立和完善社会主义市场经济条件下政产学研用相结合的新型举国体制"。[7]早在2015年《关于〈中共中央关于制定国民经济和社会发展第十三个五年规划的建议〉的说明》中，习近平总书记就强调要"发挥市场经济条件下新型举国体制优势"[8]。

近年来，中美科技竞争烈度持续加剧，美国持续收紧对我国以半导体产业为代表的重点领域的科技合作限制。为应对当前逆全球化趋势与百年未有之大变局中的科技竞争与挑战，2022年9月，中央全面深化改革委员会第二十七次会议指出，"健全关键核心技术攻关新型举国体制，要把政府、市场、社会有机结合起来，科学统筹、集中力量、优化机制、协同攻关"[9]。二十大报告也首次在党的报告中提出要"健全新型举国体制"[10]。习近平总书记在《求是》杂志上的一系列发文中也再次强调"健全新型举国体制，强化国家战略科技力量，以国家战略需求为导向，集聚力量进行原创性引领性科技攻关，坚决打赢关键核心技术攻坚战"[11]，"处理好新型举国体制与市场机制的关系"[12]。

回顾以美国为代表的科技先发国家的科技发展历程，可发现举全国之力攻关重大科技任务的做法并非我国独有，而是主要科技强国均曾采用的做法。[13] 从美国“曼哈顿计划”和“阿波罗登月计划”等军工计划，到半导体制造技术研究联合体（简称为“SEMATECH”）、日本超大规模集成电路研究组合（简称为“VLSI 研究组合”）[14]、韩国的“特定研究开发项目”等促进产业技术发展的做法，乃至近期美国计划以公私合营联合体（public-private consortium）形式设立的国家半导体技术中心（National Semiconductor Technology Center, NSTC）[15] 均可见举国体制的实践与应用。日本的 VLSI 研究组合与美国的 SEMATECH 已经广为我国学者与政策制定者所熟知，但是韩国政府在全国范围内动员创新资源、组织多类型主体协同创新最终实现半导体技术追赶与超越的经验却常被忽略。

鉴于此，本章以韩国半导体技术发展历程为例，深入总结韩国政府举全国之力推进协同创新，在半导体技术领域提升国际竞争力的成功经验，以期为我国在新型举国体制中以协同创新方式进行关键核心技术攻关从而提升产业技术国际竞争力的政策探索提供有益的启示。

二、新型举国体制与协同创新理论分析

（一）新型举国体制的内涵与特点

为明确新型举国体制的内涵，一方面需要考察新时代对举国体制提出的新要求，即时代内涵；另一方面需要通过将其与“传

统”举国体制进行比较，从而把握“新”的含义。

相比于传统举国体制实践的时代背景，新时代的变化主要体现在国际格局与我国的外交环境、全球的科技发展阶段、我国的科技创新水平、在全球科技治理中的相对地位，以及我国政府与市场关系的变化及资源配置方式的相应变化上。

首先，从国际格局与我国的外交环境来看，以“两弹一星”为代表的中国特色社会主义建设初期的举国体制实践面临帝国主义的全面封锁，我国的科技外交举步维艰，仅在《1956—1967年科学技术发展远景规划（修正草案）》制定和实施初期，从苏联获得过人员、培训和技术支持，且在中苏关系陷入僵局后再未能获得外部支持。[16]现今，即便逆全球化趋势一再升级，大国之间的科技与经济博弈一度压倒了合作氛围，全球处于百年未有之大变局，我国依然深度参与国际科技、经济大循环。其次，从全球科技发展阶段来看，新一轮的科技革命中人工智能、量子计算、脑认知科学等前沿科学成果的涌现[17]为后续的科技发展铺垫了难以界定的可能性，也带来了极大的不确定性；产业技术门类的精细化使得产业技术体系的复杂性日益加剧，单一创新主体所能够承担的创新研发活动在全部技术体系中所占的比例日渐萎缩。与全球科技发展同步，近几十年来我国的科技创新也展现出前所未有的速度。我国的研发投入强度已经超过欧盟的平均水平，科学与技术专利的申请量与授权量甚至领先美国，但在原创性的基础研究方面依然存在较大的差距。[18]例如，尽管我国学者在顶尖学术期刊上的发文数量已经超过美国，但顶尖论文的引用量仍有较大差距，且我国在攸关国家安全与产业安全的前沿关键核心技术上仍对美国有较大的依赖性。[19]再次，从我国在全球科技治理的地位来看，改革开放前，我国在全球科技治理体系中能够发挥的作用极其有限，但随着近年来我国科技成果在全球范围内的传播、科技人才交流的深入开展、科技公司在全球市场崭露头角、越来越多地参与乃至主导国际标准的制定，我国在全球科技治理中发挥的作用越来越不容忽视。最后，从我国经济体制及其资源配置方式来看，我国在传统计划经济时代，政府主导各个领域资源配置，[20]统一调配科研人员和科技资源。[21]改革开放后，伴随着社会主义市场经济建设的深入推进，政府与市场的关系以及功能定位进一步明晰，市场逐渐开始在资源配置中发挥决定性作用，[22]政府放弃直接使用行政化手段进行科技资源配置，[23]转而寻求在价格机制、供求机制、竞争机制等市场机制的基础上充分发挥国家战略导向作用，既要调动市场积极性又要发挥国家主体性。[24]

简言之，上述新时代为举国体制提出了“新”的内涵要求，从而为我国的举国体制赋予了新的特点。与传统举国体制相比，应用于科技创新的新型举国体制的“新”主要体现在如下三个方面：

第一，新目标。传统举国体制的科技目标侧重国家安全中的国防安全，新型举国体制的目标则需兼顾国家安全中的产业安全与经济安全。

第二，新领域。以传统举国体制进行的科技攻关多出现在科技“跟跑”领域，而今随着我国的科技发展，以新型举国体制方式组织的科研攻关需涉及“并跑”乃至“领跑”领域。

第三，新组织方式。传统举国体制实践启动之时，我国专门从事科研工作的人员数量仅有 600 人左右，专业研究机构不足 40 家，[25] 以行政手段组织科研攻关便足以开展高效的研发。如今，我国科技力量庞杂，仅国家战略科技力量[26]的构成就极为多元，形成了产学研各自分工、按照多种不同机制运行的体系，[27] 新型举国体制需要通过新的组织方式动员诉求多样的研发力量与资源，组织多元化的主体进行协同创新攻关。

（二）新型举国体制与协同创新的匹配

新型举国体制区别于传统举国体制的优势之一也是难点之一正是“举国协同”[28]，其要义在于社会主义市场经济条件下坚持全国一盘棋，从顶层设计上进行科学统筹规划，[29] 不仅是举政府和国家财政之力，也包括举市场多元主体、社会各界之力，综合各方面力量形成合力，[30] 进行协同创新。“协同”既要求跨部门合作又要求跨专业合作，而协同优势建立在专业分工基础上带来的效率提升、系统优化，[31] 但多元化的主体往往有着各自不同的利益诉求，并非像计划经济时期一样可以随时调动。[32] 这正要求从协同创新的理论出发，考察异质性创新主体之间的协同创新网络的形成、创新网络特征对于创新绩效的营销，以及不同协同创新类型所适用的场景与情形。

（三）协同创新的本质、主要类型及特征

协同创新是将各创新主体进行系统优化、合作创新的过程，要求各类创新要素的整合以及创新资源在系统内的无障碍流动，即以知识增值为核心，以企业、高校科研院所、政府、教育部门为创新主体的价值创造过程。[33]

协同创新主体之间的关系普遍以网络形式体现。协同创新网

络之中需要着重考虑的主体关系包括“政府－企业”、“企业－企业”与“企业－高校与科研院所”三类。[34] 政府能够通过施策促进企业和其他如大学和科研院所等创新主体的合作，从而启动协同创新网络的运转。[35] 企业作为技术创新的主体，在市场环境中自然会与供应商、采购商、竞争者以及合作者等相关企业形成协同创新链，因而是协同创新网络的主要组成部分。[36] 此外，竞争企业之间的交互合作也能够实现价值增值，[37, 38] 但竞争企业之间的创新协同则需要“一个中立的且具有明晰合作意向边界的平台”[39]。“企业－高校与科研院所”之间的协同关系则天然存在知识流动与转移，甚至可能存在双向的知识流动。[40] 高校与科研院所是知识创造、技术产生和人才培养的重要载体，因而是科技创新和技术变革的强劲动力，是企业协同创新网络中最重要的创新源，不仅为企业提供大量具有知识和技术的人才，而且能够为新产业的出现和企业创新提供知识和技术支持；[41, 42] 与此同时，企业提出的应用知识可能进一步促进大学的知识生产。

协同创新网络的特征可通过规模、网络中创新主体的异质性、创新主体之间的关系强度和开放性四个维度来刻画。网络规模、网络中创新主体的异质性与创新主体之间的关系强度对于企业的创新绩效都有正向影响，开放性则在不确定性的环境下也是企业创新绩效的来源之一。[43]

由异质性的创新主体组成的协同创新网络中，合作主导者的差异可能造就不同类型的协同创新。按照创新合作关系主导者来划分，协同创新可分为政府主导的协同创新、企业主导的协同创新与高校与科研院所主导的协同创新。政府主导的协同创新的显著特征之一是国家意志的引导和机制安排，适用于良好的协同创新氛围、健全的市场调节机制尚未形成，单单凭借创新主体自身的力量很难推动协同创新的持续开展，只有政府出面组织才能有效地组织、串联起网络中的各类节点，充分激发起各种优势资源的投入和流动，促使协同创新网络在最大范围内、多层次间正常、稳健、持续地运作的情况。[44]企业主导的协同创新往往依赖于产业链与供应链且范围有限，其实现形式通常是供应链上下游企业之间的纵向合作，在与政府、高校与科研院所等异质创新主体之间形成横向合作关系的过程中往往受到信息壁垒或信息不对称等的阻碍。高校与科研院所主导的协同创新中，高校与科研院所既是知识流动的源头，也是技术成果的提供方，主要形式为科技成果的转移转化，适用于产业技术已发展至前沿，需要基础前沿科研成果支撑的情形，其典型实现形式有高校院所创办的企业、校企共建大学科技园、校企联合的人才培养等。[45]

此外，协同创新重在各个创新主体之间实现创新互惠知识的共享、资源优化配置、行动最优同步，以及高水平的系统匹配。[46]因此，协同创新的有效执行关键在于协同创新平台的搭建。[47]具备强有力的统筹、明确的合作目标与边界的协同创新平台能够提升协同创新过程中知识增值的效率，从而提升协同创新的绩效。知识增值的效率还取决于运行模式。高效的运行模式在设计过程中需要着重考虑知识产权的归属问题与创新效益的分配问题。[48]

三、韩国半导体技术赶超阶段与协同创新历程

纵览韩国半导体产业技术的发展历程，依据韩国半导体相关技术在国际技术体系中的相对水平可将其划分为技术引进消化吸收期、技术追赶期、技术赶超期、技术领先期与技术集成期。在不同时期内，韩国政府依据本国技术在国际技术体系中的相对水平计划了针对性的科研攻关项目。如图 11-1 所示，在通过技术引进、消化与吸收具备基本研发能力之后，启动第一期 4M DRAM 联合研发项目开始技术追赶；在与技术先发国家的技术差距缩小至六个月之后，启动 16/64M DRAM 联合研发项目试图赶

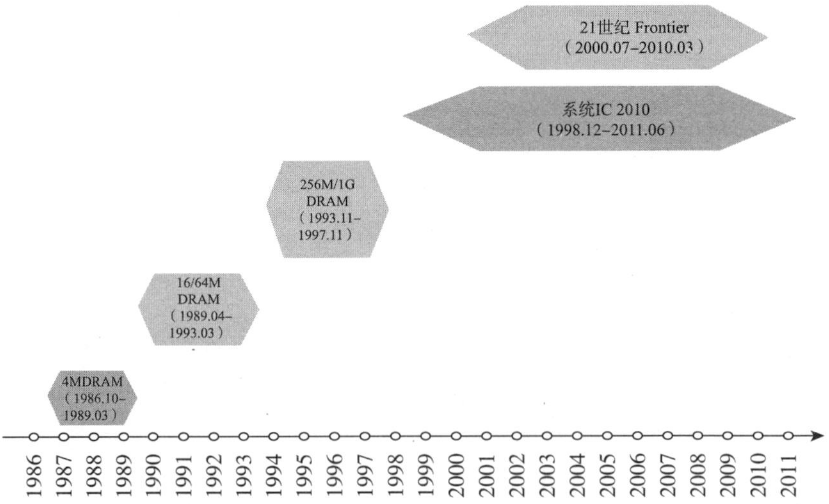

图 11-1　韩国半导体技术相关国家科技计划项目

资料来源：根据朱大永著《随半导体产业景气变动的政府研发政策研究》、柳尚云（音）著《国家研发项目的施行与展开》以及韩国电子通信研究所报告等资料制作。

超；在成功实现技术赶超之后，为保持技术优势通过先导研发项目攻关基础技术。之后，为进一步扩大技术优势先后开启面向新一代技术的长周期技术系统集成项目与前沿攻关项目。各时期的科研攻关项目从协同创新目标、研发内容、协同主体、协同创新类型等方面体现出阶段特征。

（一）技术引进、消化与吸收期（1965—1985年）

1. 依赖于外国对韩直接投资的被动技术引进（1965—1973年）

韩国半导体的生产始于1965年美国高美集团在韩国设立第一个组装晶体管的合资企业。[49]当时在韩设厂的外资主导的企业主要将在本国经过前端工艺（front-end process）处理过的晶圆进口到韩国进行后端工艺（back-end process）处理，即封装和检测后再出口。[50]在此过程中，韩国相对被动地习得了二极管、晶体管及IC的组装生产技术。1966年韩国《外资引进法》出台后，Fairchild、Motorola、Signtics等一系列美国企业陆续在韩投资，随后日本企业也开始进入韩国，利用韩国廉价优质的人力资源设立单纯组装工厂。[51]由此奠定了韩国半导体技术发展的基础。

2. 韩国本土企业的主动技术引进（1974—1984年）

韩国企业主导的相对主动的技术引进始于1969年民星电子从美国的Hann American引进的Hybrid IC相关技术信息与资料，技术引进费用为民星电子所生产的相应产品纯销售额的3%。[52]韩国土生土长的第一家半导体生产企业“韩国半导体”由姜基栋（音）博士创建于1974年，主要研发生产用于时钟的芯片与晶体管芯片，后被三星集团收购，更名为三星半导体。[53]同期，金星（现LG）、现代、大宇等韩国企业纷纷涉足半导体领域，正式开启了韩国大企业主导的半导体技术引进风潮。1975—1986年韩国第一个半导体技术联合研发项目正式启动之前，三星、金星、现代和大宇等韩国企业共主导产品技术引进50项，材料、制造装备及其他技术引进共13项。[54]

3. 国立科研机构与企业研发部门的技术消化吸收

在依赖于外资引进的被动技术引进阶段之后，韩国本土企业开始了主动技术引进，同时韩国政府开始设立半导体研究部门。20世纪70年代初，韩国科学技术研究所（KIST）新设半导体装置研究室。[55]1973年，曾于美国通用电气任职的金万镇（音）博士出任半导体装置研究室室长，从美国带回六名研究员与半导体研究所需的二手设备，从生产电视机所需的半导体开始进行研发工作。[56]1976年，韩国商工部下属的韩国电子技术研究所（KIET）成立，开始基于国防需求进行线性集成电路（Linear IC）的研发。[57]KIET成立的第一年主要攻关大规模集成电路的设计所需的框架，第二年起以晶圆制造工艺技术及其标准化为目标进行P-MOS技术的预研，为后来MOS工艺技术的研发奠定了基础。[58]此外，以三星为首的韩国半导体企业在主导设备进口、技术进口与原材料进口的同时，也开始进行以降本增利为目的的产品技术研发，并于1978年成功研发出韩国本土最初的集成电路。[59]

（二）技术追赶期（1986—1989年）与4M DRAM联合研发项目

1. 时代背景

日本1971年开始通过“VLSI技术研发组合”实现半导体技术突破，[60]并从80年代中期开始逐渐打破美国自二极真空管发明以来在半导体产业的绝对优势。1986年起，世界前10大半导体企业中日本企业占到6家，超越了美国。[61]此后，美国效仿日本于1987年组织14家美国半导体公司（AT&T Microelectronics, Advanced Micro Devices, International Business Machines, Digital Equipment, Harris Semiconductor, Hewlett-Packard, Intel, LSI Logic, Micron Technology, Motorola, NCR, National Semiconductor, Rockwell International, Texas Instruments）联合成立"半导体制造技术研究联合体"（简称为SEMATECH）。[62]美国和日本在激烈的技术与产业竞争中开始实行技术保护主义。1984年美国通过半导体芯片保护法案，次年日本也通过类似形式强化对本国技术的保护。以美日为代表的半导体产业先发国家将刚成功研发出64K和256K DRAM并即将开始量产的韩国企业——三星半导体列为潜在的竞争对手，开始遏制半导体相关技术向韩国的转移。[63]韩国企业当时所处的技术发展阶段的下一步即为4M DRAM相关技术，这在当时属于最尖端的行列，技术引进毫无希望。韩国半导体企业若想进一步成长，只能走自主研发的路线。但当时韩国自主掌握的半导体产业技术基本局限于单纯组装和硅晶圆加工，产业技术基础十分薄弱。

2. 项目目标与内容

1986年，韩国多部门联合确定的计划案规定课题名称为"超高集成半导体技术共同开发"，决定以"特定研究开发项目"中的"政府民间共同研究体系"推进研发，并明确目标为"截至1989年3月掌握0.8μm线幅（4M DRAM级）的技术"[64]。韩国电子通信研究所（现韩国电子通信研究院，简称"ETRI"）负责研发的统筹，承担设计与生产相关基本技术研发所需的研发支持；企业作为研发的主体，承担设计、生产相关的基本技术；学界负责基础研究。项目的核心技术任务被拆分为12个课题，依据技术任务的不同特性被归为“产品技术”“个别工艺技术”“协同技术”和“其他”四个技术领域。[65]

4M DRAM项目的执行过程中，针对不同类型的技术领域及研发方式，在不同阶段采取了差异化的推进策略。[66]对于各企业分头研发的产品技术，在第一年度侧重引导企业实现存储元设计及产品开发所需技术的自主可控；第二年度侧重引导企业制定各自的市场战略和差异化的产品定型，以及从事相应技术的早期研发；第三年度则更进一步引导企业进行型号改进和量产技术的研发。对于个别工艺技术，更注重竞争机制，从第二年度起就将研发任务和资源向研发能力更强的企业倾斜。对于协同技术，则自始至终注重引导企业之间的信息互通与成果共享。

3. 协同创新组织

在4M DRAM联合研发项目启动之前，韩国半导体行业在政策引导下，于1986年5月以社团法人形式成立了韩国半导体研究组合，负责在相关企业间协调技术研发等相关事务。韩国半导体研究组合成立之初的三家核心企业——三星半导体通信（现三星电子）、金星半导体（后被现代电子收购）、现代电子（现SK海力士）是当时韩国仅有的能够量产DRAM的三家企业，也因此成为了4M DRAM联合研发项目的主力成员。[67]其中，三星的技术能力最高，已研发出1M DRAM的试制样品，并能够进行64K DRAM的设计与1.2μm线幅256K DRAM级的量产。[68]其余两家企业的技术能力较之三星还有较大差距。尽管如此，4M DRAM

联合研发项目启动之初三家企业仍得到了相对同质的支持。

从韩国 4M DRAM 联合研发项目的组织体系来看（见图 11-2），咨询委员会中同等吸纳三家公司的总经理，实务推进委员会（共 6 人）中包括三家半导体公司的研究所所长，评价委员会（共 7 人）中包括三家公司的理事级别的管理层人员，技术协议会

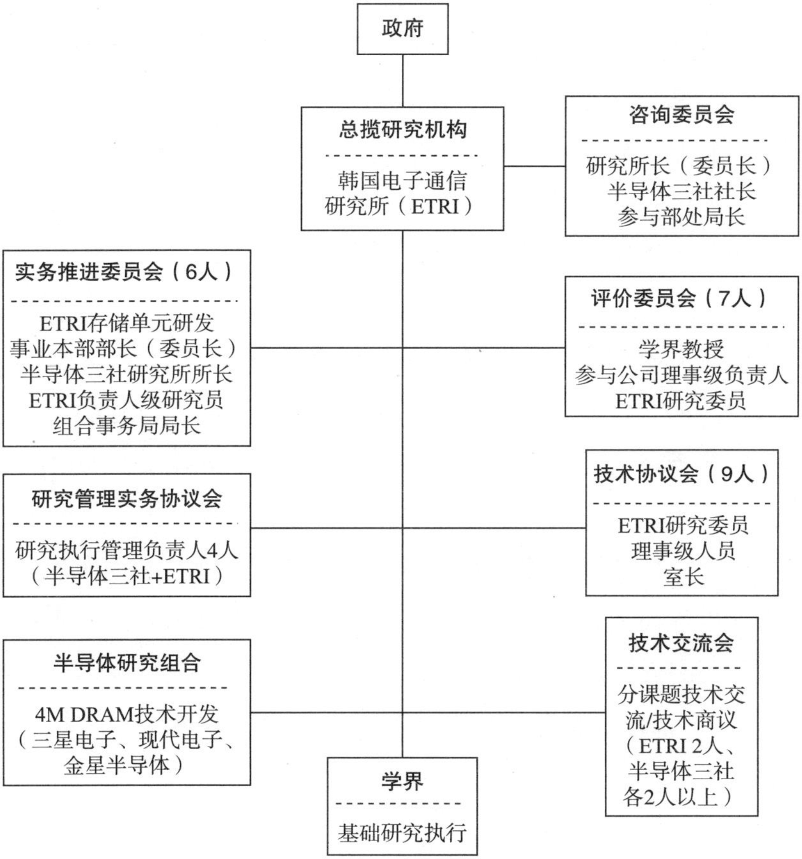

图 11-2　4M DRAM 联合研发项目的组织体系

资料来源：根据韩国电子通信研究所报告制作。

（共 9 人）中包括三家公司各派出的 2 位理事级研究员，研究管理实务协议会的 4 名核心成员中有 3 名为三家公司分别派出的 1 位代表，技术交流会中包括三家公司分别派出的 2 位以上代表。[69]

4. 项目成果

4M DRAM 项目技术目标于 1989 年 2 月由三星电子达成。截至项目完成，项目共积累通过审核的技术文书 2380 份，项目的参与主体共拥有发明专利 (Patent)136 项、实用新型专利（Utility Model）9 项，其中 129 项发明与 9 项实用新型由企业申请（项目结束时还有 12 项专利处于申请过程中，后来均获得授权）。[70，71] 这为韩国在 DRAM 领域奠定了可与半导体先进国家进行竞争的技术实力，同时为自主研发 16/64M DRAM 夯实了技术基础。

由于 4M DRAM 项目所属的“特定研究开发项目”规定所取得的专利所有权由政府和企业共享，且研发过程中政府给予了高额的资金支持，因而参与 4M DRAM 项目的企业均赞同向政府支付技术使用费。由此，形成了“企业反哺、资助转投资”的资金链条循环，回收资金便于政府继续资助其他项目，也为政府掌握联合研发项目成果落地及盈利实况，进行政策效果评估及政策改进提供了有效凭据。

（三）技术赶超期（1989—1993 年）与 16/64M DRAM 联合研发项目

1. 时代背景

4M DRAM 的开发工作还在进行中时，为进一步加速技术追赶，电子通信研究所就已经开始着手计划 16M 和 64M DRAM

的联合研发。电子通信研究所以 4M DRAM 联合研发项目为模型，制定了韩国电子通信研究所、金星、三星、现代、大学共同参与的方案。相比于 1986 年启动的 4M DRAM 联合研发项目，16/64M DRAM 联合研发项目启动时，韩国技术最先进的企业与技术先发国家之间的技术间隔已经缩短为六个月，[72] 作为 4M DRAM 联合研发攻关主力的三星、金星和现代在项目执行的三年间完成了一定的技术累积，为后续 16/64M DRAM 相关技术的自主研发与技术赶超奠定了基础。

2. 项目目标与内容

1989 年 4 月正式启动的 16/64M DRAM 联合研发项目计划的执行期为四年，最终目标为“完成 0.5—0.6μm 线幅的 16M DRAM 试制品研发，0.3—0.4μm 线幅的 64M DRAM 试验制品研发，以及核心半导体制造装备及相关材料的研发”。[73] 核心技术任务被拆分为 57 个课题，依据技术任务的不同特性被归为七个研究领域，其中包括“产品技术”“个别工艺技术”“核心要素技术”和“装备及材料技术”四个技术领域。[74]

16/64M DRAM 联合研发项目由韩国电子通信研究所领导，半导体研究组合及其内部最大的三家半导体企业作为主体，协同国家出资的其他科研院所及学界联合研发。产品技术和个别工艺技术类课题均以企业为主体研发，核心要素技术类课题由韩国电子通信研究所组织企业所派遣的研发人员联合研发，装备及材料技术类课题主要由韩国电子通信研究所承担或委托给外部机构承担。

3. 协同创新组织

16/64M DRAM 联合研发项目的协同创新组织采用了与 4M

DRAM类似的三层架构（见图11-3）：政府部门统管并提供研发经费，电子通信研究所统筹管理整个项目的研发攻关并定期向科学技术处汇报进展，执行层各创新主体在一线负责协同研发。尽管架构层次类似，16/64M DRAM联合研发项目的协同创新合作网络相比于4M DRAM联合研发项目仍存在显著差异。首先，半导体研究组合中有更多的企业参与联合研发攻关，而非仅限于三星、金星与现代三家。其次，联合了更多异质性的创新主体作为协同研发合作伙伴，如装备与材料等相关领域的专业企业、相关政府出资成立的科研机构与大学等。再次，还有部分细分领域

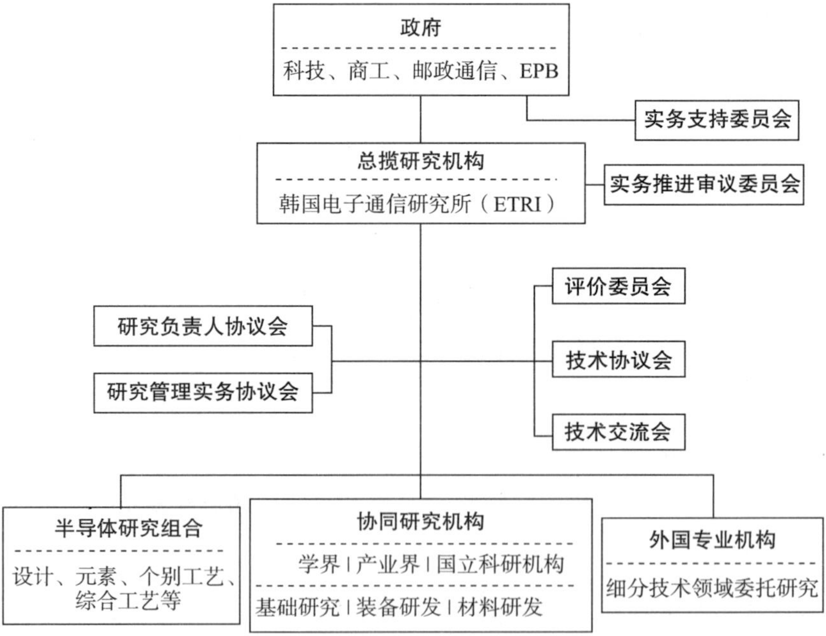

图11-3　16/64M DRAM联合研发项目的组织体系

资料来源：根据韩国电子通信研究所报告制作。

的研发任务委托给国外专业机构执行。此外，在4M DRAM联合研发项目为促进沟通、增进合作强度而设置的一系列委员会的基础上，新设研究负责人协议会，负责商议执行层面的基本协议、商讨研发成果评价及运用等相关事项。

4. 项目成果

韩国16/64M DRAM联合研发项目的产品技术目标“16M DRAM试制品”由三星电子在1990年8月达成，“64M DRAM试制品”由三星电子在1992年8月达成。此后，现代电子于1991年2月开发出16M DRAM试制品后，于1992年9月成功开发出64M DRAM试制品。[75]16/64M DRAM项目中，韩国还正式研发出了0.5—0.6μm级16M试制品和0.3—0.4 μm级的64M DRAM实验试制品。[76]项目到期时，韩国光刻机试制品与光刻胶处理设备的试制品及其相应技术指标基本达成，正式宣告韩国自1989年3月启动，历时四年的16/64M DRAM联合研发攻关最终取得成功。[77]这也为要素技术在256M DRAM以上技术体系中的应用奠定了相应的技术基础。

第二期“超高集成半导体技术联合研发”项目是韩国半导体技术水平从追赶到追平再到超越的关键转换节点。三星16M DRAM试制品研发成功的时间节点与先发国家基本持平，而64M DRAM实验试制品研发成功的时间节点已经早于发达国家。[78]基于两期“超高集成半导体技术联合研发”项目，韩国半导体产业不仅在DRAM的产品及工艺技术方面达到了与发达国家相当的水平，还成功构建了包括研究执行管理体系、技术研发体系、技术成果管理体系和研发评价体系的半导体技术联合研发体系基本框架。

（四）技术领先期（1993—1996年）与先导技术开发项目

1. 时代背景

进入90年代以后，韩国政府开始跨部门推进国家战略技术研发项目——先导技术开发项目。该项目的期限设定为1992—2001年，截至今天仍被评价为目标指向性最显著的战略性大型研究开发项目。[79] 为此，韩国政府选定了11个核心技术研发领域，推进由国家主导，产学研及相关部门、政府投资机构等共同参与、共同研发的大型科技攻关项目。[80] 最终立项的先导技术开发项目中，于1993年11月启动研发的“新一代半导体基础技术开发”项目专攻256M DRAM以上级别的超高集成半导体相关基础技术。[81]

先导技术开发项目与韩国以往的国家研究开发项目存在显著差异。韩国以往的国家研发项目大多为部门层面的研发项目，而先导技术开发项目是动员所有部门进行计划和推进的国家研发计划。此外，韩国以往的国家研究开发项目以小型课题为主，按不同技术领域资助大量研究课题，而先导技术开发项目则由少数大型国家战略研究开发项目组成。

2. 项目目标与内容

新一代半导体基础技术开发项目的目标是研发出0.25 μm级以上的超高集成半导体基础技术和相关材料及装备。项目期限为1993年11月16日至1997年11月15日，为期四年。[82]

主要研发内容分为四个领域：个别工艺技术领域，共含4个课题，以半导体制造企业为核心进行产学协同研发；材料技术领域，共含3个课题，以新一代核心材料研发为核心目标；装备技术领域，由半导体制造企业和装备制造企业协同研发；以及先导基础技术领域，以研究所和大学为核心进行研发。[83] 区别于 4M DRAM 和 16/64M DRAM 联合研究开发项目，新一代半导体基础技术开发项目中，产品技术的研发不再作为联合研发项目的目标，而交由各企业全权负责，协同研发更聚焦于产品研发所需的工艺及装备、材料技术等基础技术的研发。

1994 年 8 月 29 日，三星电子发布 256M DRAM 完全可用裸片（fully working die）研发成果，并上调了第二年度 Patterning 课题的研究目标。[84] 因此，将当初四年的研究开发课题提前到第二年结束，从第四年开始由企业主导完成原本作为先行基础技术的新一代刻蚀技术研发课题。[85]

3. 协同创新组织方式

256M DRAM 联合研发项目的任务承担主体包括此前作为主要研发力量参与 4M DRAM 与 16/64M DRAM 联合研发的 3 家半导体公司在内的 12 家企业，韩国电子通信研究所等 2 家国立科研院所，首尔大学等 9 家大学，以及韩国半导体研究组合等 3 个相关组织，共 26 家机构或组织。[86]

新一代半导体基础技术开发项目的协同创新组织体系也与过去大不相同（见图 11-4）。过去由电子通信研究所负责总括研究机构，但新一代半导体基础技术开发项目组由产学研共建，承担项目推进方案的制定、开发课题的自主选定、研究费分配等职能，电子通信研究所则主管先导基础技术领域的研发。项目组分四个领域计划研究课题，构建了产、学、研共参的协同研究体系。此外，为了有效推进项目，还设立了实务支援委员会与研究协调委员会对总揽研究机构提交的报告进行审议、确定，就其他与推进半导体技术开发项目有关的重要事项进行协商、协调、支持等。另设研究管理支持机构，由韩国科学技术政策管理研究所承担签订研究协议、年度评估及最终验收的职能。

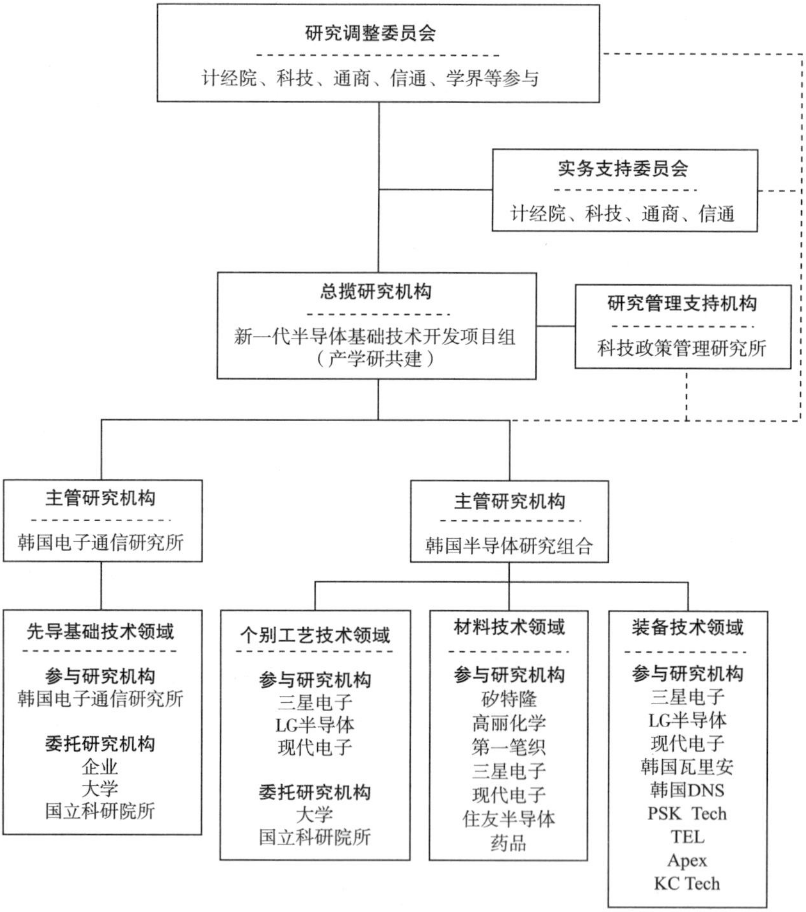

图 11-4 “新一代半导体基础技术开发”项目的组织体系

资料来源：根据朱大永著《随半导体产业景气变动的政府研发政策研究》制作。

技术开发领域按参与机构划分。个别工艺技术及下一代光刻技术开发由LG半导体、三星电子、现代电子各自研发，装备及材料开发由上述三家公司及相关专业企业开发，先导基础技术由韩国电子通信研究所分别主持研发。执行管理职能不再由电子通信研究所承担，而是由总揽研究机构——新一代半导体基础技术开发项目组和各领域主管研究机构负责。

4. 项目成果

在下一代半导体基础技术开发项目推进期间的1994年8月，三星电子在世界上首次成功开发出256M DRAM可用裸片（working die），并于1994年12月开发出256M DRAM样品，提供给美国计算机企业惠普公司试验，得到了需求企业的认可。[87, 88]接着，三星于1996年10月31日宣布1G DRAM研发完成，再次领先全球存储芯片企业。至此，韩国企业在存储芯片领域保持产品技术领先的同时，具备了独立研发的能力。[89, 90]

（五）技术集成期（1998—2011年）与系统IC2010项目

1. 时代背景

1996年半导体产业周期性不景气，韩国政府和企业迫切需要改善以存储器为主的国内半导体产业结构。[91, 92]因此，韩国科学技术部和产业资源部决定，继256M DRAM研发项目之后，制定非存储器领域的技术研发政策。[93]1998年8月，为了提高国家半导体技术研发的效率，科学技术部和产业资源部达成实务协议，决定联合制订研发计划，共同推进该研发，[94]并据《科学技术创新特别法》第8条（重点研发计划）、[95]《工业发展法》第13条及施行令第8至12条（工基项目）[96]得到其他部门的协助。

2. 项目目标与内容

项目名称为“系统集成半导体基础技术开发项目”（简称“系统 IC 2010 项目”）。项目目标为通过系统 IC 的技术创新，谋求非存储器半导体产业技术的突破与发展，通过先导技术及装备、材料的均衡发展，提升半导体产业技术的整体实力。[97] 项目分为三阶段执行：第一阶段为 1998 年 12 月至 2003 年 6 月，第二阶段为 2003 年 7 月至 2007 年 6 月，第三阶段为 2007 年 7 月至 2011 年 6 月，根据各阶段的推进实况制定不同的目标。[98]

3. 协同创新组织方式

系统 IC 2010 项目所涉及的技术领域大致分为系统 IC 技术开发、先导基础技术、半导体装备材料（见图 11-5）。系统 IC 技

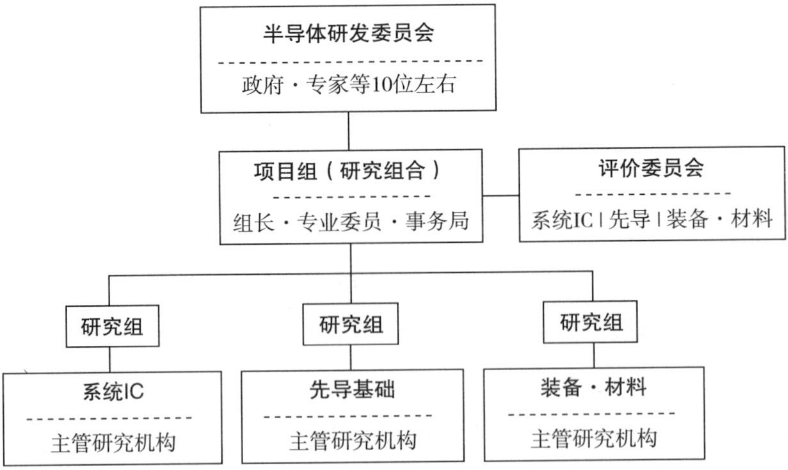

图 11-5 “新一代半导体基础技术开发”项目的组织体系

资料来源：根据朱大永著《随半导体产业景气变动的政府研发政策研究》制作。

术开发分为计算机、通信、多媒体、产业电子等四个核心领域，推进产学研联合研发。大型半导体企业则依据专业性进行分工，只参与一到两个领域的研发。短期课题和中期课题并行，以提高市场应对能力，最大化技术开发的协同效应。此外，还扩大了国际协同创新的规模，通过与硅谷的初创企业进行联合研发、技术交流等方式，积极引进先进技术，公开招募大企业、中小企业、大学、政府出资研究所等异质性创新主体自组织的研究联合体承担中型规模的研发课题。[99]

先导技术开发以政府设立的科研院所和大学为中心，推进新元件、新功能材料及测定、分析、评价领域的技术开发。此外，还决定优先择取行业下游企业急需的课题进行推进，持续推进系统 IC 的人才培养事业，推进试验装备共享中心的建设。[100]

半导体装备材料技术开发由需求方企业和供给方企业共同推进开发，以提升供需匹配度，调动供给方企业的研发积极性。组织体系中，半导体研发委员会负责年度项目计划等主要事项的调整及批准，其下设研究开发项目组，以半导体研究组合为核心构成，负责研发执行管理。另依研发领域分设研究组，负责领域内的课题管理与成果推广。[101]

4. 项目成果

1998—2003 年以半导体设计基础的设计资产（IP）为主进行技术开发；截至 2007 年开发出了以 Simos 图像传感器（CIS）和显示器驱动芯片（DDI）等周边芯片为主的产品；至 2011 年，在第三阶段开发出了以融合芯片为核心的技术。第一阶段的代表性成果包括嵌入式 CPU 和 300 毫米晶片；第二阶段的代表性成果包括用于双向移动设备的多媒体处理器、用于12英寸晶片工程的薄膜沉积设备；第三阶段的代表性成果包括用于显示器和移动电源的管理芯片，以及通过3D集成的新一代图像传感器等。[102] 韩国初创企业也通过该项目取得了飞跃性的增长。Silicon Mitus从2007年开始开发电力管理芯片，凭借该产品取得了700亿韩元以上的销售额。2005—2007年期间，Silicon华日和Teleye分别以230亿韩元和100亿韩元的计时控制器研发项目达成了技术产品化。[103] 此外，该项目每年有100多家机构的1000多人参与，这些人逐渐成长为专业人才，[104] 在系统半导体技术的人才基础建设方面也发挥了巨大作用。

（六）韩国半导体技术赶超过程中各阶段协同创新特征

如表11-1所示，韩国政府自80年代初开始通过国家科技计划项目，构建半导体技术协同创新网络。在技术追赶期，韩国政府主要以行政手段动员极其有限的研发资源，搭建小规模、同质化、相对封闭但合作关系非常紧密的协同创新网络，以终端产品技术为核心目标，刺激产品技术的快速追赶。在技术赶超期，以行政手段为主，基于在技术追赶期培育的研发主力，扩大协同创新的合作网络规模，将目标从终端产品技术向上游装备、材料等技术领域拓展，接纳国外研发机构为合作方，提升合作网络的异质性与开放性。在技术领先期，进一步扩大协同创新网络规模，将协同创新目标拓展至基础技术领域，同时分阶段迭代合作主体，协同创新合作网络的开放性进一步加强。在领先优势得以维持且意图进一步扩大领先优势的技术集成期，协同创新的合作目标不再局限于初始的产品系列，而是向其他半导体产品领域延伸，协同创新合作网络中的创新主体之间的差异进一步拉大，同时有意拓展国际协同创新，因此创新合作网络的开放性也达到前所未有的程度。但也由于领域间差异过大，创新主体之间的合作关系的强度也有所削弱。

表 11–1　韩国半导体技术赶超过程中各阶段协同创新特征

	技术追赶期（1986—1989）	技术赶超期（1989—1993）	技术领先期（1993—1996）	技术集成期（1998—2011）
协同创新目标	■截至 1989 年 3 月掌握 0.8μm 线幅（4M DRAM 级）的技术 ■将与先发国家之间的技术差距缩短至六个月	■完成 0.5—0.6μm 线幅的 16M DRAM 试制品研发 ■0.3—0.4μm 线幅的 64M DRAM 试制品研发 ■核心半导体制造装备及相关材料的研发	■0.25 μm 级以上的超高集成半导体基础技术和相关材料及装备	■通过系统 IC 的技术创新，谋求非存储器半导体产业技术的突破与发展，通过先导技术及装备、材料的均衡发展，提升半导体产业技术的整体实力
研发内容	■产品技术 ■个别工艺技术 ■协同技术 ■其他	■产品技术 ■个别工艺技术 ■核心要素技术 ■装备及材料技术	■个别工艺技术 ■材料技术 ■装备技术 ■先导基础技术	■系统 IC 技术 ■先导基础技术 ■半导体设备材料
协同主导方	■政府 ■国立科研院所	■政府 ■国立科研院所	■产学研各界共同参与的项目组 ■半导体研究组合	■半导体研究组合 ■大企业
协同创新网络特征	政府主导： ■合作网络规模小（共 12 个主体） ■创新主体之间的异质性较小（主力为三家半导体企业） ■合作关系紧密 ■网络开放性极弱	政府主导： ■合作网络规模较小 ■创新主体之间的异质性较小 ■合作关系相对紧密 ■网络开放性较弱	国家主导： ■网络规模扩大 ■创新主体之间的异质性较大 ■合作关系较松散 ■网络开放性强	大企业主导： ■网络规模扩大 ■创新主体之间的异质性大 ■合作关系较松散 ■网络开放性较强

四、韩国半导体产业技术协同创新的成功经验与启示

（一）明确清晰的目标是创新主体协同过程中的“灯塔”

攻关工程的目标越清晰越明确，在整个攻关工程的实施过程中，进行创新主体协同的方向/靶向就越清楚。如同在航海中望着灯塔去前行一样。

明确的目标意味着合作目标可量化评估。有限的目标更利于相关研发任务的边界清晰，以及目标达成的预期期限清晰。明确且有限的目标一方面有利于甄选出与任务属性更为匹配的参与主体，降低由于参与主体属性过于多样而引发的组织架构的复杂度与协同难度；另一方面有利于跨部门的项目参与主体达成对任务的统一认知；此外，依据明确目标制订评估计划及标准有利于任务的过程管理及进度把控。

（二）依据技术基础与研发能力的相对水平搭建适宜的协同创新网络是创新主体协同目标达成的前提

在组织协同创新之前，需要对相应领域的技术基础与研发能力进行准确的评估，明确在国际技术体系及创新体系中的相对位置。对于处在“跟跑”和“追赶”阶段的技术领域，宜聚焦目标，组织相对同质化的创新主体进行紧密合作。同质化程度越高，创新主体的利益诉求越一致，一方面便于达成共识，一方面有利于研发管理方在研发执行过程中引导各合作方之间的良性竞争，提高创新效率。对于处在“领先”或“领跑”阶段的技术领域，宜将协同研发目标向基础研究与多样化的技术领域扩散，组

织异质化程度更高、开放性更强的创新网络。协同创新合作网络内创新主体之间的差异越大，网络内部的技术供需就越多样，这有利于培育稳定的创新生态。

（三）制度支持是创新主体协同的坚强保障

高级别的政治领导人的支持保证了协同创新项目的高级别与资源投入的优先度。因为高级别的政治人物 / 高层国家领导人的支持，往往可以带来极高的政治动员能力和作用，便于调动全国资源和力量。而只有高级别的政治支持固化为稳定的制度支持和保障，才能保证支持的稳定与项目领导机构的长期存续。

（四）共同利益是协调创新主体微观行为的核心驱动力

共同利益是联合异质性创新主体并凝聚散布在创新主体之间的研发资源与力量的核心纽带。相同类型的创新主体之间存在针对同一利益的激烈竞争，而不同类型的创新主体之间利益诉求各有所异，只有准确定位并强力把握创新主体间的共同利益诉求，才能从根本上驱动多个创新主体之间的精诚合作。以半导体产业为例，为在半导体产业相关的国际竞争中取胜，美日韩三国均曾采取以共同利益为纽带，在相互激烈竞争的企业之间构建紧密的合作关系，从而实现研发资源的统筹管理、科学配置、全面节约与高效利用。

（五）明确的奖惩机制是创新主体协同的主要牵制办法

奖惩机制的设计与实施，可以在项目参与方之间营造良性的竞争氛围，在共同利益牵引的基础上进一步刺激各项目参与成员加大投入，提升研发效率。国际经验中较常见的奖惩机制以经费的动态调整拨付为主，而韩国在半导体技术攻关中采取了更加典型的惩罚机制来督导各参与方的研发投入与研发效率。

（六）对参与主体的灵活赋能是激发创新协同主体主观能动性的有效方式

灵活赋能是指对参与主体在研发决策上的信任放权和背书支持，这样参与方在面对各种问题与挑战时在较大程度上可以自由决策，灵活采取应对方式。

韩国"超高集成半导体技术联合开发项目（韩国民间亦称之为"4M DRAM 联合研发项目"）进展当时，先发国家主要选取 Trench 或 Stack 方式集成元件。参与研发的三家企业被允许各自独立地在两者中择一作为研发路线，其中两家企业选择了 Trench——尽管进展至研发最后一年时，企业发现 Stack 方式的生产效率明显优于 Trench 方式。[105]

（七）外部竞争与威胁是创新主体协同的重要催化剂

在创新主体协同的过程中，同类型的创新主体之间往往存在利益冲突与纷争，不同类型的创新主体之间虽然由于诉求不同冲突相对较小，然而也正因如此而难以实现深度联合。过往案例中创新主体之间暂时搁置纷争、成功实现紧密合作的案例的背景中往往能窥见外部竞争或威胁的存在。

第十二章

如何建设科学中心：来自日本筑波科学城的经验与教训

一、引言

20 世纪 60 年代，日本提出筹建筑波科学城的计划，决定在东京周边的茨城县集中安置若干国家研究机构、建设国家科研中心，以缓解首都人口拥挤的状况。彼时，筑波科学城汇聚了若干日本高水平公立科研机构，是当时日本唯一一座自上而下推动建设的科学城。[1] 经过 50 余年的发展，筑波从东京周边默默无闻的乡村，成长为“校园 - 公园 - 市郊”风格的国际化城市，[2] 不仅培育出实力强劲的筑波大学，还在高能物理等领域做出了突出贡献。筑波科学城一度成为全世界效仿学习的榜样。但是，基础设施逐渐变得落后、人才吸引越发不足等批评也让筑波科学城饱受诟病。人们不禁要问，如何评价筑波科学城建设的成就？投入大量公共资金的筑波科学城是否实现了当初的发展目标？筑波模式是否还值得推广？

当前，我国正在加快建设创新型国家，北京、上海、深圳、南京、武汉等地都在建设不同功能类型的科学城、科技城、科创中心、创业中心等。鉴于筑波科学城与我国当下各地规划的各种类型的科技城在思路和出发点上有若干共通之处，本章选择筑波科学城作为研究对象，总结其过去五十余年的经验教训，具有重要的学术意义和实践价值。[3]

本章首先介绍了筑波科学城的概况，回顾了筑波科学城的建设背景和发展历程。然后，分析了科学城的现状和表现，从城市建设和科研能力两个方面剖析了影响科学城发展的诸多因素。最后，通过国际比较概括了“筑波模式”及其他模式的特点和不足，并由此提出了几点政策建议。

二、筑波科学城概况

筑波科学城位于日本东京东北 60 千米处，距离成田机场 40 千米，占地面积 284 平方千米（见图 12-1[4]）。筑波科学城由“研究学园区”和“周边开发区”两个功能分区组成。“研究学园区”是筑波科学城开发和建设的核心，包括“市中心区”“研究和教育机构地区”和“住宅地区”三个组成部分，集中安置了多所国家科研和教育机构，规划了核心商业设施和住宅区。“周边开发区”配合“研究学园区”建设需求综合开发，在保护筑波地区自然环境风貌的基础上，着重开发“筑波快轨”等交通设施和技术密集型产业。截至 2020 年，筑波科学城共设立了 29 个国家级研究和教育机构，常住人口 24.04 万人。[5]

图 12–1　筑波科学城区位图

筑波科学城始建于 20 世纪 60 年代，由日本内阁主导规划。筑波科学城的规划和二战后日本社会发展状况息息相关。一方面，二战后政府在日本科技创新领域扮演着主导角色。通过颁布《技术白皮书》、规划投资大型能源项目、颁布专利法案、推动标准化和质量控制标准等一系列手段，日本政府推动了战后国内科技水平的快速发展，为日本实现经济和科技赶超做出了贡献。[6] 另一方面，处于赶超阶段的日本以引进吸收国外先进技术和政策体系为主要发展战略，科技政策领域不但没能形成统一的领导核心，反而成为不同部门争夺资源和话语权的赛场。[7, 8] 因此战后日本科技发展虽有明显的政府主导色彩，但其政策制定缺乏系统性和长远规划，往往处于“反应性状态”。在这样的背景下，日本政府协同若干部门提出了建设科学城的方案，以解决东京人口拥挤、用地紧张等多重社会问题，着力提升日本的教育和科研实力。1963 年，日本内阁批准筑波地区为新科学城所在地，计划自 1965 年起，在十年内建成筑波科学城。

值得注意的是，促进科技发展并非建设筑波科学城的唯一初衷。筑波科学城的建设目的共有三个：第一，政府希望通过迁出大学以平息东京地区激进的左翼学生运动；第二，通过搬迁公共研究机构实现疏散东京人口的目的，缓解东京大城市病；第三，日本科学技术委员会建议重新安置国家研究机构于集中的区域，以推进日本的科学研究和高等教育的快速发展。[9] 总之，政治、经济、社会、科技发展等多重因素影响了科学城规划，建设目的多样性也让人口增长、基础设施建设发展等指标成为评价筑波表现的重要标准。

筑波科学城的规划特别关注了城市环境的美化问题，是国际化“校园 - 公园 - 市郊”型城市的代表。[10] 筑波地区的建设风貌与大学校园相仿，低矮疏松、错落有致的城市规划与东京等大都市区别显著，凸显了筑波自然资源丰富的优势，形成了独特的城市风格。具体而言，筑波科学城教育和研究资源密集，坐落着 29 所国家级研究教育机构和 350 家企业研究中心，共有 2 万余名科研人员，[11] 是日本重要的科研教育基地之一。筑波遵循工作和休闲并重的理念，设置环境保护区域、提升城市绿化率、倡导绿色出行，以促进筑波科学城的宜居性和可持续性，充分践行城市空间和自然环境相融合的规划理念。在人才国际化方面，筑波科学城表现尤为突出。2020 年，筑波常驻外籍人员占总人口的

3.93%，[12] 高于日本平均水平，说明了筑波在国际上的吸引力和影响力。

三、筑波科学城的发展阶段

本章根据筑波科学城在不同阶段的特征将其建设分为建设、发展、转型和整合四个阶段（见图 12-2 和表 12-1），以梳理科学城建设在各个阶段的挑战和应对。

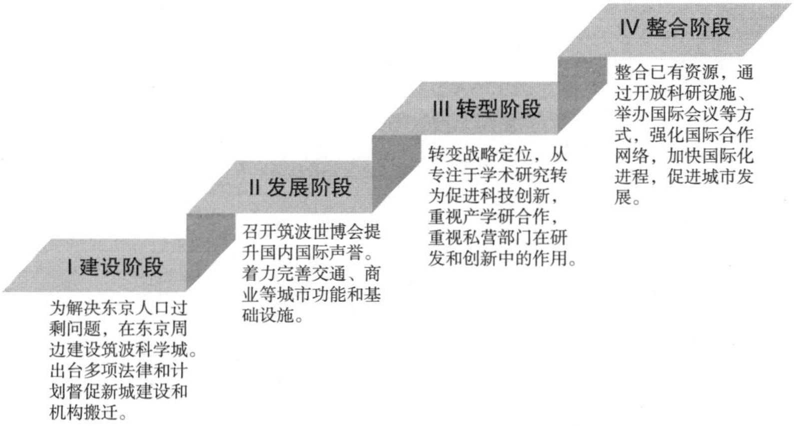

图 12-2　筑波科学城发展的四阶段

（一）建设阶段（1963—1979 年）

20 世纪 60 年代，东京人口过剩和环境污染是日本社会亟待解决的重要课题。日本政府在这一背景下提出科学城建设计划，以缓解东京的大城市病。因此，筑波科学城建设的首要目的并非推动科研发展或技术创新，也不是为了学习硅谷经验，而是应对

表 12-1　筑波科学城发展的四阶段及里程碑事件

阶段划分	时间	里程碑事件
I 建设阶段 1963—1979 年	1963	内阁通过“筑波研究学园都市建设提议”
	1964	成立统筹筹备组织
	1966	开始收购土地
	1968	正式开工建设
	1970	制定《筑波研究学园都市建设法》
	1972	无机材质研究所第一个完成搬迁
	1973	筑波大学（前身为东京教育大学）正式开学授课
II 发展阶段 1980—1988 年	1980	43 个机构完成搬迁和安置 出台《研究学园区建设计划》
	1981	出台《周边开发区维护计划》 谷田部—柏区间常磐高速公路开通
	1983	筑波中心大厦落成
	1985	举办筑波世博会，常磐高速公路正式通车
	1987	筑波科学城所在的四个城市与乡村正式合并为筑波市
	1988	筑波市获得一级财政权
III 转型阶段 1989—2004 年	1989	制订《新筑波发展计划》，推行市场化制度改革
	1994	常磐新线开工
	1995	召开世界湖沼会议 筑波市民交流中心落成
	1998	国土厅修订《研究学园区建设计划》 茨城县修订《周边开发区维护计划》
	1999	筑波国际会议中心开幕
	2003	内阁颁布《国立大学法人法》

续表

阶段划分	时间	里程碑事件
IV 整合阶段 2005 年至今	2005	筑波快轨开通 人口总量超过 20 万
	2010	制定《新筑波大设计》
	2011	设立“筑波国际战略综合特区”
	2012	制定《研究学园区城市建设愿景》
	2015	《未来构想・战略计划》创始年
	2017	修订出台《筑波市城镇・人・工作创造综合战略》和《筑波市人口愿景》

东京人满为患的困局。[13]“首都圈维护委员会”于 1956 年成立，致力于缓解东京人口过密问题，疏散非首都功能。1961 年，日本内阁决定将部分国立研究机构和大学迁出东京。[14]两年后，内阁通过了在筑波山麓建设科学城的提议，规划出占地 40 平方千米的研究学园都市。至此，筑波山麓成为迁移科研机构、疏解东京人口的新城选址。

然而，新城的建设并非一帆风顺，自上而下的建设计划并未获得当地居民和迁入研究人员的认可。一方面，筑波当地居民强烈反对新城建设计划。面对巨大的拆迁阻力，政府大幅修改建设方案，占地面积缩减至 28 平方千米；由于征地受阻，新城规划呈现出南北狭长的形态，限制了部分城市功能的建设。另一方面，建设计划受到迁入科研人员的反对，给搬迁和转移工作造成巨大阻力。从计划动工到最终完成，筑波科学城的搬迁工作长达 17 年，足见其效率之低下。搬迁之初，多数机构迟迟没有动身，东京教育大学甚至发起反对转移筑波斗争，最终依靠警力介入才得以平息。1970 年，日本政府颁布《筑波科学城建设法》，以法律约束督促新城建设和机构搬迁。直至 1980 年，筑波科学城才完成全部机构搬迁，比原定计划落后四年。虽然其间政府颁布了《筑波研究学园都市建设计划纲要》等文件，着力提升筑波的生活质量，但筑波的基础设施和公共服务远不及东京，不能满足迁入研究人员的生活需求。直到 1985 年，筑波城内仍缺乏购买生活用品的商场，居民必须驱车至附近的土浦市购买生活物资，生活极为不便。[15]

（二）发展阶段（1980—1988 年）

1985 年，筑波举办了世博会，其间，日本国内外来访筑波总量累计 2000 万人次，这大大提升了筑波的国际影响力和知名度，成为筑波科学城发展的重要里程碑。世博会后，筑波土地价格涨势强劲，企业纷纷在筑波开设研究中心，商业和服务业活动越发活跃。

以 1985 年筑波世博会为契机，日本中央政府和茨城县政府开展了多项商业设施和交通设施建设。筑波世博中心、购物中心落成，为居民提供了更加便利的休闲娱乐场所。筑波中心交通广场投入运营，常磐高速公路东京—筑波段正式开通，筑波—东京的通勤时间显著缩短。筑波城市功能日趋完善，虽不能和东京媲美，但宜居性和便捷性有了明显提升。

这一时期，虽然科研产出和影响力仍逊于东京大学等科研机构，但筑波逐渐显现出其在科研领域的优势。筑波科学城拥有核心城区所不具备的大型科研设施，在开展前沿领域研究和促进国际合作交流中具有不可替代的作用。高能加速器研究机构 (KEK) 就是最为典型的例证。自 80 年代以来，KEK 在筑波建成多个大型加速器设施，吸引了来自世界各地物理学家的目光。[16] 作为少数拥有前沿粒子加速器设施的国家，加速器的落成吸引了大量海外科研人员，促进了国际合作和交流，也产出了重要的科研成果。2001 年，KEK 观察到了对称性破缺现象，验证了小林－益川理论，让学界进一步认可和接受该理论。2008 年，小林诚和益川敏英因发现了对称性破缺的起源而获得了诺贝尔物理学奖。

（三）转型阶段（1989—2004 年）

上世纪 80 年代后期，日本逐步实现经济赶超，政策重心由引进技术转换为提升自主研发能力和科技创新，以确立日本在科研领域中的世界领先地位，并期待通过知识溢出效应和产学研合作带动经济发展。在此背景下，筑波科学城的功能定位发生了转变。1989 年，日本国土厅推出"新筑波计划"，将筑波科学城重新定位为"科学技术的中枢、广域都市圈内的核心、生态生活模范城市"，明确提出要将筑波科学城建设为日本科学技术中心。此后，《研究学园区建设计划》和《周边开发区维护计划》重新修订，产学研合作和国际化事业成为这一阶段发展的重点。1992 年，筑波大学聘请了诺贝尔物理学奖得主江崎玲于奈出任校长。受益于在美国研究工作的经历，江崎玲于奈在任期间推动了筑波大学的国际交流合作和产学研合作。

然而，科研机构和基础设施集中建设的弊端开始显现，限制了筑波科学城的进一步发展。1993 年，在筑波科学城建城 30 周年之际，筑波城市建筑和科研设备出现同步老化的问题，冷暖气、真空集尘、交通等设施需要同时更新，给地方财政带来巨大负担。由于经费不足，日本政府将设施维护责任转移至各公立科研机构，导致部分设施、设备难以及时维修和更新，不得不面临废弃的窘境。

（四）整合阶段（2005年至今）

在整合阶段，筑波科学城致力于统筹科学城内的科研平台，通过开放科研设施、举办国际学术会议等方式，进一步推进筑波地区的国际化，强化地区国际合作网络，着力将筑波打造为国际化的宜居城市。

在基础设施建设方面，铁路和快轨的开通极大改善了筑波科学城的交通条件。2005年，筑波快轨正式开通，始发站为东京市区，终点站为筑波站，全程共计45分钟。虽然在科学城筹建四十余年后才得以开通，但筑波快轨被认为是筑波发展历史上重要的里程碑之一，它促进了周边地区的经济发展，也让筑波科学城摆脱了孤岛城市的形象，让当天往返东京成为可能，促进了科研人员的流动。2015年，连接成田机场和筑波的首都圈中央枢纽高速公路开通。随着交通条件的提升，筑波成为日本名副其实的国际会议中心，在整合阶段积极承办国际会议，打造其国际化形象。

在整合阶段，筑波吸取了过去四十余年的经验教训，在已有发展成果基础上重新出发。2011年，日本首相将筑波市和茨城县部分地区指定为“国际战略综合特区”，旨在依托现有政策优势和科技基础，着力构建产学研合作的新型发展模式，打造具有全球视野的新产业，培养尖端人才。随后，全球创新促进组织、生命科学促进会等组织相继建立，着重提升筑波在生物医药、高等物理、纳米科学、机器人、现代农业等领域的国际竞争力。同时，筑波市政府发布了一系列城市振兴计划，旨在凝结共识、促进地方经济和社会活力，建设充满活力的社区、可持续发展的环境和公共服务完善的迷人城镇，让筑波科学城的发展成果更好地造福市民。

四、筑波科学城的现状评析

经过半个世纪的资源投入和建设，尽管筑波城的面貌已经焕然一新，但是，人们对筑波科学城的评价毁誉参半。

（一）城市建设：有成效但远未达预期

在基础设施建设和城市功能完善上，筑波科学城在过去五十余年中取得了明显成效。如图 12-3[17] 和图 12-4[18] 所示，筑波人口产业结构发生显著变化，城市化进程步伐加快。自 1965 年以来，筑波第三产业占比不断增加，从业人口占比从最初的 23.2% 增长至 71.4%。在城市建设上，筑波建筑用地从 1965 年的 6.2% 增长至 25.9%。随着城际交通日益完善，每日往返筑波与东京成为可能，人们逐渐转变了对筑波原本的印象。筑波不再是曾经遥远、偏僻的乡下教育村，而变成了人们心中更加绿色、没有污染、舒适的宜居城市。[19]

但筑波科学城远不能被当作成功的典范，其现有的表现不能令人满意，与原定发展目标仍有很大距离。在日本政府于 1980 年[20, 21] 和 1998 年[22] 制定的两版建设规划中，明确提出了科学城

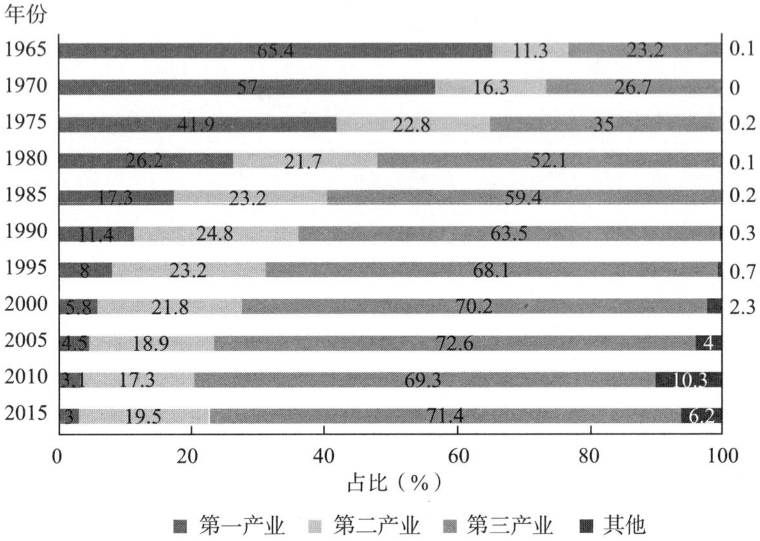

图 12-3　筑波科学城人口产业结构（1965—2015）

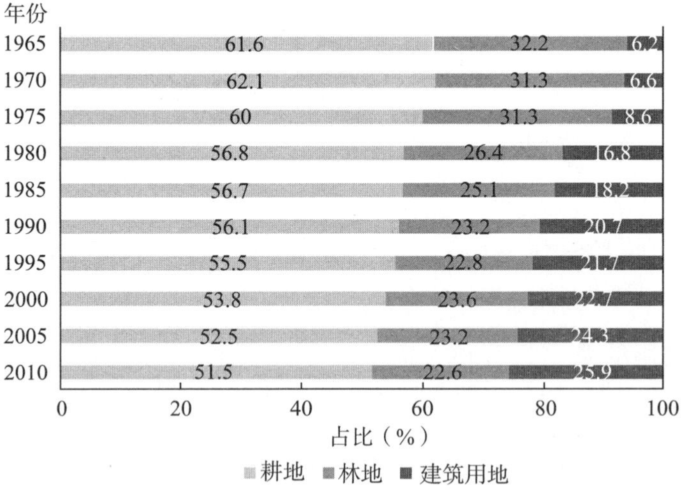

图 12-4　筑波科学城土地使用分布（1965—2010）

的定位，人口、迁移机构数量的发展目标。筑波科学城距离当初设立的建设目标仍有差距。例如，以疏散东京过剩人口为重要建设目的筑波科学城，计划吸引35万人口。然而截至2020年，筑波总人口却只有24.5万。如图12-5[23]所示，虽然相较于1965年7.8万人而言，筑波人口一直不断增长，但对于疏解东京人口的作用仍是杯水车薪。

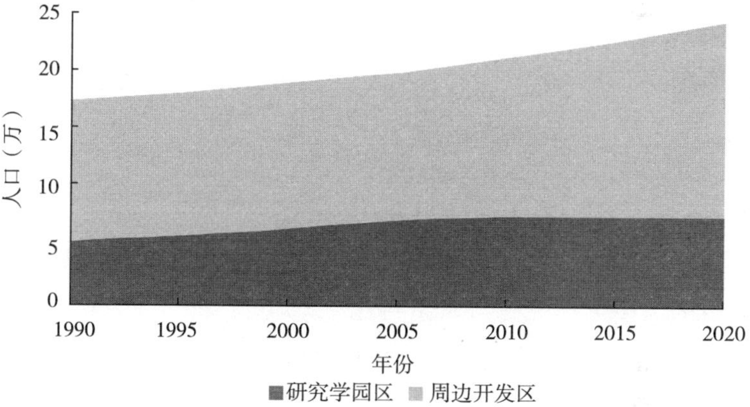

图12-5　筑波科学城人口变化趋势（1990—2020）

时至今日，筑波仍旧缺乏吸引力和向心力，没能形成一个充满活力的市民社区。特别是在建设初期，过分强调自上而下的建设方案忽视了筑波本地居民和迁入科研人员的生活需求，致使建设规划未能完全实现。首先，由于土地征用规划遭到本地居民反对，筑波核心区域呈现为南北狭长的形态，城市布局不合理，城市缺乏"烟火气"。市民出行多选择私家车，城市步道、公共交通等绿色出行方式难以推广，环保、可持续的发展理念难以落地。其次，科学城规划与筑波地区的经济发展基础严重脱节，高能物理等领域的科研产出对筑波占主导的农业鲜有帮助，也不能为当地创造足够的就业机会，对于筑波区域经济的促进作用有限，引起公众质疑。再次，科学城规划没有充分利用当地的文化历史传统，未能形成有特色、有凝聚力的市民社区。自上而下规划的建设方案只反映了现代化的审美，没有将本地居民作为城市主体，忽视当地发展需求和文化传统，独立个体商户逐渐被整齐划一的连锁商取代，原有传统和文化基础也逐渐消失殆尽，筑波居民成为了自己家乡的局外人。[24]

另外，筑波对于从东京迁入的研究人员同样缺乏吸引力。在建设初期，迁入的研究人员对筑波偏远的地理位置、落后的公共服务强烈不满。虽然搬迁工作在法律约束和经济补贴激励下完成，但付出了巨大的财政和社会成本。至今，筑波科学城对于科研人员的吸引力仍无法与东京相比。“筑波快轨”于2005年开通，距离筑波建设计划兴起已经过去了整整四十年。虽然它促使筑波与东京的通勤时间缩减至一小时以内，但是由于建设的超长滞后性，它并没有带来预期的人口快速增长。相反，2010年后，筑波研究学园区的人口甚至在个别年份有所下降。

此外，上世纪日本政府内部的权力斗争让自上而下的科学城规划难以执行。一方面，赶超阶段的日本缺乏对于科技创新政策的统筹战略和长远规划，部门之间存在竞争关系，缺乏协调。历史上，国际贸易和产业部、科学技术振兴机构、教育部、产业技术综合研究所、新能源产业技术综合开发机构等部门都曾参与日本科技创新政策的制定，这让科技政策成为各部门争夺权力和预算的战场。[25]另一方面，政府机构之间竞争让跨机构的科研合作难以开展，令部门间科研合作阻力重重，协同效应难达预期。[26]

近十年来，筑波科学城认识到了上述问题和挑战，塑造共同城市愿景、复兴筑波当地经济和社会活力成为筑波科学城建设的重要工作。自2014年起，筑波市政府制定和发布了一系列城市长期规划和未来愿景，通过市民会议等手段了解居民需求，以达成城市愿景共识。[27]例如，筑波市政府发布了《城镇·人·工作创造综合战略》和《筑波市人口愿景》，将舒适、智慧、面向未来作为筑波长期建设目标，着力提升筑波的产业竞争力、社会福利、环境保护、公共交通和城市安全。[28]

（二）科研提升：饱受争议的“国家科研中心”

现有研究对筑波在科技创新领域的表现褒贬不一。一方面，筑波大学实力和声誉提升明显；筑波拥有以KEK为代表的多所前沿研究机构，在论文发表、国际交流和合作、专利注册等方面成果卓著；筑波也和五名日本诺奖获得者有着紧密的联系。但另一方面，人们批评筑波的成绩得益于东京迁入的科研机构和科研工作者，巨额的财政投入仅完成了科研生产力的“位移”，而非科研实力的强化；虽然地处一隅，但是研究机构间仍缺乏交流，没有形成协同效应和独立的学术合作网络，表现远远落后于东京；上世纪80年代，筑波科研人员自杀比例约为全国平均水平的两倍，[29]人们批评筑波的环境对科研人员的身心健康造成了负面影响，极大影响了科研人员的科研效率和热情，本章把这种消极现象称为“筑波病”。总之，远离东京的世外桃源未能让研究人员远离都市纷扰、专攻科研，反而因缺乏社交网络、地处偏远而阻碍了他们与外界之间的学术交流，使他们在生活上也变得郁郁寡欢、意志消沉，知识生产的效率大打折扣。

整体而言，筑波虽汇聚了几十所日本顶尖的国立研究机构，但其在科研和创新上的影响力仍难以媲美东京，很难担当日本“国家科研中心”的名号。虽然表面上有五名诺奖获得者与筑波科学城有一定的关系，但仔细分析，这些获奖者的毕业院校、完成获奖成果的机构均与筑波科学城的建设无关。以小林诚为例，KEK 的大型设施只起到了验证小林诚理论的作用，但其获奖的奠基性成就并非在 KEK 做出。总体来看，筑波科学城的建设与近年来日本学者大量获得诺奖现象并无直接关系。

当然，位于筑波的国立研究机构科研能力仍处于较高水平，对日本国内科研合作、国际交流和开放起到了积极作用，这一点毋庸置疑；尤其是，筑波拥有先进的大型科研设施，这是筑波促进国内外研究合作交流的重要平台和抓手。相较于地价较高的大都市，欠发达的筑波地区土地成本低廉，更适宜安置大型科研设施，具有大都市不具备的独特优势。此外，日本专门设立的大学共同利用机构[30]从制度上保证了大型科研设施和研究平台的共享和高效利用。以 KEK 为代表的大学共同利用机构专门服务于建设和维护昂贵的大型研究设备、收集和储藏全面的文档和资料，为科研提供便利条件。大学共同利用机构在科研方面具有优势，科研生产力高，研究质量高，国际合作比例高。2016—2020 年，大学共同利用机构共发表论文 14870 篇，其中 2.3% 的论文引用率属于日本高引前 1%，12.3% 的论文引用率属于日本前 10%；国际合作文章比例占 56.3%，高于日本 32.1% 的平均水平。[31]大学共同利用机构制度促进了筑波大型科研设施共享。

同样值得肯定的还有筑波在国际交流合作上取得的成就。1985年，世博会的召开提升了筑波的国际认知度。90年代以来，筑波外籍人口数量不断增长（见图12-6[32]）。截至2020年，筑波外籍人口占比远高于日本全国平均，[33]其中外籍研究者占绝大多数。如图12-7[34, 35]所示，90年代以来，筑波外籍研究者人数整体呈上升趋势，外籍研究者大多在国立研究机构进行交流和学习。其中，大型科研设施是筑波吸引国际合作交流的重要渠道。以KEK为例，2017年，KEK执行了1000项实验，为7404名研究者提供了研究机会，全年使用93714人次；其中海外机构研究人员2025人（占总人数27.4%），使用35379人次（占总人次37.8%）。[36]如今，筑波积极承办国内外各类会议，以扩大筑波的影响力，带动当地经济振兴。筑波也被日本政府指定为“国际战略综合特区”，力求在前沿国际研究合作和交流方面迈上新台阶。

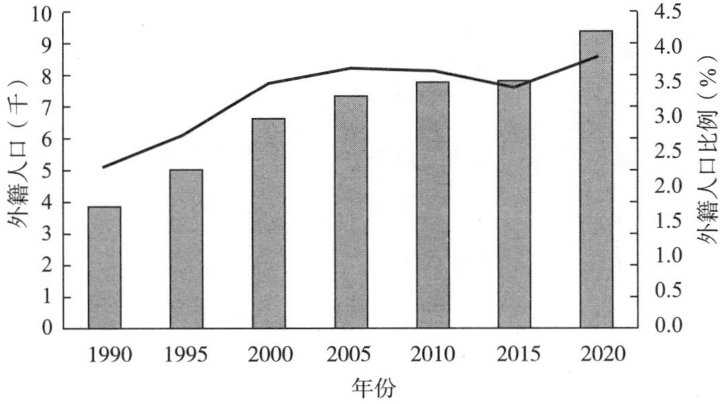

图12-6　筑波科学城外籍人口数及占总人口比例（1990—2020）

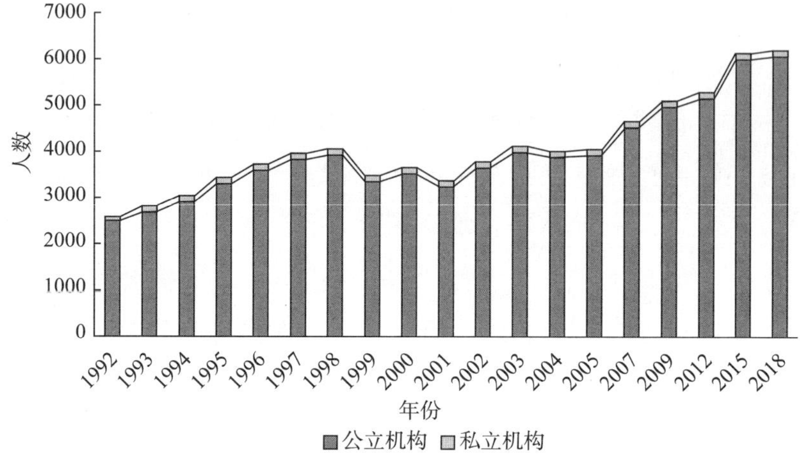

图 12-7 筑波科学城外籍研究者（按机构类型划分）

筑波大学是连接筑波城内科研网络的重要机构，其建设和整合工作受到普遍认可。上世纪 70 年代以来，筑波大学从专科学校发展成为学科建制齐全的综合类大学，在日本国内大学排名提升至第 11 位。作为跨学科的综合类大学，筑波大学校长同时兼任筑波科学城网络主席，筑波大学通过学生交换、实习、就业、合作研究、联合培养等方式与城内研究机构保持密切联系，成为筑波科学城科研合作和交流网络的重要节点。

相较而言，企业在筑波的发展相对落后。在最初的建设规划中，以科研为重心的筑波科学城更加重视公共研究机构的建设，对于技术转移和商业化缺乏关注。当今日本的私营部门贡献了超过 70% 的国内研发支出，是科研的重要力量。对于企业的忽视不仅限制了科学城规划对筑波地区经济发展的溢出效应，也约束了科学城的产学研合作，这让筑波科学城的创新表现逊色于关注产学研合作的“关西科学城”。

五、国际比较：不同类型科技城的特征分析

从更广一点的视角看，除了筑波之外，过去五十年内世界各地纷纷建设各种不同类型的“科学城”“科技城”、创新中心、高技术园区等。分析它们的异同优劣对于后来者具有重要的启示意义。

如图 12-8 所示，按基础研究 / 创新、专业性 / 综合性的二维标准对各类园区进行划分，可以发现四类典型园区，我们分别把它们称作是“筑波模式”“中关村模式”“天眼模式”和“石墨烯城模式”。

以筑波早期定位为代表的“筑波模式”自上而下地推动研究型科学城建设，以综合性独立城市为建设目标，重视基础研究的作用。作为规模较大的独立城市或卫星城，科学城不仅为科研活动提供资源和环境，还承担着城市基础设施和公共服务的建设工作。这类机构除了筑波之外，韩国大德科学城、苏联西伯利亚科学城大体类似。

“中关村模式”是指规模较大的综合性科技创新园，它们不仅重视基础研究，还往往重视私营企业和地方政府的作用，为多个技术部门的创新活动提供土壤，以形成集聚效应和协同效应。除了中关村之外，台湾地区的新竹科技园等也属于这种模式。

“天眼模式”则是指专门建有特定专用大型科研设施的区域，它们往往选址于偏远地区，开展专业的基础研究活动，例如天体

观察、高能粒子碰撞实验等，贵州“天眼”、锦屏地下实验室、欧洲同步辐射光源等大体属于此类。

“石墨烯城模式”开发区和产业园则往往指专注某专业领域创新的高技术产业园区，例如，遍布世界各地的“药谷”“软件园”等，大体属于此类，它们都是创新活跃的高技术产业集群。

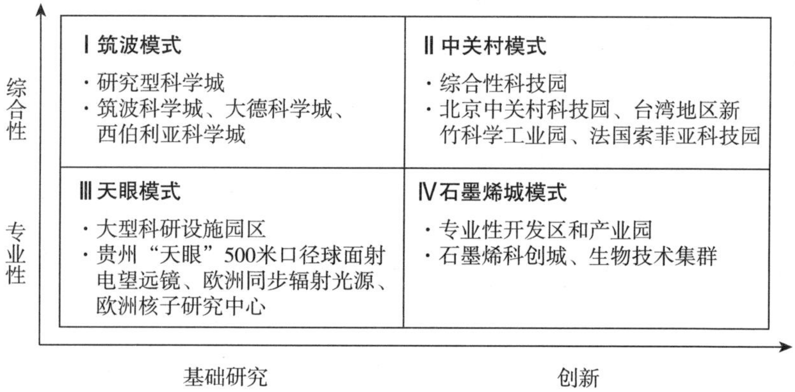

图 12-8　世界各类高科技园区的划分和特征

从图 12-8 可以清楚看到，“筑波模式”与其他各类园区在战略定位和发展特点上有着明显不同，不能笼统地以科技园为标准讨论筑波科学城的建设成果和经验。常见的错误是将研究型科学城和其他类型的科技园不加区分地直接比较。有别于“中关村模式”，以筑波为代表的研究型科学城在建设之初专注基础研究，以提升国家科研竞争力而非创新能力为建设目的，这些园区往往与一个国家 / 地区的诺奖梦想紧密相连，在建设初期不重视产学研合作的重要性。在园区选址上，以筑波为代表的研究型科学城往往选址在独立于核心城市的偏远地区，希望科学家能够在相对封闭偏远的卫星城市潜心基础研究。但是，这些地区往往基础设施和公共服务相对落后，不能满足研究人员的生活和科研交流需求。

从筑波的案例看，“筑波模式”凸显了三点共性问题。第一，“筑波模式”关注基础研究和公立科研机构的作用，没有充分发挥产业创新和企业的积极作用，往往不能促进产学研合作，不利于建成有活力的区域创新生态。第二，基础科学研究不完全是象牙塔里的苦思冥想，需要科学家之间的密切交流合作，缺乏足够的科研资源网络的偏远卫星城往往不具备交流合作的条件，降低了科研交流的效率，使得基础科研的效率不升反降，筑波就是一个反面典型。第三，“筑波模式”往往选址于偏远地区，需要在基础设施和公共服务建设上投入大量人力物力，分散了科学城的建设资源，给财政带来巨大压力，缺乏可持续性，限制了科学城的未来发展。

进入八九十年代，筑波、大德等研究型科学城纷纷针对以上问题调整了发展战略。如今，筑波、大德等科学城将产学研合作和提升创新能力作为主要建设目标之一，加强了当地政府和私营企业在科学城建设中的参与度，着力打造有活力的创新生态社群。相较于传统的“筑波模式”，在城市近郊建设综合性科技园（而不是远距离的卫星城）则更具可持续性，它们能有效利用核心城市的科研资源，同时依托核心城市的基础设施和公共服务，降低建设成本。

吸取过去的教训，当前，国际上兴起了科学城建设的第三次浪潮，即在现有城市的基础上，以密植社会网络而非兴建基础设施为重点，以科技创新为抓手带动城市科技振兴。这一类科学城尤其强调软环境建设，通过促进公众参与、加强地方合作、建设社会网络、提升城市声誉等手段，为城市创新生态体系注入活力。[37] 这无疑是对僵化的“筑波模式”的纠正。

六、筑波科学城的经验、教训及启示

“十四五”期间，我国将在北京怀柔、安徽合肥等地建设国家科技中心，各省市也正积极建设地方性的科学城，我们应该认真吸取筑波过去五十余年的经验教训，少走弯路。

（一）科学城建设要特别注重创新生态体系的建设，无形的“创新生态”重于有形的城市建设

筑波科学城是自上而下建设的研究型科学城之典型，也是这一类科学城最早的践行者之一。这种建设模式将若干机构和大量科研人员进行物理空间移动，使其从核心城区“扎堆”到乡村地区，希望解决大城市病的问题，同时打造“科学城”或者科研高地。由于缺乏微观基础的活力，不注重创新生态体系的打造，导致机构、科研人员和当地社区积极性减少，活力降低，缺乏可持续性。

“筑波模式”忽视了私营企业在科技创新中的重要性，忽视了当地政府和居民在科学城建设中的积极作用。最重要的是，科研活动本身依赖交流合作，在孤立的“乡下”建设科学城不利于科研活动的交流合作，降低了科研创新的效率。

我们必须认识到，筑波孤岛式的生活环境、集中的科研院所本身并不有利于打造交流合作的宽松环境，反而容易助长“筑波病”的发生。只关注基础研究、不重视市场力量、地处偏远等原因大大影响了产学研合作的水平，降低了科研活动的效率和质量，影响了科研人员积极性的发挥。相较于筑波模式，加强产学研合作、注重创新活力提升是当前科学城发展战略的主流。借力现有城市基础设施，重点打造无形的科研合作网络和优化创新生态体系，是更重要的发展理念。

（二）要优化制度，提升大型科研设施的资源共享和利用效率

筑波科学城对于大型科研设施的充分利用具有借鉴意义。筑波科学城的经验说明，兴建大型科研设施不能直接带来诺奖级别的研究成果，自身过硬的科研能力和大型设施的科学管理才是提升科研水平的关键。一方面，有必要学习日本大学共同利用机构的成功经验，通过制度保证大型科研设施的使用效率；另一方面，应以先进科研设施为契机，广泛建立国际交流网络，为国际合作交流提供平台，提升学术声誉和国际影响力。

在这一方面，位于筑波的 KEK 建设和维护了多个前沿粒子加速器，提升了筑波的向心力和国际学术影响力。以 KEK 为代表的大学共同利用机构从制度上保证了大型科研设施向海内外研究机构的开放和共享，粒子加速器的使用效率较高。我国即将在怀柔建设的高能同步辐射光源（HEPS）等大科学装置与之类似，如何在制度上保证大型、昂贵的科研设施的共享，如何促进学术共同体的科研效率和水平的提高，是值得关注的问题。

（三）任何科学城、科技中心的建设都应该坚持以人为本的建设理念

筑波的教训提醒我们，人才是城市的真正主人，高素质人才是科技创新活动的真正主体。不论是区域振兴还是科技发展，都需要形成对人才的吸引力。即便行政命令和法律规章等强制手段完成了研究机构和科研人员搬迁工作，但缺乏吸引力的城市仍会难以维持人口增长，更难以吸引高素质研发人才。因此，在科学城建设的过程中，我们必须高度重视人居环境和福利设施的建设。

筑波的经验教训也说明，科学城建设必须依靠中央政府、地方政府、当地居民、公共研究机构、企业、科研人员等多方力量合作，协调科技创新、区域发展、宜居宜业等多个目标。筑波自上而下的命令式建设方式脱离实际，中央政府不仅缺乏领导力，还将企业和地方政府排除在外，对居民社群和科研人员的发展需求也缺乏考量。事实证明，这种做法是低效的。只有通过各级政府、研究机构、企业、科研人员和社会公众的共同参与、协同努力、凝聚愿景，通过产学研合作等方式建设具有活力的创新生态，才能保证科技城的可持续发展。

附表：日本诺贝尔奖获得者与其所属机构关系表 *

序号	姓名（份额）	年份	奖项	贡献	奠基性工作完成机构	获奖时所在机构	获得博士学位院校
1	汤川秀树（1/1）	1949	物理	以核作用力的理论基础预言介子的存在	大阪帝国大学	京都帝国大学 / 哥伦比亚大学	大阪大学

续表

序号	姓名（份额）	年份	奖项	贡献	奠基性工作完成机构	获奖时所在机构	获得博士学位院校
2	**朝永振一郎（1/3）**	**1965**	**物理**	**在量子电气力学领域的基础研究**	**东京文理科大学**	**东京教育大学**	**东京大学**
3	川端康成（1/1）	1968	文学	《伊豆的舞女》《雪国》等			—
4	**江崎玲于奈（1/4）**	**1973**	**物理**	**在量子隧穿效应实验中发现半导体**	**东京通信工业（现索尼）**	**IBM 沃森研究所**	**东京大学**
5	佐藤荣作（1/2）	1974	和平	提倡非核三原则			—
6	福井谦一（1/2）	1981	化学	化学反应过程的理论研究	京都大学	京都大学	京都大学
7	利根川进（1/1）	1987	生理学/医学	发现多样性抗体的生成和遗传学原理	瑞士巴塞尔免疫研究所	麻省理工学院	圣迭戈加利福尼亚大学
8	大江健三郎（1/1）	1994	文学	《万延元年的足球队》等			—
9	**白川英树（1/3）**	**2000**	**化学**	**导电性高分子的发现与发展**	**宾夕法尼亚大学**	**筑波大学**	**东京工业大学**
10	野依良治（1/4）	2001	化学	发现手性催化的不对称合成	名古屋大学	名古屋大学	京都大学

续表

序号	姓名（份额）	年份	奖项	贡献	奠基性工作完成机构	获奖时所在机构	获得博士学位院校
11	田中耕一（1/4）	2002	化学	发展了生物大分子的鉴定和结构分析方法	岛津制造所	岛津制造所	东北大学（名誉博士）
12	小柴昌俊（1/4）	2002	物理	对宇宙微子检验的卓越贡献	东京大学	东京大学	罗切斯特大学/东京大学
13	南部阳一郎（1/2）	2008	物理	发现亚原子物理的对称性自发破缺机制	芝加哥大学	芝加哥大学费米研究所	东京大学
14	**小林诚（1/4）**	**2008**	**物理**	**发现对称性破缺的来源**	**京都大学**	**高能物理加速器研究机构**	**名古屋大学**
15	益川敏英（1/4）	2008	物理	发现对称性破缺的来源	京都大学	京都产业大学/京都大学基础物理研究所	名古屋大学
16	下村脩（1/3）	2008	化学	发现绿色荧光蛋白	普林斯顿大学	美国海洋生物学实验室/波士顿大学	名古屋大学
17	铃木章（1/3）	2010	化学	发现有机合成中的钯催化交叉耦合反应	北海道大学	北海道大学	北海道大学
18	根岸英一（1/3）	2010	化学	发现有机合成中的钯催化交叉耦合反应	普渡大学/雪城大学	普渡大学	宾夕法尼亚大学

续表

序号	姓名（份额）	年份	奖项	贡献	奠基性工作完成机构	获奖时所在机构	获得博士学位院校
19	山中伸弥（1/2）	2012	生理学 / 医学	发现成熟细胞可被重写为多功能细胞	京都大学	京都大学 / 美国格莱斯顿研究所	大阪市立大学
20	赤崎勇（1/3）	2014	物理	发明蓝色发光二极管	名古屋大学	名城大学 / 名古屋大学	名古屋大学
21	**天野浩（1/3）**	**2014**	**物理**	**发明蓝色发光二极管**	**名古屋大学**	**名古屋大学**	**名古屋大学**
22	中村修二（1/3）	2014	物理	发明蓝色发光二极管	日亚化学工业	加利福尼亚大学	德岛大学
23	梶田隆章（1/2）	2015	物理	发现中微子震荡	东京大学	东京大学	东京大学
24	大村智（1/4）	2015	生理学 / 医学	发现蛔虫寄生虫的新疗法	北里研究所 / 北里大学	北里大学	东京理科大学
25	大隅良典（1/1）	2016	生理学 / 医学	发现细胞自噬机制	东京大学 / 基础生物学研究所	东京工业大学	东京大学
26	石黑一雄（1/1）	2017	文学	《长日将尽》等			—
27	本庶佑（1/2）	2018	生理学 / 医学	发现以负性免疫调节治疗癌症的方法	京都大学 / 弘前大学	京都大学	京都大学
28	吉野彰（1/3）	2019	化学	开发锂离子电池	旭化成集团	名城大学 / 旭化成集团	大阪大学

续表

序号	姓名（份额）	年份	奖项	贡献	奠基性工作完成机构	获奖时所在机构	获得博士学位院校
29	真锅淑郎（1/4）	2021	物理	建构物理形式的地球气候模型，量化可变性并确切地预测全球暖化	美国国家气象局	普林斯顿大学	东京大学

* 据公开资料整理，包括日本籍和原籍日本的诺贝尔奖获得者，黑体条目为与筑波科学城相关的诺奖获得者。

第十三章

中美典型产业共性技术研究机构治理机制的比较研究

一、引言

作为新一轮工业革命的标志性技术之一，增材制造（additive manufacturing，AM）[1] 技术近年来发展迅速，欧美等国纷纷把它当作未来优先发展方向。[2]2012 年，美国国家科技委员会发布的《国家先进制造业战略计划》提出要重点发展增材制造等产业技术。[3] 随后，时任美国总统奥巴马在宣布建设国家制造业创新网络计划的时候，增材制造被选为第一个技术领域，并迅速成立了国家增材制造创新研究院（National Additive Manufacturing Innovation Institute，NAMII），后更名为“美国造”（America Makes）。

同样，我国《中国制造 2025》行动纲领中，也把增材制造创新中心作为首批布局的国家制造业创新中心，并于 2016 年获批在西安筹建（为叙述方便，与前述“美国造”简称相对应，下文我们将西安国家增材制造创新中心也简称为“中国造”）。

无论是“美国造”，还是“中国造”，两国对两个创新中心的定位都是类似的，都希望政府牵头、联合产学研用各方创新资源，促进科技成果的集成和快速转化，在增材制造这一高技术新兴产业领域实现突破。从国家创新体系视角来看，这两个创新中心都属于产业共性技术研究机构，目的在于在产业竞争前的共性技术领域实现突破，共同促进产业技术进步。

本章通过文献分析、数据分析及实地调研等方式，希望通过在资源投入、组织管理、治理体系等方面对中美两个类似的研究机构加以比较，从而得出一些启示。本研究对于国家创新体系建设，尤其是新兴产业创新体系建设具有重要的理论和现实意义。

二、理论回顾与文献综述

（一）产业技术研究院的相关研究

与大学和国家实验室不同，产业技术研究院是以产业共性关键技术为研发对象，促进科技成果迅速产业化。很多国家特别重视产业技术研究院的成立与发展，典型的有德国弗劳恩霍夫应用技术研究院（Fh.G）、日本产业技术综合研究所（AIST）、韩国科学技术研究院（KIST）等。这些机构对于探索科技创新模式、完善国家创新系统等都具有显著作用。

长期以来，学者们从不同视角对产业技术研究院进行了较为深入的研究。Po Young Chu、Yu Ling Lin 等指出，成立于 1973

年的台湾工业技术研究院，自设立以来极大地促进了中国台湾地区高科技产业的发展。[4]国内学者胡文国提出了产业技术研究院的主要特性，包括公共性和社会性、运营的非营利性、科技服务的全面性和综合性等。[5]此外，Roberto Mazzoleni和Richard R.Nelson通过对19—20世纪技术能力实现成功赶超的日本产业技术综合研究所（AIST）、韩国高级科学研究所（KIST）、中国台湾工研院和巴西航空技术中心（CTA）等公立技术研究机构案例进行比较分析，发现一个国家或地区现代技术的发展在很大程度上取决于一个有效的公共研究系统；[6]汪晓光等人对美国NIST、德国Fh.G、日本AIST、韩国KIST四家国际知名共性技术研究机构进行比较分析，总结了其发展模式及经验。[7]也有学者重点关注产业技术研究院的绩效评价，如Andrea Bonaccorsi和Andrea Piccaluga提出了通过定义“绩效”的概念来评价产学研合作；[8]王守文等人从环境、投入、运行等七个方面构建产业技术研究院的绩效评价指标体系，并运用层次分析法确定各指标权重；[9]吴秀洁等人从科研投入、科研产出、成果转化、人才培养和创新效益五方面给出了产业技术研究院的五个一级绩效评价指标。[10]吴金希、Mei-Chih Hu、沈和、胡然等人通过对台湾工研院、新竹产业园、江苏产业技术研究院以及武汉工业技术研究院的案例研究总结了产业技术研究院的类型、功能定位、运营模式等问题，为中国加快产业技术创新提供了有益启示。[11, 12, 13, 14]

（二）中美增材制造创新研究院的相关研究

由于成立时间较短，国内外对中美两个增材制造创新研究院的研究并不多。Ann R. Thryft聚焦于NAMII的首批成员项目，这七个项目包括几种不同的增材制造工艺以及金属和聚合物材料，由此讨论增材制造对美国经济健康的主要贡献；[15] 美国制造业工程师协会（Society of Manufacturing Engineers，SME）论述了协会在国家增材制造创新研究院中扮演的重要角色，协会一方面大量参与研究院的技术转移与传播，对从业人员进行教育和培训，另一方面通过合作制定行业标准。[16]

李方正等人概述了“美国造”的发展历程、运行机制和发布的路线图等，指出“美国造”在高度重视政府作用、以创新网络思维而非创新中心思维协同增材制造各方力量、强化增材制造产业生态体系建设等方面具有重要启示意义；[17] 刘亚威肯定了“美国造”对美国增材制造行业以及先进制造业做出的贡献；[18] 张秋菊从协同创新角度探究美国增材制造创新研究所的模式，提出其协同创新机制对我国战略性新兴产业发展具有重要启示；[19] 冷单、王影分析了美国国家制造业创新网络（NNMI）董事会管理方法，以及中小企业的参与和收益等特点。[20]

对西安增材制造国家研究院的学术研究则更是屈指可数，赵纪元对国家增材制造创新中心的建设模式、战略定位等方面进行了分析，认为国家增材制造创新中心是解决国家重大战略需求、助力基础技术成功转移转化的重要环节；[21] 黄卫东从战略高度论述了发展增材制造技术的重大意义，提出要以协同创新的方式发展增材制造技术的科技、教育和产业的系统工程。[22]

（三）已有研究的简单述评

现有关于产业技术研究院的研究基本限于德国弗劳恩霍夫应用技术研究院、日本产业技术综合研究所、韩国科学技术研究院等少数几个典型，而对国内产业技术研究院的研究则更多地局限在地方或高校层面的产业技术研究院。在增材制造这一新兴高技术产业领域，已有研究虽然对“美国造”及“中国造”进行了一定程度的考察，但研究还不够系统深入，对两者的比较研究基本属于空白。

三、研究对象及方法

本章选择“中国造”和“美国造”为研究对象。它们都属于典型产业的国家级产业技术研究院，对于两国产业技术创新体系的研究具有一定的代表性和典型性。

在具体研究方法上，本章主要采用文献调研、数据分析、网络工具交流以及实地调研访谈等方法。首先，对于“美国造”的研究，限于疫情等方面的原因，研究者近年难以赴美国实地考察。但是，作者所在的清华大学战略新兴产业研究中心已经对它进行长期了学术跟踪，从这些机构成立之日起，我们就对“美国造”相关政策文件、年度报告、官网公报以及第三方的评价等都进行了长期跟踪和系统的数据积累，并通过电子邮件、即时通信等方式调研了若干国外专家和学者，最大限度保证对“美国造”数据的真实和正确认识。

其次，对于“中国造”，研究团队则除了文献调研、数据分析之外，还着重进行了多人多批次的现场走访和调研，以获取完整真实的第一手资料。研究团队曾于2019年、2020年多人次前往西安增材制造国家研究院开展一系列实地调研，对西安增材制造国家研究院有限公司总经理在内的多名高级管理人员、研究员、用户、投资方、合作方、研究院依托大学的相关专家以及国家有关部门的决策者等十余人进行了半结构式深入访谈，参加该院主持的增材制造博览会及高峰论坛，更加全面、系统地了解了"中国造"的全貌和发展动态。还通过科研现场的观察，获得了研究院日常工作、设备运转、技术开发过程、上下游互动、科技成果转化等环节的大量数据。

四、中美增材制造创新研究院的成立背景

2008 年国际金融危机后，欧美等发达国家纷纷提出"再工业化"战略。2012 年 2 月，美国发布了《国家先进制造业战略计划》，正式将先进制造业提升到国家战略层面。同年 3 月，奥巴马总统讲话提出由联邦政府出资在十年内成立 15 个制造创新研究院（这一数字在 2013 年增加到 45 个）。2012 年 8 月，美国在俄亥俄州的扬斯敦成立了第一家制造创新研究院，用于研发 3D 打印技术。这一研究院起初被命名为国家增材制造创新研究院（NAMII），2013 年 12 月更名为"美国造"（America Makes）。截至 2019 年年底，美国共成立 14 家制造业创新研究院。

2015 年 5 月，为贯彻落实《中国制造 2025》，推进制造强国建设，工信部等四部委编制了制造业创新中心等五大工程实施指南，提出到 2020 年形成 15 家左右国家制造业创新中心，到 2025 年形成 40 家左右国家制造业创新中心，[23] 目的是通过突破重点共

性关键技术，加速科技成果产业化，显著提升国家制造业创新能力。2016 年 12 月，作为首批布局的国家制造业创新中心，国家增材制造创新中心获批在西安筹建。

五、中美增材制造创新研究院比较分析

本章对“美国造”和“中国造”的比较分析主要从资金来源、组织结构、会员制度、项目运营模式等几方面展开。希望通过这几方面的比较分析，能够窥探出中美两个关键技术研究机构的治理体系特征。

（一）资金来源

“美国造”的启动资金由联邦政府、业界共同提供，基本上属于共担风险、共享成果的 PPP 运作模式。联邦政府给予每个制造创新研究院的资助额度为 7000 万到 1.2 亿美元不等，在五至七年内分期投入，同时要求申请者配套比例不低于 1∶1。五至七年后，联邦政府的投入逐渐退出，“美国造”需要在财政上实现自负盈亏。目前，“美国造”的其他收入包括会员费、知识产权许可、合同研究、开发培训课程等。

中国在制造业创新中心的建设中采取“一案一例一策”的方式：每家获批的制造业创新中心初期都将获得国家的 2 亿元基金，此外，政府鼓励制造业创新中心建立多元化的融资渠道。西安增材制造研究院启动资金包括国家拨付的建设项目基金 2 亿元，以及行业领域内的企业、科研院所、金融机构等 13 家股东成员投入的资金总计 1.35 亿元（见表 13−1）。

表 13-1　西安增材制造国家研究院有限公司股东认缴金额一览表

认缴出资额（万元）	股东成员
500	安泰科技股份有限公司
1000	机械科学研究总院江苏分院有限公司、西北有色金属研究院、西安新材料产业发展有限公司、武汉华科三维科技有限公司、渭南高新区火炬科技发展有限责任公司、北京恒创增材制造技术研究院有限公司、陕西瑞特快速制造工程研究有限公司、北京煜鼎增材制造研究院有限公司、大连美吉姆教育科技股份有限公司、河北鼎盛新城实业有限公司、陕西煤业新型能源科技股份有限公司
2000	陕西金融控股集团有限公司

资料来源：西安增材制造国家研究院有限公司天眼查股东信息（https://www.tianyancha.com/company/2358426532）。

（二）组织结构

美国国家国防制造与加工中心（NCDMM）是"美国造"的牵头机构，"美国造"的领导层包括主任、运营主任、负责技术研发的副主任、负责劳动力培训的副主任和会员总监等，其中主任由国家国防制造与加工中心的副总裁担任，领导层其他人员也大多来自国家国防制造与加工中心。同时，"美国造"下设执行委员会、管理委员会和技术咨询委员会，主任要向这三个委员会负责。其中，执行委员会由政府、工业界、学术界及非营利性组织等代表组成，负责提出愿景、制定政策和规划；管理委员会由铂金会员和黄金会员代表以及州政府代表组成，负责制定技术战略和项目指南；技术咨询委员会由来自国防部、能源部、国家航空航天局、国家科学基金、商务部国家标准与技术研究院和教育部等的政府技术官员组成，在发展战略、技术路线、项目评审及人才培养等方面提供咨询和建议。[24]“美国造”的组织结构基本框架如图 13-1 所示。

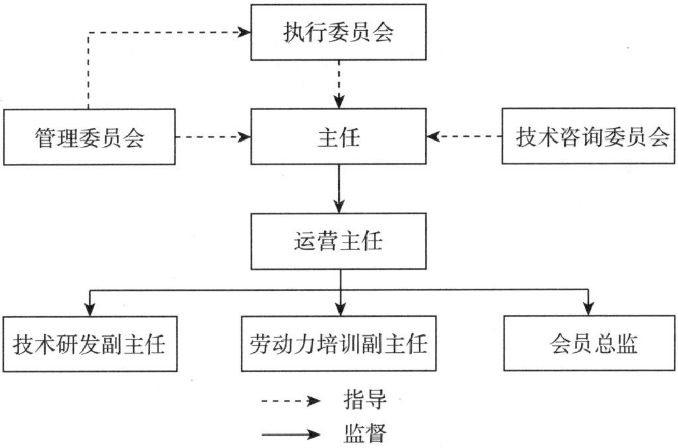

图 13-1 “美国造”的组织结构

“中国造”的顶层管理机构是 2015 年成立的国家制造强国建设领导小组，由国务院相关领导担任组长，成员由国务院相关部门和单位负责人组成。西安增材制造研究院有限公司是“中国造”的牵头机构，其创始股东由业内业绩突出、从事装备与材料研发和生产的优势企业、金融机构、研究院所和高校、典型用户、产业园区等 13 家单位组成，每个股东出资数额基本相同。西安增材制造国家研究院有限公司采取企业法人治理形式，设有股东会、董事会、监事会，董事会下设研究院运营班子。公司组织机构如图 13-2 所示。

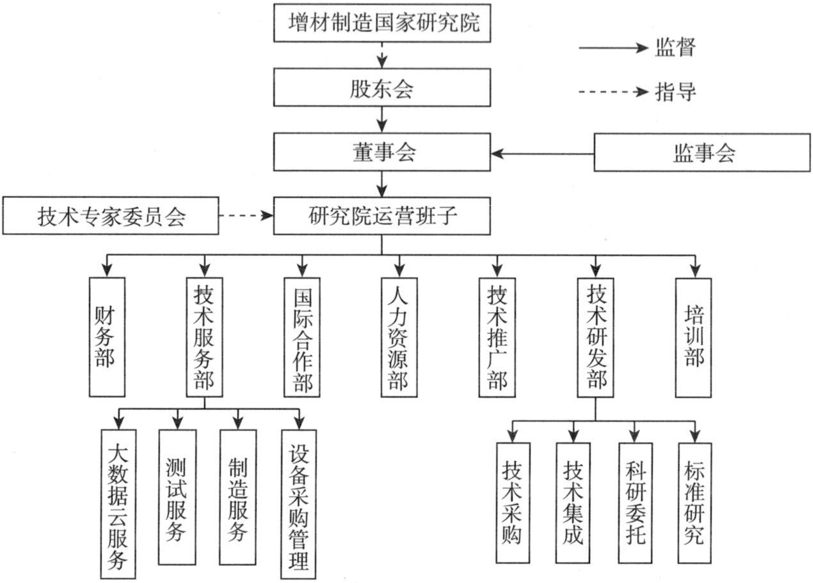

图 13-2　西安增材制造国家研究院的组织结构

（三）会员制度

作为 PPP 运营模式的代表，美国国家制造业创新网络中的每个创新研究院都实施了分级会员制，即根据缴纳会费的不同将会员分为若干级别，不同级别的会员分别对应不同的权利和义务。“美国造”将会员划分为铂金、黄金和白银三个等级，每年需要缴纳的会员费分别是 20 万美元、5 万美元和 1.5 万美元。黄金会员和铂金会员在许多方面都享受优惠甚至免费的待遇，比如对于制造创新研究院发起的联合研究项目的知识产权，所有会员用于研发活动时均可免费获取，但只有黄金会员和铂金会员可以用于商业目的，且只有铂金会员可以免专利费。此外，黄金会员和铂金会员还可以拥有管理委员会的席位、参与制定技术路线图等这些白银会员享受不到的重要的会员权利。

截至 2021 年 5 月，“美国造”的会员已从成立之初的 58 家发展到 227 家，其中铂金会员 16 家（见表 13-2），黄金会员 45 家，白银会员 166 家。按类别来看，公共部门包括美国国家标准技术研究院、美国空军研究实验室、美国国家科学基金会、美国宇航局等；大型企业包括 3D 系统公司、通用电气公司、西门子公司、波音公司、惠普公司等；研究型大学包括卡内基梅隆大学、北艾奥瓦大学、密歇根大学、匹兹堡大学等，此外还有阿贡国家实验室、布鲁克海文国家实验室、劳伦斯 · 利弗莫尔国家实验室、橡树岭国家实验室、桑迪亚国家实验室等国家实验室以及洛雷恩县社区学院、库亚和加社区学院、威斯特摩兰县社区学院等社区学院。

“中国造”则采用了“公司 + 产业联盟”的发展模式，公司依托全国增材制造（3D 打印）产业技术创新战略联盟，同时汇聚了国内增材制造领域内的核心公司。同“美国造”的会员模式类似，中国增材制造产业技术创新联盟也实行了分级会员制。根据会员自身需求将会员等级分为普通会员、银卡会员和金卡会员，由会员自行向联盟下设的执行机构——理事会申请所需要的会员级别，理事会拥有是否通过的决定权。值得注意的是，根据联盟章程第二十九条，“联盟会员应向联盟缴纳一定费用，理事会可根据实际情况调整会费标准（暂不收取）”。也就是说，目前联盟内的所有会员均无须缴纳会费。

表 13-2 “美国造”铂金会员一览表

类别	会员
大型制造企业	波音公司（Boeing Company）、洛克希德·马丁空间系统公司（Lockheed Martin Space Systems Company，LMT）、梅吉特飞行器制动系统公司（Meggitt Aircraft Braking Systems Corporation）、诺思罗普·格鲁曼公司（Northrop Grumman）、雷神技术公司（Raytheon Technologies）、通用电气公司（General Electric Company，GE）、西门子公司（Siemens Corporation）
增材制造软硬件方案提供商	EOS 北美公司（EOS North America）、Stratasys Inc.、EWI、AlphaSTAR Corporation
咨询公司	沃勒斯合股公司（Wohlers Associates, Inc.）、德勤咨询有限公司（Deloitte Consulting）
科研机构	扬斯敦州立大学（Youngstown State University，YSU）、得州 A&M 工程实验站（Texas A&M Engineering Experiment Station，TEES）
企业服务机构	扬斯敦企业孵化基地（Youngstown Business Incubator）

资料来源：“美国造”官网信息（https://www.americamakes.us/membership/current-members/）。

但是这一举措的弊端也是显而易见的：首先，对真正需要差异化服务的会员来说，会员的升级渠道不明晰，普通会员无法享受联盟的增值服务，会降低其对联盟权威性的信任；其次，对于已经成为高级别会员的会员而言，由于无须投入资金，容易产生搭便车的现象，导致整个联盟内会员间关系松散。目前，联盟共有金卡会员单位 20 家（见表 13-3），在会员权益方面，除了享受基本的会员权利外，还可优先承接联盟协议单位提供的企业孵化项目，并优先享受联盟协议单位发布的技术成果转让，以及每年享有免费学习培训的名额。

表 13-3　中国增材制造产业技术创新联盟金卡会员一览表

类别	会员
大型企业	陕西煤业化工集团
增材制造设备制造商及增材制造服务商	陕西瑞特快速制造工程研究有限公司、北京煜鼎增材制造研究院、河北鼎盛新城实业有限公司、武汉华科三维科技有限公司、多维泰特（厦门）智能科技有限公司、浙江迅实科技有限公司、襄阳金耐特机械股份有限公司、深圳市创想三维科技有限公司、上海数造机电科技股份有限公司、北京三维博特科技有限公司
原材料供应商	安泰科技股份有限公司、中航迈特粉冶科技（北京）有限公司
咨询公司	西安新材料产业发展有限公司
金融公司	陕西金融控股集团有限公司、渭南高新区火炬科技发展有限公司
各类研究机构	机械科学研究总院江苏分院、西北有色金属研究院、北京恒创增材制造技术研究院

资料来源：中国增材制造产业技术创新联盟微信公众号。

（四）项目运营

“美国造”的主要业务活动包括：技术研究、开发与示范；教育与培训；创新方法与实践；吸引中小企业与原始设备制造商参与；提供可共享的设施与设备，将实验室生产按比例放大并做好制造技术准备。[25]“美国造”在扬斯敦拥有自己的创新工厂（innovation factory），致力于推广增材制造的技术、工艺、材料和知识。创新工厂有自己的全职员工以及来自会员单位的增材制造设备，通过展示增材制造能力并提供关于应用开发和原型设计的初步咨询，为新的和潜在的采用者提供培训。此外，“美国造”为了扩展在地域、行业和技术上的覆盖范围，还在得克萨斯大学埃尔帕索分校（UTEP）设有一个“卫星中心”。

“项目驱动的联合攻关机制”是“美国造”运营模式的核心，[26]其项目的发起流程为：识别重大挑战、促成战略投资、形成招标项目、提供解决方案。“美国造”提供六种项目驱动实施模式：研究院发起的项目、政府部门设置的项目、会员自己设立的项目、客户驱动的项目、竞争性授予的项目、众包的项目，其中研究院发起的项目为最主要的项目模式。对于每个项目的每一笔联邦政府投入，项目团队都要匹配相应的成本分摊资金。[27]

“中国造”的主要目标是瞄准重大设备、重要材料、关键工艺、核心软件、核心元器件等共性关键技术进行自主研发与技术集成，突破行业技术瓶颈，打造完整的创新链。通过创新联盟在全国推广研究成果，孵化高科技企业，引领增材制造行业发展，带动整个制造业的转型升级。在具体活动上，中心有三大类技术活动：技术服务、技术研发及技术推广。

根据笔者整理的访谈及相关材料，“中国造”的具体项目运营没有固定模式，目前主要包括研究院发起的项目、客户驱动的项目以及政府设置的项目三大类，其中客户驱动项目是其收入的重要来源，政府设置的项目及研究院发起的项目一般由课题组在国家自然科学基金以及各类学术基金的资助下完成。

（五）主要成效

“美国造”在短短几年内迅速发展起来，通过整合政府、企业、高校和科研机构等各种创新资源，形成了一个“政产学研”合作共赢的创新生态系统，打通了增材制造技术从基础研究到应用研究，再到商业化生产的创新链条，验证了科技创新与成果转化的良性发展路径。可以说，“美国造”现在已经成为美国在增材制造技术研发、应用和创新方面的领先者，是美国先进制造产业发展中至关重要的力量。

目前，“美国造”拥有超过200家会员，凝聚起了美国国内增材制造领域主要的工业界和学术界力量，其中不乏大型企业、科研院所和政府部门，而铂金会员有20多家，其每年会费高达20万美元。美国国家实验室的大量加入也为“美国造”增色不少，如阿贡国家实验室（ANL）、布鲁克海文国家实验室（BNL）、劳伦斯·利弗莫尔国家实验室（LLNL）、橡树岭国家实验室（ORNL）等等，它们都是研究院的高级会员。

“美国造”先后发布了《增材制造标准化路线图》（Standardization Roadmap for Additive Manufacturing）1.0版和2.0版以及《“美国造”增材制造技术路线图》（America Makes Additive Manufacturing Technology Roadmap），确立了五个重点关注的技术领域，分别是设计（Design）、材料（Material）、工艺（Process）、价值链（Value Chain）和增材制造基因组（AM Genome），这五个技术领域下面还分别包含三到六个子方向。路线图的发布描绘出了“美国造”乃至美国增材制造产业技术发展的路径。

在技术路线图的指导下，“美国造”目前已开发项目82个，每个项目均由“美国造”会员组成的团队来进行研发。在82个招标项目中，属于设计领域的有12项，属于材料领域的有19项，属于工艺领域的有28项，属于价值链领域的有21项，属于增材制造基因组领域的有2项。以金属粉末床增材制造的变形预测和补偿方法开发项目为例（见表 13-4），该项目获得约 100 万美元联邦资金的投入，同时团队成员需要匹配不低于 1∶1 的自筹资金，最终完成成果将无偿提供给“美国造”会员使用。这些项目的研发有效推动了增材制造关键技术的应用和发展。

表 13-4　金属粉末床增材制造的变形预测和补偿方法开发项目

技术领域	设计（属于研究院发起的项目）
牵头单位	通用电气全球研发中心
参与单位	联合技术公司、霍尼韦尔国际公司、宾夕法尼亚州立大学、路易斯维尔大学、CDI Corporation、Pan Computing、Autodesk、3DSIM、美国国防部、美国国家科学基金会、美国能源部
项目经费	220 万美元（其中联邦资金 100 万美元，非联邦资金 120 万美元）
项目成果	开发了一个可靠的变形预测和补偿软件工具，使用精确和可靠的软件预测由热增材工艺导致的变形，减少了 75%的产品研制时间
完成时间	2017 年 3 月

资料来源：“美国造”官网信息（https://www.americamakes.us/portfolio/4026-development-distortion-prediction-compensation-methods-metal-powder-bed/）。

此外，在劳动力培养和教育方面，“美国造”制定了《增材制造劳动力和教育路线图》，在知识与认知、能力和技能、行业实习、个人发展、转移和扩散等方面提供帮助。“美国造”还通过资助各类挑战赛、开设增材制造课程（包括 Advanced Certification/Curriculum in Additive Design, Engineering, and Manufacturing Innovation，ACADEMI）、举办夏令营和社区开放日等多种形式的活动，并提供相应的知识和技能培训，从而为新产业的发展提供丰富的人才资源。

“中国造”目前成立虽只有三年，但是在国内外产业界也已产生了重要影响。研究院设立创新设计、材料、装备、检测等七个专业研究所，布局多项自主研发项目，聚焦重大设备、重要材料、关键工艺、核心软件、核心元器件等共性关键技术。在科技成果转化方面，已孵化企业 5 家，同时研究院自 2017 年开始每年举办一届中国（西安）国际 3D 打印博览会暨高峰论坛（International Additive Manufacturing Expo，IAME），至今已累计邀请 20 余名国内外院士，超 160 名专家学者做专题报告，吸引 150 余家国内外知名企业参会展览展示，并组织 800 余支参赛队伍参与国际 3D 打印创意设计大赛，举办各类技术交流和活动 70 余项，吸引 3 万余人次参与，成立三年来其权威性、综合性、国际化、专业化和规模化程度受到产业内外的一致认可。在 IAME 的影响下，"中国造"探索并形成了集学术研究、产业应用、企业孵化、人才培训、制定行业标准、检测及咨询服务等功能于一体的产业创新系统。

六、中美增材制造创新研究院治理模式探析

（一）资金投入机制：美国"扶持造血"，中国"快进快出"

联邦政府在美国国家制造业创新网络建设过程中的作用并不是完全包办，而更像是"师傅领进门，修行在个人"中师傅的作用。美国联邦政府的资金投入不会一步到位，它也不是全程提供资助，而只是在成立初期提供部分资金，而且要求非联邦资金与联邦政府资金投资比至少为 1∶1。在两至三年后，联邦政府的资金投入开始明显下降，企业、研究机构等投入逐渐占据主导；五

至七年后，联邦政府的资金资助将完全结束，同时将不再介入制造创新研究院的管理决策。联邦政府采取的这种逐渐退出的投资策略给各创新研究院带来了无形的压力，推动各制造创新研究院通过技术研发、成果转化、社会技术服务获得多元化收入，比如等级会费等。这样，各制造创新研究院的主观能动性也就被调动了起来，不断激发自身的创新活力，最终提升先进制造领域的竞争力。

此外，由于联邦政府的扶持只限于技术研发阶段，而不会直接进入到成熟的商业应用阶段，因此也能在一定程度上避开创新研究院内各会员的戒心，不同机构齐心协力地穿越从基础研究到商业应用这一危险区域。联邦政府还赋予了各制造创新研究院很大的自主权，各制造创新研究院可以自行设定发展目标、规划及战略，灵活性保证了各制造创新研究院能够根据市场规律进行迭代更新，有助于实现更有效率的产出。

在中国各个制造业创新中心成立初期，中央政府为每家制造业创新中心提供了 2 亿元的配套资金，但是并未对其他渠道的资金配比提出硬性要求，各制造业创新中心根据自身能力争取不同数额的配套资金。比西安增材制造国家研究院有限公司稍早成立的国联汽车动力电池研究院有限公司注册资本为 9.3 亿元，其政府资金和非政府资金配比高达 1 ： 4.65。同为国家制造业创新中心，西安增材制造国家研究院的注册资本仅为 1.35 亿元，实际认缴仅 0.85 亿元，其政府资金和非政府资金配比不到 1 : 0.68。同时，国家要求这些研究院五年内要实现自负盈亏，一次性大额拨款和刚性的赢利要求给增材制造创新中心带来了较大财务压力。

在实地调研中我们发现，“中国造”这种投入模式产生了一些问题：首先，为了实现短期赢利要求，“中国造”不得不承接大量的短期技术研发工作，而容易忽视产业长期的关键共性技术的研发工作，这与其成立初衷不符。其次，政府负责投资和绩效考评，具体运营需要靠“中国造”自己的领导班子来执行，这些专家往往身兼数职，既要负责对关键技术的攻关，又要负责研究机构运营、项目申请等工作，降低了科研效率。

（二）机构属性：美国定位为非营利机构，中国是公司法人模式

包括“美国造”在内的美国制造创新研究院几乎全部由非营利性组织牵头，不以追求利润为主要目的，因此能够更加专注地投入到技术研发活动中去。另外，诸如行业协会、产业联盟等非营利性组织本身就聚集了该领域的大量资源，可以作为政府、工业界和学术界的黏合剂，协调各会员关系，起到桥梁作用，能达到事半功倍的效果。

我国制造业创新中心在成立之初就采取了“公司＋产业联盟”的建设模式，每家创新中心均有依托的公司实际上成为创新中心的主体，西安增材制造研究院有限公司就是在这样的背景下成立的。公司是由股东认缴出资后成立的，因此出于对股东负责的基本要求，赢利是其分内之事。西安增材制造研究院有限公司的目标就是将研究院打造成为中国乃至全球资本市场青睐的、以增材制造集成技术供应源为重要特征的高市值上市公司。这一营利属性导致了增材院的市场导向，因此它会优先开发市场价值高的技术而不是对产业最有价值的技术——理想情况下这两类技术

可以实现重叠，但现实往往并非如此。

产业共性技术有公共物品属性，是一种“技术基础设施（technology infrastructure）”[28]，其外部性往往容易导致市场失灵的问题，因此非营利组织的模式可能更有助于更高效率的产业共性技术研发。而只有实现了产业关键共性技术的突破，才能使产业内的新技术真正实现商业化，从而带动整个产业的转型升级。

（三）协同创新：美国各主体分工合作，中国由工信部主导

美国各联邦机构根据各自的机构使命，选择支持不同的创新研究院。例如，美国国防部资助“美国造”、数字设计与制造创新研究院（MxD）、光电集成制造创新研究院（AIM Photonics）、柔性混合电子制造创新研究院（NextFlex）等八家创新研究院；美国能源部资助电力美国（Power America）、先进复合材料制造创新研究院（IACMI）等五家创新研究院，美国商务部资助一家创新研究院。从协作广度来看，“美国造”不仅整合了所在行业的资源，还覆盖了整个地区的制造产业与研究型大学的优势资源，真正打通了整个制造业，实现了协同创新的治理模式，“美国造”充分结合所在区域的制造产业优势与需求进行精确定位，又能充分调动联邦与地方政府、企业、大学和非营利性组织对增材制造技术发展的精准扶持，从而更有效地推动行业或区域创新集群的发展。

中国政府在《中国制造 2025》的具体实施过程中，由工信部、发改委、科技部、财政部联合印发了制造业创新中心工程实施指南，在现有的 16 家制造业创新中心工程建设过程中，从方案研讨、资金落实、技术专家委员会的组织到具体运营和考评，

均由工信部一头管理。由于各部委之间缺乏协作，容易造成对某一环节的重复投入（如科技部又另外发布了《“增材制造与激光制造”重点专项项目申报指南》）。

七、启示与思考

无论是“美国造”，还是“中国造”，它们都瞄准国家战略目标和制造业关键共性技术。从现有成效来看，两个研究院通过政府牵引，企业、高校和科研机构支持，充分整合各类创新资源，形成了一个合作共赢的创新生态系统，虽然存在着体制机制等方面的差异，但总的来说都是发展两国新兴产业的一次有益的探索。

但是在具体的政策扶持方面，美国制定了更为有效的投资策略，尤其是关于资金的来源渠道和投资的持续性方面，美国均给出了详细的指导方案。中国虽然在一定程度上借鉴了美国的经验，但在政府角色的定位方面仍然不清晰，这尤其体现在政府资金的过快退出上。

由于产业共性技术是“一种在很多领域内已经或未来可能被普遍应用，其研发成果可共享并对整个产业或多个产业及其企业产生深度影响的一类技术”[29]，它具有公共物品的非排他性（外部性）和竞争性特征——当一项产业共性技术研发成功后，受益者是整个行业，所以容易造成企业“搭便车”现象，存在市场失灵现象。

中美两国建立制造业创新研究院的主要目标之一就是为国家

先进制造业供给关键共性技术，但是二者在具体治理模式上选择了不同的道路。模式的选择影响创新成果的产出与转化效率。美国选择了以非营利性组织主导的治理模式，而中国则选择依托“公司+产业联盟”的治理模式。从产业共性技术的本质属性来看，非营利性组织模式与产业共性技术的公共属性有一致性，有助于克服市场失灵，为整个行业提供高质量的共性技术。而由一家公司主导的治理模式有可能诱发短期行为，不利于产业关键共性技术的研究和开发。

第十四章

从技术学习强国到基础研究大国的转型：20世纪90年代以来日本科技立法对日本创新体系的影响

一、引言

上世纪90年代以后，由于国际国内各种因素的影响，日本经济发展逐渐放缓。考虑到国际形势和日本发展现状，日本朝野开始形成一个共识，力图在未来国际激烈竞争中，利用知识资源创造新产业，谋求国家的长期发展，突破日本长期经济停滞瓶颈。日本政府意识到，有效的科技政策才能适时地打破日本经济低迷的发展状态，科学技术在未来必将发挥重要作用，因此科技立国的理念开始得到日本政府的重视。当时，面对国民经济不景气等原因导致全社会研发经费严重缩水的情况，各研究机构要求增加研发经费的呼声日益高涨，日本政府经过长期的讨论正式确立了《科学技术基本法》。1995年《科学技术基本法》正式颁布，

《科学技术基本法》的出台为日本科技政策提供了基本框架，是日本后来大力推动科技创新、成为“科技创新国家”的重要政策和法律依据。目前，日本的科学技术政策主要依照《科学技术基本法》的基本原则来制定，并通过《科学技术基本计划》的方式实施。

国际上对日本科技发展与创新的理论研究，始于20世纪五六十年代日本经济快速腾飞之际，最初主要从技术引进与开发的角度探讨日本经济奇迹，后来呈现出从科技政策、技术史、国家创新系统和国家战略等多视角切入的全方位研究。

中国对日本科技创新政策的研究工作主要是从上世纪80年代末开始的，主要的研究角度有科技体制改革、科技政策演变、产学官、科技战略、科技史研究等。[1, 2, 3, 4]90年代，学者们从日本战后到90年代的日本经济、社会发展的各阶段政策内容，全面分析了日本科技体制和政策改革成效。[5]从近期的文献梳理中发现，国内学者的关注点集中在日本科技政策的基本理念、举措与变革上，认为日本《科学技术基本法》的制定是日本科学技术发展史上的一个重要的转折点和里程碑，[6]对于中外科技政策研究动向也进行了综述与深度分析，[7, 8, 9, 10]包括对日本科技政策形成的起因[11]、日本创新体系的形成[12, 13]已做了不少努力并具备一定的学术积累。

但是随着时代的发展，日本的科技创新形式与内容已经发生了改变，不同时代的政策也各有特点，在提及对中国的参考作用时，应该对其政策环境、现存的政策手段体系、政策理念体系、政策的形成机制、政策需求，以及政策开发的资源有全面的认识。现有文献多从《科学技术基本计划》的视角分析科技发展战略，或仅聚焦于日本《科学技术基本计划》所涵盖的研究领域与细分方向，却忽视了日本《科学技术基本法》与《科学技术基本计划》之间的紧密联系，未能全面考量国家从宏观到微观层面进行引导规划的重要作用。

本章调研了海量日文原文文献资料，对日本《科学技术基本法》确立以后，日本科技政策的各个阶段进行了比较分析和系统研究，并归纳出科技创新政策在日本科技发展中的效用，最后，概括了日本科技发展中的几大经验教训，希望通过这些结论，本章能够为中国科技创新实践提供有价值的建议。本章结构主要分为四部分：第一部分回顾了日本的《科学技术基本法》的确立原因，第二部分简述《科学技术基本法》与《科学技术基本计划》的实施内容，第三部分是关于《科学技术基本法》实施后的效果考察，第四部分总结了日本《科学技术基本法》设立以后科技政策的发展与启示。

二、日本《科学技术基本法》确立的原因

科学技术会议（CST）早在1965年《科学技术法案纲要》中就提出，日本政府应承担制订基本科技计划的角色与义务，并于1968年的例行国会会议上提交了《科学技术基本法》。但因多方意见无法形成一致，法案最终被废弃，基本法案遭到了近20年长期搁置。在缺乏基本科技政策的情况下，国家相关部门、各地方政府、大学和研究院以及民营企业的研究所等以各自的方式实

行科技研发。法案无法通过并长期被搁置的主要原因，一方面在于日本经济在此期间继续保持高速增长，各方对科技政策的需求不明显，尤其是80年代至90年代日本企业高速发展，日本电子产品及汽车等迅速占领全球市场。另一方面，1968年夏东京大学学生发起了围绕大学自治与学术自由的学生运动，此次东京大学事件后大学对与产业界的合作变得极度警惕，缺乏科研资金支持的大学一度出现研究设备陈旧等问题。

回顾上世纪80、90年代，日本主要依靠民营企业主导研发，民营企业承担了约80%的技术研发资金。但民间主导技术投资更倾向于成果转化与短期收益，这使得基础研究渐渐被忽视。总体上，当时的日本还处于对西方先进国家的科技进行直接引入时期，但日本在科技引入之后通过不断模仿先进技术来取其精华与自己的技术融合到一起，逐步形成日本科技特色。

自90年代起，日美贸易摩擦愈发加剧。日本政府认识到，为应对资源匮乏、技术瓶颈及社会发展等问题，必须摒弃过往的技术引进策略，转向自主创新的模式。因此，日本政府将提升国家基础研究能力视为实现科技强国战略目标的突破口。日本政府积极支持自主创新，期望能独立掌握核心技术，并在科学技术领域努力缩小与西方国家的差距。产业界、政界和学术界逐步意识到科技的快速进步需要系统连贯的科技政策来推动，以及培养科研人才等事项。因此《科学技术基本法》被废弃二十多年后，日本再次提案制定相关法案。

基于上述原因，1994年3月日本开始再次启动讨论《科学技术基本法》。与以往不同的是，这次提案是由日本自民党、新进党、社会党、先驱新党等四个主要党派议员共同将法案提交到国会，并于1995年11月在众参两院获得全票通过，最终立法成功。1995年11月《科学技术基本法》正式通过实施。根据该法案的规定，政府有义务制订《科学技术基本计划》，通过科学技术会议（CST）讨论同意后开始实施。2000年后，日本不断在物理和化学等领域获得诺贝尔奖，可以说与90年代前期的积累密不可分，在此期间研发了多项独有的尖端技术，均达到了世界前沿水准。

《科学技术基本法》的确立反映了日本朝野对科技发展的重要性的认识，以及对政府承担科技发展规划与管理的角色定位达成了共识。《科学技术基本法》的制定，标志着日本确立了科学技术立国的基本方针，科学技术被定位为国家长期发展重点战略。

三、科技政策的实施内容与动态

（一）《科学技术基本法》的主要内容

日本《科学技术基本法》分为五章，共19条。主要内容总结如下：

（1）促进科学技术的发展（包括提高研究人员创造力，平衡基础研究与应用研究；推动自然科学与人文科学的和谐发展以及对大学的科研项目等给予支持）。

（2）明确中央和地方政府在促进科学技术方面的责任。

（3）中央和地方政府有责任全面规划和促进科学技术的发展。日本政府定期编制《科学技术基本计划》来全面系统地促进科学技术的发展。

（4）政府应采取措施均衡推进各项研究开发；确保研究人员等的需求得到满足；完善研究设施和设备；推进与研究开发有关的信息化；促进研究交流等。

（5）伴随着 1995 年《科学技术基本法》的正式通过，日本政府于 1996 年制定了五年一期的《科学技术基本计划》，开始实施长期、系统、连贯的科技政策。到目前为止，《科学技术基本计划》已经实施完成了五期计划。

（二）《科学技术基本计划》的内容与实施

《科学技术基本计划》是以《科学技术基本法》为基础，由政府主导，以五年为一期来制订的规划。日本内阁根据基本法的条文，就制订“基本计划”咨询科学技术会议并获得通过。自 1996 年以后，《科学技术基本计划》每五年分五期制订并实施，各期的主要内容概要如表 14-1 所示。

表 14-1　日本《科学技术基本计划》概要

《科学技术基本计划》					《科学技术创新基本计划》
第一期《科学技术基本计划》	第二期《科学技术基本计划》	第三期《科学技术基本计划》	第四期《科学技术基本计划》	第五期《科学技术基本计划》	第六期《科学技术创新基本计划》
1996—2000 年	2001—2005 年	2006—2010 年	2011—2015 年	2016—2020 年	2021—2025 年
■政府研发投资的扩充 ■博士万人计划 ■科研评价体系的实施等	■基础研究的推进 ■重点领域的设定 ■科学技术体系改革 ■成倍增加竞争科研经费 ■强化产学研合作	■科学技术创新一体化 ■从研究领域的重点化到课题达成型的重点化 ■强化基础研究与人才育成	■未来产业创造与社会变革 ■智能化社会的实现 ■积极应对经济社会课题 ■基础研究力的强化	■制造业为核心 ■创造新价值和新服务 ■强化科技创新的基础学科实力 ■构建人才、知识和资金的良性循环体系	■链接未来形象＋实现社会 5.0 ■颠覆性创新影响经济和社会 ■强调以人为本、可持续性、多样性、包容性

1. 第一期《科学技术基本计划》（1996—2000 年）

在 1996 年制订的第一期《科学技术基本计划》中制定了 1996—2000 五年科技政策，明确了政府研究开发等资金分配制度，扩大了竞争性资金的占比。把“博士万人计划”等有关振兴科技发展的制度作为政策方针。第一期政策强调要在振兴基础科学研究的同时推进重要领域的应用型研究开发。关于研发体制的改革，提出考虑教师合同聘用制度、严格筛选竞争性科研经费等内容。此外，基本计划还提出实施严格的科研评审、政府要制定关于评审方式的指导大纲等内容。

2. 第二期和第三期《科学技术基本计划》（2001—2010 年）

2001 年制订的第二期《科学技术基本计划》中，日本政府设立的目标更为前沿与长远，除了强调竞争性环境的整顿和竞争性资金的倍增计划外，还强调了产学官联合机制的改革、科学技术的伦理和社会责任等内容。为了实现这些目标、更好地革新体制，日本政府不但成立了主管科研的机构，还对中央多个行政机构进行改革。

2001 年 1 月，日本中央行政机构重组，科学技术厅归入文部省，变成文部科学省。1959 年成立的总理大臣咨询机构原科学技术会议变为综合科学技术会议（CSTP），2014 年 5 月改组为综合科学技术创新会议（CSTI），科学技术政策制定的职责由内阁府接管，综合科学技术会议定位为内阁府的“重要政策智库”，发挥策划制定和综合调整科学技术政策的功能。

2006 年提出的第三期《科学技术基本计划》中，提出“新成长战略”，实现研究开发内容与研究领域重点化。在综合科学技术会议上，针对制度阻碍等问题，提出了66个改革事项，制定了6个大目标和12个中目标，通过制定具体目标，进一步明确了国家发展方向与科技政策的关系。为了实现这些目标，会议提出应改变人才培养的范围，第一次强调了在研究中男女共同参与的重要性，积极鼓励录用女性研究者。另外，在计划中还提出了“今后50年拿30个诺贝尔奖”的“目标”，引发热议与争论。2002年秋，日本人首次连续3年获得诺贝尔奖，并同时获得了物理学奖和化学奖。

3. 第四期《科学技术基本计划》（2011—2015年）

2011年提出第四期《科学技术基本计划》。这是日本面临诸多变化与考验的一年，2011年3月，东日本大地震发生，东京电力福岛第一核电站发生事故。在国内政治上，日本国内政权交替复杂多变。2009年在日本国会众议院选举中，日本民主党历史性战胜了日本自民党，实现了政权更迭。第四期《科学技术基本计划》本来预定在2010年度内制订，但是，由于受到东日本大地震的影响，综合科学技术会议大幅度修改了计划内容。为了恢复国民对科学技术的信赖，国家出台一系列政策，包括风险管理和危机管理在内，致力于日本灾后重建和发展。除了制定相关的科技政策，还包括相关的创新政策，作为“科技创新政策”来统筹推进。另外，作为其重要的公共政策之一，科技政策由文部科学省领导各部门来推动实施。

4. 第五期《科学技术基本计划》（2016—2020年）

2016年开始的第五期《科学技术基本计划》提出了实现世界领先的超智能社会（Society 5.0）的目标与计划，并设立了综合科学技术创新会议（CSTI）委员会。第五期计划中，日本政府认识到，由于信息和通信技术及其他技术的进步，社会和经济结构每天都在发生巨大的变化，国内和国际问题越来越复杂，能源紧张、出生率下降、人口老龄化、地区资源枯竭、自然灾害、安全环境变化、全球变暖等问题日趋严重。日本提出的智能化社会不仅局限于制造业领域，还包括能源、食品、医疗、区域、基础设施、防灾减灾、气候变化等社会多个领域。

21世纪以来，日本的诺贝尔奖获得者（自然科学领域）数量位居世界第二，累计有27位诺贝尔奖获得者，这证明了科学技术在日本的巨大影响力。但近年来政府研发投资的增长处于停滞状态，国际研究网络的建立也有所延迟，年轻科研工作者缺乏机会，产学合作还没有达到全面融合，文献的质量和数量在国际上的影响力有所下降。在这种情况下，日本政府提出有必要通过科学技术的创新来应对各类社会挑战。

2020年度是第五期基本计划的最后一年，2020年度制订的《科学技术和创新基本计划》是首次在《科学技术基本法》修改为《科学技术创新基本法》后制订的国家新的中期计划。新的中期计划要求实现智能化社会弥补日本社会结构改革的严重滞后，并从根本上改善社会福利（human well-being）。

5. 第六期《科学技术创新基本计划》（2021—2025年）

在2020年的第201届国会上，日本政府时隔25年通过了《科学技术基本法》修改法案，新法案更名为《科学技术创新基本法》。新法案提出政府除了应每年制定综合战略外，还首次提出了为每期的基本计划设定目标和主要指标。目标是指按照基本计划应该实现的国家整体发展情况，包括增加大学年轻教师人数、增加高质量论文发表的数量等，新法案共设定了八项内容。第六期科学技术创新基本计划是在日本时隔25年重修《科学技术基本法》的背景下设立的，其根本关注点在于日本在信息化社会变革中的迟缓态势。由于新冠疫情的全球性蔓延，日本在进行大规模防疫管控中暴露出了数字化迟缓等问题，因此需要配合超智能社会进行社会改革，而“创新”的概念需要升华为创造新价值和改变社会系统本身。

（三）以“创新”为焦点的变革——《科学技术基本法》变为《科学技术创新基本法》

时隔25年，日本政府通过了《科学技术基本法》修改法案，将法案更名为《科学技术创新基本法》。这次法案的修改，可以说是突出了以“创新”为焦点。熊彼特最初在创新经济学概念中使用“创新”一词兼具了“新商品的创造”“新生产方法的引进”“开拓新市场”“新获得的资源”“实现新组织”等五个方面的意义。新法案中“创新”概念是指创造出新的价值，旨在通过创造出新的价值来创造经济社会的巨大变化。《科学技术创新基本法》强调了创新不仅仅局限于科学技术这一要素。

变革后的法案的名称改为《科学技术创新基本法》，第六期计划改为《科学技术创新基本计划》。由此，自上而下的创新推进体制已经被建立。如图14-1所示，本次法律修订旨在显著提升科学技术水平和创新创造活力，推动经济社会发展。

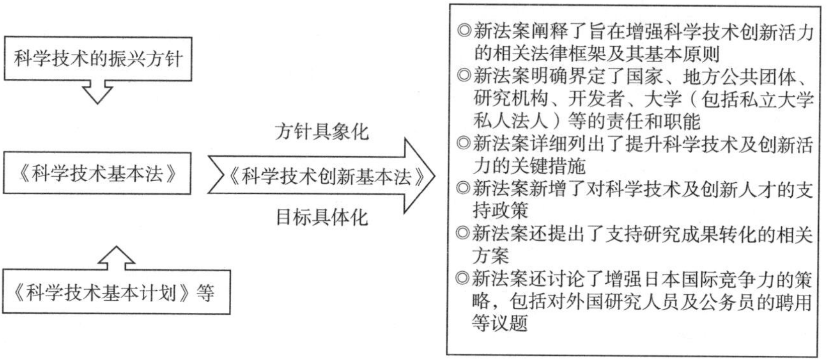

图 14-1　日本科学技术创新基本法变革内容概要

相较于之前的《科学技术基本法》只注重科学和技术研发等内容，《科学技术创新基本法》修订后增加了关于人文和社会科学的内容。综合科学技术创新会议认识到，为了全面了解人类和社会的各个方面，人文学科的知识是不可或缺的。人文学科有望在认识社会问题，设定和提出需要解决的问题，创造价值，以及处理伦理、法律和社会问题方面发挥重要作用。

四、《科学技术基本法》实施后的效果考察

（一）政府财政持续支出与基本规划

经历了 80 年代 90 年代的高速发展期与日美贸易摩擦期后，日本在世界范围内的研究优势有走向衰弱的趋势。日本发表的世界关注度高的论文数量占比大幅下降。这一方面是因为注重基础研究的环境和支持长期积累学术底蕴的环境正在弱化，另一方面是因为政府无法持续大幅度提高科研经费投入。

日本调查政府的研发投入资金有两种方法：一种为在研发支出使用的部门进行调查，核算政府的份额；另一种是从政府的支出中考察研发的支出。关于日本政府的研发投入资金，本章依据内阁府、产经财务省、文部科学省等公开数据分析，也能从中发现一些规律。如表 14-2 所示，财政预算设定为第 1 期 17 万亿日元，第 2 期 24 万亿日元，第 3 和第 4 期均为 25 万亿日元，第 5 期 26 万亿日元，但自 2000 年以来，日本在研发领域的实际投资额较 20 世纪 90 年代有所下降。

表 14-2 日本六期科学技术预算的变化

时期	第一期 1996—2000 年	第二期 2001—2005 年	第三期 2006—2010 年	第四期 2011—2015 年	第五期 2016—2020 年	第六期 2021—2025 年
基本计划的投资规模	17 万亿日元	24 万亿日元	25 万亿日元	25 万亿日元	26 万亿日元	30 万亿日元
实际预算额（最新数据统计截至 2019 年）	17.6 万亿日元（实际预算额）	21.1 万亿日元（实际预算额）	21.7 万亿日元（实际预算额）	22.9 万亿日元（实际预算额）	26.1 万亿日元（未完全统计预算额）	4.1 万亿日元（未完全统计预算额）

第一期《科学技术基本计划》，1996—2000 年的五年预算额度是 17 万亿日元。然而，在取得博士万人计划成果的同时，研究设施的扩建和更新以及产学合作等进程方面还存在许多问题。第二期《科学技术基本计划》，2001—2005 年的预算被提高到 24 万亿日元，目的是为确保日本的科技成果保持在世界一流水平。为保证科学研究成果，为了有效利用预算，日本政府选择集

中加强战略性布局，将重点放在与需求相适应的研究和开发上。日本政府已经开始有意识地对投入科研经费的分类进行规划与管理。

从图 14-2[14] 主要国家的政府研发支出份额趋势来看，法国是主要国家中政府研发支出额度占比最大的国家。如图中 2017 年数据所示：法国政府研发支出占比 34.8%，居第一位；其次是德国，政府研发支出占 28.5%；第三为英国，政府研发支出占 26.3%；日本政府的研发支出占比仅为 17.2%。日本政府研发支出几乎在图中所列整个时期都是七个国家中最低的。

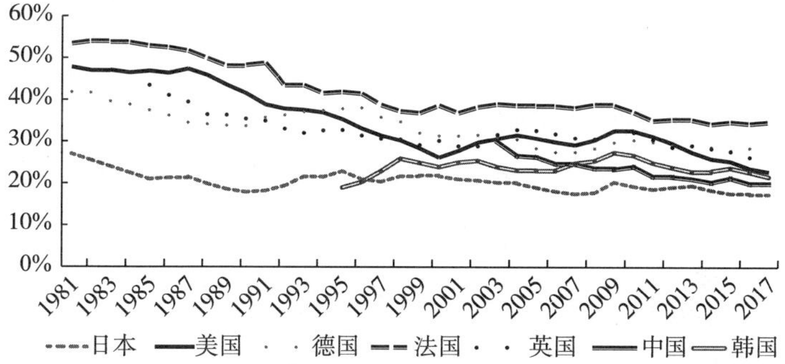

图 14-2　主要国家政府研发支出份额的变化趋势

如图 14-3 日本政府资助的研发支出的细分趋势所示，日本大学和公共机构占了研发支出的很大份额，大约一半的支出用于大学。自 2000 年左右，大学的支出一直在小幅增长。

从不同维度的各国对比数据来看，日本在《科学技术基本法》以及科学技术基本计划实施以来，在财政支出方面并没有大幅度的增减，基本保持匀速增长，在后续科研投入支出方面显现

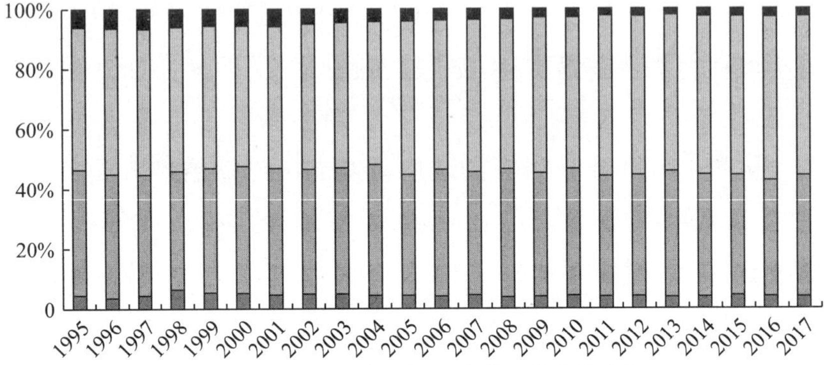

图 14-3　日本政府资助的研发支出的细分趋势

了持续力不足等态势。但是，在研发经费投入细分方面，日本仍是倾向以大学为主，尤其对国立公立大学进行支持，可见日本政府的科技政策的倾斜与侧重方向。

如图 14-4[15] 所示，相比较日本，中国政府现更倾向于政府研究机构等公共机构的科研投入，由于政府给高校的研发经费投入比例过低，中国高校的科研经费出现了严重短缺。[16]

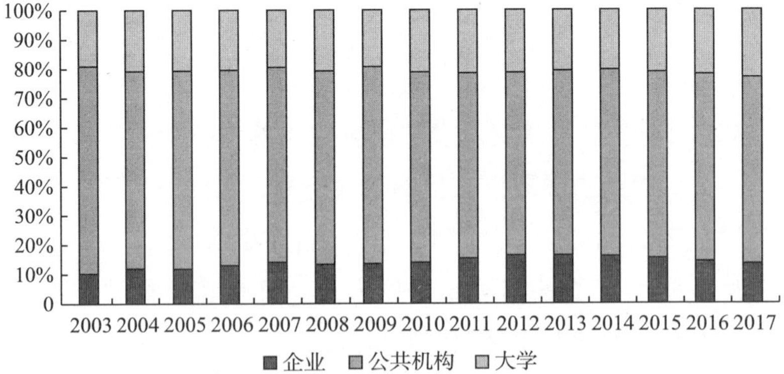

图 14-4　中国政府资助的研发支出的细分趋势

过去几十年，日本财政对科技创新的持续支持得益于基本法与基本规划。近期日本政府也意识到科研投入增长不明显的现状，在2021年新制订的第六期计划中提出，在未来五年中，政府的研究开发投资总额为30兆日元，政府和民间合计的研究开发投资总额达到120兆日元，目标值比过去有了明显增加。

（二）科研经费分配更加重视基础和多元

1. 重视基础研究的重要性

日本综合科学技术创新会议反复强调重视基础研究的重要性。例如日本综合科学技术创新会议在第五期科学技术基本计划中指出：日本20年、30年后的社会，有可能发生远超过基于“现在”的预测与变化。为了迅速、恰当地应对难以预测的变化，在广泛的领域中进行多元化的基础研究是不可缺少的。从过去五期的基本计划中可以发现，日本对基础研究的科研支持呈现逐步上升的趋势。

2. 强调学术的多样性和综合性

日本综合科学技术创新会议认为：科学领域多样化和研究者兴趣的多样化是学术的基本特征，因此，不能过分诱导研究者的内容朝一个统一的方向发展。只有积累了多种学术基础，才能有效地解决多样化的挑战。而且，自然科学和人文社会科学联合起来，形成综合性的知识基础也至关重要。

3. 平衡投资

为了充实基础研究以及实现学术研究的多样性和综合性，基础型研究资金和竞争型研究资金的投资平衡很重要。很多研究者认为，过去日本科研过度的“选择和集中”的投资方式导致了日本研究力的下降。为了确保日本学术的可持续发展，需要各种均衡的资金分配，于是在科研经费申报中重新界定出研究类型与资助类型（见表 14-3）。

表 14-3　财政支持研究类型概要

种类	内容
综合研究 A	由不同研究机构所属的多个研究人员共同合作，在紧密联系下进行具体研究，支援期间为三年以内。
综合研究 B	不同的研究机构所属的多个研究人员进行共同研究，包括研究计划等的企划调查研究，支援期间为一年。
一般研究 A · B · C	由研究人员一个人进行的研究或者同一研究机构所属的多个研究人员共同进行的研究，是为了使有特色的研究得到更进一步的发展（A）四年内 1000 万日元以上 5000 万日元以下；（B）三年内 300 万日元以上 1000 万日元以下；（C）三年内 300 万日元以下。
实验研究 A · B	同一个研究课题是由多人共同进行的研究。在一定的基础上累积研究成果，通过进一步研究发展，使研究成果有效进行成果转化。实验型和应用型研究，支援期间为三年以内。

主要项目的分类及平均分配额度情况如表 14-4[17] 所示，可见日本政府在科研经费的支出方面，更加重视基础研究和多元化研究。在政府财政无法大幅度增加科研经费的形势下，以重视基础研究，强调学术的多样性、综合性和平衡投资的方法来科学系统地分配经费支出，使日本的科技稳定发展，并保持在世界科技发展的前列。

表 14-4　政府支持科研项目中各类课题的平均分配额（直接经费）（单位：千日元）

变量	2011	2013	2015	2017	2019
特别推进研究	90147	126053	102514	106762	93583
新领域学术研究（研究领域提案型）	5650	5866	6687	6509	6402
基础研究（S）	37581	41853	37886	41274	38454
基础研究（A）	13235	12545	11509	11254	11763
基础研究（B）	5667	5311	4958	5041	5068
基础研究（C）	1618	1449	1367	1303	1210
挑战类萌芽研究	1553	1515	1424	—	—
挑战类研究（开拓）	—	—	—	6850	6968
挑战类研究（萌芽）	—	—	—	2377	2337
青年研究（A）	8408	7753	7300	7570	—
青年研究（B）	1532	1382	1320	1360	—
青年研究	—	—	—	—	1294
研究活动启动支援	1173	1043	1074	1033	1011
国际共同强化研究（B）	—	—	—	—	2678

五、《科学技术基本法》对日本的影响

《科学技术基本法》的设立确立了日本科学技术创新体系的法律地位，这是日本科学技术政策本质上的变化，影响深远，促进了日本“科技立国”战略目标的实现。

第一，《科学技术基本法》使日本科技创新政策体系变得有法可依。无论是科学技术会议，还是综合科学技术会议，抑或后

期重组的综合科学技术创新会议，这些依法成立的最高科技政策咨询机构使得日本的科技政策和体制机制变得更加稳定可持续。2001年后，日本中央政府各部委改组，依法成立文部科学省，促进科技立国战略的顺利实施。政府还依法推动建立专门的科学技术政策研究单位——国家科技政策研究所，促进国家科技政策制定过程中的科学规范。

《科学技术基本法》成为日本科技创新治理体系的重要组成部分，科技政策与科技法律相互呼应，最大限度发挥了科技政策与法律在引导国家科技创新中的作用，这种做法非常值得借鉴。

第二，国家科技创新政策变得相对独立。法案出台之前，日本的科学技术政策往往依附于产业政策、贸易政策或者文教政策，而《科学技术基本法》的确立表示科学技术政策成为日本政府“最重要的政策课题之一”，变得相对独立，它已经不再从属于任何其他政策了。

第三，从法律上保证了政府在基础科学上的稳定投入和对科研人员的稳定支持，其中包括博士万人计划、对青年与女性科研工作者的支持等。日本政府把这些政策从法律角度予以规范化、常态化，使得日本科技更加平稳有序地发展。从20世纪90年代开始，由于日美贸易摩擦等原因，日本经济陷入冰冻期，日本政府财政收入的波动影响了财政资金的投入，对科技创新发展产生了一些影响，最直观的影响是日本政府无法加大科研经费的支出，但日本政府依据《科学技术基本法》与科学技术基本规划，在基础研究投资与科学投资、人才支持等方面基本上使日本的科技发展保持了稳定状态。

尤其是90年代以后，日本在经济上陷入停滞，但是日本在基础研究投资与人才投资方面基本上保持稳定，做到这一点是不容易的。

第四，《科学技术基本法》加强了日本朝野科学立国、技术立国的意识，促进了良好的科研创新生态体系的建立。法律保证了日本在公立大学和基础研究领域的稳定投入，使得基础领域的科学家能够安心搞科研。目前，基础研究占全社会研发经费的比例，日本基本上与美英法等发达国家水平一致，而中国的这一比例相对较低。立法保证的宽裕的基础研究经费促进了日本基础研究的健康发展。

过去几十年，日本在基础科学和关键核心技术领域的进步明显，这与日本通过立法和科技计划逐步加大基础研究的投入有密切关系，尤其是，日本近年诺奖“井喷”的现象与《科学技术基本法》的设立不无关系。

第四部分

科技创新中的伦理治理问题

第十五章

人工智能算法透明度及治理问题

一、引言

与人工智能有关的各种技术已经被广泛用于辅助决策的过程中，成为影响个人做出决定甚至政府治理的有效工具。鉴于人工智能在决策体系中快速普及，以及它对人类的生活产生愈发重大的影响，人们有必要讨论使用人工智能赋能国家治理的问题。

人工智能赋能国家治理包含两个方面，一个是利用新技术增强国家治理能力，另一个是规范、监督新技术及其应用。[1]对于利用人工智能这一方面，各国抢占、部署人工智能的应用和效果都是有目共睹的。近年来，不少国家也意识到了规范、监管人工智能的重要性，并颁布了一系列相关文件。例如中国推出了《新一代人工智能伦理规范》(2021)、《人工智能伦理治理标准化指南》(2023)；美国制定了《2022年算法责任法案》(Algorithmic Accountability Act of 2022)(2022)；欧盟也提出了《人工智能法案》(Artificial Intelligence Act)(2021)等。但是在落实相关政策法规的方面，仍不能说做到了尽善尽美。一方面，人们使用算法的情境复杂，已有机构利用算法辅助人类治病，[2]评估贷款的风险，[3]甚至让算法执行自动驾驶的任务，[4]随着算法应用范围的深入或扩大容易出现监管文件没有明确指出的情况；另一方面，监管算法的前提是理解愈发复杂的算法，但性能越好的算法，它的推理过程的透明度往往越低，这也影响了相关政策法规的落实。实际上，人们不论是想要建立对算法的信任从而更好地使用算法，还是怀疑算法的性能而要求监督算法的运作，都需要在理解的基础上才能有进一步的行动。因此提升算法的透明度也一直是人们对人工智能的主要要求之一。

本章关注人工智能治理中的算法不透明问题，讨论算法不透明的成因和难点。本章认为"可解释"和"易理解"是透明度的两个维度，虽然算法短时间内很难在保持性能的同时达到人人都易于理解的水平，但是算法可以通过人类的帮助让自己成为可以被解释的算法。这种方式也就是找到算法的代言人，将"人－机"之间的解释问题转化成"人－人"之间的解释问题。这种方式能让算法代言人为其他人提供人性化的解释，给出算法做出特定判断的理由，还可以优化公民对人工智能决策的理解，提升人工智能辅助治理的效率。

接下来，本章将拆解人们对理解算法的不同要求，指出算法透明度应该要满足监管者以及普通人的需要，从而确定本章应对方案的出发点。接着分析导致算法不透明的缘由，明确本章应对方案需要处理的问题。最后在此基础上，提出算法代言人方案，并分析这一方案的优缺点。

二、关于理解算法的多元需求

人们在设计人工智能的原则和指导方针时，透明度、正义和公平、非恶意、责任、隐私这五项道德原则是全球的共识。[5]本章认为，考虑后四项原则的前提是理解算法，也就是关注算法的透明度，理解了算法才能更好地讨论算法的效果和伦理影响。同时，理解算法也有利于人们审查算法的决策、评估决策的效果、追寻可能发生的责任。

然而理解算法其实是一个宽泛的说法，在人工智能的不同应用领域，人们对算法透明度的需求是不同的。在军事、医疗等安全风险高、影响大的领域，人们迫切地需要理解算法输出的理由，以免出现因为算法失误而造成的伤亡。例如，人们向人工智能求医问药时会要求更高的透明度，希望算法提供的用药清单是有依据的。然而，在风险低的应用领域，算法的透明度高可能只是一个同等条件下的优先选项。例如，利用人工智能来查询未来一周天气时，大部分人并不在意人工智能是怎么做到的。如果人工智能设备能提供气象图等依据供人参考，则会提升自身的可靠性。但是，对透明度的要求和应用领域的风险程度并不是简单的线性关系。即便是风险程度高的医疗领域，有些患者也可能会遵循复杂算法提供的方案，放弃揭开“算法黑箱”，就像有的患者愿意尝试副作用不明的新药来替代保守疗法。那么在不同情况下人们需要何种程度的算法透明度，如何兼顾算法透明度和算法的性能等就成为了亟待讨论的问题。有关这些问题的讨论也被归入

“可解释的人工智能”（explainable artificial intelligence，XAI）这一领域中。自2016年起，可解释的人工智能逐渐成为人工智能研究的热点。[6]

此外，因为人工智能从设计到应用涉及不同的主体，理解算法也可以从不同的主体生发出不同的要求。如何让算法的开发者更好地了解算法内在的权重，如何让监督算法的团队快速判断算法的可靠程度，如何让用户信任算法是同一个问题的不同方面。对于人工智能的开发者来说，理解算法意味着开发者能讲清算法的训练过程和产生输出数据的原理。对于算法的测试者、监管者来说，理解算法意味着能够通过测试数据是否满足指标来判断模型的有效性和可靠性。对于算法的终端用户来说，理解算法就是要在不要求专业知识的情况下，获得算法得出特定输出的理由，从而建立对算法的信任。“决策树”（decision tree）就是一种让算法变得易于理解的方式。它通过仿造树根的样式，可视化算法的每一步决策，但只适用于简单的算法。当前，人们常用的人工智能算法更加复杂，很难用较短的决策树来展现全部的决策过程，所以人们需要寻找其他方式来理解算法。

对于设计人工智能算法和检测算法的人来说，理解算法可能并没有那么困难。有些机构还可能因为商业竞争等原因，故意让算法对开发者以外的人群保持不透明的状态。但是要让人工智能技术更好地服务于大众，算法的开发者应该让算法容易被监管人员、普通用户所理解，进而让大众信任算法、主动使用算法，让算法广泛参与到社会治理当中。

三、算法不透明的三种缘由

人工智能设计中的不透明主要体现为算法的不透明。本章认为，算法不透明至少有如下三种缘由：算法本身、训练数据、人为参与。其中，由于算法本身的复杂性而带来的不透明是最主要的原因。

首先，在目前应用的人工智能技术中，“机器学习”或者更确切地说“机器学习”中的“深度学习”是使用得最多的一类算法。“深度学习”也是造成算法不透明的主要原因。“机器学习”在传统上指的是“使计算机能够在不明确编程的情况下学习的研究领域”[7]，也就是让计算机从样本数据中学习解释原则，并让计算机把学到的解释原则应用到新的数据上来做出决策。“深度学习”是机器学习的一种类型，它使用的架构有很多种，当下比较流行的是“深度神经网络”（deep neural networks，DNNs）。它包括多个基于神经网络的机器学习技术，是传统神经网络的进化版本，其中最具前途的是“深度卷积神经网络”（deep convolutional neural networks，DCNNs）。“神经网络”指的是模拟人类大脑或者说神经元处理信息的方式。“深度”指的是在输入和输出之间存在可以高达几百个的隐藏层。根据处理任务的不同，每一个隐藏层会赋予输入的数据不同的权重，数据在经过大量隐藏层时就会产生不同的转变。每一层中的神经元是不同种类的节点，它们发挥着不同的功能，而且并不是每个处于低层的节点都与下一个隐藏层连接。[8]人们即使了解了相关权重，也很难理解整个系统。何况这些权重还是由机器自己通过深度学习固定下来的，之后还可能会经过多位算法开发者的修改。因此人们只能尝试从输出的数据来猜测算法是否运作良好。但是，由于深度神经网络的层数众多，人们常常很难通过回溯产生的输出数据来解释清楚机器的内在模型，也就无法讲清算法产生特定结论的内在规则是什么。因而常见的评价是把算法称为“黑箱”，认为算法不够透明或者难以被人们解释清楚，人们因此不易对算法所做的决定产生信任。

其次，人们训练算法使用的数据可能是有瑕疵、有误差的，由此训练出来的机器可能也会在算法的操作规则、设计结构上存在不易察觉的永久性问题。例如，假设算法设计者使用了大量白人男性的图片来训练算法模型。当这一算法被用于实际生活中来识别人脸时，则有可能难以准确识别女性或者其他族裔。如果人们没有发现这些来自自身或者社会的偏见而导致的数据失衡，即使人们可以完全回溯算法的决策过程，也很难察觉到这些蕴含在训练数据中的认知偏差。尤其是当前训练算法使用的数据可能非常庞大，一些法律限制也让算法可以接触的数据质量参差不齐，人们更难判断训练数据是否平衡，是否具有代表性。以 ChatGPT 为代表的生成式人工智能，它的训练数据来源于互联网上的公开信息。这些数据不仅数量巨大，而且可能继承了生产数据的人类所隐含的偏见，需要花费大量的人力物力才可能被一一检视。然而，如果减少训练数据，则极有可能会影响算法的有效性，降低算法为人类提供决策辅助的能力，增加使用该算法的人类做出误判的风险。

再次，当算法决策加入人为因素时，也容易增加其中的不透明度。一方面，搭建算法可能需要多个团队的配合，人员的专业性和流动性使得很难有一个人理解了整个算法，即使是算法的总设计师也很难说清楚算法的全貌。一些公司还会故意隐藏算法决策的过程使自身在商业竞争中获胜。例如，商业公司在给用户推荐产品时，会运用算法来计算用户点击产品链接的概率，这种算法往往是公司机密。人们常常抱怨手机可能在监听自己的日常谈话来实现精准推送广告，但其实精准投放广告不一定要通过高成本的监听，而可以从用户的浏览历史、用户好友的爱好中，用公司的“独门”算法推测出来。保证这种算法的不透明，能让公司免于因员工泄密或被竞争对手抄袭导致的危险。另一方面，有些算法的最终决策来源于人机互动，两者互动方式的差异也可能造成结果的差异，从而增加算法的不透明度。例如，以 ChatGPT 为代表的一类产品，需要人类给出指令来产生输出。由于人类可以就同一个问题用不同的方式提问，这类产品给出的回答也可能存在不同。目前已有网友发现向 GPT-4 提问时，是否承诺给它小费会影响 GPT-4 的输出。对于大部分人来说，在不了解算法所接受的指令的前提下，人机互动产生的结果很可能是难以解释的。

四、算法代言人：理解算法的一种思路

当前，支持人工智能运转的算法愈发复杂，越来越少的人可以完整地理解算法的运作。但是算法真的是无法理解的“黑箱”吗？如果暂时无法处理造成黑箱的技术因素和人为因素，那么是

否能绕开黑箱问题，提出一种解释算法的方案呢？

在回答上述问题之前，本章认为人们需要再次评估“算法黑箱”带来的困难。首先，“算法黑箱”并没有那么可怕，复杂但不透明的算法并不是完全不被接受的。这是因为算法的性能和透明度之间存在一种平衡。一般来说，越复杂的算法越有效。但未必所有人都愿意以降低算法的性能来换取“黑箱”的透明度。例如，大部分人会希望算法能精确预测当日降雨概率，而不会在意算法是怎么做到的。其次，有学者认为这种批评本身是不清晰的，[8]因为算法需要提供什么样的可解释性，谁需要算法提供解释，为什么要提供解释，如何判断是否成功提供了解释等，这些问题都没有被明确回答。如果不能提供清晰的问题，回答也就无的放矢。再次，这种批评也是不公平的，因为人类做决定的时候也是不透明的，[9]人们为何将人类都达不到的标准来要求机器。虽然深度学习和它的前身联结主义，都让算法模仿人类的神经活动，这类算法模型也经常被拿来和人类智能进行比较，但是人们要意识到，人类的认知过程有时很难用自然语言描述清楚。比如“直觉”“第六感”“语感”等，这些模糊的词语一般也会被他人认可是一种解释，而不会再追问背后的逻辑过程。这很可能是因为做解释的人与听解释的人之间共享一套背景知识和解释问题的基本框架。人们可以自己解释自己的行为，而其他人可以判断这种自我解释是否合理。人们进行自我解释时，也可以采用多种方式，而不一定要展示行为背后的因果链条。这种人性化的方式也更利于让自己的决定被他人理解。

如果人们不将人类都无法满足的标准加诸算法之上，那么算法其实可以从两个方向来提供输出数据的理由。一个方向是算法可以做到自解释，另一个方向是通过其他途径解释算法。本章将这两种方式称为算法的“易理解性”（interpretability）和“可解释性”（explainability）。“易理解性”要求的是算法本身容易被用户理解，是算法自己对自己的解释，对用户的知识储备要求不高。“易理解性”的目标是让算法“黑箱”变成“白箱”。比如决策树、三段论是比较容易被理解的。“可解释性”则是一种面向人类使用者的要求，要求一部分人可以作为代言人将算法解释给其他听众，解释为什么算法是这样运作的。

然而，当前解决黑箱问题的技术方案，或多或少都面临着一些困难。按照算法可解释性的范围，可以将解决方案粗略地分为两种。一种是全局解释，旨在让人理解模型的整体运行情况。这种进路对于简单的算法来说是可能的，但以目前常用算法的复杂程度来说，全局可解释性在实践中很难实现。[10]盲目降低算法的复杂度，也会影响算法的性能。另一种进路是提升局部可解释性，即不关注模型整体，只解释特定的输入输出。例如通过训练局部代理（LIME）模型来解释目标算法的单个预测。[11]然而，这一模型也有不稳定等缺点。[12]因此，人们很难让算法变成“易理解的”，更合适的方法是从“可解释性”入手，让人来解释算法。

人类在解释一件事时可以有多种方法，这种灵活性是人类相对于机器进行解释的优势。著名哲学家丹尼特（Dennis Dennett）曾提出行为得到解释的三个层面：物理的、设计的、意向的。[13]物理的方式指人们用物理或化学这样的基础科学来提供解释。设计的层面指人们用系统的运作机制来解释现象，而无须了解底层的科学原理，就像明白手机使用方式的人可以不了解驱动手机的物理化学反应。意向状态的解释方式则是用心理状态（如信念、欲望等）来提供解释，例如用某人不想入不敷出来解释某人不想每日都到高级餐厅吃饭。在不同的情境下，人可以选择用不同的方式来解释。本章认为，前两种方式偏向于讲述导致特定输出的因素，最后一种是最人性化的解释方式，是人们主观上有意识、有选择地提供的理由，最符合人们的日常习惯。然而对于算法的决策过程来说，算法的自解释很难采用最后一种方式。如果算法可以和人紧密配合，那么算法就拥有了解释自己的代言人。除了物理的、设计的方式，代言人也能在合适的时候选择用意向的方式来解释算法。例如，向 GPT-4 提问时承诺给它小费会让 GPT-4 输出更长、质量更高的回答。这个现象就可以类比人类对小费的欲望来解释。如果人们还要追问背后的理由，则可以用其他两种方式补充说明。

既然如此，理解算法的问题就转变成了如何为算法挑选代言人。这要求人们找到合适的理论依据，根据理论来论证所选中的代言人是可靠的，也就是说明被选择的这个人即使面对“算法黑箱”，也可以完成对算法的解释。本章认为，延展心灵（extended mind）理论可以为判断人机关系提供参考，人们可以根据这个理论找到与算法合作最为紧密的那个人。

延展心灵由克拉克（Andy Clark）和查尔莫斯（David Chalmers）提出，[14] 主张环境中的物体可以部分地构成人们的心灵，人们的心灵可以延展到世界当中。为了论证延展心灵，克拉克和查尔莫斯设想了一个信念影响行动的案例：英伽想要去博物馆看展览，她凭借自己的记忆回想起场馆的地址，并凭借这个信念到达了场馆。患有阿尔茨海默病的奥托也想要前往同一个博物馆，于是他查看了自己的随身笔记本上面记录的地址，获得了相似的信念，最终也到达了场馆。在这个例子中，正常人的生物记忆和笔记本上的条目发挥了相似的作用，都构成了人们的信念。人们没有理由只承认生物记忆的认知地位，而否认信念可以延展到笔记本上。人们应该以应有的平等来对待功能等效的过程，无论它们发生在颅骨内还是颅骨外。又因为心灵的重要特征是持有信念，如果信念延展到了颅骨之外，心灵也将随之延展到颅骨之外。

虽然延展心灵的支持者认为心灵可以突破颅骨的界限，延展到世界当中，但他们也不希望心灵在世界中随意地蔓延。于是他们提出了四个特点来限制外部环境，只有满足这四个特点的外在物体才能算作是与人类紧密耦合的（coupled），才能被称为心灵的一部分。这四个特点分别是：恒常性（constancy）、可获得性（availability）、自动采纳（automatic endorsement）和事先采纳（prior endorsement）。“恒常性”指的是外在物对于人类需要是一个恒常之物，可以经常被使用，没有它就完成不了既定的认知任务。“可获得性”指的是获得相关信息的方式并不困难，人们可以随时方便地获取相关信息。“自动采纳”指人们都会毫不犹豫地相信从外在物中获得的信息，这些信息对他们来说是可靠的、可信的。“事先采纳”指的是这些信息都曾在之前被人们有意识地认可并采纳。[15] 后来，克拉克将之概括为“黏合与信任”（glue and trust）条件，[16] 认为只有满足这些条件的信息才可被当作信念的一部分，不满足的只能被当作是供人使用的工具。

当人们寻找算法的代言人时，就可以参照“黏合与信任”条件，观察算法能否与此人构成一个耦合系统。如果算法对于人类只是一个暂时的工具，那此人还不能算是算法的代言人。例如，对于辅助医疗诊断的算法来说，它的代言人需要能与它保持稳定的联系，能够经常使用它，也就是保持“恒常性”。这个条件比较好满足，因为办公电脑和互联网已经比较普及，人们只要用电脑登录相关平台就可以使用这种算法。对于“可获得性”，辅助医疗诊断的算法是时刻准备着的，人们在需要算法的时候可以轻松地与算法进行交互，让算法精确识别病变部位。对于“自动采纳”，算法的代言人需要毫不犹豫地相信算法的判断，认为算法是可靠的、可信的，才能算作与算法处于同一个耦合系统。对辅助医疗诊断的算法保持极度怀疑的人，还称不上算法的代言人。“事先采纳”指的是这些信息都曾在之前被人们有意识地认可并采纳，这其实也要求代言人了解一定的医学知识，可以将图像表现和特定疾病关联起来。

综合这些考虑，熟练使用算法的医生可以作为辅助医疗诊断的算法的代言人。医生凭借与算法进行持续的交互，比其他人都理解算法的决策，也能根据病人的需要解释算法，以此满足知情同意的要求。医生对于算法的了解，就像是对自己的身体那样。人们即便不理解身体运转的生理、物理原因，也可以回答自己的身体正处于什么姿势、身体的健康状态如何。类似地，医生虽然可能不了解算法的权重分配，但可以判断算法运转是否正常，并对算法输出的数值进行解释，而且解释的方式还可以是因人而异的——因为病人面对的不是冰冷的机器，而是可以实时沟通的人类。同时，医生作为算法的代言人也可以对监管者解释算法的性能，展示算法在大量真实案例中的情况。算法决策的可信任程度和可问责程度都有比较直观的提升。

五、算法代言人方案的优势和不足

通过延展心灵理论，人们可以找到与算法紧密耦合的人类作为算法的代言人，通过代言人解释算法的输出。这个方案的优势首先是能根据解释对象的差异，灵活地选择解释方式。其次，算法代言人还可以成为一个明确的责任人，帮助处理算法出错时的责任归属问题。

对于第一个优势，算法代言人可以根据当下的听众和情境灵活地解释算法，这无疑提高了算法的可解释性。实际上，人们制造算法的目标不是为了理解人工智能，而是让人工智能更好地为人服务。可解释性不是人工智能的内在要求，而是一种与人有关的，由人对机器进行评价的工具性特征。因为解释算法的必要性通常只发生在人类的道德社会系统中，所以解释算法也应该参照人类的语境，用人性化的解释替代冗长的技术报告。在算法对人们影响不那么大的情况下，例如食谱设计、旅游规划方面，人们问为什么，并不是非要通过事后反推出算法运作的因果链条，而只是希望能听到简洁有效的理由，以便进行接下来的工作。这完全可以由算法代言人来完成。在算法对人们影响较大的时候，更需要代言人持续解释算法的运作和输出，以便回应人们的质疑，或者通过追加经验证据来展示算法的合理有效。

对于第二个优势，因为算法代言人可以通过解释算法，让算法提供的方案被其他人接受，间接帮助了算法对现实世界施加影响。所以，算法代言人也将承担起审核算法输出的责任，并成为事后追责的对象之一。毕竟算法代言人也需要为自己的解释负责，代言人在解释时如果发现了算法的不合理之处，也应当充当算法“防火墙”的角色，予以及时阻止、纠正。当前，人类已经研制出不少能够进行实时交互的人工智能，例如微软小冰、ChatGPT 等，它们能够对人们的提问给出各种看似合理的回答。但本章认为这类应用并不能取代人类作为算法的代言人，主要原因在于它们仍然难以共享人类的社群价值，一旦应用故障引发了问题，它们本身是否能承担责任仍然是不明确的。

将上述优势放到政策治理的语境中，人们还可以发现算法代言人方案带来的政策机遇。首先，算法代言人能够负责任地优化公众对人工智能决策的理解，提升人工智能辅助治理的效率。虽然当前被广泛应用的算法可以通过深度学习，形成人类难以理解的内部处理结构。但是算法代言人将“人－机”交互改变为“人－人”交互，绕开了算法决策中无法用自然语言表达的部分，让听众有更多的途径去理解算法。尤其是一些算法还可以通过双向交互，实时与代言人保持互动。这样代言人就可以及时反馈听众的疑惑，让算法动态调整输出的内容，这也有助于今后与算法进行更加顺畅的沟通。其次，算法代言人的存在，也让解释更加多样，每个听众都可以从代言人处得到个性化的解释。例如，以特定的语种、方言来表达解释内容；用特定的论证格式来表达决策过程等。当面对医疗算法的监管者时，代言人可以选择用数据报告的方式来解释算法的输出，用数据提升解释的可靠性；而面对不了解算法的普通用户时，代言人可以用类比已有事物的方式，生动形象地对算法的输出进行解释。算法代言人给出解释后，听众还拥有继续提问的空间。通过算法代言人和听众的交流，算法代言人也更有可能意会到听众的隐含需求，实现“精准解释”。

但是，算法代言人的方案也容易受到主观性过大的批评。就目前的情况来说，代言人给出的解释并不是复原算法决策的过程，而是基于代言人的理解做出的说明，这难免掺杂了代言人的偏好，不同代言人的解释水平也因此有所差异。好消息是人们可以通过延展心灵理论来评价算法代言人与算法之间的耦合程度，[17]可以通过听众的反馈来判断不同代言人的解释水准，还可以通过培训来提高算法代言人的相关素养。这样人们就可以在不同代言人中选出做得最好的那个。

另一个对算法代言人的反驳是认为机器并不分享人类的价值观，从而质疑算法代言人解释算法的可行性。众所周知，人们在制定算法时，无法把人类珍视的所有价值，以及这些价值在不同情境中的优先顺序编入其中，所以算法不一定完全分享人类的价值观。人类即使与算法紧密耦合，也可能无法解释清算法的价值取向，无法说明算法为什么把某个价值放在第一位。即便代言人提供了解释，这种解释也是值得怀疑的。但本章认为算法代言人可以与算法进行互动，这种互动保证了算法能向人类的价值观靠拢。一方面，算法可以通过来自人类的反馈数据，推测人类的价值取向，主动让未来产生的输出向人类的价值观靠拢；另一方面，算法与代言人的互动也让代言人有机会修正算法做出的判断，让算法价值观趋近人类价值观，并达成对算法的理解。

六、结论

人工智能技术可以作为提供决策建议的辅助工具，参与到人们生活的各个方面之中。人们在感叹技术带来的便捷和效率的同时，也愈发希望了解人工智能的决策过程，确保背后的算法是可解释的。这种对可解释性的要求，反映了人们对算法有误的担忧，以及对因此可能造成的不良后果的警惕。人们希望自己制造的科技是向善的，是服务于人类的。但就目前算法的复杂程度和人们的技术水平来说，暂时还无法做到让算法从“黑箱”变为“白箱”。因此，本章选择了一种绕过技术难题来对算法进行解释的方案。毕竟打开算法“黑箱”只是建立人机信任、完善技术治理的一个手段，而不是人们设计人工智能算法的最终目的。一味要求将“黑箱”变为“白箱”，也会限制算法的性能。

本章提出，根据延展心灵理论，与算法紧密耦合的人类对算法有如身体般的了解，可以成为算法的代言人，这为化解算法治理的不透明性提供了一种路径。这种方法的优势是可以借助算法代言人和听众共享的背景知识，并根据情境提供人性化的、负责任的解释，帮助人类和机器建立信任。这一优势体现在政策治理的语境中就是，算法代言人能够让解释更加多样，从而优化公众对人工智能决策的理解，提升人工智能辅助治理的效率。

简言之，鉴于人工智能技术的大量运用，算法对人类产生了不可忽视的影响。这种影响越大，理解算法就越有必要。算法代言人的提出可以回应人们对算法“黑箱”的担忧，也能够优化公众对人工智能决策的理解，是一个值得继续探索的方案。

第十六章

比较视野下科技伦理治理的“差序格局”与“错序格局”

一、引言

近些年来，由科技发展及应用所引发的伦理问题越来越引起人们关注，基因编辑、自动驾驶、人工智能等迅速发展的科技应用使得人们在憧憬未来生活的同时，也对人类增强、隐私保护、数字歧视等伦理问题不断产生忧虑。科技是发展的利器，也可能成为风险的源头。2022 年，我国颁布《关于加强科技伦理治理的意见》，形成了科技伦理治理的统一性框架安排；近期，《科技伦理审查办法（试行）》印发，在审查对象、审查主体、审查程序等方面进行了详细的规定，我国科技伦理审查事业进入新阶段。

科技时代的伦理区别于道德，更多地旨在规范受到新兴科技冲击下的人与技术、人与人之间的关系，面对重构深度科技化时代下社会秩序的重大任务，亟须构建高效的科技伦理治理体系。

随着学术界与政策界围绕科技伦理治理体系构建的理论与政策分析不断拓展，科技伦理治理体系之间的差异也成为政策比较与分析的主要对象，然而这些差异因何而起，呈现出什么样的特征，对于科技伦理治理又有着怎样的启示，是值得深入讨论的问题。

本章基于学者对现状的刻画与分析，旨在实现对于伦理治理体系之间差异的一种理论化归纳的努力，揭示当代科技伦理治理格局当中的重要现象，回应科技与社会复杂交织实践的理论关怀，以更好地指导制度与体系建设。

二、科技伦理治理：研究述评与问题提出

当前，随着科技伦理问题日益受到广泛关注，相关研究不断增长，大体来说可以分为两类：一类是以具体领域为对象的问题视阈研究，此类研究关注科技伦理凸显的科学与技术领域，跟随前沿科技进展，提出伦理认知与分析框架；另一类则是以应对策略为主题的治理范式研究，这一类研究具有较为明显的时序特征，以科技伦理治理的“应然”为主要关切。

（一）问题视阈研究：医学、生命科学与数字技术中的伦理治理

当前，以问题视阈为出发点的科技伦理治理相关研究主要集中在医学、生命科学、数字技术三个领域，诸多研究对于领域中的伦理问题及现状、伦理对策等进行了讨论。

医学伦理的相关研究与医学实践紧密相关，针对医学的伦理研究起步较早，可追溯到二战期间德国纳粹进行人体试验后引发的对于医学伦理的广泛讨论。战争结束后，如何对待纳粹战犯成

为全社会共同关注的话题。为了防止类似的暴行再次发生，国际社会制定了一系列的医学伦理文件，如《纽伦堡法典》《世界医学协会宣言》《赫尔辛基宣言》等，为医学研究和临床实践提供了伦理指导和约束。沿循这一历史，相应的学术研究也集中围绕着医学实践展开，包括围绕医学伦理原则——“尊重原则、不伤害原则、自主原则、公正原则”展开的阐释性研究，[1, 2] 以及针对相关医学伦理议题如医患关系[3, 4]、生命维持技术[5, 6]、器官移植、基因治疗[7] 等开展的讨论。

生命伦理领域于20世纪80年代逐渐形成建制化与专业化的学科领域，专门期刊数量不断增长，相应机构也陆续成立。邱仁宗曾将生命伦理研究内容主要分为理论层面、临床层面、人体受试者、公共卫生、政策层面、文化层面六个方面。[8] 与医学伦理相比，生命伦理的科技伦理治理更强调与公共政策实践的紧密结合。生命伦理治理的相关理论研究围绕生命哲学的经典议题回应:《生物医学伦理学原则》一书明确提出和阐释了后来影响极大的“四大原则”，即尊重自主原则（respect for autonomy）、不伤害原则（nonmaleficence）、有利原则（beneficence）和公正原则（justice）；[9] 然而同时也存在影响较大的其他原则性框架，如香农提出的“自主性原则”“不作恶原则”“仁慈原则”和“公正原则”；[10] 美国生命伦理学家恩格尔哈特（Engellaardt）则直接提出了“允许”原则的生命伦理观。[11] 同医学伦理治理相关研究类似，生命伦理治理也围绕临床研究中的生命伦理困境提出应对策略，如针对干细胞研究[12]、辅助生殖技术[13]、生物医学研究[14] 等的伦理政策与建议；而另一方面则重点关注到公共政策中的伦理嵌入，最为典型的体现是各个国家组建成立的生命伦理委员会，研究重点以介绍现状、分析经验为主：如美国生命伦理总统委员会[15]、英国纳菲尔德生命伦理理事会[16]等。此外，针对生命科学的前沿技术进展，诸多学者针对合成生物学的治理展开了系统研究，从设计特性[17]、生物安全[18]、伦理挑战等角度进行了全面的剖析。[19，20]

数字技术的伦理治理伴随着数字技术的巨大变革力量而愈加凸显，目前已有的研究大致有两类：一是从科技应用场景出发的归纳研究：对于大数据技术的应用所引发的数字身份[21]、隐私保护[22，23]、数据使用、信息可及[24]等问题[25，26]进行了讨论；对人工智能的普遍应用引发的机器换人[27]、公正决策[28]、算法歧视等伦理困境的探析；[29]以及对新兴前沿技术领域中潜在的伦理问题表现的探索，如元宇宙[30]、区块链[31]、数字医学[32]等；二是从数字维度本身出发的特征研究：数字技术应用正在形成一个虚拟的数字空间，从这一角度出发，相关研究关注数据与算法作为空间基础以及空间中主体间关系这二者的伦理特质，[33]具体考察了人的主体性缺失[34]及其与数据应用的分离[35]、虚拟现实交融的网络空间[36]以及起重要支撑作用的算法[37]等伦理表现。

（二）治理范式研究：从技术评估到负责任创新

20世纪60年代，科技伦理问题集中体现在环境污染防治、化学品监管等焦点领域中，一系列风险评估、风险管理的定性定量方法被研究出来以期对风险进行科学监管，成为针对科技伦理问题进行治理的早期开始。“技术评估”（technology assessment）以20世纪60年代凸显的环境污染、工程安全、权益保护为主要治理对象，强调以各类工具性手段如成本 - 收益分析等来评估“非预期”“间接”与“延迟”的结果；[38]“预防原则”（precaution principle）在 80 年代于德国的环境法律中出现，并在 1992 年通过《欧洲联盟条约》以立法的形式正式确立下来，此理念的运用也扩展至人类、动植物健康等领域，适用于“发现潜在危害但科学评估无法对此做出肯定结论时”的情况。

90 年代人类基因组计划的开展使得对于基因组数据的伦理保护问题成为关键。伴随着人类基因组计划项目的成立，同时“伦理、法律与社会影响（Ethical, Legal and Social Implication）”评估项目也一并作为平行课题引入，成为人类基因组专项研究计划之外的子项目，运用专项资源针对基因组研究可能产生的伦理议题进行评估与建议。

建构性技术评估（constructive technology assessment）、实时技术评估（real-time technology assessment）两种治理路径可被视为“预期治理”（anticipatory governance）的典型代表，在 2000 年左右被讨论。建构性技术评估可以被看作是“一种设计手段（包括工具）”，而在这种手段中，影响是可以预见的，用户和其他受到影响的社区一开始就以互动的方式参与进来，并包含社会学习的要素；[39]“实时技术评估”则是指“在科学技术研究的过程中，通过相应的机制来观察、讨论及影响那些嵌入创新当中的社会价值来塑造科技创新的走向”[40]，以嵌入知识创造过程本身的方式来影响科学知识的生产进而达成伦理治理的目标。

“负责任的研究与创新”（responsible research and innovation）成为近期最为令人关注的科技伦理治理框架，强调将更多要素纳入责任系统之中，更多地考虑人的权利，追求创新成果的绿色化、人性化与普惠化，通过对（科技）创新实践的管理，力求使创新在体现技术效能与经济效益的同时，为社会挑战提供“智慧型、可持续、包容性”的解决途径。其强调通过对人类应用科学技术的目的进行修正来达到“负责任”的效果，代表着“回溯式”责任转变为一种“前瞻式”责任。[41]

（三）研究不足与空白

尽管上述两类研究从现实问题出发抑或是从治理规范性出发刻画了当代科技伦理治理的重要议题，但在科技伦理治理的研究图谱中仍然缺乏比较视野下的概括性研究。与以往治理对象不同，科学技术在世界范围内具有“同一性”，但由于各个国家和地区的历史传统与社会结构不同，形成了不同的治理格局，而这一点尚未得到较好的分析与诠释。此外，在上述两个主要研究脉络中，都在一定程度上将科技伦理治理与当地社会的特定要素结合在一起，如涉及伦理委员会不同形态的讨论、数字时代下的数据伦理治理范式的地域特点等，但都未得到进一步展开。而比较视野下的科技伦理治理研究一方面可以回应这种治理体系与地方性因素的关联，另一方面则可以更加明晰制度生成的相应逻辑，以更好地指导伦理治理体系建设。

三、科技伦理治理的“差序格局”与“错序格局”

（一）“差序格局”：先行国家的科技伦理治理实践

欧美先行国家最早开展科技伦理治理的相关实践，并且受现实事件影响集中在 20 世纪 60 年代产生。尽管处在类似的发展阶段，具备接近的社会制度，但深入分析则发现，即使是在欧美国家之间，也存在不同的治理重点与风格。

在以美国和欧洲作为比较分析的视野下，面对同样的科技进步，美国更加关注科技竞争与维持创新活力，而欧洲国家则大多采取严格审慎的保守态度。在转基因食品的伦理争论当中，“实质等同”与“预防原则”代表了美国与欧盟两种迥异的态度，前者以“科学依据为导向”，后者以“社会反应为导向”；[42] 在合成生物学的伦理治理中，张慧等对比了欧洲与美国合成生物学在治理理念、监管模式、实践路径三方面的不同，指出欧盟以负责任创新为理念，形成了国家分散式监管模式，而美国则是以构筑防御体系为理念的多头监管模式。[43] 美国生命伦理研究总统委员会（Presidential Commission for the study of Bioethical Issues）针对第一个人造生命体“辛西娅”（Synthia）的诞生提出了“审慎警惕”（Prudent vigilance）原则，即“随着时间的推移仔细检测、识别和减轻潜在的和已存在的危害”；而欧盟则以“预防原则”为统领，相对保守地限制合成生物学技术的发展。在数据伦理的治理领域也同样如此：欧洲强调数据主权原则，制定了世界上最先进和最严格的数据保护法规——《通用数据保护条例》（GDPR），要求对跨境传输和处理个人数据进行严格监管，并赋予个人更多控制自己数据的权利；美国则没有在联邦层面统一的立法，而是依靠在医疗、教育、金融等行业领域以及部分先行州立法来规范数据的收集和使用，并强调竞争优势与商业选择。

总体来说，欧洲在前沿科技的伦理治理中较为严格，强调人类尊严，禁止或限制一些可能损害人类尊严或违背社会共识的研究或应用；而美国在此领域中的伦理治理较为灵活，强调创新自由原则，允许或鼓励一些可能带来巨大利益或突破性进展的研究或应用。

国家伦理委员会的组织建设方面更是呈现出明显的制度差异。美国以总统设立生命伦理的咨询机构为主要制度模式，委员会由总统任命，就总统行政办公室或是其他部门、机构、公众提出的议题开展工作，委员会成员任期跟随总统任期保持一致。而英国纳菲尔德生命伦理理事会以独立性的非政府组织角色扮演国家层面的伦理委员会的角色，更加强调公众参与、影响传播，也更为集中在全球范围内的生命伦理议题上。法国国家咨询伦理委员会（CCNE）于 1983 年由密特朗总统任命成立，成为法国的国家级伦理委员会，在成员组成方面由 39 人组成，其中委员会主席任期两年，由法国总统任命。其他除在工作层面参与的成员之外，还包括了 19 位来自法国各个公共部门与机构主要负责人选任的代表，如劳工部、教育部、卫生部等，还有 15 名成员来自法国国家研究部门，如国家科学院、国家医学院、巴斯德研究院等。

针对这种尽管在科技发展阶段相近、治理体系构建同步的情况下，国家科技伦理治理体系仍存在较大差异的现实情况，本章受费孝通先生所提出的“差序格局”概念的启发，将此归纳为科技伦理治理中的“差序格局”。“差序格局”由费孝通所著《乡土中国》提出，尽管其本人和学界尚未有对“差序格局”的定义性阐释，但以“水波纹”的比喻得到广泛的认可，也在很大程度上表征出了中国人交往中亲疏不同的特点：“以‘己’为中心，像石子一般投入水中，和别人所联系成的社会关系，不像团体中的分子一般大家立在一个平面上的，而是像水的波纹一般，一圈圈推出去，愈推愈远，也愈推愈薄。”[44]“差序格局”作为对于中国传统乡土社会中人际关系与结构的理想类型概念，在与西方“团体格局”（一捆一捆扎清楚的柴）比较的基础上深刻地揭示了中国社会当中的关系格局。

本章无意对差序格局的含义加以深入讨论，诚如孙立平所言，“差序格局”的分析更是一种洞见和启发性的思想，[45]在差序格局中，水波纹的比喻代表着个体之间所延展出来的社会关系格局，每个个体都有所不同。而在当代科技伦理治理格局中，西方社会的伦理治理格局其实并不如西方人际关系的团体格局那样，而是“秩序有差”，不同国家或地区有着不同优先级事项的议程设置与安排，也存在不同的禁区与开放的边界，形成了在科技发展阶段相近、治理体系构建同步情况下的“差序格局”。

（二）“错序格局”：阶段差异下的科技伦理治理特征

如何应对人类社会以往未曾遇到过的伦理难题，制度建构与组织努力的过程也是一个在固定范围内的社会当中进行审议的过程。沿循这一进路，当科技发展水平的客观差异作为变量时，我们便会发现较之“差序格局”，科技后发国家伦理治理的社会历史过程更为复杂：在社会进程当中，科技先行国家最先遇到科技伦理难题，此时以往的社会资源如文化、政治等传统会被调动起来尝试去解决此类社会之前尚未遇到过的困境。由于科学技术在世界范围的“同一性”，其衍生出的伦理问题在各个不同国家和地区所面临的困境也大致相同。但由于科技发展阶段不同所造成的水平差异，先行国家最先遇到伦理难题进而产生的治理规则如伦理审查、知情同意等会通过制度传导被后发国家所利用借鉴（或是以其他被动的方式产生影响），此时这种外生的“解决方案”被直接引入后发国家，势必会面临难以发挥有效作用的局面，随后进而再与地方性因素开始结合，实现制度体系的适配与调整。

以中美为比较对象。纵观美国科技伦理治理体系的形成历史，在较早遇到由医学资源稀缺带来的伦理困境时，美国组成了一个公民代表委员会来决定病患的生死，在科学研究中涉及的伦理问题方面，也经历了由共同体自治到第三方监督的变迁过程，并探索建立了与政治文化紧密结合的总统生命伦理委员会制度，从而固定化下来一种经过社会磋商、取得社会共识的伦理治理方案。

而在中国的伦理治理努力中，首先经历了多方面共同对于美国成熟的伦理治理方式进行引进：一方面是通过20世纪80年代开展的大量国家间的科学合作。90年代初期，北京医科大学与美国疾病控制与预防中心（CDC）联合进行的“预防神经管畸形”研究（China-U.S. Collaborative Project for Neural Tube Defect Prevention）中对于叶酸的干预性服用需要进行知情同意等伦理必要环节，基于该项目于1999年发表的研究论文中具有“该项目通过了（美国）疾病控制与预防中心和北京医科大学机构伦理委员会的标准”的表述，这也是第一个有据可考的中国机构伦理委员会；另一方面则是以一种被动的方式建立起相关规则，在震惊中美的“安徽农民基因采集事件”中，哈佛大学公共卫生学院群体遗传教研室主任徐希平于1994—1998年间在中国的安徽省安庆地区开展了一项大规模的流行病学调查，2001年的一篇报道指出安徽的农民虽然签署了知情同意书，但“上面记载着什么，也没看清，更不知道这是作为基因研究来使用”[46]，开展实验者声称此实验经过当地的安庆市卫生局伦理委员会的批准，但也查无此机构。

所以，从现实效果来看，即使建立了伦理治理的类似标准，其在科技后发国家也并不总能发挥相应成效。而这时后发国家的治理过程才会在实际问题的解决当中不断进行适配，在失效的经验之上再去与当地的社会传统资源相结合，这在我国的相应制度建设过程中突出地体现为伦理委员会的制度与功能变革。1999年6月，北京海淀区中关村医院建立了“医院社区卫生服务伦理委员会”，作为对于伦理委员会这一“舶来品”的进一步延展，目的是解决患者对于社区医疗服务的投诉和求助，而这一伦理委员会也包括了医疗专家、心理医生、社区代表、律师等成员。2000年，北京红十字朝阳医院也以医院伦理委员会中“社会工作者”的形式沟通医患关系。[47]由上海中医药大学的樊民胜教授提出并在上海曙光医院于2002年开始施行的“伦理查房”是在中国特色的卫生事业状况下处理医患关系的一种新形式，以营造良好的人文医疗环境、缓和紧张的医患关系矛盾，成为我国伦理委员会一项重要的本土化探索；其中“伦理查房”的组成人员延续了西方伦理委员会的多元特征，主要是由医学专家、科研工作者、律师、社区代表等组成，通过采用对患者访谈、观察医疗环境、查

看相关资料等方式针对患者在就医过程中的隐私保护、知情同意等进行综合评价。[48，49]

由此，由于科技先行国家与科技后发国家发展水平与阶段的差异，围绕科技伦理治理模式形成一种科技伦理治理的“错序格局”，即在科技伦理治理具有全球性和不同社会科技发展阶段存在差异的前提下，融合了社会性因素的特定治理机制最先形成在某一地区，而在后发国家和地区相同的制度体系探索中，首先受到先行国家的直接影响，继而才在形式化的引入之下实质性地开始发挥功能，并在这一阶段结合自身社会要素不断完善。图16-1概括了错序格局的形成要素，由于发展水平与阶段的差异，科技后发国家在制度建立过程中会经历“形式化的制度引入”“实质

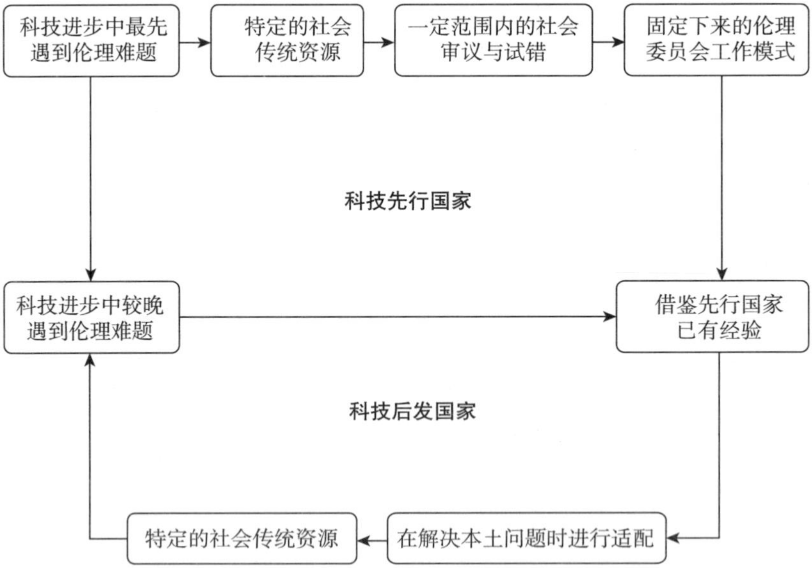

图16-1　科技后发国家伦理治理的“错序格局”

性的制度学习”以及“本土化的制度探索”过程，这一过程充满着与先行国家制度的交流与借鉴，同时也是自身制度不断完善的过程。

四、迈向科技伦理的全球治理

（一）科技伦理治理的全球化与地方性

通过对于两种格局的比较分析，我们归纳出在世界范围内科技伦理治理具有“局域先行”“制度传导”“建立标准”的特点。科技先行国家最先遇到科技伦理困境，进而形成一整套基于当地社会的解决方案，并历经不断的调整。美国在最先建立起机构审查委员会后，仍在 1977 年以来的 1000 多次调查中发现超过一半的结构审查委员会没有符合书面程序、会议记录、法定成员等要求，[50] 继而开始了以独立性第三方力量进入伦理审查进程的制度转变历程。在这种针对新兴科技伦理问题重建秩序的努力稳定后，伴随着科技在全球范围的传播与合作，相应的制度也会实现传导，如也存在相关证据表明，英国研究伦理委员会的诞生也直接受到来自美国公共卫生部门规定的影响：美国医务总监（US Surgeon General）曾在 1966 年向所有接受美国公共卫生服务局资助的对象要求事先审查，以确定“涉及的个人权利及福利”“知情同意方法是否适当”，以及“调查的风险和潜在的医疗利益”。[51] 因此，在英国研究人员接受此类资助的教学医院中，相应的委员会就最先建立了，直接原因即是英国研究人员试图保持获得美国资助的资格。[52] 在中国，根据笔者对某985高校的调研，伦理审查委员会也是由留学归国任教的教师自发提出，根据自身在国外接受伦理审查的经验而建立，初期也并未有相应的官方支持力量。最后，最初形成的伦理治理“模式”因更加成熟进而会形成标准，从而在国际的相关规则中有所体现。1993年，世界卫生组织颁布GCP指南，希望在成员国内普遍施行，并以美国、欧盟、日本最先开始了ICH-GCP，即人用药品注册技术要求国际协调会议，包括三个国家的六个机构参与，并以美国成熟的机构审查委员会的经验作为此协调框架的核心部分，直接导致了日本伦理审查委员会的大规模建立（被认为是从美国而来的“输入之品”[53]），而后进一步在世界范围更广泛地传播。

（二）“错序格局”下的伦理壁垒与伦理倾销

伦理倾销（ethics dumping）是当代科技伦理问题生发中的一类特殊现象，往往指在以科技后发国家相对特殊的试验环境下开展科学研究，但由于试验者本身、监管距离、本地缺乏有效审查体系等原因，而多产生了不良的社会影响。在我国，安徽农民基因采集事件、“黄金大米”事件等伦理倾销事件都曾引起了较大程度的反响，而通过对于“错序格局”的认知，能够更好地把握伦理倾销的实质要素。

“错序格局”揭示了科技先行国家与科技后发国家在建立伦理治理体系时的关联，我们首先意识到，伦理倾销往往并不是在伦理规则为零的社会基础上发生的，在安徽农民基因采集事件中，并没有被看清的知情同意书、查无此单位的“安庆市卫生局伦理委员会”等，这些伦理要素的出现恰恰说明了伦理治理在中国最初时的不适配与低效率，而其原因正是由于“错序格局”的存在所造成的伦理治理秩序在不同社会当中无法发挥有效作用，这也突出了当只是表面化、形式化地引入伦理委员会制度时，会带来一系列的恶性后果。同样的情况也出现在“黄金大米”事件当中。可以肯定的是，伦理审查的要素的的确确存在，而该项实验的开展地点与时间发生变更后，相关的伦理审查并没有重新进行，而是“伦理审查结果依然有效”，显示出简单模仿的制度移植特征，并不知道如何处理更加复杂的伦理情况。

“错序格局”的存在揭示了伦理倾销何以产生的根本机制，也因而，后发国家在进行伦理治理体系建设时，一方面应积极吸纳先行国家的有利经验，但同时也要看到此类经验背后具有明显特征的地方性要素，另一方面则应加快自身伦理治理体系的建设，尤其是鼓励与地方性社会要素充分结合的制度的建立，缩短这种不适配过程，尽快建立起具有自身特色、高效引导科技向善的伦理治理体系。

（三）迈向全球性的科技伦理治理

科技伦理问题当下已经成为各国普遍关注的重要议题，自上世纪 60 年代医疗技术领域对于生老病死突破性技术进展到当今人工智能大语言模型的“智慧涌现”，单方面的“伦理突破”很可能导致对人的“类”本质的改变，对社会现存秩序产生高度威胁。2023 年 5 月，来自 OpenAI、谷歌、微软等数百名公司的 CEO 与科学家签署了公开信，内容只有这样一句话：“减轻人工智能带来的人类灭绝风险，应该与大流行病和核战争等其他影响社会的大规模风险一同成为全球性的优先事项。”[54] 全球性科技伦理风险已经成为必须面对的挑战，尽管分裂的张力不断加剧，但世界已然因科技伦理风险而更加形成命运攸关的人类命运共同体。

“差序格局”与“错序格局”的存在揭示了科技伦理治理在不同地域一定存在着显著的差异，世界各个国家或地区虽有技术发展的时间先后，但都普遍经历了对于科技伦理困境的突破历程，在某种程度上关切人类命运共同体的科技伦理内涵。而如何在迥异的治理模式中最大限度地寻求合作与共识，“和而不同”是迈向全球性科技伦理治理的关键。七国集团（G7）就设立了部长级论坛“广岛人工智能进程”（Hiroshima AI Process）这样的国际协调机制，专门针对生成式人工智能进行讨论，中国也先后向联合国递交关于人工智能军事应用和伦理治理的立场文件。全球性科技伦理治理应当坚持求同存异、开放包容，围绕命运共同体建设实现文明互鉴，以协商共识的原则来指导有关全球性伦理标准的制定，以更好地引导科技向善为共同遵循。

五、总结与讨论

本章立足比较视野，围绕科技先行国家治理模式的差异进行了归纳总结，提出了科技伦理治理的“差序格局”，并进一步分析了科技先行国家与科技后发国家之间伦理治理模式演进的关联性，提出了“错序格局”以刻画这一现象。“差序格局”与“错序格局”深刻揭示了科技治理当中科技发展水平的差异这一因素如何影响治理模式的形成这一学界尚未充分探讨的问题，而以两种格局视角出发也能更为清晰地认知伦理治理体系的建构过程。

第十七章

欧美数字技术伦理治理模式比较

一、引言

伴随着现代信息技术的进步，以大数据、云计算、人工智能、物联网、区块链和5G技术为代表的数字技术已成为世界各国促进经济发展和社会进步的重要手段。数字技术不仅服务于信息技术产业，还广泛应用于事关国计民生的社会政治经济活动中，涉及政府、学术界、产业界、医疗界、资本市场等领域。技术进步总会引发人们关于其对经济、社会和整个人类潜在影响的担忧，而数字技术的发展速度加剧了这种担忧。科技发展的目的是增进人类的整体福祉，实现人类自由且可持续的发展。但实际上，伴随着数字技术的飞速发展，社会中却出现了更多的伦理规范偏离现象，使得信息行为主体在道德观念、伦理意识、行为规范的支配下做出的部分行为，损害了社会的公平公正。[1] 随之而来，也会引发关于监管失误以及缺乏透明度和真实性的社会担忧。数据规模和结构庞大复杂，又对人类社会和生产的影响极为广泛，促使当下已全面进入大数据时代。

各国对数字技术的发展都抱有很高的关切度，从政策法规层面提出一些发展规划与战略，旨在发挥数字技术的积极作用，实现技术向善的伦理目标，以期真正地造福于人类社会。

二、数字技术为何需要伦理治理？

技术具有价值负载性。无论是大数据技术还是人工智能技术，都涉及人类智能的参与，背后蕴含着人类智慧的结晶。人具有社会属性，受社会文化、生存环境等因素的影响，因而数字技术背后或多或少地充斥着人类的价值判断和抉择。人类在大力发展技术的同时，技术也在改变着人类，这是一个双向互动、相互塑造的过程。[2] 数字技术增强和提升了人类的能力，改变了我们与周围现实或信息空间的联系，重塑了我们与其他信息体和我们自身的联系。[3] 数字化影响着人类主体和技术对象之间的关系，挑战了笛卡尔的主客体二元论——数字技术变得越来越自主，并承担了代理的角色。在数字技术的运用过程中，无论是技术的设计过程，还是技术产品的使用过程，其实都隐含着人类价值，但使用者往往并不知情。数字技术的发展给人类社会带来了飞跃式的进步，影响人们的生产、生活和思维方式，但与此同时也生成了一些新的风险，甚至可能带来难以预测的灾难性后果。

近年来，数字技术创新和迭代速度明显加快，在优化资源配置、提高社会生产力和提升人类生存质量的同时，也引发了一些新问题、新挑战。首先，对人类的尊严构成挑战。人类应当拥有充分且有效的自我决定的能力，人在行动中是自由和自主的，他们可以承担责任，可以（而且应该）根据他们的意志采取行动，但数字技术在一定程度上剥夺了人类自我选择的自由。其次，侵犯了个人信息网络隐私权。数字技术对隐私享有权、隐私维护权、隐私利用权和隐私公开权构成了挑战，存在个人隐私被挖掘、暴露和滥用的风险。再次，带来了技术安全性问题。数据信息系统内在的安全隐患，由网络系统中逐渐扩散到现实社会，对信息设备的安全运行和社会成员的正常生活构成了巨大的挑战。最后，技术应用对社会正义产生了影响。数字技术的错序发展格局，使其在空间、人群和人口比例上具有应用的不平衡性，数字鸿沟的深化进一步加剧了代际、贫富、区域发展的不平衡，挑战了社会公平和正义。总之，大数据时代对社会伦理的新挑战体现在感知网络、云端计算与存储、智能终端等构成的网络空间和真实生活的交织交汇，使一些被广泛珍视的伦理价值，如个人权利平等、交易公平、安全感以及诚信、自由、公正，正在接受新的考验。[4]

对于数字技术的伦理治理而言，现有的数字技术监管体系明显难以满足相关技术发展的新需求。在诸多新兴科技发展初期，人类往往难以或不能识别其中存在的风险。现有的社会规章制度的进步，无法与这类技术的发展速度相匹配，往往存在规范缺失或监管真空的严重问题。[5]数字技术的治理挑战主要来源于技术本身的潜在风险和多元利益主体的关注与参与。首先，随着数字技术和相关知识的进一步发展，需要对监管体系进行完善或重新考量，反思当前监管机制的有效性。其次，基于数字技术更快发展的愿景，需要一种适应性治理方法，包括风险评估和管理的新工具、新方法。再次，由于道德判断与行为动机之间存在着内在的、必然的关联，公众和利益相关者对此技术具有迫切的监管和治理诉求。因此，需要从多角度探索数字技术的监管和治理方案，制定科学有效的数字技术伦理治理对策，促使数字技术更好地发挥其造福于人类和社会的积极作用。

不同国家和区域的治理模式可能产生不同伦理的影响、监管的影响、金融和经济的影响、个人和社会的影响。当下，来自许多国家的政府、研究机构和公司已经宣布了它们关于数字技术的伦理指导方针、原则和建议。为了促进数字技术的健康发展，各国的政府、企业和社会主体仍应通过多方合作与广泛交流，明晰数字技术伦理道德和法律规制的边界，并从中寻得科学、系统、有效的监管框架与治理方案。以下主要基于大数据技术和人工智能技术，分别对欧洲和美国的数字技术伦理治理中的政府规划、监管政策、边界及治理方案等展开分析，以期为我国在数字技术伦理治理方面提供有益借鉴。

三、欧洲数字技术伦理治理模式

近些年来，欧洲国家和地区积极探索数字技术伦理与治理的有效措施，尽管其数字技术未能在全球先发制人，但其在数字技术监管与治理方面居于全球领先地位。欧盟希冀通过战略规划、产业政策、伦理框架、治理机制等系列制度的构建，来实现系统有效的数字技术伦理与治理。

（一）治理理念：确立数字技术领域负责任研究与创新的理念

2003 年，德国学者托马斯·海斯托姆（Tomas Hellström）首次提出“负责任研究与创新”，[6] 旨在建立一个透明互动的过程，通过这个过程，社会行动者和创新者就创新过程及其市场产品的伦理可接受性、可持续性和社会可取性相互做出反馈，使得科技进步适当嵌入我们的社会生活。[7] 欧盟的数字技术在负责任研究与创新理念的引导下稳步发展。为促使数字技术的转型发展更好地服务于个人和企业，同时帮助实现其到 2050 年达成欧洲气候中性的目标，欧盟委员会决心在 21 世纪 20 年代开启欧洲的“数字十年”。2021 年 3 月 9 日，欧盟委员会发布《2030 数字指南针：欧洲数字十年之路》计划，为欧盟到 2030 年实现数字主权的数字化转型愿景指出方向，以期构筑一个以人为本、可持续发展的数字社会。[8] 欧洲旨在加强其数字主权，制定标准，而不是遵循其他国家的标准，明确关注数据、技术和基础设施。[9]

在人工智能领域，基于欧盟价值观的欧盟战略框架将使公民有信心接受基于人工智能的解决方案，同时鼓励企业开发和部署它们。欧盟委员会（European Commission）提出了一系列行动，以促进人工智能的卓越发展，并制定规则，确保这项技术是值得信赖的。值得信赖的人工智能（AI）可以带来诸多好处，比如更好的医疗保健、更安全和更清洁的交通、更高效的制造业以及更便宜、更可持续的能源。欧盟《可信 AI 伦理指南》（Ethics Guidelines for Trustworthy AI）确立了可信赖的人工智能的三个特征，即合法、符合伦理、稳健。《指南》提出推动社会发展的人工智能应具备的四项伦理原则：尊重人类自主性原则、防止损害原则、公平原则以及可解释原则。[10]

（二）监管模式：建立数字技术法律监管框架

欧洲数字战略旨在让欧盟成为数据驱动社会的领导者。虽然允许数据在欧盟内部和各个行业自由流动，有益于企业、研究人员和公共管理部门的数字资源获取，但欧洲的数字技术伦理监管模式更倾向于强监管的模式，提出一系列的监管和治理法案，以加强数字技术的公平性和数据资源的共享性。2020 年颁布的《数字市场法案》（Digital Markets Act，DMA）建立了一套狭义定义的客观标准，以使大型在线平台成为所谓的“守门人”，使得 DMA 能够有针对性地解决大型系统性在线平台问题，确保这些平台在网上的行为公平。欧盟委员会于 2020 年 11 月 25 日通过的《欧洲数据治理法案》（European Data Governance Act）完全符合欧盟的价值观和原则，将促进各部门和会员国之间的数据共享，为欧盟公民和企业带来重大利益。[11]《欧洲数据治理法案》将加强欧盟成员国之间的数据共享与信任，完善数据可用性的机制，并克服数据重新利用的技术障碍。2022 年 2 月 23 日，欧盟委员会公布了期待已久的《数据法案》（Data Act）提案。该提案引入全面授予私人和公共部门访问数据权，并强调从合同的角度来规范数字经济中的数据交换和共享使用。

欧盟不断地完善自身的法律治理框架，旨在推动大数据技术的快速发展。欧盟持续推动大西洋两岸数据安全保护立法的改革。2015 年欧盟出台《数据保护法》并同时宣布《安全港协议》无效，欧洲议会和欧盟委员会继而于 2016 年 4 月通过《通用数据保护条例》（General Data Protection Regulation，GDPR），该条例于2018年5月25日开始生效。GDPR从大数据技术的发展现状中把握其技术规律，基于权利的大数据使用伦理，规避和解决现阶段的伦理争议，GDPR通过协调欧洲各成员国的数据隐私法律，保护欧盟公民的个人数据和限制进入欧盟互联网公司的数据权益。[12] 2019年4月，欧盟发布的两份重要文件《可信AI伦理指南》和《算法责任与透明治理框架》（A governance framework for algorithmic accountability and transparency），[13] 是欧盟人工智能战略提出的“建立适当的伦理和法律框架”要求的具体落实，代表欧盟推动AI治理的最新努力。总体而言，除了制定欧盟国家可以普遍接受的伦理准则，欧盟希望数字技术的伦理治理也能够在法律和政策层面得到保障。

（三）实践路径：多元主体和组织的介入与参与

数字技术的发展离不开更广泛的个体和组织的参与。欧洲拟议的数据治理法案将支持在战略领域建立和发展共同的欧洲数据空间，涉及卫生、环境、能源、农业、移动、金融、制造业、公共管理和技能等部门的私营和公共参与者。与此同时，欧盟委员会为解决个人和企业数字技能差距问题，推动了提高欧洲的数字技能水平的项目和战略。欧洲数字技能和就业平台是欧洲互联设施项目下发起的一项新举措。它提供有关数字技能的信息和资源以及培训和资助机会。欧洲数字身份将提供给欧盟公民、居民和企业，他们希望确认自己的身份或提供某些个人确认信息。它可以用于整个欧盟的线上和线下公共和私人服务。

个人数据保护是道德、尊严、价值、尊重和自主的关键，作为伦理和数字信息的重要组成部分，它是一项基于欧盟基本权利宪章的权利。英国和德国是欧洲地区比较重视数据伦理规范建设的两个国家。2012 年英国发布《大数据白皮书》，规定政府所收集的个人数据不开放，并同时设立隐私保护机制。2018 年，德国成立了数据伦理委员会，次年 10 月委员会发布“针对数据和算法的建议”，旨在回答联邦围绕数据和人工智能算法提出来的系列问题并给出政策建议。[14]英国和德国在数字技术伦理规范的建设中注重征集利益相关群体的意见和建议，通过多方会议协商等形式，充分调动相关专家、管理者、产业人员、公众等主体的参与度和积极性。

人工智能技术在劳动、安全、隐私、技能等多个领域带来复杂的社会伦理挑战。欧盟成员可以在其本国建立人工智能伦理监测和监督机构，鼓励企业在发展人工智能时设立伦理委员会并制定伦理指南，以便引导、约束其 AI 研发者及其研发应用活动，这意味着人工智能的伦理治理是融入不同主体、不同层次的实践活动，是一种有生命的机制。[15]《欧洲人工智能方法条例》（The Regulation on a European Approach for Artificial Intelligence）和《人工智能协调计划》（Coordinated Plan on AI）的更新，将保障人民和企业的安全和基本权利，同时加强欧盟各国的投资和创新。欧盟委员会和欧盟外交事务与安全政策高级代表（The European Commission and the High Representative of the Union for Foreign Affairs and Security Policy）于 2020 年年底提出了一项新的欧盟网络安全战略（EU Cybersecurity Strategy）。[16]上述多元主体参与的人工智能技术发展实践，规约了欧洲人工智能技术的应用和发展方向。

四、美国数字技术伦理治理模式

综观全球的数字技术产业发展现状，美国企业在其中占据较大市场份额。美国的数字巨头呈现全产业布局的特征，在数字技术发展与创新、产业布局与投资等方面持续保持着全球领先地位。在发展与监管之间，美国政府面临的技术标准与伦理治理的权衡也更为迫切。整体而言，美国通过设立专门机构、多元主体协同、战略顶层设计、政策配套支持等方式进行监管与治理，以期为数字技术的创新与伦理之间划定适宜的边界。

（一）治理理念：技术创新优先于监管推进

美国是全球数字技术创新的主要推动力。整体而言，美国为保持其在数字技术领域的全球竞争力和创新力，采取和实施有限的监管策略。美国对数字技术伦理的监管与治理，与国家安全、技术保护等紧密联系在一起。在很多情况下，美国倡导技术创新的“先行原则”，对数字技术创新表现出了更为优先级的支持，伦理制度规范建设相对滞后。例如，《维持美国在人工智能领域领导地位》行政令中直言战略目标之一，即“减少人工智能技术创新应用方面的障碍，同时保护美国技术、经济和国家安全，公民自由，隐私和价值观”[17]。

美国对人工智能的监管更多体现为推动人工智能创新。一方面，限制监管过度。监管机构在提出与部署人工智能应用程序相关的法规之前，必须仔细评估风险和成本效益，重点是建立灵活的、基于性能的框架，而不是采取一成不变的法规。另一方面，促进可信赖的人工智能。在评估人工智能监管方法时，联邦机构必须考虑公平性、非歧视性、自主性、透明度、安全性。[18] 上述内容体现了美国的价值观，对科学完整性和信息质量的重要考量，为构建新型、可靠、健全和值得信赖的人工智能系统提供了强大支持。以上发展理念旨在减少有碍私营部门创新和人工智能技术发展的监管不确定性，而且传达出避免重拳扼杀创新模式的重要性。

（二）监管模式：基于开放性、隐私性与安全性的协同监管

美国政府为了更有效地管理公共资源、建设开放型政府，积极地推动数据的开源与共享。2009 年时任美国总统奥巴马签发了"开放政府数据"行政令，要求所有政府部门须向社会公众开放有价值的数据资源。2019 年出台的《开放政府数据法案》（Open Government Data Act）对数据标准化和可监督做出要求，为海量数据资源的可利用、可互用、可重用等提供了制度保障。截至 2023 年 11 月 23 日，美国数据开放平台 Data.gov 开放了 259926 项数据，涵盖范围包括 50 多个类别并不断更新，致力于让平台用户可以获取和使用更多的数据。公众在 Data.gov 数据开放平台能够查询到医疗、教育、农业、金融等领域的一系列数据。2021 年，美国数字经济规模已达 15.3 万亿美元，[19] 在世界范围内遥遥领先，而数据开放在数字产业的发展过程中起到了至关重要的作用。

美国政府也十分注重个人隐私保护，美国涉及个人信息保护的法律有 40 多部。美国《个人隐私法》规定："个人隐私权是受合众国宪法保护的一项个人基本权利。"美国作为全球范围内最

早发展大数据技术的国家，采取了"分散立法＋行业自律"的大数据监管模式。2012年美国政府分别颁布了《隐私人权法案》和《信息自由法》，呼吁电子通信服务供应商在使用个人信息时将更多的控制权交给用户，在涉及数字信息的金融、医疗等市场领域的监管中嵌入个人信息保护条款，包括提供网络隐私认证以及行业自律组织制定的行业指引。在数字权利领域，数据保护监管机构对科技公司的隐私行为展开了进一步调查，对一些不遵守隐私规则的公司处以罚款。2022年6月3日，美国发布了《美国数据隐私和保护法（讨论稿）》（American Data Privacy and Protection Act, ADPPA），ADPPA共设置了忠诚义务、消费者权利、企业问责制和与其他联邦法律和州法的关系四大章节，遵循了"一般原则—个人权利—企业责任"的体例脉络。[20]

在数据安全方面，美国不仅注重个人数据安全，更强调美国国家安全保护。2012年3月，美国发布了《大数据技术研究和发展计划》，主张通过大数据技术的发展，加强对信息数据资料的收集和分析，以获取更多的知识和信息，加速美国在信息科学领域的发展步伐，并进一步保障美国国土安全。[21]美国政府在《国家安全战略》（2017）报告和《国防战略报告》（2018）中，均强调人工智能对美国国家安全的重要战略与现实意义。美国国会2019年通过了《国家安全和个人数据保护法2019》（National Security and Personal Data Protection Act of 2019），该法案旨在"通过施加数据安全的要求和加强国外投资的审查及其他目的，来保护美国国家和居民的数据免受外国政府的安全威胁"[22]。

（三）实践路径：政府机构与社会主体协同共治

近年来随着数据作为战略资源的地位不断提升，美国开始出现专门的数字监管机构。美国国会于 2018 年通过立法要求在白宫行政和预算办公室成立首席数据官委员会，强制数据开放和共享；在美国国家科学技术委员会（NSTC）下设立开放科学小组委员会，旨在协调联邦政府的开放数据和共享。美国战略与国际研究中心（Center for Strategic and International Studies）于 2019 年 6 月 4 日发布的《全球数字经济的数据治理原则》（Data Governance Principles for the Global Digital Economy），提出数字经济具有开放性、普适性、全局性等特点，在规治数据实践的同时有助于促进全球间的数据流动和交互。负责任地使用数据起源于对数字技术潜在和特异性影响的审慎考量，这激发了利益攸关方的广泛参与。政府对科技公司的审查日趋严格，在某些情况下还采取了新的监管措施。竞争监管机构对亚马逊、苹果、Facebook 和谷歌的市场行为展开了新的调查。同时，政府也会向全社会发出公开征询意见，邀请各领域专家探讨与研究大数据对人类社会带来的影响以及对现有法律的挑战，商讨如何在保证公民隐私的前提下推动信息流动、合作创新以及制造更多的商业和就业机会，以推动大数据的发展与国家的繁荣。[23] 总之，通过让公众参与数字技术的决策过程，来进一步增强公众对数字技术的信任和信心。

在人工智能领域，美国联邦政府也设置了新的领导和监督机构。首先，隶属于白宫的科技政策办公室负责领导政府机构间的科技协调与研发预算审查，并直接向总统提供科技研发建议。其次，2018 年，该办公室下设了“人工智能特别委员会”，委员会下又设立了两个人工智能小组委员会，并建立了人工智能研发机构工作组，旨在提升联邦政府在人工智能相关监管工作方面的效率，维持美国在人工智能领域的全球领先地位。[24] 再次，美国于 2019 年设立人工智能国家安全委员会，旨在在评估美国人工智能发展状况基础上提出运用人工智能满足国家安全需求。最后，在各职能部门下设立专门负责人工智能战略实施的机构，如能源部、国防部、商务部下均设有相关机构。此外，顶尖高校、研究机构、科技公司以及基金会等多元主体也参与到了美国人工智能伦理的研究，例如哈佛大学和纽约大学开设了人工智能伦理课程，谷歌、IBM 和微软公司建立了人工智能伦理委员会。

通过对欧美数字技术伦理治理比较分析可以看出，欧洲和美国具有不同的发展理念、制度安排和实践路径。在数字技术伦理治理理念方面，欧洲国家强调道德义务与责任，审慎地进行数字技术的发展，影响了数字技术在欧洲的发展。美国最大限度地追求经济和社会效益，倡导技术发展的先行原则，注重数字技术的引领发展可以带来的巨大潜在价值，较少进行行政干预，数字技术的创新发展优于技术监管。基于不同的技术发展理念，欧洲和美国也形成了各自差异化的监管制度安排，即在监管模式、法律制度、信息安全制度方面均有不同体现。欧洲的数字技术总体落后于美国，严密的法律监管政策是其主要因素之一。欧盟在平台责任、网络版权、隐私保护等方面的制度规定都比美国更早且更严格，尤其是 2018 年开始生效的《通用数据保护条例》（GDPR）对数字技术的发展和应用产生了重大的影响，阻碍了人工智能、大数据等新技术、新事物在欧盟的发展，为企业经营增加了过重的负担和不确定性。[25] 但与此同时，伴随着数字技术利益相关群体的扩展，欧美对该领域的多元主体参与伦理治理实践却呈现出越来越一致的趋向，在数字技术的创新过程中愈加注重多元利益主体的参与。

五、中国数字技术伦理治理对策建议

目前，诸多国家虽然无法真正做到负责任地发展数字技术，也尚未有效解决由数字技术发展所引发的一系列伦理问题。但为了促进数字技术在我国的健康有序发展，可从理念、制度和实践层面着手推进数字技术的伦理治理。

（一）治理理念：倡导“反思性发展”的数字技术伦理治理理念

我们所生存的现代社会已然成为一个风险社会，其成因主要包括人类行为的伴随性后果、理性的极度张扬和科技不受限制的发展。[26] 数字技术在给人类社会发展带来众多益处的同时也会生成诸多风险，需要秉持利益与风险并存的正确价值观，平衡利益与风险之间的关系，摆脱旧有错误价值观的束缚，在明确的价值体系规范中生活，更好地促进社会发展。当下，科学与技术处于深层次的融合状态，很难断言当代的科技伦理风险究竟是来源于“科学”还是“技术”，伴随着研究开发与应用之间的紧密交织，科学知识生产到应用的过程难以再有清晰的界限。随之而来的是，发展与治理的关系夹杂于其中，呈现出模糊不清的状态。我们应该以一种“反思性发展观”摆脱这种发展与治理相互冲突、此消彼长的片面观点，形成以发展为核心的治理新规则和以治理为引导的发展新路径二者相互融合的局面。[27] 在推进中国数字经济迅猛发展的同时，也积极推动数字技术发展与数字技术伦理治理，形成健康的互补互促关系。

（二）监管模式：完善数字技术伦理治理的政策与法律框架

数字技术的伦理治理，离不开有效的政策与法律监管框架。首先，发挥政府在数字技术伦理治理中的引领作用。一方面，政府作为科技研究和应用的引导者和推动者，要充分认识到数字技术的双重效应，运用掌握的权力和资源，制定合理的数字技术监管规范。政府应从政策、资金、人力等方面对数字技术的研究和应用进行引导、监督和管理，形成高效合理的发展机制，使数字技术活动在一定的规范下进行。在政府监督数字技术的过程中，也要注意避免部门间权责划分不清、监管措施存在漏洞、监督处罚方式单一或力度不够等一系列问题。另一方面，政府应预先建立更加完备的大数据和人工智能突发事件应急预案。由于技术的价值负载特性，加之数字信息承载了海量的价值内容，数字技术的发展会引发更多的信息和社会伦理问题，难以避免由于大数据技术、人工智能技术本身和信息伦理问题导致大规模、突发性的事件，需要政府提升自身数字技术风险事件的处理能力。

其次，加强数字技术伦理治理的法律法规。处理数字技术伦理问题的最直接方式是确保这项颠覆性技术是以合法的方式开发和使用的。当前，我国不仅缺乏数字技术的伦理问题意识，相关法律法规的建设也处于前期发展阶段，立法工作相较于发达国家明显滞后，无法完全解决因不当使用数字技术而产生的新的伦理道德问题。我国应该结合立法现状、行业发展趋势并顺应市场的发展需求，对相关法律法规进行动态系统调整，为保障国家、企业与个人利益提供有力法律依据，为信息技术监管大数据信息提供多方位的法律支持。与此同时，进一步加强数据安全立法，针对数字技术发展出现的问题，及时研究制定新的配套法律法规，促进数字产业健康发展。

（三）实践路径：建立多元协同与全球参与的治理路径

第一，推广数字技术伦理宣传教育。数字革命已经影响到我们社会的所有领域，但我们今天面临的关键问题只能由拥有适当数字时代技能的决策者来解决。然而，数字技术的伦理治理离不开多元主体的参与，这就需要经由教育手段提升社会整体的数字技术认知水平。数字技术的伦理治理需要依靠教育手段。一方面，通过向社会公众普及数字技术知识来提升公民的数字获取、使用、分享等素养能力，从而为数字技术的发展奠定良好的群众基础和人才基础，能够更好地促进数字技术的健康平稳发展。另一方面，通过强化数字技术相关法律法规，加强数字技术伦理的宣传、教育，提升公众在数字领域的法律素养和道德水平，使得无论是数字产业从业人员抑或是普通民众，都能够自发地进行自我管理和自我约束，使得自身行为既不违反法律法规，也合乎伦理道德。[28] 数字技术伦理的宣传教育主要体现在三个方面：其一，信息生产者需对自己生产的信息负责任；其二，信息使用者对使用和传播信息的行为负责任；其三，对数字技术发展应用的潜在影响及其防范进行更广泛的反思和预警性思考，并号召公众广泛参与治理。[29]

第二，强调数字技术伦理治理中的多元主体参与。长久以来，数字技术的伦理治理只强调政府的监管治理作用和数字产业从业人员应具有伦理责任意识。虽然政府肩负了对数字技术的发展动态进行监管的义务责任，信息员和工程师们负有设计出最小滥用可能性技术产品的道义责任，但伴随着数字技术的迅猛发展，人们对数字技术的设计、开发与应用提出了更高的伦理要求，需要更多的技术创新相关主体参与到治理之中。汉斯·尤纳斯（Hans Jonas）认为："现代技术时代的伦理是以未来行为为导向的伦理，对于责任的履行应当具有预防性和前瞻性。"[30]尤纳斯的理论对数字技术的伦理治理问题起到了指导作用。在互联网信息技术高速发展的时代，数字技术发展带来的风险，需要多元主体承担各自的伦理治理责任。数字技术从业者要提升自身的伦理意识，对自己的行为负责，提升自身对信息安全问题的排查和分辨能力，加强对风险进行预判分析。与此同时，需要通过多元利益主体协同参与数字技术治理的方式，使得专家学者、公众和产业界等进行更广泛的协商和讨论，避免决策者、从业者和使用者的脱节。

第三，搭建合作的伦理治理全球共同体。数字技术的迅猛发展，数据的跨国流动与共享，关乎全人类、全世界发展与创新的方向与未来，需要各国人民携手共进，抓住契机，应对挑战。数字技术作为革命性的实践活动已经对多个生产生活领域产生重大影响和冲击，世界各国应该树立"数字命运共同体"的意识，以高度协作的姿态直面伦理问题。技术的影响是全球的而不局限于某个国家，好的伦理规则适用于所有技术和国家，需要相互了解、共同开发。[31] 数字技术的研发应用具有跨国界、国际分工等特征。传统的科技伦理治理机制已经失效，需要建立各国间广泛交流的沟通平台，集智共享，共同开发数字技术影响的预测评估工具，协作制定符合全人类共同福祉的数字技术防控与发展准则。2023 年 11 月 1—2 日，首届全球人工智能峰会在英国举行且达成共识，并形成《布莱切利宣言》，它的产生标志着全球对人工智能风险控制达成了共识，全球数字技术治理机制和伦理秩序的规范正在逐步生成与完善。未来需要各国政府和多元社会主体进一步深化合作、凝聚共识，协同搭建全球数字技术伦理与监管治理框架的智能生态系统。

六、结语

综上所述，尽管各国政府已对数字技术治理问题给予了热切关注，并从各个方面对数字技术的监管与治理做出了诸多努力，但从当前实践进程来看，数字技术的全球治理尚处于萌芽阶段，这表现在以下方面：一是各国政府间合作尚未正式展开；二是数字技术治理及其伦理的行业规范尚未明确建立；三是各机构尚处于议题探讨、原则制定和框架确立阶段，对细化方案和路径尚缺乏稳健可行的系统化治理方案。数字化时代的伦理问题纷繁复杂，还有待于从不同的专业领域和视角针对不同的问题进行多方面的深入研究，调节数字技术发展与伦理问题之间的关系。

中国的数字技术起步晚于欧美发达国家，中国在信息化发展道路上快速跟随，但也在发展和监管之间寻求一种平衡。当前，我国日益重视数字技术伦理及其治理，已经出台了一系列数字技术治理的相关政策文件，提出了数字安全和伦理等方面的要求，主要关注数字技术伦理道德、安全监管、评估评价、监测预警等方面，加强人工智能、大数据技术等在网络安全中的创新应用。整体而言，我国数字技术治理稳步推进，但也面临一定的困难。需要以欧美数字技术伦理治理为鉴，基于治理理念、监管模式和实践路径等方面，进一步完善我国数字技术伦理治理模式。

第五部分

面向未来与世界：新产业、新生态、新治理

第十八章

优化支撑科创强国的创新生态体系

一、引言：从“卡脖子”到创新生态体系竞赛

中国的发展已经进入高质量发展新时代，创新成为引领未来发展的“第一动力”。党的十九大确立了中国到2035年跻身创新型国家前列的战略目标，[1]然而中国创新崛起面临的外部环境比过去更加复杂。近年来，中美关系进入了一个复杂多变的历史时期，从中兴通讯芯片事件到华为孟晚舟事件，以及形形色色的实体经济名单，美国限制、打压、阻断中国在高技术领域发展的意图已经昭然若揭，无所不用其极。“卡脖子”问题成为萦绕在我国科技创新领域的一个大问题。

美国是世界上实力最强的发达国家，中国是世界上最大的发展中国家，两国经济总量位居全球前两名，同时也是在研发领域投入最多的两个国家。中国制造业总量暂时领先，但是，在科技创新方面，中美差距较大。尽管当前中国在科研人员数量、论文发表数量、科研经费投入等指标上进步很快，但是，我们与创新

强国的目标相去甚远。

未来，中国现代化建设的过程同时也是中美创新体系激烈竞赛的过程。今天，高质量的创新生态体系是中美之间的最大差距所在，未来，创新生态体系的全面竞争必将成为中美战略博弈的焦点。如果不痛下决心，从基础抓起、从系统治理入手，对我国创新生态体系进行面向未来、面向现代化的全面深入改革，我们将难以赢得与美国长期的创新竞赛，创新强国的目标也会变成一句空话。

本章从近期和长期两个方面分别对优化中国的创新生态体系提出了建议。近期，需要发挥新型举国体制，加强科研力量的组织和科研体系的治理改革，以解决科技领域的“卡脖子”问题；长期，要借鉴国际经验，取长补短，优化中国创新生态体系，为创新强国建设筑牢根基。

二、近期，我们要加强科技创新资源的组织和治理体系建设

“卡脖子”问题使得人们更加清醒认识到中国产业和技术链条的薄弱环节；当前及未来一个时期，正确认识和处理“卡脖子”问题具有重要意义。习近平总书记在“国家中长期经济社会发展战略若干重大问题”一文中曾提出，“一是要拉长长板，巩固提升优势产业的国际领先地位，锻造一些‘杀手锏’技术，二是要补齐短板，就是要在关系国家安全的领域和节点构建自主可控、安全可靠的国内生产供应体系”[2]。这无疑为我们近期的科技

创新治理指明了方向。

（一）正确认识卡脖子问题的性质和特点，真正做到战略上藐视、战术上重视

首先，我们要做到战略上自信。经过几十年的发展，我国科技创新水平已经获得巨大飞跃和提升，已经基本建成一个科技创新型国家，具备了科技创新和引领未来的坚实的物质基础、知识和人才储备。目前，我国全社会研发经费投入已经超过3万亿元，总量仅次于美国，研发投入占GDP比例也达到2.55%，超过欧盟的平均水平。[3]世界知识产权组织发布的全球创新指数显示，我国的排名已经跃升至第11位，[4]位于所有发展中国家前列。我们每年培养了全世界最多的大学生和研究生，清华、北大等高校已经跻身亚洲领先、世界一流的行列。

经过坚持不懈的自主创新努力，过去很多“卡脖子”的技术和问题已经被我们踩在脚下，最典型的如5G通信技术。在3G、4G阶段，我们属于跟跑、并跑水平，现在我国5G核心专利数居世界第一，并率先实现了5G商用，目前我国5G基站数和用户数在全球遥遥领先。[5]在LED、OLED等新型显示方面，以京东方、维信诺等企业为代表的我国产业整体竞争力得到了快速提升，进入全球第一阵营。

还有大家熟悉的高铁、北斗导航、新一代核电技术、新能源、新能源汽车、特高压电网、电子商务移动支付技术等都已经走在了世界前列，这些曾经都是我们的“卡脖子”技术，这是继过去“两弹一星”以后，我国科技创新领域取得的一系列辉煌成就。就拿芯片来说，除制造能力和光刻机仍然属于待啃的“硬骨

头”之外，我国在芯片设计、测试及封装技术等方面已经赶上来。所有这些都说明，我国科技事业发生了历史性、整体性、格局性重大变化，成功进入创新型国家行列。[6]只要我们战略方向对头、政策措施对路，假以时日，所有的“卡脖子”技术问题都不是问题。

其次，战术上要重视。我们要清醒地看到，由于我国错过了前三次产业革命，很多底层的、基础性、关键核心技术仍然没有完全掌握，短板和受制于人的地方仍有很多，其中以芯片、工业软件、航空发动机、关键新材料为最。尤其是芯片产业，近年来美国对中兴通讯和华为的打压，使大家更清楚地认识到我国在芯片领域的短板。

芯片又称集成电路，1958 年由美国知名半导体企业所发明。在这之前的 1947 年，芯片的“神经细胞”——晶体管在贝尔实验室发明，也属于企业实验室发明。这两项发明是 20 世纪最重要的工业发明；因为对信息产业的影响是如此巨大，这两项发明都分别获得了诺贝尔奖。

现在，无论是互联网、电脑、手机、工业自动化，还是通信行业，芯片无处不在，是产业渗透率最高、影响面最广、发展变化最快的一个产业。人们熟知的“摩尔定律”就是指，芯片中晶体管数量每隔 18 个月就增加一倍，而价格不变。也就是说，芯片产业每隔不到两年的时间就要更新换代一次，变化周期之快为所有产业之最。因此，芯片产业不仅是信息产业而且是几乎所有制造和服务业的基础，国外有学者称之为“现代产业的原油”[7]，缺了芯片，整个现代社会几乎将要停摆。而且，由于芯片产业是军民两用技术产业，技术性能最高的芯片总是率先用在军事装备上，因此，美国人更是将它与国家安全联系在一起，对于任何挑战其芯片霸权地位的国家或者企业，都想方设法加以限制。过去对日本半导体产业，今天对华为、中兴，美国科技霸凌的套路都是一样的。

当前，芯片产业已经成为一个高度全球化、高度专业化、竞争激烈的产业，任何国家不可能包揽芯片产业上下游所有环节，美国、日本、韩国、中国台湾、荷兰、英国分别抓住了芯片国际化链条的某些环节，其中，美国影响最大，无论是技术标准、专利，还是设计软件、关键设备，都离不开美国技术。

过去，芯片产业的重要性在我国不是没有得到重视，我们国家甚至在改革开放之前就注意到了半导体技术的重要性，改革开放以后的历次产业规划和五年计划中，也都将所谓的“核高基”作为重点攻关任务，其中就包括高端芯片。但是，对其产业发展规律、国际竞争格局和趋势认识不够，导致政策上缺乏连贯性，资源投入没有持续，外部环境一宽松就放松了警惕，甚至相关专业的人才教育培养一度受到忽视，导致我国芯片产业发展处于停滞徘徊，甚至倒退状态。

工业软件和航空发动机也是一样，由于战略认识不到位，我们的政策屡屡出现反复，科研创新的组织体系不健全、资源投入不到位、科技创新链条不贯通，导致虽然曾经有些追赶和创新的苗头，但是都昙花一现、逐渐枯萎，耽误了黄金追赶期。

（二）针对“卡脖子”技术，亟须提升科技资源的组织水平，加强组织体系和集成能力建设，发挥新型举国体制优势，集中优势资源打好攻坚战

攻克“卡脖子”的技术和产业难关，我们必须发挥集中力量办大事的优良传统，并与现代市场经济相结合。计划经济时期，我们有社会主义集中力量办大事的优良传统，在中华人民共和国成立初期极端困难的情况下实现了“两弹一星”伟大壮举。我们必须下定决心，高度重视市场经济条件下“新型举国体制”建设问题，这是当前及未来一个时期解决“卡脖子”问题的关键。

其实，集中力量办大事、举国体制不仅在我们社会主义国家有，在西方发达国家照样存在，美国的曼哈顿工程、阿波罗登月计划、信息高速公路计划、半导体制造技术战略联盟 (Semiconductor Manufacturing Technology，SEMATECH) 以及今天的制造业创新网络 (National Network for Manufacturing Innovation, NNMI) 计划，[8] 日本上世纪七八十年代的超大规模集成电路项目、大型计算机项目，欧盟 70 年代开始的空中客车大飞机发展计划等，这些都是集中力量办大事的典型案例。这些项目的成功组织都离不开它们各自政府的大力支持，例如美国国防部、日本通产省等，更离不开产学研用各类创新主体的大力协同。

在市场经济条件下，新型举国体制有很多种组织形式，除了像美国阿波罗登月计划这样的全国一盘棋组织形式外，还包括以下多种形式：政府竞标采购、市场招投标制度（美国国防部新型武器研发采购常用）；产业联盟方式（如 NNMI, SEMATECH）；核心企业牵头成立的“创新联合体”方式（如中国高铁模式）；

成立高精尖创新国家队方式[如德国弗劳恩霍夫应用技术研究院（Fh.G）、日本先进技术研究院(AIST)、中国台湾工业技术研究院（ITRI）等]。这些高精尖机构都拥有成千上万精干研发团队长期专注于产业共性技术攻关，应该算作“战略科技力量”，为解决本国、本地区产业技术难题做出了重要贡献。这些不同类型组织形式都可以算作举国体制、集中力量办大事的范畴。

一段时期以来，我国科技创新资源组织不力，过于松散，存在认识误区。虽然我国已经拥有全世界最多的科技人力资源，研发资金投入总量也高居全球第二位，但是创新系统的顶层缺乏战略协调，微观创新主体缺乏协同合作，各个知识孤岛联通融合不够，重要科技资源不能共享，导致科技链、创新链、产业链、资金链衔接不畅，这些问题都普遍长期存在。加之对科学共同体的考核陷于行政化、形式化、表面化、短期化的困境，使得很长一段时间我国科研创新队伍中的“五唯”风气盛行，一些本应该成为我国战略科技力量的单位变成人们常说的“SCI 机器”，被国外评价体系牵着鼻子走，淡化了自己的使命担当。另外，过去有些本来承担产业共性技术研发的国有科研单位过度市场化改革，成为公司，与业内同行企业在产品层面进行竞争，失去了产业共性技术研发的能力和意愿。[9]这些都导致了我国产业关键共性技术缺失和供给能力不足问题的出现。

当前，要解决“卡脖子”的问题，必须尽快提高我国科技资源组织能力，加强战略科技力量、产业共性技术研究体系的建设和完善，组织优质科技资源对关键核心技术问题久久为功、打“歼灭战”。

在这个过程中，我们需要在国际一流期刊发论文的顶尖科学家，更需要像钱学森、奥本海默一样具有超强组织能力和高屋建瓴战略眼光的“战略科学家”“系统总师”，还需要一大批像邓稼先一样隐姓埋名、甘于奉献的科技栋梁，具有工匠精神的高级技师和高素质劳动力大军也是必不可少的。

同时要将科技创新顶尖研究机构对接高技术企业，融合科学家、发明家、工程师、企业家、风险投资家等几支队伍，真正做到科技链、创新链、产业链、资金链的无缝连接。

（三）要尊重科学规律和市场规律，区别不同性质的问题

需要强调的是，“卡脖子”问题不是我国科技创新的全部，在解决“卡脖子”问题时，个别地方、个别领域存在病急乱投医现象，盲目上项目，低水平重复建设，甚至以不法手段骗取优惠政策和资金的现象时有出现。

我们要尊重科技创新和产业发展的规律，将战略问题与战术问题相区分、临时性措施与制度性改革相区分、市场与政府责任相区分。在市场失灵的地方，政府要有担当；在属于市场竞争的地方，政府不能越俎代庖，要将创新交给市场，形成以市场为基础的现代化产业体系和创新体系。

在看得见差距、技术和产业方向明确的领域，可以实行集中力量办大事组织模式，集中攻关。在这方面，需要强调组织纪律和创新效果效率，不能强调天马行空的自由探索。但是，对于一些看不清方向、风险大的前沿和未知领域，一定要将创新活动交给市场，由市场来决定和选择技术路线，要坚决防止出现人为的、“大跃进”式的错误和悲剧出现。

（四）推动国际规则体系的改革完善

从另外一个方面，卡脖子问题也使我们更清晰地认识到美国霸权软硬两方面的“能量”。除了在“硬”技术方面随意断供、“卡别人脖子”之外，美国还具有影响和制约世界高科技产业链发展的软实力，例如，通过“瓦森纳协议”“芯片四方联盟”“实体经济清单”等方式，对世界高技术产业链条健康发展产生较大破坏作用，这对我国产业发展也会形成较大冲击。

因此，除了在硬科技方面加强自主创新、补链强链之外，我国要善用软实力和国际规则的力量，提升高技术和产业外交能力。在国际公共外交平台上，我们要旗帜鲜明地代表发展中国家推动形成稳定的全球产业链、技术链的共识，要深刻持续揭露和批判美国科技霸凌行为的强盗本质，共同推动全球技术交易组织（World Technology Trade Organization, WTTO）及其规则体系的建立，推动建立更加公平合理的国际产业技术交易秩序，使之成为“人类命运共同体”的一部分。

三、从长远来看，科创强国建设要依靠创新生态体系的优化

（一）我们要做好与美国长期科技创新竞争的准备，要打持久战

长期来看，解决“卡脖子”问题最好的办法是发展。“你打你的，我打我的”，不要在“卡脖子”问题上投入过多战略资源。着眼于未来，我们要在量子技术、人工智能、新材料、新能源等技术上实现领先和超越，照样可以对美国科技霸凌主义产生威

慑。目前，我们在这些产业都有可能实现对美国的反超。

党的二十大已经为我们现代化建设描绘了宏伟蓝图，到2035年，我国将初步建成现代化国家，2050年将建成现代化强国。“十四五”期间，我国人均GDP水平必将超越发达国家门槛标准，在本世纪中叶，我国GDP总量将超过美国。目前我国在若干产业已经成为全球最大的市场，到本世纪中叶，我国市场更大，到那时，国内市场将是我们最大的杀手锏之一。

未来，中国越发展、市场规模越大、市场开放度越高、包容能力越强、创新能力越强，对霸权国家的反制能力就越大。

（二）取长补短，大胆借鉴美国创新生态体系的经验

纵观美国过去二百多年由一个殖民地迅速崛起的经验，其创新生态体系的很多经验值得我们借鉴，其中主要体现在如下几个方面：

1. 企业家精神和创新友好型营商环境

美国的企业家精神不是今天形成的，可以远溯到15世纪、16世纪的欧洲宗教改革，以及后来的清教徒移民，甚至可以从1620年的“五月花号”公约那里找到踪迹。来自欧洲大陆的清教徒崇尚节俭、自律、创业、发财以及基于规则基础的理性等，这些是美国企业家精神的文化基础。[10]美国人从新中国成立早期就认识到创新创业的重要性，他们认为，没有企业家精神就没有美国；几百年来，创业型企业家，尤其是像乔布斯那样的白手起家的创业英雄在美国备受推崇。可以说，美国是一个企业家本位的国家。[11]历届美国总统都要把企业家精神上升到“美国精神”的角度，要力争将美国打造成全世界最好的营商环境国，促进美国成为“世界上最好的设厂、雇佣和业务发展的地方，美国比任何时候都对商业更开放”。

政府的作用是推动形成一个以法治为基础的营商环境。清华大学校友、在中美两国都有长期创业经验的知名风险投资人邓锋学长在2018年年底的一次讲话中认为，中国目前营商环境差距表现在：大企业欺压小企业；市场经营中的灰色地带太多，市场的胜利者往往不是有好技术的企业，而是有“强关系”的企业；产业关键配套零部件差距还较大；产学研隔离导致的知识孤岛现象；等等。[12]

2. 基础科学的雄厚基础

20世纪以前，美国是一个典型的科技实用主义国家，尽管制造能力在19世纪末已经全球第一，但是基础科学研究方面，直到20世纪初，美国都乏善可陈。但是，随着经济实力的增强，尤其是两次世界大战之后，美国认识到基础科学在战争及国家竞争中的重要性，美国随后成为在基础科学领域经费投入最多的国家。从50年代开始的几十年，美国全社会在基础科学领域的经费投入遥遥领先，比排在它后面几个国家投入总和还要多。当前，中国研发投入虽然已经跃居全球第二位，总量仅次于美国，但是基础科研领域的投入总量只有美国的六分之一。我国基础科学投入占全社会研发投入的比例长期在5%左右徘徊，而以美国为代表的发达国家比例则高达15%以上。[13]

基础科学巨幅投入最明显的成果就是美国大学迅速在全球崛起，大大拉大了与日欧等国家大学的差距。现在全世界前100名一流大学中，至少有50名来自美国，而且排名靠前的顶尖大学更是主要来自美国，欧洲诸多名校已经难以与美国顶尖大学比肩。

据统计，过去一百多年，全世界诺奖获得者超过 40% 来自美国，全世界诺奖获得者数量最多的 30 所大学中，有 19 所来自美国。[14] 在物理、化学、医学、经济学等基础学科领域，每个学科都有三到五名在职的诺奖获得者坐镇成为美国一流大学的主要标志。一流学科、一流人才、一流实验室大多坐落在美国，这些都是美国社会不遗余力在基础科学领域大量持续投入的结果。

3. 多元文化的移民环境与人才全球虹吸效应

美国本来就是一个移民国家。17 世纪，最开始移民美国的不是欧洲的优秀人才，而是一些被欧洲主流社会边缘化的新教人士、生活落魄者。欧洲上流社会是不屑于远渡大西洋、远离文明中心去开疆拓土的。但是 20 世纪初，随着美国综合国力的增长和生活水平的提高，美国开始有能力吸引欧洲顶尖科技人才加盟。同时天赐良机，两次世界大战将欧洲带入动荡年代，这给美国引进欧洲顶尖人才带来了绝佳机会。

1914 年，第一次世界大战的炮声一响，欧洲顶尖人才，而不是下层社会流民，开始大规模移民美国，美国的科学研究、教育、文明水平、产业结构开始进入崭新时代。从 1914 年一战开始到 1945 年二战结束，美国享受了欧洲整整 30 年的人才红利，而且低成本享受优质人才红利，这一举奠定了美国二战以后在科学研究上超越欧洲、领先全世界的雄厚人才基础。

这方面的例子不胜枚举，除了人们熟知的爱因斯坦等顶尖科学家以外，来自欧洲的杰出人才成群结队奔向新大陆，如冯·卡门（空气动力学家）、冯·诺依曼（计算机专家）、冯·布劳恩

（航天设计专家）等都是行业的战略科学家，美国可以说是“定点清除”“按图索骥”，将这些顶尖人才挖到美国各个领域。这些人才的加盟很快将美国科技创新带入一个全世界引领的新时代，极大缩短了美国在科技创新领域从追赶者到引领者角色转换的时间。

当今社会更是这样，通过美国大学高额的奖学金和常春藤大学的金字招牌，全世界的青年才俊还是以去美国大学留学为荣，然后毕业以后移民美国，在美国创业，形成新的产业能力，硅谷就是这么发展起来的。

4. 充分尊重知识产权，高度保护中小企业

美国虽然已经是世界的霸主，但是迄今为止，美国社会仍然活力四射。美国经济、美国社会的活力从哪里来？其中一个最重要的因素在于，美国特别重视保护知识产权，保护科技型中小企业，尤其保护中小企业的知识产权，反对大企业垄断，因为小企业代表颠覆性产业的未来。

据很多人观察，二战以后，每隔 10 年左右，美国新兴企业就会颠覆传统大企业，从而引领一个新产业的迅速到来，例如，50 年代的 IBM，60 年代的王安、DEC，70 年代的苹果电脑，80 年代的微软和英特尔，90 年代的互联网、电子商务，新世纪的谷歌、iPhone 手机、Facebook，今天的特斯拉、人工智能等。正是这些曾经的名不见经传的小企业，带领美国进入一个又一个新产业时代，不仅颠覆了传统产业，更是一骑绝尘，大大拉开了与日欧等发达国家的距离，更不用说广大发展中国家了。这一点在 ICT 领域表现得尤其明显——无论日本还是欧洲，在 ICT 领域已

经与美国形成了明显的代际差距。

这种各领风骚没几年、一代颠覆一代的现象背后的根本原因，在于美国对新技术知识产权的高度保护，进而形成一个良性定价机制的知识产权市场，美国人称之为“知识产权生态体系”。在美国，往往越是颠覆性技术，市场估值越高，资本市场越追捧，发展越快——颠覆性技术的创业小公司通常在10年左右会迅速成长为万亿市值的大公司。这种现象在别的任何国家都不多见。徐匡迪院士曾经说过，中国的颠覆性技术都被专家评分打掉了。[15]

由于不尊重知识产权，违法成本太低，中国企业不愿意在基础研究、应用基础研究领域进行长期持续的研发投入，90%的企业研发投入都集中在试验、开发和功能性的小改小革领域，这些创新大都如浮水之萍，经不起市场风浪。同样，由于没有形成知识产权的良好市场定价机制，中国科技型中小企业价值都严重被低估，很多企业不得不远走高飞，赴纳斯达克去上市。

5. 军民融合与五角大楼资本主义

无论是DARPA，还是NASA，抑或美国军方各个单位，都对美国战后创新体系起到了不可替代的重要作用。无论是互联网、计算机，还是GPS、航空发动机，颠覆性技术的源头很多都与美国军方稀奇古怪的需求以及其军事科研体系有着千丝万缕的联系。

美国是全世界最讲究军民融合、相互促进、“两条腿走路”的国家，以军促民、以民强军，这一点在航空发动机、半导体等领域表现得淋漓尽致。军民融合的方式往往表现在新技术的前期研发、新产品的率先采购、军民两用技术的推广上。

例如，二战以后美国之所以在经济上打败苏联和日本两大高手，与军民融合不无关系。苏联和日本都是“一条腿长一条腿短”，苏联是有军无民，日本恰恰相反，有民无军。这些明显的短板在关键时候形成放大效应，在与美国全方位的创新体系竞争中败下阵来。例如，在IC领域，日本在80年代曾经如日中天，但是，后来迅速被美国打败，其中一个重要原因就是当时的美国国防部形成共识，IC事关美国战略利益和国家安全，于是出台政策严禁军方采购日本芯片。[16] 由于日本没有强大的军事工业支撑，其高性能芯片一下子失去了最重要的市场，于是迅速败下阵来。英特尔、德州仪器等美国半导体公司则因此获得了喘息机会，后来反败为胜，垄断全球半导体市场。

此外，制造基础与供应链安全、知识标准的全球化红利、风险投资无所不在，以及基础教育体系、科学共同体文化、科技资源分配体制、科技治理体系等因素，这些都对美国创新生态体系发展起到了深远影响。后发国家往往在这些方面存在体系性差距。

（三）持之以恒地优化创新生态，尽快将我国建成世界科技创新中心

过去五百年，世界科技创新中心经历了几次大转移，从文艺复兴的意大利到工业革命前后的英国，再到第二次产业革命时期的法国和德国，二战后美国一直是世界科技创新中心。到2050年成为全世界科技创新中心是我国建成现代化强国的基本前提，没有科技创新的现代化就不能实现真正的现代化，仅有GDP量

的增长是不够的。

未来三十年，我们要将全世界科技创新中心这个桂冠从美国手中夺过来，我们要准备中美长期科技创新竞赛，我们要比他们跑得更快、跑得更好，这需要我们有比美国更优越的促进科技创新的软硬环境。

1. 要高度重视基础研究

一般而言，一国成为世界科技创新中心必须满足量的标准，即原理性重大发现至少占世界的四分之一以上。[17] 未来，我国要力争实现两个“三分之一”：一是科学原理的探索发现重要成果要力争占全世界三分之一以上；二是新产品和新技术的发明和创新应用占全世界三分之一以上。

因此，我们首先要打造世界上最优越的促进基础科学发现和原创的环境，吸引全世界顶尖科学家汇聚于中国，尽快提高基础科研投入占全社会总研发投入的比例，要从现在的 6% 提升到 15% 以上，大力提高基础科研的仪器设备水平和硬环境质量，提高基础科研人员的物质和精神待遇，推动院士待遇在双一流高校和科研机构的普惠化，通过优厚的待遇让教授坐得住冷板凳，潜心前沿基础科学的探索。

要形成科学的科技评价体系，构建优胜劣汰的良性科学共同体，加强人员的流动性和学科交叉碰撞，促进万马奔腾、生龙活虎的高质量知识创新氛围形成。

2. 理顺创新链条、发挥企业家精神

除了基础研究之外，我们要打通科技链、创新链、产业链、资金链及政策链，让知识、信息、技术、人才、资金、政策等各种创新资源互联互通，发挥国家创新体系的整体效能。

在创新的体系和链条中，如果说科学家解决了“0—1”的原理性问题的话，后面还有科技成果转化阶段的“1—100”、产业化阶段的“100—1M（百万）”，以及产业成熟和规模扩张阶段的“1M—∞（无穷大）”。在这四个不同的阶段需要环环相扣、棒棒相接，由不同的组织、团队完成，在这个过程中需要各种各样不同的人才发挥作用，各得其所，才尽其用。

因此，在创新生态体系中，每一种人才都不可或缺，每一种优良的文化都值得弘扬。尤其是，我们需要大力优化双创营商环境和弘扬企业家精神，创造条件让乔布斯、爱迪生、比尔·盖茨、任正非、马化腾这样的发明家、创业者和企业家脱颖而出，引领未来产业的发展。

3. 尊重知识和知识产权

简单而言，知识产权赋予发明人以特权独享市场的知识垄断收益，也可以说，知识产权是发明者用来获得垄断暴利的，而不是用来评职称、评先进、降分考大学的，更不是为了获取政府高额专利发明补贴的。

中国现在是知识产权数量大国，但是专利质量太差，根本原因在于我们对知识产权的理解和管理水平大不一样，甚至是严重扭曲。近年，我们虽然申请和批准了全世界最多的专利，但是我们的专利质量也几乎是全世界最差的，专利申报领域的腐败现象近来多有曝光，令人啼笑皆非。

华为总裁任正非曾建议我国将知识产权定位为“物权”，[18] 认为这样可以促进知识产权保护，激励企业投入真正的创新和研发，这的确是真知灼见。我们一定要从法治环境方面解决知识产权领域违法成本低、被侵害者举证难等问题，让拥有知识产权者获得应有的权益，促进全社会形成一个保护知识产权、保护创新、鼓励创新的良好生态。

4. 扩大开放，拥抱世界

首先，要走出去、引进来，创造条件让全世界的优质资源人才为我利用。全世界并非只有一个美国，不能因为美国因素影响了中国走出去的步伐。从实践中，华为、联想等充分利用全球人力资源获得成长。例如，华为公司在全世界雇用了 800 名物理学家、700 多名数学家、120 多名化学家，华为在 4G、5G 领域的领先优势与莫斯科大学、巴塞罗那大学等科学家的贡献是分不开的。

其次，要走出去，扩大中国知识、中国技术和中国标准的话语权和影响力。除了扩大自主知识体系的世界影响力之外，我们尤其要充分利用国内大市场的战略优势，向全球推行高质量中国标准。例如在 5G 领域、高铁领域，我们已经具备了向全世界推广中国标准的能力，未来在新能源汽车、新一代核能、人工智能、机器人等领域都有可能在全世界形成中国标准；如果大量的中国技术标准能成为全球技术标准，中国离真正的创新强国就不远了。

我们坚信，只要持续不断优化我们的创新生态体系，再经过一两代人的不懈奋斗和努力，中国在本世纪中叶成为全球科技创新中心的那一天一定会到来。

第十九章

中国式现代化与现代产业体系的建设与治理

一、引言：中国式现代化与现代产业体系

党的二十大提出了我国建设现代化产业体系的问题。强调了坚持把发展经济的着力点放在实体经济上，推进新型工业化、制造强国建设，实施产业基础再造和重大技术装备攻关工程，支持专精特新企业发展，推动制造业高端化、智能化、绿色化发展。在关系安全发展的领域加快补齐短板，提升战略性资源保障能力。还强调了战略性新兴产业、现代服务业和数字经济发展的重要性等。[1]

党的二十大对我国现代产业体系的论述在理念和内容上已经超过上世纪我国提出的四个现代化（工业、农业、国防、科技）论述，可谓高屋建瓴、系统具体，是新时代中国式现代化理论的一部分。这与党的十八大以来，中央一再强调的高质量发展、新旧动能转换、发展实体经济、加快科技自立自强，以及创新、协

调、绿色、开放、共享五大发展理念是一脉相承的，同时又是在新形势下的系统集成和推陈出新。

可以说，现代产业体系理论的提出表明中央集中全党、全国人民智慧，在吸取国内外发展经验教训基础上达到了一个新的理论高度，不仅是党的创新理论的新突破，而且是对当代现代化理论的新贡献。

二、我国建设现代产业体系的重要性

我们之所以要强调建设现代产业体系，主要是因为它在以下三个方面具有的重要性：

（一）现代产业体系是实现民族伟大复兴、建设中国式现代化的基础

建成现代化强国、实现民族伟大复兴是中华民族近代以来无数仁人志士为之不懈奋斗的光荣梦想，中华人民共和国成立以来的 70 多年里，在党的领导下，人民共和国走过了艰苦卓绝的发展道路，已经取得了不平凡的业绩，现在全社会已经实现了全面小康，彻底了消除千百年来的绝对贫困问题，我国人均国内生产总值已经接近发达国家的最低门槛。[2] 我们要在 2035 年初步实现社会主义现代化的目标，到 2050 年建成现代化强国，而所有这些宏伟目标必须以坚实的产业体系为基础。现代产业体系是现代化国家的物质保障、能力保障、安全保障，一国的产业体系不仅决定了人民日常衣食住行物质生活水平，而且是就业、发展机遇、财富、健康、幸福以及安全的保障，没有现代化产业就不可

能实现整个社会的现代化。

（二）现代产业体系是应对国际霸权主义、实现国家自立自强的基础

过去几年，出于霸权主义的目的，美国把中国视为最大的战略对手，在科技、经贸甚至人文交流等方面对中国进行限制、打压并试图与中国脱钩，在技术、市场甚至人员往来方面打压中国特定高技术企业，无所不用其极，目的是迟滞中国战略性新兴产业发展，延缓中国现代化的进程。

因此，以我为主、建设发展现代产业体系是突破美国霸权主义围追堵截的紧迫任务。我们不仅要关注经济发展数量，而且要重视经济发展质量，尤其是要优化产业结构，推动产业发展的安全、稳定、健康和可持续，在产业关键核心技术以及重大装备领域加快补齐短板，提升战略性资源的补齐保障能力，防止被霸权主义“卡脖子”，造成被动局面。

实施产业基础再造工程、推动现代产业体系发展壮大，是我们长期坚持对霸权主义发扬斗争精神的底气，是保障我国经济韧性发展的基础，是提升我国经济发展活力、弹性、张力、潜力的保障。

（三）现代产业体系是迎接新一代产业革命的基础

过去二百多年，中华民族错失了两次产业革命的机遇，付出了惨重的代价，教训值得汲取。未来，以人工智能为代表的数字技术产业和低碳能源产业正像海啸一样扑面而来，这将对我们的生产、生活带来极大的挑战，这将是一个脱胎换骨、凤凰涅槃的深刻变化过程，中国必须做好准备，拥抱新产业浪潮，并且要抓

住机会，实现换道超车，引领时代发展。

因此，中国的现代产业体系必须是以低碳技术和数字技术为底座的新型产业体系，必须在新一代信息技术、人工智能、生物技术、新能源、新材料、高端装备、绿色环保等战略新兴产业领域提升国际竞争力。

三、建设我国现代产业体系的紧迫性

经过中华人民共和国成立七十多年来的艰苦努力，尤其是改革开放四十多年来的发展，我国已经建成一套有中国特色并且有较强竞争力的产业体系，主要特点是：

第一，产业体系相对完整、健全。国家工信部资料显示，建国 70 年来，我国工业增加值增长超 970 倍，更重要的是，我国一直高度重视工业体系的建设，我国已经拥有 41 个工业大类、207 个工业中类、666 个工业小类，是全世界唯一拥有联合国产业分类中所列全部工业门类的国家，[3] 新中国用几十年走过了发达国家几百年所走过的工业化历程。这是由我们国家规模巨大且多样化的国内市场需求、丰富的劳动力资源决定的，同时也离不开中华人民共和国成立以来我国工业强国使命的推动，以及国家一以贯之的工业发展政策体系的保障。体系的健全提升了我国经济发展的韧性，能够经受外部环境的巨大变化和较大的系列冲击。

第二，中国制造已经具备相当的国际竞争力。改革开放以来，我国的产业体系质量有了大幅提升。目前，我国制造业规模已经连续14年居世界首位，已经成为一百四十多个国家和地区的主要贸易伙伴，货物贸易总额居世界第一。工信部资料显示，2022年，中国全部工业增加值和货物贸易进出口总值双双突破40万亿元，制造业增加值占全球比重接近30%，货物贸易出口国际市场份额接近15%。[4]我国可以当之无愧称为第一制造大国。

根据国家统计局公报，2022年我国机电产品出口占货物出口总额的比重为57%，高新技术产品占货物出口总额的比重为26%，而且我们的出口市场以欧盟、美国和东盟为主，我们进口的大类商品分别是芯片、铁矿石、煤炭、原油、天然气和大豆，[5]除了芯片之外，进口大宗商品基本为原材料或者初级产品。这充分说明了我国产业体系的质量和较强的竞争力。不仅与改革开放之初的中国形成了鲜明对比，也跑在了金砖国家以及绝大多数发展中国家的前面，充分彰显了中国特色市场经济制度的优越性。我们利用了不长的时间，在一个积贫积弱的发展中国家，成功实现了人类历史上规模最大、范围最广的工业化革命。

第三，战略性新兴产业初露端倪，有些产业已经处于领先地位。新世纪以来，我们强调自主创新战略，着力规划并推动战略性新兴产业的发展，已经初见成效，比如新能源汽车、光伏制造、风电设备制造等。据统计，目前光伏制造企业全球20强，中国占据17席；全球动力电池10强，中国占据6席。2022年中国新能源汽车产销分别完成了705.8万辆和688.7万辆，同比分别增长了96.9%和93.4%，连续8年保持全球第一。2022年中国新能源汽车出口67.9万辆，同比增长1.2倍，[6]展现了较强的国际竞争力。

另外，像5G通信、高铁、北斗、新一代核电技术等战略性新兴产业领域，以及航天、造船、钢铁、基建等传统领域，中国的产业能力都居世界先进水平。

中国产业体系扎根于祖国大地，同时高度融入世界经济大循环，成为全球制造网络不可或缺的关键一环。与金砖国家以及更多的进入所谓的“中等收入陷阱”的国家相比较，中国的产业体系基础、产业演化能力、组织规划能力更加健全有力，是支撑我们跳出并远离中等收入陷阱、迈向现代化强国的坚强保证。

同时，我们也要清醒地认识到，我们的产业体系还不能称为真正意义上的现代产业体系，还有很多短板和薄弱环节，更有很多值得警惕的倾向，突出表现在以下几方面：

第一，我们对外技术依赖仍然很深。近年美国发动科技战以来，我们产业领域“卡脖子”困境突显，尤以半导体装备、工业软件、新材料和航空技术设备等为最。前几年，《科技日报》总结了三十五大类“卡脖子”技术，[7]反映了我们产业体系薄弱环节仍然很多。

二战以后，日本只用了二十多年时间就成为世界经济大国和制造强国，并在汽车、消费电子、半导体、计算机、工业软件、机械设备、仪器仪表、化工新材料领域对欧美传统工业强国提出了强有力的挑战，直到现在，日本仍然在这些领域位居世界制造强国之列。另外，韩国、中国台湾、新加坡、以色列等后发国家或地区也用了不长的时间，在半导体、电子、软件等信息技术领域成为新兴后发工业化经济体，保持了较强的竞争力。究其原因，这些国家或地区都采用了扎实有效的技术学习方法，它们先从技术引进和模仿开始，然后迅速提升技术创新水平，直至后来居上。

改革开放以后，我们也迅速成为技术引进和外来投资大国，但是，与日本等国相比，我们对技术学习和创新的重视程度不够。很多地方发展经济存在严重的短期主义思想，过度关注 GDP 增长，热衷于招商引资、FDI。企业则痴迷于成套设备引进，对于引进以后的消化吸收以及技术能力的培养，则严重投入不足，重视不够，加之产学研用协同创新体系不健全、企业创新主体没有就位，以致改革开放四十多年了，产业界对欧美日技术依赖仍然很严重。我们产业体系中技术学习和创新能力的提升远远落后于产业规模的扩张。

第二，存在脱实向虚的倾向和危险。美日欧等国家是在成为制造业强国之后开始将一些低附加值环节向发展中国家转移，因此表面上制造业占比开始下降，但是它们还是牢牢把控着全球制造业关键技术、关键装备、关键材料。

虽然我们已经是制造大国，但是我们还远称不上制造强国。一段时间以来，有些地方去工业化、脱实向虚的倾向还是很明显的。例如，城市发展过度依赖房地产和金融，它们往往打着一些冠冕堂皇的理由去工业化，例如，打着所谓的“总部经济”“城市名片”“清理低端产业”等旗号，最后导致区域制造业开始衰弱。

另外，由于人工、土地、物流、能源等要素成本的价格上涨过快，以及较高的赋税成本等影响，我国制造业近年向东南亚流失不少。还有，在有些地区，机床、工具、原材料等基础制造业产业集群近年呈现出萎靡不振的状态，这些都是值得我们警惕的不良倾向。

第三，国际竞争能力还比较弱。按照美国著名学者钱德勒的观点，企业的组织能力、经营能力，尤其是国际经营能力也是一种战略能力。除了技术能力欠缺之外，中国企业的国际组织能力、运营能力和服务能力普遍不高，中国产品往往是靠规模、价格去占领市场，而不是靠品牌、创新和影响力。据全球最佳品牌（Best Global Brands）评价机构的评估，前 100 个国际著名品牌中，中国企业只有华为和小米上榜。[8] 排名在《财富》杂志“世界 500 强”的中国企业数量虽然已经位居世界第一位（2022 年 136 家，比美国多 12 家），[9] 但是，这些企业国际营销收入不足总收入的五分之一，它们的品牌影响力和美日欧跨国公司有较大差距。

另外，中国制造业碳排放水平居高不下，高于世界平均水平，也可以说我们目前的制造业是在高碳基础上的制造业。以钢铁产业为例，目前，我国钢铁产量超过全球总产量的 50%，但是，我国钢铁行业以碳排放强度高的长流程为主，中国钢铁行业碳排放量约占中国碳排放总量的 15%，是碳排放量最高的制造行业。中国吨钢排放二氧化碳接近 2 吨，是欧盟钢铁行业碳排放强度的 2.5 倍。[10]

未来商品低碳化越来越成为进入国际市场的前提，这将对中国制造业带来极大的挑战。

四、建设现代产业体系必须长期坚持的四项基本原则

展望未来，大国之间的经济竞争将是一场没有终点的马拉松，我们与霸权主义的斗争也不可能一蹴而就。产业体系是国家富强和民族振兴的根本，现代产业体系的建设是一项长期的战略任务，我们既要有底线思维、风险意识，同时又要有系统思维和长远的战略眼光。千万不能因为“卡脖子”的问题、一时一事的得失而变得目光短浅、乱了方寸，只关注眼前的“补链强链”问题，而是要着眼于构建一个稳定、高效、充满生机活力、不断演化升级的产业体系。面对国内外产业发展的新情况、新问题，永远没有一个一成不变的现代产业体系。我们要发扬“三个务必”精神，永远保持谦卑的心态，如履薄冰，永不自满，永不懈怠。

建设现代产业体系要求我们必须着眼于全局、全球和长远的未来，必须牢牢把握四个“离不开”的基本原则：现代产业体系离不开大国产业平台，离不开微观组织活力与企业家精神，离不开现代创新体系与现代教育体系，更离不开全球市场和国际大舞台。

（一）现代产业体系离不开若干战略性产业平台

大国产业体系不同于小国经济，更不同于一些城市微缩型经济体，必须由一批四梁八柱型的骨干产业平台来支撑，对于希望独立自强于世界民族之林的社会主义中国，更应该是这样。

曾几何时，在我国高端装备行业流行“造不如买、买不如租”的理念，“轻资产经营”管理模式也一度成为经济学、管理

学推崇的样板。在一般经济学意义上这也许是对的，但是，对于像中国这样的大国，这种理念显然是短视的。这不仅是出于大国经济安全的考虑，更是出于长远的经济效益考虑，因为这些产业平台具有基础性作用和极大的关联带动作用，具有战略意义。没有一批骨干产业平台，一国经济很可能永远被锁定在全球产业“打工仔”的位置，永远不可能挺起经济的脊梁。我们历史上有因为暂时的经济利益考虑而主动放弃战略性产业平台的教训，前车之鉴必须引以为戒，它们是大国产业体系的骨架和脊梁，轻易放弃这些产业平台，就会犯历史性大错误。

我们必须在半导体、人工智能、工业软件、大飞机、航空发动机、数控机床、通信技术、高速铁路、航天等战略性产业领域不断投入、建设高水平的产业平台。一个产业平台不单指某个大企业，而是由骨干龙头企业、关键零配件企业、工具软件企业、检测检验企业甚至生产服务企业等一大批高度分工、相互合作、相互竞争的企业群落组成，

当然，建设产业平台并不意味着保护落后，更不是只允许国有企业搞，应该通过国内外市场竞争激活组织活力、激励先进、淘汰落后。产业体系越发达，专业化分工越细，竞争越激烈。将一个产业平台的建设交到一个“大而全”“小而全”的巨无霸手中，往往导致机构臃肿、官僚文化严重，最终失去竞争力，成为“败家子”。

（二）现代产业体系离不开微观组织的活力和企业家精神

建设现代产业体系仅有骨架和大平台是不够的，更需要一个充满生机活力的产业生态系统。经济学诺奖获得者诺思（D. C.

North）曾经说过，一个有效率的微观经济组织是产业革命率先在西欧发生的最主要原因；[11]另一位经济学诺奖获得者费尔普斯（E. Phelps）也曾经说过，没有哪个国家找到过能替代自由企业的焕发经济活力的机制。[12]

未来，新技术、新产业是高度不确定的，政府的规划再周密，也不能替代企业家精神发挥作用。美国历届总统都要将营商环境作为重要任务来抓，中国也应该成为企业家创业创新的天堂。要打造市场化、法制化的营商环境；要厚植社会资本（social capital），倡导诚信、合作、互动、学习、创新的优良文化；鼓励产学研用以及金融机构之间的高度互动；培养鼓励冒险、宽容失败的创业文化；搭建军民协同、公私融合、数实融合的桥梁。促进技术链、人才链，创新链、资金链、政策链链链协同。

尤其要将扶持中小企业作为一项长期战略任务来抓，小企业代表未来，它们中间的优秀者不仅有可能成为专精特新、隐形冠军类企业，而且有可能改变产业游戏规则。美国联邦政府专门设立中小企业局（Small Business Administration，SBA）帮扶中小企业，向小企业提供多种政策支持工具，比如直接贷款、信贷担保、政府采购、财政专项资金等。一个国家只要小企业不断涌现，新兴产业就会层出不穷，其经济就不会僵化，而且，众多小企业为年轻人提供了自由发挥才华的舞台。

（三）现代产业体系离不开现代创新体系和现代教育体系

产业体系与创新体系、教育体系是紧密相连的。今天中国产业存在的诸多“卡脖子”问题，反映了中国技术和人才供给不足，而背后的原因在于创新体系质量不高。未来必须重塑国家创新体系，除了提升大学基础研究、国家实验室水平之外，更要鼓励企业健全自己的研发体系，推动产学研协同创新，完善产业技术创新体系和区域创新体系。

一段时间以来，我们大学和研究机构被国际排名和评价指标体系牵着鼻子走，很多大学和科研院所虽然进入了所谓的“世界一流”阵营，但是，它们离中国的产业越来越远。中国人发表的论文、发明的专利越来越多，看得见的指标上升很快，但是科技成果转化率却是一个短板。“五唯”之风屡禁不绝，文凭、论文、专利、帽子的泡沫越吹越大，导致长期潜心钻研重大学术问题和行业关键共性技术的人越来越少。现代创新体系需要优良的创新文化支撑，钱学森、邓稼先、屠呦呦、袁隆平、钟南山等老一辈科学家是我们的杰出代表，我们需要十年磨一剑的精神，在原创和关键技术领域做出重大贡献。

另外，由于各种名目繁多、形式主义的考核与排名，国内科研机构和高校形成某种程度上的恶性竞争，大家画地为牢、以邻为壑，宁可与国外合作，也不与国内同行合作，人才和知识的流动也变得困难起来，这是值得警惕的。没有一个健康的国内学术共同体做支撑，一流创新成果难以涌现。

还有，从中国制造生产一线情况看，我们技术工人的总体素质离世界制造强国的要求还很远，我们缺乏德国那样的职业教育体系和日本企业那样的终身在岗培训制度，这极大地影响了中国制造质量和品牌的提升，同时也是中国在若干技术领域被“卡脖子”的重要原因。

（四）现代产业体系离不开全球市场和国际舞台

任何产业的现代化标准只有一个，那就是全球标准。因此，必须具有全球眼光，从国际标准和视野来看待产业体系现代性。

一国之产业，无论过去曾经有多强大，封闭必然导致僵化落后，这是南美诸国、苏联留给人们的深刻教训，也是我国明清时期闭关锁国导致被动挨打的前车之鉴。构建现代产业体系，我们永远要以平等自信的眼光和心胸对待一切外来的技术和创新，永远向最先进的科学技术学习，永远拥抱新生事物。美国在数字经济时代的颠覆式创新、风险投资的运作模式、军民融合的成熟做法，以及在高端制造、先进制造、复杂制造方面的经验将值得我们长期学习借鉴。日本企业的精益生产、技术学习和创新，德国制造的一丝不苟、隐形冠军长期培养的经验也都是值得我们尊重和学习的。我们要积极主动融入世界产业链条，任何与国际产业主动脱钩的想法都是值得警惕的。要客观看待国与国之间、产业与产业之间的竞争，要在战略上藐视和批判霸权主义，同时，要在战术中保持开放心态，尊重对手、学习对手。

全球视野和以我为主是一个问题的两个方面，我们要在技术标准、主导设计、体系能力等方面形成国际竞争力，同时要有安全防范意识，做到产业链关键环节的自主可控，可以和美国企业合作，但是要小心“美国陷阱”，要做到供应链、技术链的弹性和多样化。

第二十章

计算产业和人工智能产业创新生态体系

一、引言

2021年我国发布《中华人民共和国国民经济和社会发展第十四个五年规划和2035年远景目标纲要》，提出要建设现代化基础设施体系，统筹推进传统基础设施和新型基础设施建设，打造系统完备、高效实用、智能绿色、安全可靠的现代化基础设施体系。其中，基础设施包括交通、能源、水利、物流等传统基础设施以及以信息网络为核心的新型基础设施，在国家发展全局中具有基础性作用。新型数字基础设施（新基建）则主要包括数字硬件（以CPU、GPU、智能芯片为代表）、数字软件（以数据库、中间件和操作系统为代表）、数字云设施和数字网络设施（包括5G和工业互联网等）。"新基建"是数字经济发展的基础和支撑。以硬件、软件、云服务和网络基础设施所组成的新型数字基础设施构成了数字经济生态最底层的技术部分，成为我国实现高质量发展的重要基石。本章将对新基建的两个热点领域计算产业和人工智能产业的创新生态发展与培育问题进行探讨，分析我国计算产业和人工智能产业创新生态发展现状、面临的问题并提出构建创新生态体系的方法举措。

二、计算产业第二创新生态体系构建[1]

近年来，数字化浪潮正在重塑全球经济的发展格局，数字经济已成为支撑各国经济持续稳定发展的重要引擎。计算产业是与信息技术、计算能力相关的一系列产业的统称，是信息时代国家实现数字化转型升级的基础。2018 年以来，中美之间的贸易摩擦迅速升级，我国以计算产业为代表的高科技产业面临以美国公司为首的计算产业创新生态系统（硬件，Intel、ARM；操作系统，Windows、Android、Linux；数据库，甲骨文；云计算，亚马逊；等等）的“卡脖子”威胁，充分暴露了我国在关键技术领域的短板。由此可见，在大国竞争中，计算产业不仅关系到一国的产业升级与经济发展，甚至还关系到一国的国家安全，是体现综合国力的战略性产业。

近年来，尽管我国在计算产业领域完成了大量的技术积累，但计算产业的部分关键技术仍然亟须突破，而且从关键技术到基础应用的“产用峡谷”[2]也同样有待跨越。因此，计算产业的发展不仅需要考虑到“十四五”规划中所提及的关键技术“自主可控、高效安全”[3]，也需要考虑到如何基于这些关键技术培育一个完整的产业创新生态。

基于此，我们提出，面对强大的以美国为主导的“第一计算产业生态”，我们需要构建一个以中国为主导的、关键技术自主可控的、开放国际化并与第一生态兼容的“计算产业第二创新生态”。这有助于我国摆脱当前在以美国为主导的全球第一计算产业生态施压中“受制于人”的局面，有助于促进形成“以国内大循环为主体、国内国际双循环相互促进的新发展格局”，是我国实现产业数字化、现代化的一大重要战略路径。

（一）中国计算产业生态发展现状与问题

数字经济时代下，关键技术虽然重要，但技术生态的建立更是实现技术优势、技术可持续迭代和技术被广泛应用的保证。我国的产业数字化和数字产业化不断推进，以整个产业生态为视角推动产业发展已成为趋势。[4, 5] 依照从底层技术到场景应用的逻辑，计算产业生态可以分为技术生态、平台生态和应用生态三大层级，如图 20-1 所示。其中，技术生态主要指由硬（芯片）、软（操作系统）、云（云计算、数据库）、网（物联网、5G）等构成的数字基础设施；平台生态主要指面向 C 端（消费端）的双边平台和面向 B 端（生产端）的产业平台等；应用生态则主要是在这些数字平台上开发的面向各类应用场景的 APP 和解决方案。

可见，产业生态不是基于单一的企业或者单一的产业，是一个涉及不同层级、高度交互的利益主体的复杂系统。[6, 7] 各类利益主体之间保持不同程度的信任是整个产业生态保持稳定和韧性的重要因素。[8] 在中美贸易摩擦期间，美国所制定的一系列政策已经对美国主导的全球计算产业生态中的信任造成了冲击，不仅削

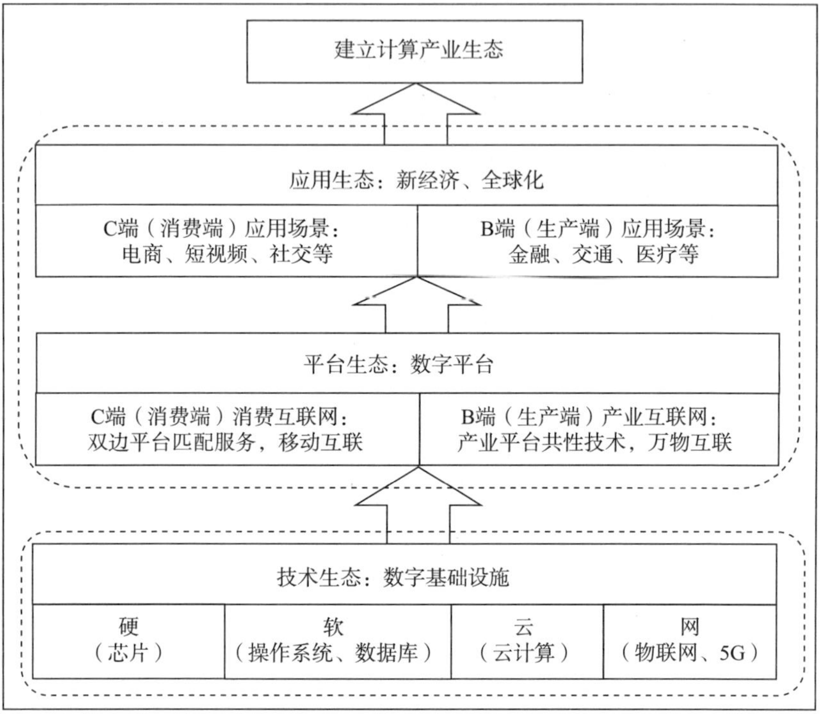

图 20–1　计算产业生态的构成

（资料来源：作者整理绘制。）

弱了该生态的稳定和韧性，还威胁到相关产业的全球分工。事实上，中国基于国内庞大市场已经构建了一系列强大的 C 端双边平台和世界领先的应用生态，是以美国为主导的全球计算产业生态的重要贡献者之一。但在中美贸易摩擦期间，中国自身的计算产业发展同样暴露出两个非常明显的问题：第一，在技术生态层面，中国严重依赖国外技术，关键技术（例如处理器芯片和操作系统）有待突破，没有形成自主可控强大的技术生态。不得不承认，中国数字基础设施相关企业的创新能力和整体实力偏弱，缺乏关键核心技术。[9]不同于高铁产业从引进消化吸收到自主再创新的成功经验，[10]当前我国面临的国际政治经济环境愈趋复杂，计算产业的技术引进氛围在美国对中国的围追堵截中逐渐恶化。以芯片为例，华为基于ARM架构所研发的鲲鹏服务器芯片在中美贸易摩擦期间遭受了架构授权和产能供货的双重危机，而美国Intel的X86架构芯片在2020年第四季度服务器行业中的市场份额达到了97.4%，[11]垄断地位难以被撼动。因此，对计算产业关键技术的突破，任重而道远。

第二，在平台生态和应用生态层面，中国企业的创新发展大多是基于美国公司为主导的技术生态，自身技术生态仍需跨越“产用峡谷”。与传统产业不同，技术产业生态中基于各类共性技术搭建的数字平台往往拥有着很强的网络效应[12]和协调行为[13]，在市场竞争中更容易形成“赢者通吃”的局面。[14]如果无法在平台生态和应用层面的商业化应用中实现突破，那么技术生态的研发就难以实现开放式创新，[15]形成内生增长的动力。比如，国内的华为鲲鹏芯片、麒麟操作系统、金蝶中间件、达梦数据库等还处于实际商业化应用过程的早期阶段，无法与美国主导的计算产业生态下的Intel服务器处理器、Windows操作系统、IBM中间件、Oracle数据库等在商业化应用中正面抗衡。因此，“产用峡谷”的突破同样不容忽视。

（二）构建计算产业第二创新生态

在美国主导的全球计算产业生态遭遇信任危机的大背景下，提高全球计算产业生态韧性的一个方法便是建立多元的而非单一主导的第二计算产业生态。国际上，俄罗斯和欧洲均曾经试图构建相对独立的计算产业第二生态，但是目前均未取得成功。中美贸易摩擦期间，美国对中国诸如华为、字节跳动等企业的打压，反而让中国迎来了一次构建计算产业第二生态的机会窗口期。我们认为，构建计算产业第二生态既需要政府相关创新、产业政策的因势利导，也需要已经具备一定基础的大企业领衔创新，双管齐下、共同打造。具体而言，计算产业第二生态应该是中国为主导的、关键技术自主可控的、开放国际化的。可以从如下三个角度出发，更好地建立第二生态：

第一，在技术生态层面拿起自己的“枪杆子”，坚持核心技术的自主可控，坚持技术生态的开放共赢。中美贸易摩擦的教训是，如果没有自主可控的技术生态，那么在平台生态和应用生态层面做得再好，也是沙上建塔。因此，应当在当前美国持续打压的背景下，加强对数字基础设施的创新投入，[16] 大力扶持国内技术生态层面的相关企业，为其实现赶超提供国内的市场空间。目前，在产业政策层面，国家已经出台了信息技术领域的国产化替代和产业补贴等政策。这些政策正在发挥积极作用，比如，华为在传统服务器领域无法撼动 Intel 的情况下，正在基于鲲鹏和昇腾芯片，带领麒麟软件、金蝶、达梦、用友等国内生态领袖合作伙伴发展“云 + 人工智能”服务器，开辟新的赛道以期实现弯道超车。同时，自主可控并不意味着自我封闭，美国的封锁并不意味着国际合作没有了空间。中国过去发展的经验表明，对外开放和对外合作对中国创新的促进作用明显，[17] 因此应该坚持以开放的心态接纳国际上志同道合的国家和企业共同构建第二生态。比如，俄罗斯的基础数学理论能力、欧洲的算法能力均可以成为第二生态中技术生态层面的重要部分。

第二，在平台生态层面搭建自己的“网架子”，基于自主可控的核心技术推进生产领域的万物互联，强化消费领域的移动互联，跨越“产用峡谷”。由于计算产业生态中强大的网络效应和协调行为，第二生态需要坚持核心技术研发和开放式创新齐头并进，[18] 才能更好地跨越“产用峡谷”。因此，在第二生态中技术生态不断提升的同时，还应积极基于技术生态搭建新的，或者迁移旧的平台生态。就生产领域而言，国内著名工业互联网平台（例如，海尔卡奥斯 COSMOPlat、三一重工树根互联、航天云网、浪潮云、华为 Fusion Plant、阿里云 supET 等）已经探索形成了多样的商业模式。比如，目前海尔积极推动工业互联网平台落地，打造了物联生态品牌，诸如日日顺、海乐苗、食联网等应用场景，并开始尝试往海外进行推广。就消费领域而言，包括华为、小米等企业也在积极打造各种消费场景中所需要用到的手机、电视、电脑等硬件平台。因此，随着华为等企业打造的技术生态不断成熟，以海尔卡奥斯为代表的工业互联网和以华为、小米等为代表的移动互联设备完全可以迁移到第二生态之中，最终形成技术生态支撑平台生态商业化发展、平台生态反哺技术生态深入研发的良性循环局面。

第三，在应用生态层面掌握自己的“笔杆子”，加强平台反垄断，万行万业百花齐放、百家争鸣；推进国际化，竞争全球数据生产要素。在平台生态赋能应用生态的过程中，促进解决方案在万行万业的国际化落地，进而更好地竞争并掌握全球数据生产要素是第二生态形成全球竞争力的重要举措。由于强大生态网络效应的存在，平台生态本身具备趋向垄断、减少差异化竞争的属性，[19, 20]进而可能损害应用生态层面创新创业的环境，[21]最终让平台生态赋能应用生态的能力大打折扣。因此，提高平台生态的赋能水平，首先需要加强平台反垄断，促进应用生态层面中小企业的创新。我国已经意识到了平台垄断对应用生态的负面影响，出台了《互联网平台反垄断指南》等政策文件。其次，数据作为一类生产要素，正在经济增长的过程中发挥越来越重要的作用，[22]也将成为第二生态竞争力的重要组成部分。通过鼓励应用生态中各类 APP 和解决方案的国际出海，我国可以更好地利用全球数据生产要素，支撑起一个更加开放国际化的第二生态。比如，根据 Sensor Tower 的数据，抖音海外版 TikTok 多次登顶全球移动应用程序下载量和营收榜首，成为利用全球数据生产要素的典范。

因此，在国际政治经济环境越发复杂的情况下，我们呼吁建立一个以中国为主导的、关键技术自主可控的、开放国际化的计算产业第二生态，不仅有利于增强全球计算产业生态的韧性，也有利于中国的国家技术安全，更是中国创新走向世界和服务世界的一个窗口。计算产业第二生态的建立并不是要和以美国为主导的计算产业第一生态进行对抗，而是一种更好的有机融合，让更多国家的企业和人民有选择的权利。两个生态之间相互促进，相互融合，共同推动创新。放眼未来，需要坚定不移地为建立计算产业第二生态制定持续、稳定的产业政策，同时生态利益相关者要有持之以恒的信念，全力建设开放共赢的计算产业第二生态。

三、人工智能产业创新生态体系构建的“i7 算”框架[23]

人工智能（Artificial Intelligence，AI）是研究开发用于模拟、延伸和扩展人的智能的理论、方法、技术及应用系统的一门技术科学。1955 年，John McCarthy、Marvin Lee Minsky、Claude Shannon 和 Nathaniel Rochester 在达特茅斯人工智能研讨会中首次提出 AI 的概念，认为人类“学习”的过程经过准确地分解和定义，能够被机器精准模拟，[24] 标志了 AI 的诞生。达特茅斯人工智能夏季研讨会掀起了 20 世纪 50—60 年代 AI 研究的第一次浪潮，当时研究者致力于研发“像人”的对话机器人，但计算机本身并不具备智能。随着算法的逐步精进和芯片等设备的研发完善，算力得到了极大提升，20 世纪 80—90 年代第二次 AI 浪潮到来。虽然这一阶段人工智能技术在语音识别方面有所突破，但并没有打破行业壁垒，行业应用场景——算景成为 AI 发展的短板。21 世纪初，深度学习及大数据技术的进步掀起了第三次 AI 浪潮，百花齐放、百家争鸣的研究局面形成，应用场景的痛点得到缓解，但 AI 与人类社会互动的伦理思辨众说纷纭，算理问题亟待解决。[25]

当前，全球 AI 产业发展道阻且长，机遇与挑战并存。21 世纪以来，AI 技术研究突飞猛进，行业应用骈兴错出，法规制度不断完善。2011 年，苹果推出智能语音助手 Siri；次年，谷歌无人驾驶汽车问世；2016 年，AlphaGo 颠覆性地战胜围棋九段李世石；2020 年云计算、人脸识别在疫情期间大显身手；2022 年，

OpenAI 推出 ChatGPT，AI 进入大模型时代。除了高科技、电信、汽车及金融，AI 也正向医疗和教育等注重安全、AI 发展缓慢的行业发力，力求统一技术与伦理。[26, 27] 此外，制度建设也在反哺全球 AI 产业：2019 年，美国第 13859 号行政命令启动新的人工智能计划。2020 年，欧盟发布《人工智能白皮书》，并在次年通过《人工智能法》提案。2021 年，联合国发布《人工智能伦理问题建议书》。同年，英国发布算法透明度标准。2022 年，法国、美国、中国分别发布《人工智能指南》《2022 算法问责法案》和《面向气候行动的人工智能原则》共识。[28] 然而，应用场景的问题没有得到根治，社会伦理的质疑还在继续，AI 商业化落地和可持续发展瓶颈亟待突破。国内外不乏投入大型语言模型研发的企业，然而大型语言模型参数多，成本投入巨大，能够参与通用大型语言模型攻坚的企业范围几乎被限制在了头部企业内部，不利于知识的共享。

产业生态的发展可以被分为兴起、多元、汇聚、巩固、更新五个阶段，分别对应了行业解决方案的初创、泉涌、统一、稳定、转型。[29] 如今，AI 产业生态发展正处于从兴起到多元的阶段（见图 20-2）。这一阶段的代表性特征是市场不确定性大、解决方案多元，需要不断突破技术和寻找应用场景。放眼当下，不论是需求侧还是供给侧，AI 产业都亟须协调发展的破局之道：从需求视角看，在后疫情时代，各行各业充分意识到加速数字化、网络化、智能化转型已是必然趋势；[30] 从供给视角看，AI 技术作为国家重要战略，其产业生态不断发展与演变是当前关注的重中之重。对此，我们提出了 AI 产业创新生态构建及可持续发展的“i7 算”框架。

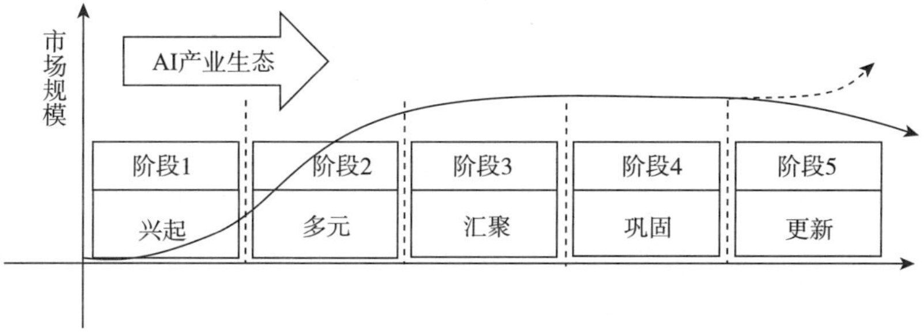

图 20-2　人工智能产业生态发展阶段

（一）AI 行业商业化落地及产业生态发展痛点

尽管 AI 技术日新月异，但其商业化落地却屡屡受挫。2016 年的 AlphaGo 可以击败围棋九段，但它也会“忘记”学习过的棋谱；2022 年的 ChatGPT 可以实现丰富的沟通交互功能，却也仍然无法直接应用到千行万业。总体而言，当前 AI 产业生态发展还存在如下几大痛点：

1. AI 模型需求侧行业承接存在诉求错位和人才缺口

一方面，产学研衔接存在行业专有知识（Knowhow）壁垒和巨大成本消耗，AI 科研成果难以与产业深度融合。与科研领域不同，AI 技术的先进性并不是行业领域的追求，科研成果与产业追求之间存在错位。与先进性相比，产品的稳定性、准确率等因素才是 AI 大规模商用的真正“招牌”。对企业而言，劣品带来的成本远不止更换产品本身，更在于流程替换的消耗。如果因为适配 AI 的精度，要去协作多个部门更改制度或者更改后台的数据系统，那么企业宁愿选择一个试错成本低、稳定性强，并且能满足大规模用户的产品。此外，AI 技术并没有进入全开放阶段，其商用成本令众多中小企业望而却步。AI 的商业化同样逃不开“成本最小化”“利润最大化”的话题。“利润最大化”是企业使用 AI 的目的，然而 AI 算法藏于“黑箱”、人力耗费巨大，与“成本最小化”背道而驰。事实上，在开发、应用过程中，由于算法无法完全开源，实际操作门槛高，AI 在很长一段时间内无法完全替代人工，甚至要求更高质量的劳动者，短时间内企业的劳动力成本不降反增。另一方面，缺乏系统性、多层次的人才培育，AI 人才供需结构失调，行业应用困难。如今 AI 行业企业对人才的学历要求大都在本科以上，行业内急需对 AI 技术深入了解的高质量技术人才，然而 AI 技术相关人才市场要求高、培养周期长、雇佣成本高，供不应求。具体包括：致力于推动 AI 前沿技术与核心理论的创新与突破的源头创新人才，能够将 AI 前沿建设与实际算法模型开发实现结合，设计构建性能指标更加优异的算法模型的产业研发人才，能够将 AI 算法工具与行业需求相结合，实现推动 AI 产业化应用落地的应用开发人才，以及能够了解 AI 技术的基本概念并对关键技术和使用方法有所掌握的实用技能人才。然而，一味追求高质量人才又难以降低成本，AI 在赋能千行万业的同时，也需要从设计上降低使用门槛，以吸纳更多本科学历以下的大量劳动力，在弥补人才缺口的同时降低劳动成本。

2. AI 模型供给侧科研创新存在技术瓶颈和条件局限

如今，AI 仍然不能全方位突破人类能力，通常专注于特定领域的应用，仍然处在弱人工智能的阶段，实现规模化变现的路径有限。[31] 即使是 2022 年轰动全球的 ChatGPT，也局限于常识输出和模仿训练，不能胜任人类无法完成的任务，不具备成为主体的资格。一方面，AI 模型缺乏通用性带来了 To B 领域的 AI 低复用性，限制了 AI 的应用扩张：企业业务流程各不相同，比如适用于内衣服装领域的模型重点关注年龄、吊牌价，无法快速复用、迁移到白酒快消领域，最终还是得重新建模。此外，最先进的 AI 技术知识往往掌握在发达国家行业龙头手中，低共享加深了龙头研发企业和末端应用企业之间的技术鸿沟，使 AI 模型的商业化改造更加困难。另一方面，AI 研究条件不足，算据、算法、算力等限制了 AI 技术的进一步发展。随着 AI 步入大模型新阶段，对数据的需求急剧增加，但可用于训练的高质量文本可预见地将在 2026 年耗尽。[32] 并且，非英文语料也相当有限，不利于非英语使用国企业研究基于自身语言的大型语言模型。此外，目前的高性能语言模型仍然容易生成包含事实性错误的文本，还需要进一步精进算法，有效识别模型的内部知识和能力边界，减轻模型的幻觉问题，避免模型“编造”事实。[33] 随着 AI 模型创新，对芯片等算力的要求也大幅提高。比如，GPT 系大型语言模型中，为了实现模型能力从文本理解、文本生成、逻辑推理到图像描述、图像问答、图像转文本等的飞跃，从 GPT-3 到 GPT-4，序列长度从 3K 增加到了 32K，参数量从 1750 亿预计增加到万亿以上。以上研究条件的提升无不需要大量的资金投入，这也是阻碍人工智能技术进一步突破发展的重要因素。

3. AI 行业的行业标准规范尚不完善

AI 应用的伦理道德及行业标准尚不完善。出于恐怖谷效应以及对 AI 重塑社会结构的恐惧等原因，[34, 35] 当前社会对 AI 应用的可接收程度仍较低，相关应用伦理标准尚欠缺，同时也缺乏相对统一的AI应用行业标准或者规范。尽管21世纪以来世界各国家或地区各自推进人工智能的法规完善，比如美国先后推出了《人工智能政策原则》(2017)、《国家人工智能研究发展战略计划》(2019)、《在联邦政府推广使用可信人工智能》(2020)、《人工智能应用的监管指南》(2021)推动人工智能创新发展，欧盟先后推出了《通用数据保护条例》(2018)、《可信人工智能伦理指南》(2019)、《人工智能法》提案(2021)、《关于人工智能的指南》(2022)规范人工智能监督管理，中国先后推出了《新一代人工智能发展规划》(2017)、《个人信息保护法》规划(2018)、《"十四五"规划和2035年远景目标纲要》(2020)、《新一代人工智能伦理规范》(2021)协调人工智能发展与管理，然而，全球相对统一的人工智能治理框架仍然没有形成，例如，数据是制约AI成功落地的一大因素，但如果缺乏统一的标准，即便再高质量的数据也无法高效利用以及推广，AI应用也就等同于"无米之炊"。

(二)AI行业商业化落地及产业创新生态发展破局："i7算"框架

针对AI产业发展中的平台生态发展[36, 37]、伦理法治思辨[38, 39, 40]、社会价值贡献[41, 42]等问题，我们认为，为妥善应对当前AI商业化落地及产业创新生态发展问题，需要集成(integration, i)七个方面的关键要素，因此提出了"i7算"框架。其中，集成的目标是实现生态互补和资源的最优化分配。"集成"是一种动态能力(dynamic capabilities)，即"整合、构建和重新配置内部和外部能力以应对快速变化的环境的能力"[43]。而AI产业生态正具备这种动态能力——AI 技术的集成贯穿于整个产品和系统的网络中，服务于价值链各个环节上的利益相关者。[44]

除了集成能力本身，AI 产业生态的发展还需要确定集成的对象（“7 算”）。基于传统商业模式理论，结合 AI 产业生态发展特点，AI 成功商业化落地需要找准关键基本要素来设计产品量纲，追求可持续性商业价值变现。我们提出的“i7 算”框架由基础设施、商业应用、文化纽带三方面构成。其中，算据、算法、算力等硬核技术构成 AI 生态的基础设施，解决基础的生产力问题；算知和算景构成技术知识背景和商业运营场景，解决 AI 生态落地运营的问题；算者和算理与人类社会高度相关，构成 AI 生态的文化纽带。人类对 AI 技术发展的发展追求和伦理关切是 AI 生态演化的动力。下面，我们将详细介绍“7 算”的具体内容：

1. 算据

算据是 AI 的基础。信息技术革命拉开了数字时代的序幕，人们在移动互联网上的点滴轨迹都被数据储存。这些形式多种多样（数字、文字、图像、语音等）的数据，成为了 AI 学习不可或缺的原料。数据与人工智能密不可分，AI 计算的本质就是基于数据特征的学习或工程。从必要性上说，AI 需基于数据训练，没有大量的数据，再好的算法和模型也不会起作用：word2vec 在包含 60 亿单词的 Google News 语料上进行向量预训练，BERT 在 33 亿单词上预训练，GPT-4 则在万亿以上的多语言单词上预训练。从重要性上说，数据能推动 AI 模型完善，优质的大数据将促进 AI 算法的持续优化，强化智能平台的服务能力，发挥海量数据的真正价值。正是海量的训练数据让 GPT 在一众诸如 BERT 自监督预训练模型的迁移学习模型中脱颖而出。[45]然而，算据的发展还面临成本和安全两道难关。不是所有数据都能作为算据，从数据到算据的转变需要大量的标注工作和标准化工序，特别是高质量算据，其中的成本损耗成为限制中小企业进行模型训练的重要因素。另外，数据收集、加工、交易中的隐私问题悬而未决，这增加了数据交易成本，也限制了 AI 模型的进一步发展。

2. 算法

算法是 AI 的灵魂。人脑并不直接存储规则、记录数据，其运行是通过神经元的触发实现的，每个神经元与其他神经元相连，当接收到输入时，会产生一个输出来刺激其他神经元。于是大量的神经元相互反应、逐次传递，最终形成各种输出的结果。AI 亦然，AI 同样不直接存储各种结论，而是通过算法运行，计算并输出结果。可以说算法的运行过程就是 AI 的“思考”过程。算法的更新往往是 AI 技术突破的核心，如 Transformer 架构推动自然语言处理任务走上新的台阶。[46]然而，算法同样需要算据才能发挥作用，算据收集、处理的高成本会触发算法的连带反应，阻碍多元应用场景的算法开发，拖慢 AI 技术走向强智能的脚步，为 AI 技术商业化落地带来重重障碍。

3. 算力

算力是 AI 的引擎。算力的提升是 AI 发展的推动力和加速器，强大的算力能够为 AI 产业的发展插上腾飞的翅膀。如 GPU 和 TPU 等硬件更新能大幅缩短 AI 模型训练时间，扩大 AI 模型参数规模，提高 AI 模型工作性能。[47]从 AI 诞生到现在的半个多世纪，AI 研究屡屡进入低谷的重要掣肘就是算力——芯片和计算速度都跟不上。几十年过去，随着摩尔定律放缓，硬件领域的发展已经逐渐难以跟上数据膨胀、需求增长的脚步，算力成为了 AI 普及的限制条件。如智能驾驶场景下，感知系统手机数据、车载平台处理数据等过程都依赖人工智能芯片的效能。同时，大规模的算力使用也带来了可持续发展的问题，训练模型带来的生态成本也进入公众视野，AI 产业还需要让能源的使用更加高效，来平衡节能与发展。

4. 算知

与 AI 本身相关的通用技术知识集成就是“算知”。在商业化落地之前，AI 相关的技术知识经过了长足的发展。现阶段，AI 发展已经从计算智能、感知智能走到了到认知智能的阶段，不再局限于模拟人的行为结果，而是拓展到“泛智能”应用，即更好地解决问题、有创意地解决问题和解决更复杂的问题。AI 的智能水平也在从数据分析智能的“弱智能”向人类推理智能的“强智能”推动。算知面对的主要阻碍是共享和落地的不足。人工智能应用程序的开发往往遵循传统的、封闭的和面向产品的方法，加之算据、算法、算力获取的高成本，算知往往掌握在发达国家的行业巨头手中，[48] 算知共享的缺乏在一定程度上也为算知的传播、利用、更新带来不良影响。此外，随着 AI 模型在各个行业的应用，AI 技术知识与行业场景知识如何结合、如何加快算知的共享以降低行业应用难度成为重要挑战。

5. 算景

与 AI 业务直接面向的商业场景相关的信息集成便是“算景”。AI 的商业化覆盖电信、金融、交通、安防、教育、医疗等众多领域，[49]音图识别、智能画像等功能让AI赋能千行万业。例如，在智能物流领域，可以利用条形码、射频识别技术、传感器、全球定位系统等物联技术，然后通过相关技术平台广泛应用于物流的各个环节。海康机器人可根据各个不同行业不同场景的应用需求，开发出具有多种负载能力、多种移栽装置及执行的移动机器人，如仓储、搬运、分拣及泊车机器人。智能医疗则汇聚了众多医生的海量经验，对常见病做出初步判断，减轻医生队伍的负担，解放医疗资源。目前，AI技术如何与行业情景对话还有很大的探索空间。这方面，华为的盘古大模型是一个比较成功的案例。通过与行业龙头合作，盘古大模型得以应用于多种行业。其中，矿山大模型由华为与山东能源和云鼎科技共同开发，结合华为的AI模型和行业龙头的领域Knowhow，推动了矿山行业的智能化发展。

6. 算者

AI技术不是空中楼阁，需要系统化、多层次的AI人才承接产业体系。据亿欧智库报告，AI高素质研究人才培养可分为源头创新人才、产业研发人才、应用开发人才、实用技能人才。[50]世界各组织、国家、地区纷纷开启人工智能人工培养体系建设进程。早在1985年，ACM和IEEE计算机协会便联合制定计算机课程体系，提出计算科学的根本问题是“如何有效自动化”，并将人工智能写入1991年的第一版计算机课程体系。[51]2017年，中国国务院印发《新一代人工智能发展规划》，提出“设立人工智能专业”，要求培育“人工智能+X”的复合专业培养模式。在这一文件号召下，国务院学位委员会设置了第14个学科门类（即交叉学科），其中一级学科包含智能科学与技术。2021年年末教育部在北京大学启动实施“101计划”，推进计算机领域本科教育教学改革试点。虽然AI技术发展突飞猛进，但教育体系的改革仍然滞后于产业发展。要实现AI产业生态的发展，必须推进产学研高效沟通、深度融合，培养充足的“算者”，构建AI产业生态的坚实底座。

7. 算理

当前AI行业发展尚缺乏成熟的应用伦理标准，同时也缺乏各行各业具体应用的统一标准和规范。在这样的情况下，技术到产品落地需要大量探索，同时也无法实现规模化生产。对企业而言，集成“算理”就是培育汇聚核心企业与各层次生态伙伴优势核心能力与资源，实现生态成员共创共享共赢可持续性发展的文化价值观。在地区制度上，技术民族主义和数据跨境流通障碍限制了AI国际通用制度的建立，[52]各国家和组织之间各自为战，AI企业在针锋相对的政治交锋中如履薄冰，摸着石头过河。2017年，IEEE发表《推进人工智能和自治系统的伦理设计的IEEE全球倡议》，[53]初步建立了人工智能伦理原则。在欧洲，AI数据处理目前遵循《通用数据保护条例》（GDPR），对个人数据的采集及存储进行监管。2020年，欧盟发布的AI行业白皮书将人工智能系统划分为不可接受风险、高风险、有限风险和最小风险四个离散风险类别，[54]侧重于制定国际上可接受的隐私和道德标准框架。在行业标准上，对AI挖掘数据的伦理担忧，如数据挖掘时的隐私顾虑、AI生产替代传统劳工时的人道关切以及模型训练时的偏见隐患等[55, 56]同样限制了AI的发展。我国目前数据挖掘和使用最多的领域集中于互联网行业，传统行业如电信、能源、基础设施、制造、航空以及金融领域所蕴藏的海量数据并没有得到足够的开发和利用。如果有成熟的AI应用伦理标准和行业应用规范来对接这些传统行业，基于这些行业的海量数据来提升效率，那么AI技术将创造更多社会价值。此外，AI技术本身存在一定的算法歧视，在使用语料时不可避免地带有一定的意识形态色彩。互联网广告中常见的个性推荐“引流”、招聘平台使用基于经验的算法来筛选简历或评估候选人等都是算法歧视的典型例子。

综上，我们提出AI赋能行业应用的“i7算”框架（见图20-3）。其中，“算据”“算法”“算力”构成了AI发展的基础设施，“算知”反哺“算景”的更新促进了AI的商业应用，“算者”和“算理”则成为AI生态演化的指向标和驱动力。最终，AI产业生态中的核心企业与生态伙伴共同集成覆盖基础设施、商业应用和文化纽带三个方面的“7算”，赋能千行万业。

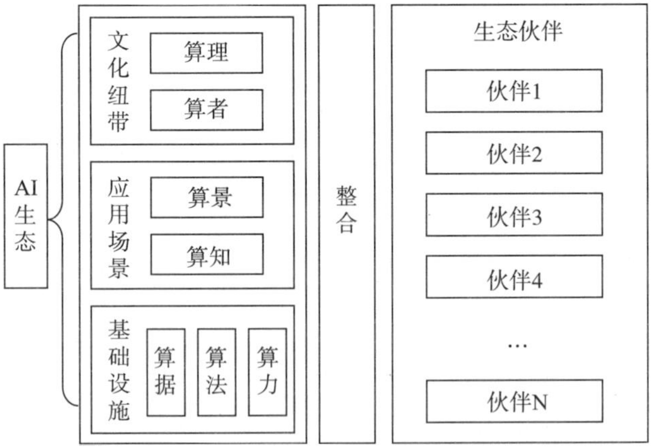

图20-3　人工智能生态发展：“i7算”框架

（三）构建AI创新生态系统实现可持续性发展

数字经济时代，面对新兴技术的快速发展，构建生态型商业模式已成为一种战略趋势。[57, 58, 59] 生态系统中的核心企业具有强大的集成能力。作为核心企业，需要与生态合作伙伴共同以算据、算法、算力等打造AI基础设施硬实力；注重算知和算景对接，与AI行业伙伴共同开发AI应用场景，塑造AI应用品牌软实力；培养AI产业人才梯队，推进AI行业应用规范完善；同时自身加强AI文化纽带，吸引和带动更多AI生态伙伴，共同推动AI商业生态建设，赋能千行万业。具体来说，核心企业可以从以下三个方面构建和培育AI创新生态：

第一，打造AI生态基础设施。核心企业与生态伙伴共享算据，丰富大数据核心资源储备，夯实支撑大模型训练和推断的算据基础；与生态伙伴共研算法，结合具体行业Knowhow研发领先技术和精细算法；与生态伙伴共筑算力，构建硬（芯片等）、软（操作系统等）、云（云计算）、网（物联网）多层次强大算力保障，为AI模型商业化落地提供动力。

第二，推进AI生态商业应用。核心企业需与生态伙伴共同拓展算知，提升AI模型认知水平，推动AI走向强人工智能；与生态伙伴共同开发应用场景，只有找到具体的应用场景，科研领域中的AI技术才能在行业领域平稳“着陆”。

第三，充分调动社会资源池中的行业组织、政府部门等生态伙伴，结合AI技术、行业场景、人文关切，与生态伙伴共同培养AI行业人才梯队，制定行业规范，回应社会人伦关切，推动AI生态演进。

AI是引领未来的前沿性、战略性技术，它正在全面重塑传统行业发展模式、重构产业创新版图、升级宏观经济结构。然而，AI的商业化落地和产业生态可持续发展还存在众多艰难险阻，亟待破局。对此，我们提出了“i7算”框架，即AI产业生态的核心企业集成“7算”要素。其中，算据、算法、算力等硬核技术构成AI生态的基础设施，算知和算景构成技术知识背景和商业运营场景，算者和算理构成AI生态的文化纽带。三层次“7算”协同共进，推动AI产业生态可持续发展。如今，AI行业还没有走出供需侧落地难、行业规范不明确的困境，要扭转高成本、低共享的局面，不仅需要铺设算法、算力、算据基础架构，鼓励大公司开发通用模型，助力更多领域企业开发场景模型，也需要疏通国际数据跨境流动渠道，促进国际技术知识共享和伦理观念交流，推动数实融合，赋能千行万业。

第二十一章

面对“卡脖子”，实现关键核心技术突破的国际经验借鉴

一、引言

近年来，随着中美贸易摩擦、科技竞争的持续升级，美国在多个领域对中国技术的围堵拦截行为，包括对芯片领域的制裁，以及美国安全和工业局的“实体清单”等，标志着全球科技竞争进入新的阶段。中国作为世界第二大经济体，在科技创新领域已经从跟跑阶段转为跟跑、并跑并行，甚至在某些领域进入领跑阶段。然而，为了应对当前的国际挑战，促进我国科技创新事业的高质量发展，我们必须认真分析我国科技创新体系的不足和短板。

为了突破各项可能被“卡脖子”的关键核心技术，我们需要学习借鉴国际成功经验，取其精华、去其糟粕。本章通过分析国际案例，如 EUV 光刻机和比利时 IMEC 等国际经验，为我国科技创新体系的构建提供有益的启示。在这一背景下，我们认为应该构建适应新时代科技创新形式、搭建具有全球化视野的科技创

新体系。本章所述关于中国科技创新体系以及关键核心技术突破的成功案例经验总结，不仅为我国技术突破提供了理论基础，而且为我们国家构建国际话语体系提供了有力支撑。

二、关键核心技术的概念与理论视角

关键核心技术是推动我国经济高质量发展、保障国家安全的重要要素。近年来，中美贸易紧张局势逐渐升级，美国政府采取了多种手段对中国高新技术行业进行限制，针对性地阻碍我国相关高技术企业获取前沿技术，表明中美关系已进入一个全面科技竞争的新阶段。[1,2] 尽管我国的科技创新水平在长期的发展中取得了显著提升，已成功攻克了共 35 项中至少 21 项曾被视为“卡脖子”的关键技术难题，实现了这些领域的国产替代，[3] 然而，在一些关键领域，如高端芯片、先进计算和软件等方面，我国陷入“落后—追赶—再落后—再追赶”的困境（见表 21-1）。[4]

表 21-1　35 项关键核心技术“卡脖子”问题清单

1. 光刻机	8.iCLIP 技术	15. 核心算法	22. 高压共轨系统	29. 锂电池隔膜
2. 芯片	9. 重型燃气轮机	16. 航空钢材	23. 透射式电镜	30. 医学影像设备元器件
3. 操作系统	10. 激光雷达	17. 铣刀	24. 掘进机主轴承	31. 超精密抛光工艺
4. 航空发动机短舱	11. 适航标准	18. 高端轴承钢	25. 微球	32. 环氧树脂
5. 触觉传感器	12. 高端电容电阻	19. 高压柱塞泵	26. 水下连接器	33. 高强度不锈钢
6. 真空蒸镀机	13. 核心工业软件	20. 航空设计软件	27. 燃料电池关键材料	34. 数据库管理系统
7. 手机射频器件	14.ITO 靶材	21. 光刻胶	28. 高端焊接电源	35. 扫描电镜

注：表内非下划线字体表示已经突破“卡脖子”，下划线部分表示尚未突破。

资料来源：2018 年科技日报系列文章。http://m.skx.getmind.cn/news/info-news-9866.html.

（一）关键核心技术的概念界定

学术界对关键核心技术的概念尚未形成一致的定义，存在多种观点和界定方式（见表21-2）。一些学者认为，关键核心技术往往具有革命性和不连续性的特征，其突破改变了原有的价值链结构，重构了市场格局和产业结构。[5]另外一些学者认为，关键核心技术是指在理论知识基础上，在确定技术路线情况下支撑产品实现的关键部分，是那些可以打开多种不同类型产品潜在市场大门的技术。一个产品最重要的部件，既是不可或缺的技术环节，也是实现多种类型产品的基本骨架。[6]

关键技术（key technology）源于具有创造性破坏性的科学发现，与熊彼特所阐述的“创造性破坏”的概念一脉相承，属于突破性创新的范畴。这些突破性创新通常来源于不同领域知识的重组，具有难以提前预测和识别的特点。[7]为了深入探讨突破性创新，已有研究从多个维度对其形成机制进行了研究，包括从组织因素[8]、市场因素、技术因素和制度因素等方面对其形成机制进行了探索。然而，这些研究往往采用静态的视角，忽略了关键核心技术的动态性分析，而且缺乏系统性的思考。

因此，对于关键核心技术的定义和理解仍然需要更多的讨论和研究，尤其是要考虑其在动态变化中的特征。这有助于更全面地把握关键核心技术的本质，推动我们对于突破性创新的认识迈向更深层次。

（二）关键核心技术突破的理论视角

关键核心技术的发展已超越技术本身的突破，转向了一个系统建设的问题。创新生态系统理论成为理解关键核心技术全生命

表 21-2　关键核心技术的概念和特征

序号	部分文章"关键核心技术"定义	主要特征
1	指在维护军事、经济、科技、信息、生物以及社会等安全时发挥重要作用，并在技术链和产业链中起决定性作用的技术、方法与知识	1. 技术地位具有高壁垒性和垄断性；2. 技术攻关过程具有高投入性和长期性
2	指在产业链前端具有基础性研究意义、价值链高端前沿性研究意义、生态链战略引领性研究意义的技术	1. 高投入、长周期，具有复杂性；2. 核心系统与核心部件呈现市场寡头垄断现象
3	指在众多需要突破的技术和工艺中，对产业发展及国防安全产生重要影响和瓶颈制约的技术	1. 同时具有基础研究导向和应用导向的创新特征；2. 具有广泛应用的市场特征
4	指长期以来困扰我国经济社会发展，关系到战略性领域的国际话语权，未来或许对我国经济社会的高质量发展造成影响的技术[9]	1. 技术知识具有复杂性；2. 知识要素之间具有嵌入性
5	指在生产系统或技术系统中起关键或核心作用的技术[10]	1. 高投入、高风险、高门槛、长周期；2. 具有人才密集与颠覆性的特点

周期发展合适的理论视角。随着技术复杂性、迭代性和融合性的提高，企业间跨界协同活动变得更为复杂和活跃，单一企业或联盟已经无法满足关键核心技术创新的需求，[11] 创新生态系统理论强调了生态参与者之间相互关联且相互依赖的网络，它们根据共同的价值主张协作推动创新和价值创造。创新生态系统作为多边协调的结构，互补者与用户对实现共同价值主张发挥关键作用。[12] Adner 强调基于终端用户的需求构建生态系统，核心企业通过协调生态伙伴的关系从而实现共同价值主张。[13] 以华为和海尔为代表，它们构建创新生态系统突出了价值主张的实现和制造商的

核心地位，并且强调满足终端市场需求是生态构建的首要准则。

但是，在关键核心技术突破方面，柳卸林等强调，技术的突破可以作为创新生态系统的价值主张。[14] 方炜等以大飞机产业为例，说明在制度、战略、市场和组织等方面的系统性设计对产业突破具有重要意义。[15] 实践经验表明，通过成立重大专项，我国在新能源汽车、高铁、C919 大飞机研发等方面均取得显著成效。从关键技术突破的生命周期维度分析，在关键核心技术的开发阶段，不仅需要核心企业具有高水平的技术研发能力，还需要上下游企业在人才、技术和资源等方面的配合。在关键核心技术的应用阶段，企业需要确立产业链核心价值主张，组织上下游供应商等主体之间的相互依存关系，通过优势互补和价值链创新形成生态优势。但是，企业如何占据生态核心地位，掌握生态话语权，从而实现关键核心技术的社会价值和经济价值，目前仍然缺乏明确的解答。

（三）关键核心技术突破需要系统性思考

当前，我国在部分关键技术领域面对突破性创新的困境，原因有很多，其中主要原因之一是缺乏具有前瞻性的技术成果转移转化机制。从核心技术的局部突破到构建全面的创新生态网络之间存在鸿沟，导致科技与产业之间的脱节问题难以解决。[16, 17] 自 Freeman 等学者提出国家创新系统理论，学者们一直致力于解决科学知识到产业应用的“死亡之谷”的问题。为了跨越“死亡之谷”，Leydesdorff 和 Etzkowitz 引入三螺旋理论，分析大学、产业、政府之间的相互作用，表明创新主体不再单纯具有唯一功能，其中，公共科研院所能够打破主体边界，可以帮助基础研究知识有效流通至应用研究，最终实现商业化效果。学者们已经认识到，解决科技与产业两张皮的问题需要系统性的建设和思考。在构建全面的创新生态网络中，多元化的参与者之间的相互关系和协同发展变得至关重要。这种系统性建设的理念强调不仅需要关注核心技术的突破，还要关注整个创新生态系统的互动和合作机制。

此外，作为后发国家，我国企业虽然在一些高技术领域成功突破了封锁，但由于后来者的身份，难以在国际舞台上发挥主导作用。在科技竞争生态系统中，我国的高新技术企业更多地扮演着参与者而不是核心主体的角色。[18] 尤其在多主体协同创新实践过程中，国家投入大量经费支持企业间协同创新，然而推动效果不佳，具体表现为：创新主体间利益共享意愿不高，创新成果转化效果不好，知识流通不畅，等等。因此，在这一背景下，我们需要分析国际上是如何弥合核心技术突破与创新生态网络构建之间的差距的。这包括关注其他国家在推动核心技术转化为产业应用方面的成功经验，以及它们在建设创新生态网络中采取的有效措施。通过借鉴国际经验，可以更好地促进我国科技与产业之间的有效衔接，从而提升我国在全球科技竞争中的话语权和竞争力。

三、关键核心技术突破的国际启示——以阿斯麦公司案例为例

光刻技术在集成电路（ICs）芯片制造中发挥着关键作用，而光刻设备的技术变革和创新一直是学术界广泛关注的研究议题。作为该领域的代表性企业，荷兰阿斯麦公司（ASML）的研

究案例为深入理解光刻技术的发展路径提供了有益的范例。本节旨在探究 ASML 在光刻技术领域的突破路径，并总结其成功经验，以期为我国关键核心技术的突破提供有启示性的经验借鉴。

（一）ASML 公司案例介绍

光刻技术的研究和发展一直是芯片制造领域关注的焦点，而 ASML 作为该领域的龙头企业，其在技术变革和创新方面的成功经验具有典型性和指导意义。ASML 是一家总部位于荷兰的半导体行业中主要的光刻设备生产商。该公司于 1984 年由荷兰电子公司飞利浦拆分而成，专注于研发、制造和销售用于半导体制造的光刻设备。其业务遍及全球，为全球各大半导体制造商提供先进的光刻设备，并在美国、荷兰、中国台湾等地设有分支机构和研发中心，以确保在全球范围内提供卓越的技术支持和服务。

ASML 在全球半导体生产设备市场中占据着显著的地位，是该领域的主要参与者之一。目前，市场上提供量产商用的光刻机厂商有三家：ASML、尼康 (Nikon) 和佳能 (Canon)。ASML 的整体市场份额为 62%，尼康为 8%，佳能为 30%。从产业链来看，ASML 有 4700 家供应商，其中 3200 家来自国外。其产品主要销售给三个客户，美国的英特尔、韩国的三星和中国台湾的台积电，这些客户的芯片用于数据中心、汽车、智能手机和其他设备，为世界各地的终端用户服务。[19, 20] 此外，ASML 为了保证技术的突破性，与科学研究机构保持紧密的沟通，包括行业研究机构 SEMATECH 和 IMEC，技术基础的研究联盟 EUV LLC 和 e-Lith JV，以及技术开发商 IMS 和贝尔实验室（见表 21−3）。这种广泛的合作网络有助于确保 ASML 在技术创新和发展方面保持领先地位，并促使其产品满足不断变化的市场需求。

表 21-3　ASML 的商业版图

主要供应商	蔡司和 Cymer 等超过 4700 家企业为 ASML 提供零部件
主要竞争对手	尼康 (Nikon) 和佳能 (Canon)
主要客户	全球芯片 Top10 榜单上的企业，如英特尔、三星、AMD、TSMC
合作的研究机构	SEMATECH 和 IMEC
参与的技术联盟	EUV LLC、e-Lith JV
合作的技术开发商	IMS 和贝尔实验室

（二）极紫外（EUV）技术原理介绍

光刻机是半导体制造中的关键设备，采用光学投影原理将芯片图案投影到硅片上。首先，通过光源照射光刻胶涂覆的硅片表面，形成图案。然后，透过光掩膜版，将图案投射到硅片上，使光刻胶在感光后形成图案。这一步骤后，进行后续工艺，如腐蚀和沉积，最终完成芯片制造（见图 21-1）。

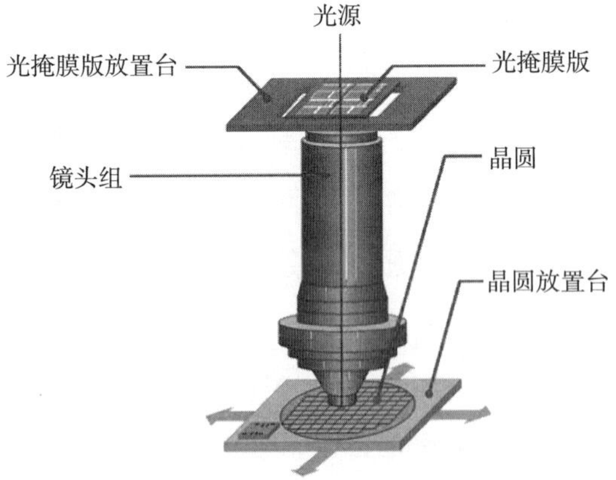

图 21-1　光刻机基本结构

光刻机的精密性和分辨率直接影响芯片质量。极紫外技术作为一种高级技术，具有卓越的图案分辨率和制造效率，是当前半导体行业中最先进的光刻技术之一。EUV 设备体积庞大（约 180 吨），每台价格高达 1.44 亿欧元，被称为“人类制造的最复杂的机器”。EUV 光刻机技术体现最前沿的光学技术、磁悬浮技术等，是关键核心技术的集中体现。[21]ASML 作为 EUV 设备的唯一制造商，其在高端市场的市场份额远远超过竞争对手——数据显示，ASML 的市场价值占比高达 91%。

（三）ASML 的案例实践与启示

1. 关键核心技术的识别充满不确定性

自 20 世纪 60 年代初期以来，光刻技术一直是半导体制造领域的主导技术。光刻机利用光能源与透镜、掩膜和电阻技术的复杂相互作用，巧妙地将精心设计的电路图案投射至半导体晶圆上。随着市场需求的爆炸性增长，行业领导者们对光刻技术进行了不断的进化和革新，遵循摩尔定律进行发展，即“每隔一年晶体管数量翻倍”，到 90 年代中期，已经经历了五代光刻技术的发展。每一代都伴随着技术基础架构的变革，同时面临下一代技术路径的不确定性。至 90 年代，越来越多的行业参与者开始认为光刻技术接近其物理极限，摩尔定律不再适用。克服技术瓶颈变得越发困难，为了满足竞争需求，行业内广泛共识认为需要引入新的技术体制。因此，形成了产业内对新技术体制的集体信念。

在技术路径不明确的初期，各种潜在技术相互竞争，争夺成为下一个主导技术的地位。然而，在技术路径明朗之前，所有事情都是未知的。对于 ASML 而言，掌握下一代光刻设备技术是至关重要的，他们追求通过完全掌控和遵循科学规律的方法来降低这种不确定性。ASML 采用了实物期权（real option perspective）的视角，广泛投资于所有理论上可行的选项。首先，他们在技术机会方面进行广泛搜索，寻找下一代光刻设备技术的潜在范式。“作为一家光刻公司，只要有一种技术占据主导地位，我们就需要参与其中。”其次，他们为核心关键技术的评估设定了几个基本标准，包括分辨率和吞吐量、性能的可扩展性、减少投影光、摒弃 X 射线和压印技术，保留 EUV、电子束和离子束技术在 ASML 的技术选项组合中，而光刻技术中的 DUV 193 和 157 也被列为备选。ASML 积极参与行业实验，并参与关于下一代光刻设备技术范式的讨论，以确保其技术选项的前瞻性和适应性。

2. 关键核心技术的布局需要抢占先机

尼康曾是上世纪 90 年代最大的光刻机制造巨头，然而，其衰落源于 157nm 光源干刻法与 193nm 光源湿刻法的技术之争。当时，光刻机的光源波长受到限制，无法突破 193nm，因此尼康等公司主张在前代技术基础上采用 157nm 的 F2 激光，选择了相对稳健的技术路径。相对地，ASML 则押注于浸润式技术，尽管该技术当时尚未显现技术优势，但 ASML 的战略是通过掌握最前沿的技术来占领下一代光刻设备技术范式的制高点，这在激烈的技术竞争市场中成为关键。

ASML 的浸润式技术选择体现了其对长期主义与动态能力的坚持。[22] 虽然在初期投入阶段未见技术显著优势，但 ASML 致力于通过技术的先发优势来牢牢掌握市场地位。ASML大胆选择了最前沿的技术路径，最终超越了尼康，成为光刻机制造商中的领导者。其成功不仅仅源于技术的领先地位，更是因为公司在长期战略规划和动态能力方面的卓越表现。即使面对强大的资本力量，ASML的技术领先地位仍然稳固不可撼动。

ASML选择浸润式技术的决策背后，是对光刻技术发展的深刻理解和对未来技术路径的准确洞察。公司在技术研发上的耐心和长期投入使其最终在市场竞争中脱颖而出。这表明了企业在关键核心技术领域取得成功的关键因素之一是具备长期和大胆布局的战略眼光。ASML的经验为其他企业提供了启示，即在高度竞争的技术市场中，投入于前沿技术的长期战略规划是取得市场主导地位的可行路径。

3. 关键核心技术需要市场的指导

ASML的成功在很大程度上源于其于2012年推出的客户共同投资计划（CCIP），这一计划对ASML业绩的增长做出了突出贡献。CCIP的实施加速了ASML对极紫外技术的开发，使得其他两个竞争对手，尼康和佳能，以及其他市场竞争者在这一领域被边缘化，它们只能在相对不太先进的深紫外（DUV）和i-line系统中进行竞争。在CCIP计划中，ASML邀请了英特尔、三星和台积电分别收购其15%、5%和3%的股份，总计达38.5亿欧元。这三家公司还同意在2013—2017年为ASML的研发提供13.82亿欧元的资金，分别为8.29亿欧元、2.77亿欧元和2.76亿欧元。作为回报，它们在从ASML采购设备方面获得了比全球芯片代工厂（Global Foundries）等竞争对手更为有利的地位。

CCIP 的实施意味着 ASML 成功整合了集成电路供应链的下游三大主要客户（英特尔、台积电和三星）。客户参与其中不仅与 ASML 共担风险，还通过 2012 年以 19.5 亿欧元收购 Cymer 公司（专注于 EUV 光源的开发）以及其他投资方式获得了更有利的地位。ASML 推动 CCIP 计划的原因在于，半导体行业迫切需要开发 EUV 技术，以制造更小、性能更高的芯片，而这需要足够的资源和技能。CCIP 的实施为 ASML 带来了显著的业绩增长，自 2012 年以来，公司的营业收入和研发投入水平均呈现出大幅度增长的趋势（见图 21-2）。整体来看，CCIP 计划不仅加速了 EUV 技术的发展，也推动了 ASML 整体业务的繁荣。

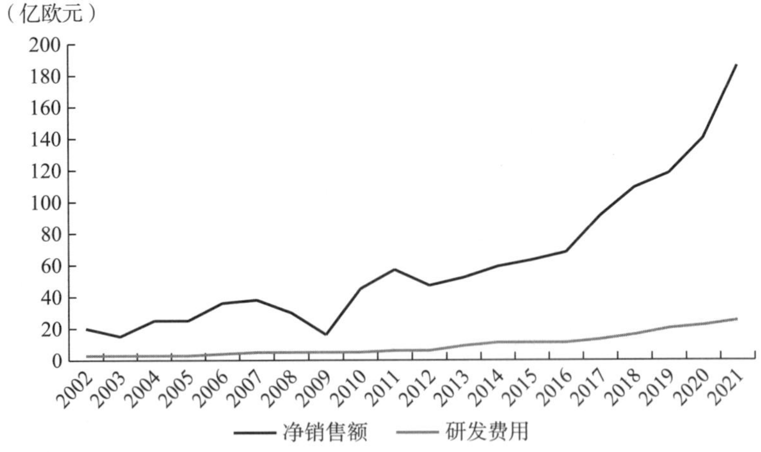

图 21-2　2002—2021 年 ASML 营业收入与研发投入费用

资料来源：作者通过 ASML 企业年报整理。

4. 关键核心技术突破离不开互补技术的协同

ASML 在关键核心技术领域的突破经验在于其重视互补技术的协同发展，既在上游与下游建立了紧密的合作关系，也深刻挖掘了互补者之间的协同作用。光刻机技术的主要挑战之一是其复杂性，特别是晶圆扫描仪的子系统，包括电子光源、光学器件以及纳米级运动的晶圆载物台等，这些子系统本身非常复杂。然而，ASML 成功实现了这些互补技术的协同工作，使其成为可能。技术的协同进化是一种普遍的突破方式，关键核心技术的突破需要相互协同的各个环节，因此，互补技术在关键核心技术向产品商业价值的实现过程中，扮演着至关重要的角色。

在 EUV 光刻机所有相关互补技术协同发展的过程中，ASML 不仅仅是技术的引领者，还通过建立稳定的协作关系与互补企业保持密切的合作。蔡司公司就是一个互补性技术发展的典型案例。为了制造可生产 3nm 以下工艺芯片的光刻机，ASML 依赖于蔡司提供更优质的透镜。ASML 与蔡司一同进行创新发展，并在 2019 年追加了 20 亿美元的投资，共同研发高数值孔径透镜。根据 ASML 的高级管理人员反馈，在 2020 年，ASML 产品 85% 的零部件是与供应链企业共同研发的。开放的合作网络使得 ASML 可以在全球范围内找到最优秀的供应商，[23] 涵盖光学器件、机械装置等多个方面，并且供应到各个光刻设备当中（见图 21−3）。

5. 关键核心技术的突破需要集体的力量

发挥集体创新优势是 ASML 成功的关键要素之一。集体创新

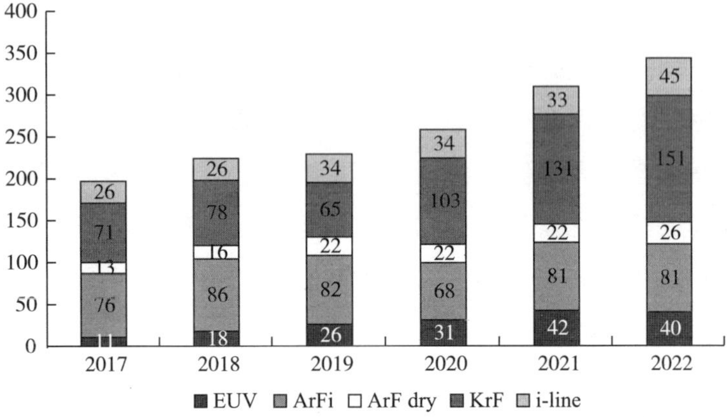

图 21–3 ASML 各类光刻设备出货数量

资料来源：作者通过 ASML 企业年报整理。

指的是一群行动者共同参与创新活动的过程。ASML 的故事表明，核心企业与其他生态成员在一个机制内自由交流信息和技术，形成了一个集体创新的平台。该平台的搭建得益于美国政府和主要集成电路制造商在 20 世纪 80 年代中期组成的创新联合体 SEMATECH。SEMATECH 提供了一个集体机制，通过组织前沿技术研讨会和系列会议，推动行业专家提供半导体的国际技术路线图。从 20 世纪 90 年代中期开始，SEMATECH 发展成为全球性的促进技术进步和信息交流的平台。这种联盟关系并非仅仅依赖于地理上的邻近和集群，更是依赖于生态参与者之间的紧密关系。

在这一机制下，受邀的专家在会议上对每项技术的可行性进行投票，引领行业朝着下一个里程碑迈进。定期的会议投票对技术开发人员施加了巨大的压力，推动他们展示自己的进步，因为这直接影响下一代技术路线的选择。集体创新也在生态共生的竞合关系中得到体现。生态参与者之间的竞合关系比单纯的竞争或合作更为重要。竞合有助于企业获取行业知识和资源，提升创新效率，更容易跟上变化并缓冲风险。ASML 的核心关键技术突破得益于产学研的合作，其中 IMEC 起到了重要的作用。特别是在 EUV 技术的研发阶段，ASML 与 IMEC 紧密合作，分享技术进展，解决实际挑战。此外，ASML 还与其他互补技术领域的企业建立了合作关系，共同推动技术的发展。

具有生态思维的企业，除了与关键用户和供应商合作外，还会与直接竞争对手建立技术标准或共同研发新产品。ASML 在产学研联盟的基础上进行了多个并行研究项目，涉及 E-beam、Ion-beam 和 EUV 等领域，与 IMS、西门子、贝尔实验室等建立了紧密的合作关系。这种开放的生态系统使得企业能够从全球范围内找到最优秀的供应商，并通过与外部伙伴的合作，共同启动并推动技术创新。

6. 关键核心技术的突破需要以企业为主导

ASML 在创始时即采用了广泛雇用外部专家的战略，而非过分依赖政府支持。荷兰政府对于小规模光刻机产业的较低关注度和财政限制使得 ASML 未能获得政府资助。在 EUV 技术的发展中，ASML 通过成为 EUV LLC 联盟的独家会员，取得了研发支持，但这更多的是基于商业合作和产业联盟，而非政府直接干预。由于光刻机属于一个小产业，没有被荷兰政府所重视。也是由于荷兰政府的财力有限，ASML 多次申请政府资助都被拒绝。在国际产业竞争中，地缘政治因素可以影响企业的竞争地位，但技术创新、产业合作和战略决策仍然是企业成功的主要驱动力。

ASML 的故事表明，其成功既有赖于国别地缘政治所带来的机会，又更多地取决于企业的战略选择和创新能力。

（四）案例讨论与结论

核心关键技术的突破不仅仅是解决一个单一技术问题，而是涉及一个系统性的创新挑战。在这一创新过程中，用户和互补者的参与至关重要，形成了一个协同创新的生态系统，其影响可以跨越多个行业和市场。ASML 作为一个典型的案例，通过其核心技术的突破，阐释了在特定生态系统中用户和互补者共同参与协同创新的关键作用。

在 ASML 案例中，政府被赋予了指导与监督的角色。ASML 借鉴了韩国的经验。韩国是第一个采用高通公司 CDMA 系统作为国家标准的国家，并参与了其开发。这种政府的引导作用推动了行业标准的制定与推广，为技术的发展提供了方向，但是政府并不是一个直接干预者的角色。反而，ASML 在其发展中依赖于主要客户，如英特尔、三星和台积电。这些客户不仅是产品的决策者，因为产品直接与它们的需求和价值相关，而且它们的隐性知识对于核心关键技术的发展至关重要，凸显了用户参与的重要性。

尽管 ASML 目前几乎垄断了市场，但核心关键技术的竞争仍然是市场导向的。竞合与共生的关系为所有合作伙伴创造了竞争优势。尽管 ASML 已经成为行业中的“垄断者”，但全球的研究人员和竞争对手仍在不懈努力，致力于技术改进和下一代技术的开发，这保持了行业的创新动力。

四、构建创新生态系统的国际启示——以 IMEC 案例为例

本节将以比利时微电子研究中心（Interuniversity Microelectronic Center, IMEC）为例，探讨公立科研院所如何构建创新生态系统。IMEC 通过吸引多元的合作主体，建立合作协议，统筹协作、调配资源，创造出多主体共担成本和风险、共享收益和成果的新模式。IMEC 通过附属计划（Industrial Affiliation Program, IAP）[24] 和知识产权模型（IP 模型）两大抓手，稳固了其在微电子研究领域的核心地位，为我国公立科研院所构建创新生态系统提供了宝贵经验。

（一）IMEC 简介

IMEC 是位于比利时的一家世界领先的独立研究机构，成立于 1984 年。IMEC 专注于微电子技术、纳米电子学和数字技术的研究，经过近 40 年的发展，现已成为欧洲最大的微电子研究中心。

IMEC 的研究涵盖了半导体技术、先进制造工艺、集成电路设计、新型材料以及与纳米电子学相关的领域。该中心与比利时的多所大学合作，形成了强大的研究联盟。此外，IMEC 还与全球产业界建立了紧密的合作关系，包括半导体公司、设备制造商和其他创新机构。IMEC 的研究成果在全球产业界产生广泛影响，尤其在先进制造工艺、芯片设计和新兴技术领域。作为一个卓越的创新中心，IMEC 在推动比利时及全球微电子产业的发展方面发挥着关键作用。

为了推动技术创新，IMEC 采用了开放的创新模式，通过吸引不同合作主体，共同构建创新生态系统。其中，附属计划是一项关键举措，为合作伙伴提供了共同研究的平台。此外，IMEC 注重知识产权的保护，通过建立合理的知识产权模型，确保研究成果的最大化和可持续性。该模式从根本上解决创新意愿、成本收益分摊与知识畅通流动的三大难题。IMEC 的合作模式不仅使其在微电子领域成为全球知名的研究中心，更开创了以公立科研机构为创新中心主体的先河。

（二）IMEC 的案例实践与启示

1. 附属计划是筛选合作伙伴的机制

构建创新生态系统是一个涉及多方面机制的复杂过程，其中附属计划作为一个核心机制，在筛选合作伙伴的过程中发挥着关键作用。首先，IMEC 在有限的研究成本和管理精力下，选择专长领域，通过慎重挑选优势知识产权储备，实施多阶段实验，对接市场需求。在这一过程中，IMEC 需要深入了解通用技术，并在基础研究中选择领先市场三到八年的技术领域，确保终端用户对其他合作伙伴不构成威胁。

其次，通过邀请所有潜在的合作伙伴参与 IAP，IMEC 在选择合作伙伴时需要考虑价值链的各个环节，确保不同位置的合作者都能参与其中，包括技术供应、半成品加工、材料和组件供应以及技术使用的终端用户。这一步骤保证了创新生态系统的完整性和协同效应。最后，在签订协议前，IMEC 仍需明确合作伙伴之间的基本原则和管理规范，这包括所有参与主体共享研发费用、研发人员和知识产权，同时共同承担研发风险。不同主体的身份决定了其在项目中的权益和责任，分为核心成员和项目成员两大类别。这种分类基于合作伙伴的需要和贡献程度，最终确保了各方在创新生态系统中的公平参与和权益享有。

对于 IMEC 而言，附属计划作为一个筛选合作伙伴的机制，通过精心选择技术领域、合作伙伴和建立明确的原则规范，为构建创新生态系统提供了系统性的方法。这一机制不仅帮助公立科研院所充分发挥其专长，还促使各个合作伙伴形成紧密协同的合作网络。

2. 知识产权分配是长远发展的保障

营造长期稳定的创新环境必须关注价值创造与价值独占的均衡匹配，而知识产权分配机制是关键因素之一。公共科研院所的独立身份在此过程中发挥关键作用，为长远发展提供保障。IMEC 采用的知识产权模型为解决这一问题提供了成功经验，通过事前协商和双边知识产权协议，明确了研发领域、知识产权归属和费用支付等方面的具体内容。合作协议均在项目开始前进行签署，确保了所有合作伙伴在创新链条中的有序协作。

该知识产权模型包括两大类知识产权：背景知识产权和前景知识产权。背景知识产权为 IMEC 已有的基础研究知识，由所有项目研究主体共享。前景知识产权则分为四个类别，根据知识产权的归属和共享程度进行区分。具体包括 IMEC 独占的知识产权、IMEC 与合作伙伴共同拥有的知识产权、特定主体独占的知识产权以及合作伙伴完全独占的知识产权。

R0 类知识产权是 IMEC 独自所有，用于补充 IMEC 专利池；R1 类知识产权由 IMEC 和为本研究出资的成员共同拥有所有权，其他生态成员具有非排他性使用权；出于竞争关系考虑，R1*类知识产权根据特定市场需要设立，特定成员具有排他性所有权，其他成员获取其授权后可以使用；R2类知识产权是专项研究成果，特定成员独立出资研发，具有排他性所有权和排他性使用权（见图21-4）。

通过在合同中明确这些知识产权的分配原则，避免了“搭便车”和产权归属不明确的问题，最大程度上满足了各主体的需求，同时保障了科研和研发的双重活力。这种模式为各合作伙伴提供了清晰的知识产权框架，有助于解决利益冲突，保持科技成果的转化活力。

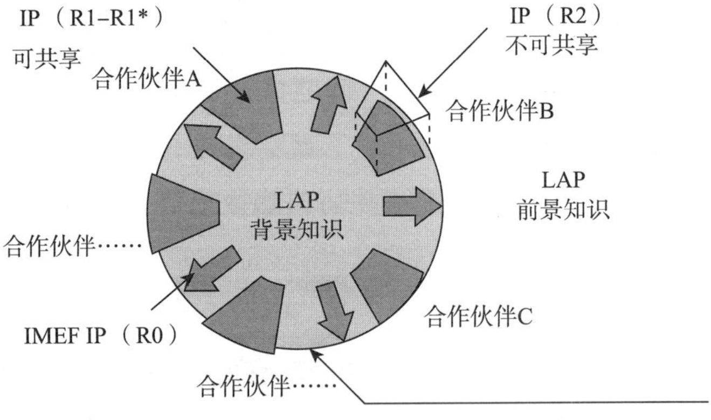

图21-4　IMEC知识产权模型的基本原理

资料来源：Leten等（2013）。[25]

3. 公立科研院所的独立身份是合作运行的保障

在构建创新生态系统的过程中，公立科研院所的独立身份在合作运行方面发挥着至关重要的保障作用。为确保创新生态系统的专业性和中立性，IMEC 采用了科学顾问委员会的机制，邀请国际知名学者和高管为 IAP 计划提供专业技术指导。这一措施旨在确保系统内的研究方向和计划能够得到专业而中立的引导，使得合作伙伴能够在创新过程中充分发挥各自的专业优势。

同时，IMEC 通过设立具有绝对中立性的理事会来进一步保障创新生态系统的运行。理事会成员的来源涵盖政府、大学和企业，各占 1/3 的比例，以确保每个创新生态主体的利益得到平衡的代表。这种中立性的管理结构为系统内各方提供了公正的环境，有助于解决潜在的利益冲突，推动合作顺利进行。在运行期间，IMEC 通过满足每位合作伙伴的特定技术需求，确保每个合作者关心的研究导向都会在计划内得到推进。这种个性化的研究计划有助于提高合作伙伴的满意度，同时也促进了创新生态系统内部的协同作用。最后，为了保障科技成果的转化，IMEC 采取了灵活的方式，企业可以选择派遣研究人员参与 IMEC 的具体研究小组，或者委派 IMEC 的成员随时与企业沟通技术应用领域的进展情况。这种双向的沟通机制有助于保持合作的紧密联系，促使科技成果更好地得到实际应用。

因此，公立科研院所在构建创新生态系统时，通过独立身份的维护，谨慎选择研究方向和周全保障运行机制，为合作伙伴提供了一个可靠而专业的合作平台。这种机制不仅促进了各方在系统内的高效协同，也为创新生态系统的成功奠定了坚实的基础。

4. 公立科研院所的基础研究能力是科技创新体系的保障

科研院所的研究能力是科技创新体系的重要支撑，其中丰富的背景知识产权储备被视为创新系统核心地位的基本要素。在构建创新生态系统之前，科研院所，如 IMEC，通过调查知识产权储备情况，汇集与研发技术相关的知识产权，并通过提交专利申请获取背景知识产权的独立所有权，以确保在未来创新生态系统中拥有决策权和话语权。

以 IMEC 开发的基于 Post CMOS（互补金属氧化物半导体）纳米技术的创新生态系统为例，该机构在专利筛选阶段发现与纳米技术相关的背景知识产权数量庞大，但与 Post CMOS 所需内容相差较大。针对这一情况，IMEC 采取了将潜在创新生态系统设为多个专利集群的策略，包括半导体纳米线（NW）和碳纳米管（CNT）等技术领域。在向潜在合作伙伴提出项目规划之前，IMEC 在可接触的专利和出版物数据库范围内进行全文搜索，以预留一到两天时间进行详细的研究。

通过针对每个专利集群进行全文搜索，IMEC 确定了想法的新颖性和创造性，满足所有专利集群标准的相关知识产权都会被单独提交专利申请。这一策略使得 IMEC 在创新生态系统构建之前就已经获得了专利集群内将近 80% 的知识产权。这种系统性的知识产权获取方式有助于科研院所在创新生态系统中占据主导地位，确保其在前沿技术和研发领域具有竞争优势。

5. 稳定的资金支持研究开发能力

在资金保障方面，公共科研院所需要建立长期稳定的资金支持体系以维持其研究开发能力。配合知识产权模型，这一体系可以通过合理筛选创新生态主体、考虑资本能力并将资本雄厚、抗风险能力强的企业选作项目核心成员来实现。

IMEC 在确定集成电路技术项目时选择了七个资本雄厚、风险抗性强的核心合作伙伴，确保项目拥有长期稳定的资本支持，分别是英飞凌（Infineon）、英特尔（Intel）、松下（Matsushita）、飞利浦（Philips）、三星电子（Samsung Electronics）、意法半导体（STMicroelectronics）和德州仪器（Texas Instruments）。七位核心成员享有项目所有研究阶段的共同使用权，但若有单独知识产权的独占意向，则需要支付额外费用。通过这一策略，IMEC 在 2004—2013 年间自营收入增长了 12%以上，其中仅有 21.7% 来自政府预算，其余收入均源于合作主体的项目参与费用。

6. 孵化子公司，提高应用研究能力

孵化子公司作为提高科研院所从基础研究到应用研究的重要渠道，以及促进科技成果转化的有效方式，成为衍生更多创新生态主体的主要手段。IMEC 通过其知识产权模型在构建创新生态系统中，不仅拥有背景知识产权的独立所有权，还共同拥有通用前景技术的知识产权。随着时间的推移，这些知识产权构建了强大的背景技术池，将成为其核心价值。某些公司甚至自发组成企业联盟，呼吁 IMEC 启动新的创新生态系统，将 IMEC 自然而然地确立为生态系统的核心主体。

IMEC 在集成电路中获取前沿的知识产权，持续更新技术储备池，并立足储备池孵化初创企业。IMEC 先后孵化了 123 家公司，其中有 69 家中小企业。在 IMEC 的引领下，这些企业发起了硅上液晶的集成（LCOS）微型显示器日常应用研究项目。在这个过程中，企业呼吁 IMEC 提供先进技术培训，进行日常应用产品的可行性研究，包括生产过程和产品创新。同时，它们还向根特大学申请了基础研究的合作，形成了企业在集成电路创新生态系统上自主拓展的细分领域，是新的创新生态系统的典型案例。

（三）案例讨论与结论

在构建创新生态系统时，公立科研院所应当遵循一个核心和两个桥梁的原则，以吸引用户的积极参与。所谓一个核心，即确定公共科研院所在创新生态系统中的核心位置，具体指在技术领先和知识中心方面占有主导地位，成为协作环境的责任主体，推动用户间的合作、研究议程的展开，并增加技术附加值。同时，两个桥梁发挥关键作用。其一是连接学术界和产业界，通过选择高校基础研究中可进行产业化应用的技术，并与企业联合进行研发，提高科技成果的转化率，吸引高校和企业进入创新生态系统。其二是连接创新链和产业链，实现研发和工艺的对接、技术和应用的对接，扩大通用技术在产业链中的影响范围，帮助企业主体在市场中积累竞争优势，从而巩固创新生态系统对用户参与的吸引力。

相较于独立研发，联合研究和共同开发具有聚焦各类创新资源、争夺核心技术以及基础技术突破的优势。在协同机制方面，公立科研机构在引导融通创新时注重发挥科技的善意力量，以实际需求为导向，通过充分发挥科研院所的平台资源和创新引领作用，以跨界合作和开放共享的原则与全社会创新主体实现共赢和价值共创。在组织模式方面，强调组织边界的开放融合，同时更加注重创新生态系统的系统性。公共科研院所应该重视产业化研究与基础研究、应用研究的深入互动融合，使产业价值链前后端的合作更加紧密，形成长期战略性合作关系，在灵活多变的创新环境中打造高效稳定的创新生态系统。在价值分配方面，引领融通创新的公立科研院所应基于平台战略展开多边合作，注重价值创造和价值独占的融合均衡。此过程可借助知识产权管理模型和创新生态系统的编排作用，以降低知识模仿和关键技术泄露的风险。

五、本章总结

本章通过对国际集成电路领域关键核心技术研发经验的分析，揭示了核心企业与公立科研院所在科技创新治理体系中的关键角色，并探讨了它们之间的差异。ASML 的经验表明，大型企业在关键核心技术突破中扮演核心角色，其构建的创新生态系统被视为开放的研发平台，吸引了各类主体用户的积极参与，涵盖高校、政府和企业等，甚至涉及竞争关系的企业也能参与共同项目。这些核心企业在创新生态系统中扮演主导角色。通过 EUV 光刻机的经验启示，中国企业可借鉴其创新模式，关注关键核心技术的识别，让用户和互补者成为股东，解决我国企业创新中的融资难、融资贵问题，为长期科技研发提供低成本融资渠道。

IMEC 的经验则突显了公立科研院所在科技创新治理体系中以知识产权管控为核心的重要性。完善激励机制、合理分配成果转化收益，提高创新链条各环节的积极性是关键。通过建立明确的知识产权管理模式，公立科研院所能够推动创新主体间的协同合作，促进知识和技术的共享，为创新提供更强大的支持。作为创新生态系统的关键主体，公立科研院所应构建有活力的创新生态系统，以知识产权管理模式为创新主体的黏合剂，整合创新资源，逐渐延长创新生态系统的生命周期。这不仅使其能够把握新一轮科技革命和产业变革的趋势，同时也会吸引创新主体打造共同价值取向的长期合作模式。通过构建有活力的创新生态系统，公立科研院所可以更好地推动科技创新的发展，提升国家在全球科技竞争中的地位。

第二十二章

科技脱钩与我国科技创新治理体系优化

一、前言

过去几年，在地缘政治影响下，全球科技脱钩仍在持续。[1] 在中美贸易摩擦中，美国发布了数批“实体清单”，限制中美之间的贸易往来，尤其是涉及关键技术的产品贸易。被列入名单的实体包括企业、国家机关、高校、科研机构以及个人。当前美国仍在不断更新“实体清单”，将更多的中国实体纳入在内。此外，美国于2022年发布了《芯片与科学法》(CHIPS and Science Act)，旨在通过提供数百亿美元的新资金促进美国半导体的研发和制造，并对抗中国该领域的发展。其他一些国家也在更新其“实体清单”，例如加拿大公布了对研究经费的限制，宣布停止资助中国、伊朗和俄罗斯等有关研究人员。由此看来，短期内脱钩的局势暂时得不到显著改善。

在此情形下，中国的科技创新发展遭遇到了重大挑战。[2, 3, 4, 5] 众多中国企业因芯片断供面临产品停产以及经济绩效下滑的局面。[6] 例如，作为ICT领头企业的华为和中兴由于不能获取芯片和相关的技术，产品生产一度陷入困境，企业销售额明显下滑。美国对中兴的制裁始于2018年，限制美国企业在未来七年向中兴提供关键配件、产品、软件和技术等。但中兴在此前已与众多美国企业，如英特尔、微软和IBM等建立了紧密合作，因此，此举对这些企业造成了极为严重的影响。除企业外，美国等国家针对中国一些高校也实施了限制条款，两国之间的科技人员和研究人员不再自由流动，极大限制了知识的传播和更新。

面对“脱钩”和全球动荡的局势，加强建设国家现代化科技创新体系具有重要意义，不仅可以帮助中国应对当前的危机和挑战，也可以帮助广大发展中国家应对发达国家的科技霸凌行为，促进全球共识的形成，维护公平公正的全球科创合作体系。科技治理体系现代化的目的是多方主体的长期共赢，并需要做到五个“有利于”原则（有利于实现国家科技战略目标，有利于提高国家产业竞争力，有利于提升人民的福祉，有利于环境社会可持续发展，有利于促进人类文明进步）[7]。因此，构建现代化科技创新体系涉及了多领域、多角度和多方主体。

本章主要分析了目前全球脱钩现状以及对我国创新主体的影响，并从不同角度给出了构建完善的创新体系的对策和建议。从政府来看，需要加强并利用“国内大循环、国内国际双循环”。对于创新主体来说，尤其是企业，需要不断加强和改善其韧性以应对危机并快速反弹发展；强化创新主体的基础研究能力、加强其应用研究和技术开发能力也是保证创新体系稳健的重要因素；激发社会公众科技创新的积极性也是现代化创新体系中不可忽视的问题；最后，构建多元主体互通的协同治理体系可以使科技创新治理体系发挥最大效能。

二、脱钩对我国科技创新的影响

（一）全球脱钩现状及其影响

根据目前的脱钩现状，贸易限制和供应链调整是脱钩现象的两个重要体现，涉及了国际贸易体系和全球供应链的演变，对中国和其他国家之间的经济关系、贸易往来和地缘政治格局均会产生深远影响。具体来说，贸易限制是一些国家采取的主要脱钩手段之一，旨在减少与中国的贸易往来和经济联系，以及对中国产品的依赖。采取的具体措施包括加征关税、对特定实体实施制裁以及实施贸易壁垒等。这些限制对中国企业的进出口均产生了影响，也对全球贸易市场带来了连锁反应，增加了全球生产过程中的不稳定性。此外，供应链调整也是目前脱钩的表现之一。众多国家纷纷寻求多元化供应链，减少对单一国家供应链的依赖，尤其是中国。例如，一些政府通过政策支持和激励举措来加速寻找替代市场和供应商，鼓励企业将生产基地或子公司转移到其他国家或地区。新的供应链布局会给企业带来诸如资源重新配置以及适应东道国法律法规的挑战，也可能在更大范围内导致全球产业结构的变革。

在学术界，目前已有众多学者针对脱钩的影响进行了探索，大部分均得出了脱钩对中国、美国以及其他经济体来说均产生了一定程度的负面影响的结论。例如，有学者通过计算进出口金额占 GDP 比重和 FDI 占 GDP 比重，[8] 商品和服务进口金额占 GDP 比重等，[9] 得出了国际贸易受到了脱钩的极大影响的结论。Hu 等从全球价值链角度出发，通过国家间投入产出表（inter-country input-output tables）计算了风险指数，即，中美贸易被切断后，各主要经济体 GDP 即将面临的风险。[10] 在研究中，作者同时考虑了完全脱钩和部分脱钩两种情形。在前一种情景中，假设所有行业都会受到中美贸易脱钩的影响；在后一种情景中，只有技术密集型产业受到脱钩的影响。结果显示，在完全脱钩中，由于中国经济对美国经济的依赖程度仍然高于美国对中国的依赖程度，脱钩会给中国带来巨大压力；在部分脱钩中，呈现出了类似的结果，即中国将会受到更大的影响。此外，中国台湾和韩国受影响的程度也高于美国，其中的原因在于两者均为中国的生产活动提供了大量的技术密集型中间产品，尤其是计算机、电子和光学等产品，因此，与中国贸易和经济发展密切关联，受到的影响也相应较为明显。总体来说，尽管程度不同，中国和美国均在脱钩中受到了负面影响。

（二）脱钩下我国科技创新的发展

虽然全球脱钩主要来源于经济和政治因素，包括贸易失衡、市场体系差异，以及“美国优先”“中国威胁论”等意识形态，[11, 12, 13] 但其对科技创新发展也产生了显著影响。科技创新与经济和政治环境密不可分，因此，意识到脱钩对创新的影响至关重要。在全球脱钩以前，跨地区和跨国科技合作是促进科技进步和催生新知识的重要途径。我国早在改革开放时期便注重对外来先进知识的引进和吸收，在此期间的一系列举措极大促进了 FDI

流入中国，[14, 15]并带来了一系列的先进技术、知识和经验等。[16]此外，全球一体化为各个国家之间的科技和学术交流，以及人才国际化培养等也提供了便利通道，极大促进了科技创新发展。[17]

但在脱钩背景下，各个国家科技创新均受到了一定的影响。Chen 等通过分析中国信息与通信技术（ICT）企业的技术创新发现，中美贸易摩擦对企业的创新产生了负面影响。[18]其中运营成本的增加、发明专利申请数量的减少等是主要影响因素，而研发投资的变化没有对技术创新产生显著影响。为直观地展示 ICT 企业的科技创新绩效变化情况，本章检索了我国 ICT 企业的专利申请情况，包括企业作为唯一申请人或与子公司合作申请的专利，以及和其他企业合作申请的专利（见图 22-1）。可以看出，在贸易摩擦之后，企业专利申请的增速明显下降，申请数量也在一定程度上出现了下降趋势。在全球形势波动的情形下，企业自身的运营会受到显著影响，如销售以及盈利等，此时，企业需分配较多的资源和精力应对外部冲击，将较少关注技术创新。此外，全球脱钩也为企业的技术创新合作带来了阻碍，在技术和知识交流以及分享受阻时，企业的技术创新也会相应减缓。

此外，我国众多高校被美国列入“黑名单”，在名单之列的学校的科研人员，面临赴美或其盟国交流学习的阻碍。例如，一些欧美高校陆续出台了政策暂停与中国国家留学基金管理委员会（Chinese Scholarship Council, CSC）奖学金持有者的合作。这些举措极大阻碍了国家之间的人才交流和培养以及知识的流动。在全球化背景下，知识的流动被认为是促进科技创新和社会发展的关键，但在脱钩情形下，“知识无国界”这一公理也受到了挑战，

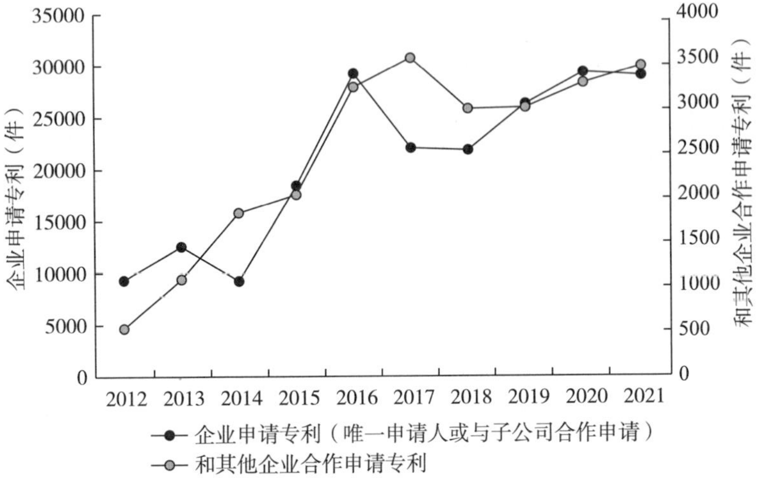

图 22–1　中国 ICT 企业专利申请情况

资料来源：incoPat (www.incopat.com)。

国际学术交流和合作受到了前所未有的封锁。当前，一个国家通过一己之力发展科技和创造知识将面临非常大的挑战，因此，当科技知识不能在全球顺利流动时，不仅会对某一个国家的科技创新产生影响，也会在全球范围内产生显著的负面影响。

三、脱钩下我国现代化科技创新治理体系建设

党的十八大以来，我国现代化科技创新体系的治理焦点涵盖了多方主体，包括政府、产业界、科技界、社会公众等，强调构建开放协同的创新要素体系，营造良好的创新生态体系等。因此，在面临全球脱钩挑战时，我国科技创新治理体系的建设也需要从多元治理主体的角度出发。接下来将根据目前我国面临的国

际形势以及国内发展现状，给出建设治理体系的具体意见和建议。

（一）加强并利用"国内大循环、国内国际双循环"

在脱钩情形下加强我国科技创新治理体系建设，政府应当起到把控宏观大局的作用。目前，我国与国外相关创新主体的交流受阻，技术和知识的获取也相应受到了阻碍，这对我国的科技发展极为不利。因此，政府应当坚持加强并利用好"国内大循环、国内国际双循环"这一方针国策。加强"国内大循环"不仅仅在于加强各种生产要素在国内的生产、分配、流通和消费等的循环，国内各个创新主体之间的科技创新联动，以及知识与技术在各个主体之间的循环和分享也至关重要。

具体来说，我国各类创新主体已经具有较强的科技创新能力。例如，世界知识产权组织（World Intellectual Property Organization，WIPO）发布的《2023 年 PCT 年鉴摘要》显示，中国国家知识产权局受理的 PCT 申请最多，高达 74420 件，美国居第二位（55330 件），其次为日本、欧盟和韩国。华为连续六年居 PCT 申请人排名榜首，已公布 7689 件 PCT 专利申请。此外，在排名前 50 的高校 PCT 申请名单中，有 19 所来自中国，18 所来自美国。对于科研院所来说，中国科学院深圳先进技术研究院公布了 486 件 PCT 申请，位于政府和公共研究机构之首，德国的弗劳恩霍夫应用技术研究院排名第二位，第三至五位均来自法国。[19] 在论文发表上，中国科学技术信息研究所日前发布的《2023 年中国科技论文统计结果》显示，我国热点论文数量占全球总量的 45.9%，位居世界第一，高被引论文数量提升 3.5%，位居世界第二。[20] 可以看出，我国各类创新主体均体现出了较高的科技创新水平和能力。

因此，加强各个主体的知识和技术在国内科技创新体系之间的循环可以有效保证我国的科技发展。此外，国内循环还涉及不同地区之间科技创新体系之间的联动。目前，我国创新主体在各个地区均有大量分布，但地区之间的科技创新发展水平参差不齐。例如，2022年发布的《中国区域创新能力评价报告2021》显示，广东、北京、江苏、上海和浙江等连续多年位居全国创新能力前列，其中广东省2021年指标值高达65.49。但青海、宁夏、新疆、内蒙古和西藏等地区的创新能力始终处于全国末端，其中西藏的指标值为18.07。[21]可以看出，目前我国区域创新的发展仍体现出了较大的不平衡。为保证国内创新主体之间的有效互动以及知识技术的有效循环，需要加强对各个地区创新体系发展的协调。

面对美国的科技霸凌行为，仅仅强调补自身短板以及自主创新是不够的。因此，在我国创新主体加强了科技创新能力、知识创造能力以及吸收能力后，也应加强国际循环。Luo和Witt根据当前的全球形势提出了双循环模型（double-loop springboard），认为在国内循环中，中国企业应注重自身技术创新和学习能力的提升，同时积极通过对外投资等方式从东道国获取知识和技术，提升自身创新主体能力并更有力地融入全球市场。[22]此外，加强国际循环也可以帮助创新主体提前感知或预判可能产生的地缘政治不确定性。已有研究证实，当组织面临不确定性时，组织决策也会受到相应的影响，[23，24]且这些影响通常为负面影响，[25，26]例如较低的组织绩效、资源的价格波动等[27，28]。因此，国际循环也可以在一定程度上缓解创新主体面临的挑战，从而加快促进科技创新治理体系的建设。此外，值得注意的是，积极融入国际循环也将有助于我国明确地推进科技创新，并在全球治理中展开富有成效的外交努力，抵制某些国家在科技和贸易领域的霸权。这也与“一带一路”倡议相契合，该倡议旨在反对霸权主义和单边主义，促进国际贸易互通，以及在科技研究、技术革新以及产业链等领域的竞争和合作协同态势。人类知识和科技的进步离不开任何一个国家的共同参与和努力，跨国家和跨地区之间的合作起着重要作用，因此，主动并积极地参与到国际循环中具有重要意义。

（二）培养创新主体的韧性

在面临外界冲击时，各个创新主体的韧性（resilience）是决定其是否能保障生存以及发展的重要因素，也因此会对我国整体的科技创新发展产生影响。此外，从国外企业不断寻求多元化供应链以及减少对中国制造和供应链的单一依赖这一举措也可以看出众多国家对全球供应链韧性的日益重视。学者们将韧性定义为组织在面临环境变化、压力和挑战时，适应、调整、恢复甚至是获得新发展优势的能力。[29，30] 加强和保持组织韧性对于受到脱钩影响的我国企业来说至关重要。例如，由于美国对我国一些 ICT 企业的芯片断供，相关产品生产受阻甚至面临停产的风险，这对相关企业的经济效益产生了极大的负面影响，继而会影响企业的科技创新布局以及发展。因此，建设现代化的科技创新治理体系也需要培养各个创新主体的韧性。

培养创新主体韧性可以通过多种方式，如重塑价值链等。Hu

等通过分析新冠疫情期间中国上市企业价值链的调整，得出了如何增强组织韧性的结论。[31] 具体来说，作者观察发现，自 2020 年年初以来，成千上万的中国公司主动调整了生产业务，或将生产产品转变为防疫用品，展现了良好的组织韧性。尽管受到了危机的打击，但有韧性的企业成功地将意外破坏性事件转化为了发展的新机遇。[32,33] 为了确定展示出组织韧性的企业具有何种特点，作者对主板、创业板和新三板企业进行了调查。结果显示，较小规模的公司更有可能调整其业务以应对危机，此外危机前拥有更高的自由现金流和闲置资源可能也是组织韧性的重要因素。[34] 为探究韧性组织在调整价值链上是否存在差异，作者对企业抗疫业务前后的业务范围进行了编码，结果显示，大多数具有韧性的企业展现出了从研发到生产和销售的垂直整合特征。相比之下，专门从事下游销售或低附加值生产的公司在危机来临的时候往往更容易遭受重创。根据价值链理论和资源依赖理论，当外部破坏性危机发生时，垂直整合的组织对外部价值链参与者的依赖程度较低，因此受到的影响也较小。可以看出，对于应对目前的全球脱钩危机，以及保证我国科技创新治理体系的顺利建设和发展来说，通过重塑价值链的方式加强创新主体韧性具有重要意义。

（三）强化基础研究能力，加强应用研究和技术开发能力

目前我国高校在研究开发中的定位主要为基础研究。高校基础研究能力的强化可以为我国的科技创新打下坚实基础。目前我国高校发表高质量论文数量以及高被引论文数量已居世界前列。例如，日本文部科学省根据科睿唯安公司的数据整理发布的《科学技术指标 2022》显示，2018—2022 年间我国引用次数排名前

10% 的论文位居全球第一位，而美国位居第二位。[35] 但值得注意的是，我国在重大前沿基础研究上的能力依然有所欠缺，比如我国获诺贝尔奖的科学家依然很少，而美国获得诺贝尔奖的人数占总获奖人数的比例超过 40%（截至 2020 年），[36] 其中许多获奖者均出自美国企业研发实验室，[37] 包括美国电报电话公司（AT&T）建立的贝尔实验室（Bell Labs）。因此，虽然目前我国的基础研究成果已位居世界前列，但仍有显著不足，需要继续强化高校和科研院所等的基础研究能力。

加强企业基础研究能力对建设现代化的科技创新治理体系也具有重要意义。柳卸林等提到："美国的经验表明，大企业可以直接打通科学与产业需求间的鸿沟，提高产业竞争力，其中提高企业的科学能力是关键。鼓励大企业投入需求驱动的基础研究，可以加快科技成果转移转化速度，增加基础研究的产业化程度，弥补我国创新体系中的需求端缺口。"[38] 当企业有具体需求时，开展基础研究和创新的目标将会更加明确，因此，大企业开展基础研究可以加强科学与产业的协同性。此外，企业开展基础研究获得的收益也可以在一定程度上覆盖投入的成本，[39, 40] 因此，加强企业的基础研究能力不仅会对整体科技创新体系建设起到促进作用，也会为企业自身带来额外回报。

此外，我国科学和技术"两张皮"的现象依然是阻碍科技进步的重要因素。中国专利调查报告显示，我国高校和科研机构虽然申请专利数量呈现不断上升的趋势，但专利应用情况，包括专利产业化、专利实施和专利转让等均呈现出了较低的水平（见表 22–1）。例如，2021 年高校专利产业化率仅为 13.8%，大部分专利成果均没有走向市场。长期较低的专利应用会导致科学和技术的脱轨，不利于构建现代化科技创新体系。虽然政府出台了众多政策促进其与产业界的合作和开发，但效果仍不显著，目前我国高校的专利产业化或商业化比例仍较低，很多前沿科技成果不能走向市场。在全球脱钩情形下，除需要加强其自身的基础研究能力外，还需要注重其应用研究和技术开发能力的提升，以提高科研成果的利用率。

表 22-1　高校和科研机构专利应用情况

	2020 年		2021 年	
	高校	研究机构	高校	研究机构
专利产业化率（%）	3.0	15.6	13.8	26.5
专利实施率（%）	3.9	13.3	16.9	23.5
专利转让率（%）	1.4	2.1	0.6	2.7

资料来源：2021 年 & 2022 年中国专利调查报告。

（四）激发社会公众科技创新的积极性

现代化的科技创新体系不仅仅包括传统三螺旋模型中的政府、企业、高校和科研机构等创新主体，[41, 42, 43] 还纳入了社会公众的角色。[44] 这种演变反映了科技创新的多元化趋势以及公众的广泛参与性。在这一变革中，开源社区是一个代表性例子。此种社区为社会公众提供了一个自由创新的平台，公众以个人价值偏好为出发点，以追求社会价值开展创新，[45] 著名的开源社区包括 Apache 和 MySQL 等。社会公众在这里能以较低的市场沟通和协调成本进行创新。同时有创新能力和个人追求的个人可以聚集在一起，这也极大提高了创新效率以及新知识在社会中的传播。目前，除开源社区外，许多著名企业也积极搭建开放创新平台，为社会公众提供更多开展创新活动的机会。例如，海尔的 Hope 平台成功孵化了众多小微企业，并涌现了一系列创新成果，推动了社会公众在创新领域的积极参与。[46]

合适的创新文化和传播媒介对于从社会中获取创新和新知识起着至关重要的作用，这在当今的知识经济时代具有更加重要的意义。[47] 例如，薛桂波在对科技治理模式的优势进行总结时指出，重视公众参与和政治民主，有利于调动社会公众关注科技发展的积极性。因此，为激发社会公众的创新积极性，建设我国现代化的科技创新体系，营造好良好的创新氛围和激励机制是需要优先解决的问题之一。政府可以加强建设社会公众创新平台，或者为致力于构建此类平台的组织提供一定的支持，以促进公众的创新活力。此外，在发布相关创新政策时，可以提高公众的参与度，以有针对性地调动其创新的积极性。

（五）构建多元主体互动的协同治理体系

目前，单一创新主体很难独自完成创新活动，需要多方主体的相互配合。[48, 49] 因此，在优化宏观环境以及促进多元创新主体发展之后，构建多元主体之间的互动协同治理体系也至关重要。构建协同治理体系首先要厘清不同类型创新主体的需求以及在该体系内可能产生的冲突。不同主体遵循了不同的制度逻辑，[50] 其关注点、使命、战略以及合法性来源均有所不同，所面临的逻辑需求也有较大差异。[51, 52] 例如，高校和科研机构主要遵循的逻辑为科学逻辑，强调人才培养、新知识的产生以及传播等；[53, 54] 而私营企业遵循的逻辑主要为市场逻辑，关注市场盈利、竞争能力的提升以及市场地位等；[55] 国营企业主要遵循了政府逻辑，战略制定主要以维护国家利益和安全、提高社会福利等为准则。[56]

在协同治理体系中，多方主体需要必须合作协同，同时会嵌入到不同的制度逻辑中，而不同的逻辑由于手段和目标的不同往往会引发冲突，对组织产生负面影响。[57] 因此，提前预判可能产生的冲突对构建稳定的协同治理体系起着重要作用。政策制定者在制定新的政策时应尽可能地将多方主体遵循的制度逻辑囊括在内，以保证其使命的完成。在此基础上，需要提出相应的举措以减少或缓解逻辑冲突，激发创新主体的共同参与，最大化治理体系的效能。

四、讨论

在目前的全球脱钩情形下，各个国家的科技创新均受到了不同程度的影响。为减少或缓冲脱钩所带来的负面影响，建设现代化国家科技创新治理体系具有重要意义。科技创新治理体系囊括了众多方面，包括众多不同类型的创新主体。因此，为加快建设和完善治理体系需要从多方面和多主体的角度着手。

第一，政府需要起到宏观调控的作用，利用好“国内大循环、国内国际双循环”的方针政策。循环不仅体现在贸易上，建设科技创新体系也需要此种循环，这不仅可以加速我国先进知识和技术的流动，也可以有效应对其他国家的科技霸权。第二，在面临外部冲击时，创新主体的韧性是保证其科技创新发展的重要因素。对于企业来说，韧性不仅关乎科技创新，也与其生存和运营息息相关。因此，培养创新主体韧性也是建设现代化科技创新体系的重要举措。第三，创新主体的基础研究能力以及应用开发能力也亟待改善和加强。基础研究能力关乎知识和科技进步，而应用开发能力以及科技创新能力则与创新成果的商业化和市场化密切相关。建设完善的科技创新体系需要全面提升创新主体的基础研发和实际应用能力。第四，社会公众在科技创新中起到了越来越重要的作用，因此，需要不断激发公众科技创新的动力，为其开展创新搭建平台或鼓励大企业为公众提供创新平台。第五，多元主体之间的协同治理对整体国家创新体系的构建具有重要意义，在鼓励主体协同时，需要将其需求以及在协同体系内可能产生的冲突考虑在内。现代化科技创新治理体系的构建与国家发展和安全息息相关，与全球的科技治理更是紧密关联。我国应把握时机，逆流而上，着力构建稳定健康的现代化治理体系。

注　释

第一章

1. 范内瓦・布什，拉什・霍尔特 . 科学：无尽的前沿［M］. 崔传刚译 . 中信出版集团，2021.
2. Kuznets, S . Modern Economic Growth: Findings and Reflections［J］. The American Economic Review, 1973, 63(3):247-258.
3. David, P A . Technical Choice, Innovation and Economic Growth: Essays on American and British Experience in the Nineteenth Century［J］. Economic Development & Cultural Change, 1975, 86(2).
4. Donald, E. Stokes. Pasteur's Quadrant: Basic Science and Technological Innovation［M］. Brookings Institution Press,1997.
5. Nelson, R R.(ed) National Innovation Systems：A Comparative Analysis［M］.Oxford University Press, New York,1993.
6. Freeman, C. Technology and Economic Performance: Lessons from Japan［M］.Pinter, London,1987.
7. Lundvall, B-Å. (ed.). National Innovation Systems: Towards a Theory of Innovation and Interactive Learning［M］. Pinter, London, 1992.
8. Gibbons, M . The New Production of Knowledge. The Dynamics of Science and Research in Contemporary Societies［J］. Higher Education Policy,

1997, 10(1):94-97.

9. Soete, L . Science, Technology and Innovation Studies at a Crossroad: SPRU as Case Study［J］. Research Policy, 2019, 48(4):849-857.

10. Edler, J, Fagerberg J . Innovation Policy: What, Why, and How［J］. Oxford Review of Economic Policy, 2016, 33(1):2-23.

11. Carayannis, E G, Campbell D F J. Smart Quintuple Helix Innovation Systems: How Social Ecology and Environmental Protection Are Driving Innovation, Sustainable Development and Economic Growth［M］. Springer Cham, Switzerland,2019.

12. Nelson, R R.(ed) National Innovation Systems：A Comparative Analysis［M］.Oxford University Press, New York,1993.

13. Carlsson, B . Internationalization of Innovation Systems: A Survey of the Literature［J］. Research Policy, 2006, 35(1):56-67.

14. Moulaert, F , Sekia, F . Territorial Innovation Models: A Critical Survey［J］. Regional Studies, 2003, 37 (3):289–302.

15. Coenen, L , Benneworth, P , Truffer, B . Toward a Spatial Perspective on Sustainability Transitions［J］. Research Policy, 2012, 41(6):968-979.

16. Malerba, F . Sectoral Systems of Innovation: A Framework for Linking Innovation to the Knowledge Base, Structure and Dynamics of Sectors［J］. Economics of Innovation & New Technology, 2005, 14(1/2):63-82.

17. Jung, M, Lee, K. Sectoral Systems of Innovation and Productivity Catch-up: Determinants of the Productivity Gap Between Korean and Japanese Firms［J］. Industry and Corporate Change, 2010, 19 (4):1037–1069.

18. Yu, J, Malerba, F, Adams, P, et al. Related Yet Diverging Sectoral Systems: Telecommunications Equipment and Semiconductors in China［J］. Industry & Innovation, 2018:1-23.

19. Castellacci, F . Technological Paradigms, Regimes and Trajectories: Manufacturing and Service Industries in a New Taxonomy of Sectoral

Patterns of Innovation [J]. Research Policy, 2007, 37 (6-7):978-994.
20. Malerba, F. Sectoral Systems of Innovation: A Framework for Linking Innovation to the Knowledge Base, Structure and Dynamics of Sectors [J]. Economics of Innovation & New Technology, 2005, 14 (1/2):63-82.
21. Bergek, A, Jacobsson, S, Carlsson, B, Lindmark, S, Rickne, A. Analyzing the Functional Dynamics of Technological Innovation Systems: a Scheme of Analysis [J]. Research Policy, 2008, 37 (3):407–429.
22. Coenen, L, Fernando, J, López, D. Comparing Systems Approaches to Innovation and Technological Change for Sustainable and Competitive Economies: an Explorative Study into Conceptual Commonalities, Differences and Complementarities [J]. Journal of Cleaner Production, 2010, 18 (12):1149-1160.
23. Christian, B, Bernhard, T. Global Innovation Systems: A Conceptual Framework for Innovation Dynamics in Transnational Contexts [J]. Research Policy, 2017, 46 (7):1284-1298.
24. Fuenfschilling, L, Binz, C . Global Socio-technical Regimes [J]. Research Policy, 2018, 47 (4):735-749.
25. 马琳，吴金希 . 全球创新网络相关理论回顾及研究前瞻 [J]. 自然辩证法研究，2011，27（01）：109-114.
26. Leoni, G, Parker, L D. Governance and Control of Sharing Economy Platforms: Hosting on Airbnb [J]. The British Accounting Review, 51(6),2019.
27. Moll, J, Yigitbasioglu, O. The Role of Internet-related Technologies in Shaping the Work of Accountants: New Directions for Accounting research [J]. The British Accounting Review, 51 (6), 2019.
28. Link, A N, Link, R. Government as entrepreneur [M]. Oxford University Press, 2009.
29. Leyden, D P , Link, A N. Public Sector Entrepreneurship: U.S. Technology

and Innovation Policy[M]. Oxford University Press, New York, 2015.

30. Boon, W, Edler, J. Demand, Challenges, and Innovation. Making Sense of New Trends in Innovation Policy[J]. Science and Public Policy, 2018, 45(4):435-447.

31. Kern, F. Using the Multi-level Perspective on Socio-technical Transitions to Assess Innovation Policy[J]. Technological Forecasting & Social Change, 2012, 79(2):298-310.

32. Edmondson, D L, Kern, F, Rogge, K S . The Co-evolution of Policy Mixes and Socio-technical Systems: Towards a Conceptual Framework of Policy Mix Feedback in Sustainability Transitions[J]. Research Policy, 2018.

33. Edler, J, Cunningham, P, A. Gök, et al. Handbook of Innovation Policy Impact[M]. Edward Elgar, 2016.

34. Mazzucato, M. The Entrepreneurial State: Debunking Private vs. Public Sector Myths[M]. Anthem Press, 2013.

35. Mazzucato, M. From Market Fixing to Market-creating: a New Framework for Innovation Policy[J]. Industry & Innovation, 2015, 23(2):140-156.

36. Borrás, S, Edler J . The Roles of the State in the Governance of Socio-technical Systems' Transformation[J]. Research Policy, 2020, 49(5):103971.

37. Hippel, E V. Democratizing innovation: The Evolving Phenomenon of User Innovation[J]. International Journal of Innovation Science, 2009(1): 29-40.

38. Fagerberg, J. Mission (Im) Possible? The Role of Innovation (and Innovation Policy) in Supporting Structural Change & Sustainability Transitions[J]. Working Papers on Innovation Studies, 2018.

39. Schot, J, Steinmueller W E. Three Frames for Innovation Policy: R&D, Systems of Innovation and Transformative Change[J]. Research Policy, 2018, 47(9):1554-1567.

40. Kuhlmann, S, Stegmaier P, Konrad K. The Tentative Governance of Emerging Science and Technology: A Conceptual Introduction [J]. Research Policy, 2019, 48(5):1091-1097.
41. OECD. Recommendation of the Council on Principles for Public Governance of Public-Private Partnerships [R]. Paris: OECD/LEGAL/0392, 2012.
42. Molas-Gallart, J. Toward Theory-led Evaluation—the Experience of European Science, Technology and Innovation Policies [J]. American Journal of Evaluation, 2006, 27(1):64-82.
43. Borrás, S. Laatsit M. Towards System Oriented Innovation Policy Evaluation? Evidence from EU28 Member States [J]. Research Policy, 2019, 48(1):312-321.
44. 曹聪，李宁，李侠等 . 中国科技体制改革新论［J］. 自然辩证法通讯，2015，37（01）：12-23.
45. 苏竣，董新宇 . 科学技术的全球治理初探［J］. 科学学与科学技术管理，2004(12):21-26.
46. 饶毅，鲁白，邹承鲁 . 中国科技需要的根本转变：建立竞争优胜体制［J］. 世界科学，2005（1）：3-4.
47. 陆铭，任声策，尤建新 . 基于公共治理的科技创新管理：一个整合框架［J］. 科学学与科学技术管理，2010，31（006）：72-79.
48. 王健，梁正 . 从 WAPI 看全球科技治理时代标准设定［J］. 科学学研究，2008，26（001）：85-89.
49. 任重 . 基于分布式的创新治理机制研究［J］. 科学学与科学技术管理，2009，030（006）：48-52.
50. 邢怀滨，苏竣 . 全球科技治理的权力结构、困境及政策含义［J］. 科学学研究，2006，24（003）：368-373.
51. 张来武 . 科技创新的宏观管理：从公共管理走向公共治理［J］. 中国软科学，2012（6）：1-5.

52. 王奋宇，卢阳旭，何光喜．对我国科技公共治理问题的若干思考［J］．中国软科学，2015（1）：1-13.
53. 俞可平．国家治理体系的内涵本质［J］．理论导报，2014（04）：15-16.
54. 方新．中国科技体制改革：三十年的变与不变［J］．科学学研究，2012，30（10）：1441-1443.
55. 杨继明．从创新治理视角看我国科技宏观管理体制改革走向［J］．科技进步与对策，2013（3）：99-103.
56. 彭华涛．科技体制改革演进过程中的科技创新规律［J］．科学学研究，2014（9）：1313-1321.
57. 宋河发，眭纪纲．NIS 框架下科技体制改革问题、思路与任务措施研究［J］．科学学研究，2012（8）：1157-1164.
58. 陈套．我国科技创新系统的治理与创新治理体系建设［J］．科学管理研究，2015（4）：10-14.
59. 李瑶．政府和市场在科技资源配置中的协同机制分析［J］．中国市场，2014（26）：50-52.
60. 辜胜阻、王坚、薛澜做客中国公共管理高端讲坛 聚焦“中国科技发展新时代：企业走向创新前沿”［EB/OL］. 2019-12-18 https://www.sppm.tsinghua.edu.cn/info/1003/1918.html.
61. 贾永飞．多主体共同参与构建科技创新治理体系［EB/OL］. (2019-12-23). https://www.rmzxb.com.cn/c/2019-12-23/2490120.shtml.
62. 史威，康琪，杨宇．我国科技创新治理数字化转型研究［J］．科技经济导刊，2019.
63. 梅亮．科技创新的责任治理：从开放科学到开放社会［J］．科研管理，2019，40（12）：1-10.
64. 戴建军，熊鸿儒，马名杰．新一轮技术革命及生产方式变革对中国的影响［J］．中国发展观察，2019.
65. 柳卸林，孙海鹰，马雪梅．基于创新生态观的科技管理模式［J］．科学学与科学技术管理，2015，36（1）：18-27.

66. 罗平汉，方涛 . 从“四个现代化”到“第五个现代化”：中国共产党现代化思想的演进轨迹［J］. 探索，2014（05）：36-40.
67. 吴金希，孙蕊，马蕾 . 科技治理体系现代化：概念、特征与挑战［J］. 科学学与科学技术管理，2015，36（08）：3-9.
68. 胡伟 . 科技创新必须推进国家科技治理现代化［J］. 人民论坛，2016（7）：24-26.
69. 薛桂波 . 邓小平科技体制改革思想与我国的科技治理［J］. 科技管理研究，2015（35）341（19）：29-33.
70. 新华社 . 坚定不移沿着中国特色社会主义道路前进 为全面建成小康社会而奋斗——在中国共产党第十八次全国代表大会上的报告［EB/OL］.(2012-11-08)［2012-11-17］. https://www.gov.cn/ldhd/2012-11/17/content_2268826.html.
71. 新华社 . 中共中央办公厅 国务院办公厅印发《深化科技体制改革实施方案》［EB/OL］.(2015-09-24)［2015-09-24］. https://www.gov.cn/guowuyuan/2015-09/24/content_2938314.htm.
72. 新华社 . 中共中央 国务院印发《国家创新驱动发展战略纲要》［EB/OL］.(2016-05)［2016-05-19］. https://www.gov.cn/gongbao/content/2016/content_5076961.htm?eqid=c3490f1600438a7b00000002646dc01d.
73. 新华社 . 中共中央关于深化党和国家机构改革的决定［EB/OL］.(2018-02-28)［2018-03-04］. https://www.gov.cn/zhengce/2018-03/04/content_5270704.htm.
74. 新华社 . 习近平出席中国科学院第十九次院士大会、中国工程院第十四次院士大会开幕会并发表重要讲话［EB/OL］.(2018-05-28)［2018-05-28］. https://www.gov.cn/xinwen/2018-05/28/content_5294268.htm.
75. 张炳清 . 科技创新政策与国家治理体系和治理能力现代化［J］. 新经济导刊，2020(01):27-31.
76. 新华社 . 中共中央关于全面深化改革若干重大问题的决定［EB/OL］.(2013-11-12)［2013-11-15］. https://www.gov.cn/zhengce/202203/

content_3635143.htm.
77. 新华社．中共中央关于坚持和完善中国特色社会主义制度 推进国家治理体系和治理能力现代化若干重大问题的决定［EB/OL］.(2019-10-31)［2019-11-05］. https://www.gov.cn/zhengce/2019-11/05/content_5449023.htm?eqid=9c89e484000eaa9f00000006649404b0.
78. 习近平．努力成为世界主要科学中心和创新高地［J］. 求是，2021（6）：4-11.
79. 新华社．中国共产党第十九届中央委员会第六次全体会议公报［EB/OL］.(2021-11-11)［2021-11-11］. https://www.gov.cn/xinwen/2021-11/11/content_5650329.htm?eqid=bbe8e943000b6e7200000002648ed304.
80. 吴金希，王之禹．从战略思想到改革实践：党的十八大以来中国创新驱动发展战略的回顾与展望［J］. 科技导报，2022，40(20):27-32.
81. 中国新闻网．2022 年全球创新指数报告：中国排名较去年升 1 位居第 11 位［EB/OL］. (2022-09-29)［2023-10-06］. https://baijiahao.baidu.com/s?id=1745314755785678183&wfr=spider&for=pc.
82. 吴金希．新时期我国科技创新治理体系现代化研究：十年磨一剑［EB/OL］.［2024-03-19］. https://www.tsinghua.edu.cn/info/1370/82925.htm.

（作者信息：何朋，清华大学社会科学学院博士生；葛诺，清华大学社会科学学院博士生；白旭，清华大学社会科学学院博士后；吴金希，清华大学社会科学学院教授。）

第二章

1. 牢牢把握东北的重要使命 奋力谱写东北全面振兴新篇章［N］. 人民日报，2023-09-10（01）.
2. 克里斯托夫・弗里曼．技术政策与经济绩效：日本国家创新系统的经验［M］. 张宇轩译．南京：东南大学出版社，2008.
3. 切实加强基础研究 夯实科技自立自强根基［N］. 人民日报，2023-02-23（01）.

4. 高举中国特色社会主义伟大旗帜 为全面建设社会主义现代化国家而团结奋斗——在中国共产党第二十次全国代表大会上的报告［N］. 人民日报，2022-10-26（01）.
5. 陈劲 . 以新型举国体制优势强化国家战略科技力量［J］. 人民论坛，2022（23）：24-28.
6. 守正创新真抓实干 在新征程上谱写改革开放新篇章［N］. 人民日报，2023-04-22（01）.
7. 陈劲 . 关于构建新型国家创新体系的思考［J］. 中国科学院院刊，2018，33（5）：479-483.
8. 高举中国特色社会主义伟大旗帜 为全面建设社会主义现代化国家而团结奋斗——在中国共产党第二十次全国代表大会上的报告［N］. 人民日报，2022-10-26（01）.
9. 同上。
10. 尹西明，陈泰伦，陈劲，等 . 加强企业主导型国家创新体系建设的逻辑与路径［J］. 科技中国，2023（4）：49-53.
11. 高举中国特色社会主义伟大旗帜 为全面建设社会主义现代化国家而团结奋斗——在中国共产党第二十次全国代表大会上的报告［N］. 人民日报，2022-10-26（01）.
12. 同上。
13. 陈劲，贾宝余，尹西明，等 . 国家战略科技力量［M］. 北京：经济日报出版社，2023.
14. 习近平在中国科学院第十九次院士大会、中国工程院第十四次院士大会上的讲话［N］. 人民日报，2018-05-29（02）.
15. 健全关键核心技术攻关新型举国体制 全面加强资源节约工作［N］. 人民日报，2022-09-07（01）.
16. 高举中国特色社会主义伟大旗帜 为全面建设社会主义现代化国家而团结奋斗——在中国共产党第二十次全国代表大会上的报告［N］. 人民日报，2022-10-26（01）.

17. 本特 - 奥克·伦德瓦尔.国家创新系统——建构创新和交互学习的理论［M］.李正风，高璐译.北京：知识产权出版社，2016.
18. 高举中国特色社会主义伟大旗帜 为全面建设社会主义现代化国家而团结奋斗——在中国共产党第二十次全国代表大会上的报告［N］.人民日报，2022-10-26（01）.
19. 陈劲.以新型举国体制优势强化国家战略科技力量［J］.人民论坛，2022（23）：24-28.
20. 高举中国特色社会主义伟大旗帜 为全面建设社会主义现代化国家而团结奋斗——在中国共产党第二十次全国代表大会上的报告［N］.人民日报，2022-10-26（01）.
21. 本特 - 奥克·伦德瓦尔.国家创新系统——建构创新和交互学习的理论［M］.李正风，高璐译.北京：知识产权出版社，2016.
22. 陈劲，阳镇，张月遥.共同富裕视野下的中国科技创新：逻辑转向与范式创新［J］.改革，2022（1）：1-15.
23. 陈劲，李佳雪.公共创新：财富创造与创新治理［J］.创新科技，2020，20（1）：1-9.
24. 埃莉诺·奥斯特罗姆.公共事物的治理之道：集体行动制度的演进［M］.余逊达，陈旭东译.上海：上海译文出版社，2012.
25. 陈劲.以新型举国体制优势强化国家战略科技力量［J］.人民论坛，2022（23）：24-28.
26. 习近平在中国科学院第二十次院士大会、中国工程院第十五次院士大会、中国科协第十次全国代表大会上的讲话［N］.人民日报，2021-05-29（02）.
27. 高举中国特色社会主义伟大旗帜 为全面建设社会主义现代化国家而团结奋斗——在中国共产党第二十次全国代表大会上的报告［N］.人民日报，2022-10-26（01）.

（作者信息：陈劲，清华大学经济管理学院教授，清华大学技术创新研究中心主任，北京市习近平新时代中国特色社会主义思想研究中心研究员。）

第三章

1. 1960 年，日本箱根“国际现代化会议”提出了现代社会的八个特征。参见西里尔 · E. 布莱克 . 比较现代化［M］. 杨豫，陈祖州译 . 上海：上海译文出版社，1996：216.
2. 布莱克 . 现代化的动力［M］. 段小光译 . 成都：四川人民出版社，1988:7.
3. 加布里埃尔 · A. 阿尔蒙德，小 G. 宾厄姆 · 鲍威尔 . 比较政治学：体系、过程和政策［M］. 曹沛霖，郑世平，公婷，陈峰译 . 上海：上海译文出版社，1987：432.
4. Binder, L. Crises and Sequences in Political Development［M］.Princeton：Princeton University Press，1971.
5. 亚历山大 · 格申克龙 . 经济落后的历史透视［M］. 张凤林译 . 北京：商务印书馆，2012：9-36.
6. Sachs. J，胡永泰，杨小凯 . 经济改革和宪政转轨［J］. 经济学（季刊），2003（03）：961-988.
7. 林毅夫 . 后发优势与后发劣势——与杨小凯教授商榷［J］. 经济学（季刊），2003（03）：989-1004.
8. 塞缪尔 · P. 亨廷顿 . 变化社会中的政治秩序［M］. 王冠华等译 . 上海：三联书店，1989：43.
9. 习近平 . 习近平著作宣读：第二卷［M］. 北京：人民出版社，2023：410.
10. 毛泽东 . 毛泽东选集：第一卷［M］. 北京：人民出版社，1991：136-141.
11. 毛泽东 . 毛泽东选集：第三卷［M］. 北京：人民出版社，1991：894-895.
12. 毛泽东 . 毛泽东选集：第三卷［M］. 北京：人民出版社，1991：901.
13. 毛泽东 . 毛泽东选集：第四卷［M］. 北京：人民出版社，1991：1442.
14. 中共中央文献研究室 . 毛泽东文集：第六卷［M］. 北京：人民出版社，

1999：71.
15. 中共中央文献研究室．毛泽东文集：第七卷［M］．北京：人民出版社，1999：187.
16. 中共中央文献研究室．毛泽东文集：第七卷［M］．北京：人民出版社，1999：227.
17. 中国共产党中央委员会关于建国以来党的若干历史问题的决议［M］．北京：人民出版社，1981：17.
18. 邓小平．邓小平文选：第二卷［M］．北京：人民出版社，1994：164.
19. 邓小平．邓小平文选：第二卷［M］．北京：人民出版社1994：250，249-250.
20. 中共中央文献研究室．邓小平思想年谱（1975—1997）［M］．北京：中央文献出版社，1998：410.
21. 邓小平．邓小平文选：第三卷［M］．北京：人民出版社，1993：306.
22. 邓小平．邓小平文选：第三卷［M］．北京：人民出版社，1993：378.
23. 中共中央文献研究室．十五大以来重要文献选编：上［M］．北京：人民出版社，2000：718.
24. 江泽民．江泽民文选：第二卷［M］．北京：人民出版社，2006：446.
25. 中共中央文献研究室．十六大以来重要文献选编：中［M］．北京：中央文献出版社，2006：696.
26. 中共中央文献研究室．十三大以来重要文献选编：中［M］．北京：人民出版社，1991：815.
27. 江泽民．江泽民文选：第一卷［M］．北京：人民出版社，2006：460-475.
28. 中共中央文献研究室．十六大以来重要文献选编：上［M］．北京：中央文献出版社，2005：465.
29. 胡锦涛．高举中国特色社会主义伟大旗帜 为夺取全面建设小康社会新胜利而奋斗——在中国共产党第十七次全国代表大会上的报告［J］．求是，2007（21）：3-22.

30. 江泽民 . 高举邓小平理论伟大旗帜，把建设有中国特色社会主义事业全面推向二十一世纪——在中国共产党第十五次全国代表大会上的报告(1997 年 9 月 12 日)［J］. 求是，1997(18): 2-23.
31. 江泽民 . 全面建设小康社会，开创中国特色社会主义事业新局面——在中国共产党第十六次全国代表大会上的报告［J］. 求是，2002(22): 3-19.
32. 习近平 . 习近平著作宣读：第二卷［M］. 北京：人民出版社，2023：415.
33. 习近平 . 扎实做好“六稳”工作落实“六保”任务 奋力谱写陕西新时代追赶超越新篇章［N］. 人民日报，2020-4-24（1）.
34. 习近平 . 在二十届中央政治局第一次集体学习时的讲话［J］. 求是，2023（2）：4-9.
35. 中共中央文献研究室 . 十八大以来重要文献选编：上［M］. 北京：中央文献出版社，2014：115.
36. 习近平 . 习近平著作宣读：第二卷［M］. 北京：人民出版社，2023：399.
37. 习近平 . 习近平著作宣读：第二卷［M］. 北京：人民出版社，2023：402.
38. 中共中央文献研究室 . 十八大以来重要文献选编：上［M］. 北京：中央文献出版社，2014：109.
39. 中央经济工作会议在北京举行［N］. 人民日报，2022-12-17（1）.
40. 习近平 . 携手迎接挑战 合作开创未来——在博鳌亚洲论坛 2022 年年会开幕式上的主旨演讲［M］. 北京：人民出版社，2022：7.
41. 习近平 . 高举中国特色社会主义伟大旗帜 为全面建设社会主义现代化国家而团结奋斗——在中国共产党第二十次全国代表大会上的报告［M］. 北京：人民出版社，2022：32.
42. 习近平 . 习近平谈治国理政：第四卷［M］. 北京：外文出版社，2022：47.
43. 习近平 . 习近平谈治国理政：第四卷［M］. 北京：外文出版社，2022：

390.
44. 中共中央文献研究室 . 习近平关于全面深化改革论述摘编［M］. 北京：中央文献出版社，2014：26.
45. 习近平 . 高举中国特色社会主义伟大旗帜 为全面建设社会主义现代化国家而团结奋斗——在中国共产党第二十次全国代表大会上的报告［M］. 北京：人民出版社，2022：63.
46. 习近平 . 在二十届中央政治局第一次集体学习时的讲话［J］. 求是，2023（2）：4-9.
47. 同上。
48. 中共中央宣传部 . 习近平新时代中国特色社会主义思想三十讲［M］. 北京：学习出版社，2018:159.
49. 中共中央文献研究室 . 十九大以来重要文献选编：中［M］. 北京：中央文献出版社，2021：654.
50. 马克思 . 资本论：第一卷［M］. 北京：人民出版社，2018：8.

（作者信息：杨雪冬，清华大学社会科学学院政治学系教授；路旖帆，清华大学社会科学学院博士生。）

第四章

1. 姜微，周琳，何欣荣 . 上海：瞄准创新力，锚定“核爆点”［N］. 新华每日电讯 ,2023-01-12. http://www.news.cn/mrdx/2023-01/12/c_1310690031.htm.
2. 董潇韩 . 建言打造创新“核爆点”［N］. 联合时报 ,2023-06-27(001). https://www.xepaper.com/lhsb/html/2023-06/27/content_89328_16262176.htm.
3. 陈强 . 激发科创“核爆点”的三重逻辑［N］. 文汇报 ,2023-07-30(007). https://www.whb.cn/commonDetail/532596.
4. 上海推进科技创新中心建设办公室 . 如何看待“科创核爆点”？新年伊始，

我们与几位科技公司创始人聊了聊［EB］.2024-01-02.https://kcb.sh.gov.cn/html/1/168/151/153/4341.html.

5. Lee, J C.Nuclear Reactor Physics and Engineering［M］.John Wiley & Sons.2020.

6. Lilley, J.Nuclear Physics: Principles and Application［M］.John Wiley & Sons.2001.

7. 国家知识产权局 . 分地区国内发明专利申请量［EB］.2022 知识产权统计年报 .https://www.cnipa.gov.cn/tjxx/jianbao/year2022/a/a3.html.

8. 郭驰，赵培亚等 . 深圳统计年鉴 2022［R］. 深圳市统计局 ,2022-12,359.

9. Silicon Valley Institute for Regional Studies.Silicon Valley Index.2022. https://siliconvalleyindicators.org/data/economy/innovation-entrepreneurship/private-equity/venture-capital-investment/.

10. 俞陶然 . 全球科创中心金融中心"双中心"建设实施路径［N］. 解放日报 ,2024-02-27(7). https://www.jfdaily.com/staticsg/res/html/journal/detail. html?date=2024-02-27&id=368151&page=07.

11. 孙丽娜 ."资源依赖"理论视角下的美国创业型大学发展模式研究［D］. 东北师范大学，2016.

12. 张省，魏慧敏，李骅锦 . 产学研协同创新生态系统构建研究［J］. 决策咨询，2022（04）：71-74.

13. 马海斌 . 中国高新区产业集聚的社会资源配置问题研究［D］. 吉林大学，2015.

14. 郭丽娟，刘佳 . 美国产业集群创新生态系统运行机制及其启示——以硅谷为例［J］.2020，40（19）：36-41.

15. 蒙大斌，刘元刚 . 创新生态系统的生成机理与运行模式研究——基于美国硅谷和天津高新区的对比分析［J］. 当代经济，2017（11）：152-153.

16. 钟之阳，蔡三发 . 大学科技园创新生态系统融合发展模式研究：硅谷、筑波科学城和清华科技园之比较［J］. 中国高等教育评论，2017，7（01）：29-42.

17. 潘妙涓，杨院 . 美国硅谷科技创新体系的转型发展探析［J］. 中国高校科技，2023,(09):41-46.

18. Berlin, L R. Robert Noyce and Fairchild Semiconductor［J］.The Business History Review, 75(1), 63-101.

19. 冯敏红 . 基于美国科研创新曼哈顿模式与硅谷模式经验研究［J］. 科学管理研究 ,2017,35(02):113-116.

20. Berlin, L. The Man behind the Microchip: Robert Noyce and the Invention of Silicon Valley［M］. Oxford University Press.

21. 朱光海，张伟峰，冯宗宪 . 拷贝硅谷 : 一种聚集网络理论解释［J］. 科学学研究 , 2006(S1):250-254.

22. 科学园区营业额统计［EB］.2021.https://www.nstc.gov.tw/nstc/attachments/e5d79d1b-55cd-4205-b7d9-1fac24841209.

23. Wong, Chan-Yuan. Evolution of Two Industrial Districts: The Cases of Hsinchu of Taiwan and Suwon of Korea, Experimental Learning, Inclusive Growth and Industrialised［J］. Economies in Asia: Lessons from South Korea and Taiwan, 2022, 141-185.

24. 沙德春 . 科技园转型中的社会技术创新研究——以新竹科技园为例［J］. 技术经济与管理研究 ,2015,(09):48-52.

25. 李燕萍，沈晨 . 基于企业创新主导的区域创新体系及其要素协同——以台湾新竹科学园为例［J］. 科技进步与对策 ,2014,31(13):54-58.

26. 李淑，李卫华 . 新竹科学工业园技术创新的制度结构分析［J］. 湖南大学学报（社会科学版），2013，27（03）：61-65.

27. 黄琬舒 . 产业园区发展中的科技服务职能研究——以海南生态软件园为例［D］. 海南大学，2020.

28. 韩正忠 . 一个不同于硅谷的发展模式——对台湾新竹科学工业园区成功崛起的思考［J］. 今日科苑，2002（03）：19-23.

29. 邓琦 . 广深科技创新走廊深圳段的科技治理研究——基于与硅谷的比较分析［J］. 科技管理研究，2020，40（20）：92-98.

30. 韩正忠 . 一个不同于硅谷的发展模式——对台湾新竹科学工业园区成功崛起的思考［J］. 今日科苑，2002，（03）：19-23.
31. 王海军，金姝彭 . 为什么硅谷能够持续产生颠覆性创新？——基于企业创新生态系统视角分析［J］. 科学学研究，2021，39（12）：2267-2280.
32. Berger, A, Brem, A. Innovation Hub How-to: Lessons from Silicon Valley［J］. Global Business and Organizational Excellence, 2016,vol 35,1932-2054.
33. Crunchbase. US Universities Ranked by Number of Graduating Startup Founders［EB］. 2023-06. https://news.crunchbase.com/startups/top-universities-recently-funded-founders-stanford/.
34. 刘刚，张再生，吴绍玉 . 创新生态系统的生成机理与运行模式研究——基于美国硅谷和天津高新区的对比分析 . 科学管理研究，2017，221（06）：32-35.
35. 李靖华，林甲峥 . 科创走廊概念与边界辨析——以筑波－东京－横滨创新带和杭州城西科创大走廊为例［J］. 科技管理研究，2021，41（22）：36-43.
36. 筑波市政策创新司统计与数据利用推进办公室 .Tsukuba Science City［M］.2020.https://www.invest.indus.pref.ibaraki.jp/cms/wpcontent/uploads/2021/07/Brochure-about-Tsukuba-Science-City.pdf.
37. 刘丰硕 . 城市创新型经济发展中的政府作用研究［D］. 吉林大学，2023.
38. 梁佳慧，陈强 . 筑波科学城科技创新的巴斯德模式分析［J］. 上海质量，2022（03）：24-26.
39. 朱洪艳 , 朱隆斌 . 筑波科学城对开发区发展转型的启示［J］. 智能建筑与智慧城市，2022（01）：55-57.
40. 于一洋 . 从教训到经验，日本筑波科学城曾做错了什么［R］. 方塘智库 ,2019-09. https://baijiahao.baidu.com/s?id=1646100202635760725&wfr=spider&for=pc.
41. 张昊，吴自涛 . 科技创新驱动区域协调发展的经验与启示［J］. 科学管理研究，2020，38（03）：86-91.

42. 马永斌，刘帆 . 科学园区大学主导与政府主导模式的利弊分析——基于剑桥科学园与筑波科学城的对比［J］. 科技管理研究，2010，30（06）：32-34.

43. 姜澎 . 颠覆性创新需要社会给予包容［N］. 文汇报，2019-10-30（012）.

44. 吴金希 . 科学城建设要注意汲取日本筑波经验教训［J］. 国家治理，2023（15）：62-66.

45. 葛诺，白旭，陈政霖等 . 创建科学城过程中如何防止“筑波病”?——日本筑波科学城发展的历史经验、教训及启示［J］. 中国软科学，2022（09）：74-84.

46. 王海芸 . 日本筑波科学城发展的启示研究［J］. 科技中国，2019（03）：20-27.

（作者信息：陈强，同济大学经济与管理学院教授、博士生导师；赵子文，同济大学经济与管理学院博士研究生。）

第五章

1. 杨骞，陈晓英，田震 . 新时代中国实施创新驱动发展战略的实践历程与重大成就［J］. 数量经济技术经济研究，2022，39（8）：3-21.

2. 中共中央文献研究室 . 习近平关于科技创新论述摘编［M］. 北京：中央文献出版社，2016.

3. 习近平 . 努力成为世界主要科学中心和创新高地［J］. 求是，2021（6）：4-11.

4. 中共中央关于制定国民经济和社会发展第十四个五年规划和二〇三五年远景目标的建议［N］. 人民日报，2020-11-04(1).

5. 毛艳华 . 科创走廊建设的国际经验及借鉴［J］. 人民论坛，2022（10）：92-95.

6. 中共中央宣传部 .“实施创新驱动发展战略 建设科技强国”发布会［EB/

OL].(2022-06-06)[2022-08-20].

（作者信息：吴金希，清华大学社会科学学院教授；王之禹，清华大学社会科学学院博士后。）

第六章

1. 新华社 . 习近平：决胜全面建成小康社会 夺取新时代中国特色社会主义伟大胜利——在中国共产党第十九次全国代表大会上的报告［EB/OL］.（2017-10-27）［2024-05-16］. https://www.gov.cn/zhuanti/2017-10/27/content_5234876.htm.
2. 新华社 . 中共中央关于制定国民经济和社会发展第十四个五年规划和二〇三五年远景目标的建议［EB/OL］.（2020-11-03）［2024-05-16］. https://www.gov.cn/zhengce/2020-11/03/content_5556991.htm.
3. 新华社 . 习近平：决胜全面建成小康社会 夺取新时代中国特色社会主义伟大胜利——在中国共产党第十九次全国代表大会上的报告［EB/OL］.（2017-10-27）［2024-05-16］. https://www.gov.cn/zhuanti/2017-10/27/content_5234876.htm.
4. 新华社 . 习近平在第七十五届联合国大会一般性辩论上的讲话（全文）［EB/OL］.（2020-09-23）［2024-05-16］. http://www.cppcc.gov.cn/zxww/2020/09/23/ARTI1600819264410115.shtml.
5. 新华社 . 中共中央关于制定国民经济和社会发展第十四个五年规划和二〇三五年远景目标的建议［EB/OL］.（2020-11-03）［2024-05-16］. https://www.gov.cn/zhengce/2020-11/03/content_5556991.htm.
6. 新华社 . 习近平：在全国脱贫攻坚总结表彰大会上的讲话［EB/OL］.（2021-02-26）［2024-05-16］. http://www.cppcc.gov.cn/zxww/2021/02/26/ARTI1614303463195141.shtml.
7. 北安融媒 .【聚焦全国两会】李克强总理出席记者会并回答中外记者提问［EB/OL］.（2020-05-31）［2024-05-16］. https://m.thepaper.cn/

baijiahao_7642031.
8. 国务院 ."十三五" 国家科技创新规划 [EB/OL].(2016-07-28) [2024-05-16]. https://www.gov.cn/gongbao/content/2016/content_5103134.htm.
9. 中国日报 . 中国共产党第十九届中央委员会第五次全体会议公报 [EB/OL].(2020-10-29) [2024-05-16]. https://baijiahao.baidu.com/s?id=168189649449849051 8&wfr=spider&for=pc.
10. 新华社 . 习近平：高举中国特色社会主义伟大旗帜 为全面建设社会主义现代化国家而团结奋斗——在中国共产党第二十次全国代表大会上的报告 [EB/OL].(2022-10-25) [2024-05-16]. https://www.gov.cn/xinwen/2022-10/25/content_5721685.htm.
11. 新华社 . 中央经济工作会议在北京举行 习近平发表重要讲话 [EB/OL].(2023-12-12) [2024-05-16]. https://www.gov.cn/yaowen/liebiao/202312/content_6919834.htm.
12. 江泽民 . 新时期我国信息技术产业的发展 [J]. 上海交通大学学报，2008，42 (10)：1589-1607.
13. 高旭东 . 中国经济发展新阶段 [M]. 北京：清华大学出版社，2022.
14. Porter, M E. The Competitive Advantage of Nations [J]. Harvard Business Review, 1990, 68(2): 73-91.
15. 高旭东 . 中国经济发展新阶段 [M]. 北京：清华大学出版社，2022.
16. Barney, J. Firm Resources and Sustained Competitive Advantage [J]. Journal of Management, 1991, 17(1): 99-120.
17. Foss, N J E. Resources, Firms, and Strategies: A Reader in the Resource-based Perspective [M]. New York: Oxford University Press, 1997.
18. Samuelson, P A. Where Ricardo and Mill Rebut and Confirm Arguments of Mainstream Economists Supporting Globalization [J]. Journal of Economic Perspectives, 2004, 18(3): 135-146.
19. 高旭东 . 中国经济发展新阶段 [M]. 北京：清华大学出版社，2022.
20. Porter, M E. The Competitive Advantage of Nations [J]. Harvard

Business Review, 1990, 68(2): 73-91.
21. 高旭东 . 中国经济发展新阶段 [M]. 北京：清华大学出版社，2022.
22. 同上。
23. 高旭东 . 企业自主创新战略与方法 [M]. 北京：知识产权出版社，2008.
24. Mercer, D S. IBM: How the World's Most Successful Corporation Is Managed [M]. London: Kogan Page Ltd., 1987.
25. Morone, J G. Winning in High-tech Markets: The Role of General Management [M]. Boston, MA: Harvard Business School Press, 1993.
26. Mazzucato, M. From Market Fixing to Market-creating: A New Framework for Innovation Policy [J]. Industry and Innovation, 2016, 23(2): 140-156.
27. 袁家军 . 神舟飞船系统工程管理 [M]. 北京：机械工业出版社，2006.
28. Kaiser, D. Becoming MIT: Moments of Decision [M]. Cambridge,MA: The MIT Press, 2010.
29. Mazzucato, M. From Market Fixing to Market-creating: A New Framework for Innovation Policy [J]. Industry and Innovation, 2016, 23(2): 140-156.
30. Block, F. Swimming against the Current: The Rise of a Hidden Developmental State in the United States [J]. Politics & Society, 2008, 36(2): 169-206.
31. 吕铁，贺俊 . 政府干预何以有效：对中国高铁技术赶超的调查研究 [J]. 管理世界，2019，35（09）：152-63+97.
32. 高旭东 . 中国经济发展新阶段 [M]. 北京：清华大学出版社，2022.
33. Porter, M E. The Competitive Advantage of Nations [J]. Harvard Business Review, 1990, 68(2): 73-91.
34. 路风 . 光变：一个企业及其工业史 [M]. 北京：当代中国出版社，2016.
35. 路风 . 冲破迷雾——揭开中国高铁技术进步之源 [J]. 管理世界，2019，35（09）：164-94+200.
36. Barney, J. Firm Resources and Sustained Competitive Advantage [J]. Journal of Management, 1991, 17(1): 99-120.

37. Rosenbloom, R S, Cusumano, M A. Technological Pioneering and Competitive Advantage: The Birth of the VCR Industry [J]. California Management Review, 1987, 29(4): 51-76.

38. 同上。

39. 高旭东 . 中国经济发展新阶段 [M]. 北京：清华大学出版社，2022.

40. 高旭东 . 中国本土企业技术创新的“共同成长”理论 [J]. 技术经济，2018，37（12）：1-4.

41. 高旭东 . 中国经济发展新阶段 [M]. 北京：清华大学出版社，2022.

（作者信息：高旭东，清华大学经济管理学院教授。）

第七章

1. 吴金希 . 公立产业技术研究院与新兴工业化经济体技术能力跃迁——来自台湾工业技术研究院的经验 [J]. 清华大学学报（哲学社会科学版），2014，29（3）：136-145.

2. 吴金希 . 论公立产业技术研究院与战略新兴产业发展 [J]. 中国软科学，2014（3）：57-67.

3. 吴金希，李宪振 . 韩国科学技术研究院与台湾工业技术研究院推动产业创新机制的比较研究 [J]. 中国科技论坛，2013（10）：130-137.

4. 吴金希，李宪振 . 台湾工研院科技成果转化经验对发展新兴产业的启示 [J]. 中国科技论坛，2012（7）：89-94.

5. 国务院发展研究中心“激发创新主体的活力”课题组，马骏，张文魁等 . 美国制造业创新中心的运作模式与启示 [J]. 发展研究，2017（2）：4-7.

（作者信息：吴金希，清华大学社会科学学院教授。）

第八章

1. 强化国家战略科技力量——论学习贯彻习近平总书记在两院院士大会中

国科协十大上重要讲话［N］. 人民日报，2021-06-01（1）.
2. 王志刚 . 矢志科技自立自强 加快建设科技强国［J］. 求是，2021（6）：21-26.
3. 李晓红 . 着力提升科技创新能力 实现科技高水平自立自强［J］. 求是，2021（6）：33-38.
4. 侯建国 . 把科技自立自强作为国家发展的战略支撑［J］. 求是，2021（6）：27-32.
5. 王志刚 . 矢志科技自立自强 加快建设科技强国［J］. 求是，2021（6）：21-26.
6. 蔺洁，陈凯华 . 坚持需求导向构建新型国家科技治理体系［J］. 科学大观园，2020.
7. 同上。

（作者信息：陈凯华，中国科学院科技战略咨询研究院研究员；蔺洁，中国科学院科技战略咨询研究院副研究员。）

第九章

1. 王志刚 . 加快科技自立自强和科技强国建设步伐［N］. 学习时报，2021-12-20（01）.
2. 新华社 . 习近平主持召开科学家座谈会并发表重要讲话［EB/OL］. https://www.gov.cn/xinwen/2020-09/11/content_5542851.htm, 2020-09-11/2022-09-19.
3. 苏继成，李红娟 . 新发展格局下深化科技体制改革的思路与对策研究［J］. 宏观经济研究，2021（07）：100-111.
4. 孙福全 . 打好科技体制改革攻坚战，激发科技创新活力［J］. 国际人才交流，2022（03）：2.
5. 马名杰，张鑫 . 中国科技体制改革：历程、经验与展望［J］. 中国科技论坛，2019（06）：1-8.

6. 孙玉涛，刘凤朝，曹聪．中国科技体制改革的逻辑：一个制度理论的框架［J］. 科学学研究，2022，40（01）：12-21+192.
7. 眭纪刚．国家创新体系理论对中国科技体制改革的驱动作用［J］. 经济导刊，2019（04）：52-54.
8. 付广青．科技体制改革背景下科研单位科研诚信建设对策研究［J］. 中阿科技论坛（中英文），2022（03）：92-95.
9. 本刊特约评论员．科技体制改革要充分发挥新型研发机构的“鲶鱼效应”［J］. 中国科学院院刊，2019，34（03）：249-250.
10. 魏星．深化科技创新体制改革，激励科研人员的积极性［J］. 桂林航天工业学院学报，2021，26（02）：212-215.
11. 暴丽艳，李强，雷云云．深化科技体制改革背景下科研人员激励政策体系研究［J］. 科技和产业，2019，19（11）：119-124.
12. 郭红侠，邬佳宝．国家及典型省区科技体制机制改革经验及启示［J］. 中阿科技论坛（中英文），2022（02）：7-11.
13. 共产党员网．习近平主持召开中央全面深化改革委员会第二十二次会议［EB/OL］. https://www.12371.cn/2021/11/24/ARTI1637752403816439.shtml, 2021-11-24.
14. 新华社．促进发展大局的根本支撑——科技部部长王志刚为科技自立自强“划重点”［EB/OL］. http://www.xinhuanet.com/2021-01/01/c_1126936810.htm, 2021-01-01.
15. 央视网．我国疫情防控取得积极进展 坚持五大方向开展科研攻关［EB/OL］. https://news.cctv.com/2022/03/09/ARTIKajMMHDFJhA2MMrUyQk0220309.shtml, 2022-3-9/2022-9-19.
16. 王志刚．加快科技自立自强和科技强国建设步伐［N］. 学习时报，2021-12-20（01）.
17. 同上。
18. 王志刚．推进科技成果转化 支撑高质量发展［N］. 科技日报，2021-12-02（001）.

19. 王志刚 . 加快科技自立自强和科技强国建设步伐［N］. 学习时报，2021-12-20（01）.
20. 同上。
21. 同上。
22. 同上。
23. 新华社 .（受权发布）中华人民共和国科学技术进步法［EB/OL］. http://m.news.cn/2021-12/25/c_1128198905.htm, 2021-12-25.
24. 共产党员网 . 习近平主持召开中央全面深化改革委员会第二十二次会议［EB/OL］. https://www.12371.cn/2021/11/24/ARTI1637752403816439.shtml, 2021-11-24.
25. 张魏桔 .“十四五”全社会研发经费投入年均增长 7% 以上［N］. 光明网，(2021-03-29).
26. 新华社 . 中共中央办公厅 国务院办公厅印发《关于实行以增加知识价值为导向分配政策的若干意见》［EB/OL］. http://www.gov.cn/zhengce/2016-11/07/content_5129805.htm, 2016-11-7.
27. 新华社 . 中共中央办公厅 国务院办公厅印发《关于进一步完善中央财政科研项目资金管理等政策的若干意见》［EB/OL］. http://www.gov.cn/xinwen/2016-07/31/content_5096421.htm, 2016-7-31.
28. 科技部，教育部，发展改革委，财政部，人力资源社会保障部，中科院 . 科技部等 6 部门印发《关于扩大高校和科研院所科研相关自主权的若干意见》的通知［EB/OL］. http://www.gov.cn/zhengce/zhengceku/ 2019-12/03/content_5457835.htm, 2019-7-30.
29. 新华社 . 中共中央办公厅 国务院办公厅印发《关于深化项目评审、人才评价、机构评估改革的意见》［EB/OL］. http://www.gov.cn/zhengce/2018-07/03/content_5303251.htm, 2018-7-3.
30. 新华社 . 中共中央办公厅 国务院办公厅印发《深化科技体制改革实施方案》［EB/OL］. http://www.gov.cn/guowuyuan/2015-09/24/content_2938314.htm, 2015-9-24.

31. 国务院办公厅 . 国务院办公厅关于印发促进科技成果转移转化行动方案的通知［EB/OL］. http://www.gov.cn/zhengce/content/2016-05/09/content_5071536.htm, 2016-5-9.
32. 国务院 . 国务院关于印发实施《中华人民共和国促进科技成果转化法》若干规定的通知［EB/OL］. http://www.gov.cn/zhengce/content/2016-03/02/content_5048192.htm, 2016-03-02.
33. 刘垠 . 汇聚改革创新澎湃动力 奋力实现高水平科技自立自强［N］. 科技日报，2021-12-23（001）.
34. 赵永新，谷业凯 . 推进科技政策扎实落地［N］. 人民日报，2021-12-23（002）.
35. 刘垠 . 把科技政策扎实落地工作抓在手上、落到实处［N］. 科技日报，2022-03-09（001）.
36. 贺德方，汤富强，刘辉 . 科技改革十年回顾与未来走向［J］. 中国科学院院刊，2022，37（05）：578-588.
37. 新华社 . 两院院士大会中国科协第十次全国代表大会在京召开 习近平发表重要讲话［EB/OL］. http://www.gov.cn/xinwen/2021-05/28/content_5613702.htm, 2021-5-28.
38. 王志刚 . 矢志科技自立自强 加快建设科技强国［J］. 求是，2021（6）：21-26.

（作者信息：刘华仑，科技部科技评估中心助理研究员，硕士；李佳莹，科技部科技评估中心助理研究员，博士；魏鹏，科技部科技评估中心副研究员，博士；乔丽娟，科技部科技评估中心助理研究员，硕士；霍竹，科技部科技评估中心研究员，博士；田德录，科技部科技评估中心研究员，博士。）

第十章

1. 新华社 . 习近平：在中国科学院第二十次院士大会、中国工程院第十五次院士大会、中国科协第十次全国代表大会上的讲话［EB/OL］. https://www.gov.cn/xinwen/2021-05/28/content_5613746.htm, 2021-5-28/2023-5-7.

2. 新华社 . 习近平：高举中国特色社会主义伟大旗帜　为全面建设社会主义现代化国家而团结奋斗——在中国共产党第二十次全国代表大会上的报告［EB/OL］. https://www.gov.cn/xinwen/2022-10/25/content_5721685.htm, 2022-10-25/2023-5-7.

3. 王志刚 . 矢志科技自立自强 加快建设科技强国［J］. 中国科技奖励，2021，No.261（03）：6-10.

4. 尹西明，陈劲，贾宝余 . 高水平科技自立自强视角下国家战略科技力量的突出特征与强化路径［J］. 中国科技论坛，2021，No.305（09）：1-9.

5. 李正风 . 如何准确理解国家战略科技力量［J］. 中国科技论坛，2022，No.312（04）：1-8.

6. 陈劲，朱子钦 . 加快推进国家战略科技力量建设［J］. 创新科技，2021，21（01）：1-8.

7. 万劲波，张凤，潘教峰 . 开展“有组织的基础研究”：任务布局与战略科技力量［J］. 中国科学院院刊，2021，36（12）：1404-1412.

8. 贺德方，汤富强，陈涛，罗仙凤，杨芳娟 . 国家创新体系的发展演进分析与若干思考［J］. 中国科学院院刊，2023，38（02）：241-254.

9. 霍竹，刘华仑，孙雁等 . 扩大科研单位自主权改革落实现状及建议——《关于扩大高校和科研院所科研相关自主权的若干意见》实施情况调研［J］. 中国科技人才，2022，No.65（03）：50-62.

10. 李佳莹，魏鹏，张仪帆，田德录 . 关于推动科技评价改革落实的思考［J］. 科技中国，2023，No.305（02）：32-36.

11. 张学文，陈劲 . 使命驱动型创新：源起、依据、政策逻辑与基本标准［J］. 科学学与科学技术管理，2019，40（10）：3-13.

12. 黄鲁成，苗红，李欣等 . 使命导向创新政策与中国情景［J］. 中国软科学，2021（1）：44-55.

13. Larrue, P. A New Era for “Mission-oriented” STI Policies［EB/OL］.

https://community.oecd.org/community/cstp/mission-oriented-policies/blog, 2019-6-17/2023-2-5.

14. Grillitsch, M, Hansen, T, Coenen, L, et al. Innovation Policy for System-wide Transformation: The Case of Strategic Innovation Programmes (SIPs) in Sweden [J]. Research Policy: A Journal Devoted to Research Policy, Research Management and Planning, 2019(4):48.
15. Sampat, B N. Mission-oriented Biomedical Research at the NIH [J/OL]. Research Policy, 2012, 41(10): 1729-1741.
16. Robinson, D K R, Mazzucato, M. The Evolution of Mission-oriented Policies: Exploring Changing Market Creating Policies in the US and European Space Sector [J/OL]. Research Policy, 2019, 48(4): 936-948.
17. Fisher, R, Chicot, J, Domini, A, et. Mission-oriented Research and Innovation Inventory and Characterisation of Initiatives (Final Report) [R/OL]. (2018-05-08).
18. 黄鲁成，苗红，李欣等 . 使命导向创新政策与中国情景 [J]. 中国软科学，2021（1）: 44-55.
19. 霍竹，刘华仑，田德录 . 新形势下科技体制改革攻坚的若干思考 [J]. 中国科学院院刊，2023，38（01）: 91-98.
20. 新华社 . 中共中央 国务院印发《党和国家机构改革方案》[EB/OL]. https://www.gov.cn/gongbao/content/2023/content_5748649.htm?eqid=f2d188a10016f15b00000002645c493a, 2023-3-16/2023-5-7.

（作者信息：魏鹏，科技部科技评估中心副研究员，博士；刘华仑，科技部科技评估中心助理研究员，硕士；张仪帆，科技部科技评估中心助理研究员，硕士；张玉娇，科技部科技评估中心助理研究员，博士；杨芳娟，科技部科技评估中心副研究员，博士；田德录，科技部科技评估中心研究员，博士。）

第十一章

1. 习近平在中国科学院第十七次院士大会、中国工程院第十二次院士大会上的讲话［EB/OL］. 2014-06-09［2023-11-30］. http://jhsjk.people.cn/article/25125270.
2. 1956—1967 年科学技术发展远景规划纲要（修正草案）［EB/OL］. 2005-8-31［2023-11-30］. https://www.most.gov.cn/ztzl/gjzcqgy/zcqgylshg/200508/t20050831_24440.html.
3. 国家中长期科学和技术发展规划纲要（2006—2020 年）［EB/OL］.［2023-11-30］. https://www.gov.cn/gongbao/content/2006/content_240244.htm.
4. 秦文波 . 新型举国体制在科技创新中的探索与实践［J］. 中阿科技论坛 (中英文),2023,(03):1-6.
5. 刘亚东 . 刍议新型举国体制［J］. 民主与科学，2021（03）：38-41.
6. 包炜杰 . 从“举国体制”到“新型举国体制”：历史与逻辑［J］. 社会主义研究，2021（05）：104-110.
7. 国家“十二五”科学和技术发展规划［A/OL］.［2023-11-30］. https://www.nifdc.org.cn/directory/web/nifdc/images/1334649785044.pdf.
8. 习近平 . 关于《中共中央关于制定国民经济和社会发展第十三个五年规划的建议》的说明［J］. 求是，2015（22）：20-27.
9. 习近平主持召开中央全面深化改革委员会第二十七次会议［EB/OL］.［2023-11-30］. https://www.gov.cn/xinwen/2022-09/06/content_5708628.htm.
10. 秦文波 . 新型举国体制在科技创新中的探索与实践［J］. 中阿科技论坛（中英文），2023（03）：1-6.
11. 习近平 . 推进中国式现代化需要处理好若干重大关系［J/OL］. 求是，2023(19).［2023-11-30］. http://www.qstheory.cn/dukan/qs/2023-09/30/

c_1129890528.htm

12. 习近平．加强基础研究 实现高水平科技自立自强［J/OL］. 求是，2023(15).［2023-11-30］. http://www.qstheory.cn/dukan/qs/2023-07/31/c_1129776375.htm.
13. 闫瑞峰．科技创新新型举国体制：理论、经验与实践［J］. 经济学家，2022（06）：68-77.
14. 李瑞，梁正，薛澜．技术演化理论视角下新型举国体制分类与边界［J/OL］. 科学学研究：1-18［2023-08-30］. https://doi.org/10.16192/j.cnki.1003-2053.20230830.003.DOI:10.16192/j.cnki.1003-2053.20230830.003.
15. The National Semiconductor Technology Center Update to the Community［EB/OL］.［2023-11-30］. https://www.nist.gov/chips/national-semiconductor-technology-center-update-community.
16. 张泽宇．中苏科技合作委员会述论（1954—1966 年）——基于苏联解密档案的研究［J］. 当代中国史研究，2016，23（06）：80-92+127.
17. 陈劲，阳镇，朱子钦．“十四五”时期“卡脖子”技术的破解：识别框架、战略转向与突破路径［J］. 改革，2020（12）：5-15.
18. 薛澜：新型举国体制——真正卡住我们脖子的是什么？［EB/OL］. 2020-10-28［2023-11-30］. http://www.cideg.tsinghua.edu.cn/info/xsgd/3854.
19. 同上。
20. 陈劲，阳镇，朱子钦．“十四五”时期“卡脖子”技术的破解：识别框架、战略转向与突破路径［J］. 改革，2020（12）：5-15.
21. 蔡跃洲．中国共产党领导的科技创新治理及其数字化转型——数据驱动的新型举国体制构建完善视角［J］. 管理世界，2021，37（08）：30-46.
22. 陈劲，阳镇，朱子钦．“十四五”时期“卡脖子”技术的破解：识别框架、战略转向与突破路径［J］. 改革，2020（12）：5-15.
23. 高菲，王峥，王立．新型举国体制的时代内涵、关键特征与实现机理

[J]. 中国科技论坛，2023 (01)：1-9.
24. 包炜杰 . 从“举国体制”到“新型举国体制”：历史与逻辑 [J]. 社会主义研究，2021 (05)：104-110.
25. 中华人民共和国科学技术部 . 中国科技发展 60 年 [M]. 北京：科学技术文献出版社，2009.
26. 习近平：高举中国特色社会主义伟大旗帜 为全面建设社会主义现代化国家而团结奋斗——在中国共产党第二十次全国代表大会上的报告 [EB/OL]. 2022-10-25 [2023-11-30]. https://www.gov.cn/xinwen/2022-10/25/content_5721685.htm.
27. 薛澜：新型举国体制——真正卡住我们脖子的是什么？ [EB/OL]. 2020-10-28 [2023-11-30]. http://www.cideg.tsinghua.edu.cn/info/xsgd/3854.
28. 包炜杰 . 从“举国体制”到“新型举国体制”：历史与逻辑 [J]. 社会主义研究，2021 (05)：104-110.
29. 同上。
30. 吴善超 . 如何理解新型举国体制 [N/OL]. 学习时报，2023-03-31 [2023-11-30]. https://www.xuexi.cn/lgpage/detail/index.html?id=3890462778277361950&item_id=3890462778277361950.
31. 包炜杰 . 从“举国体制”到“新型举国体制”：历史与逻辑 [J]. 社会主义研究，2021，(05)：104-110.
32. 薛澜：新型举国体制——真正卡住我们脖子的是什么？ [EB/OL]. 2020-10-28 [2023-11-30]. http://www.cideg.tsinghua.edu.cn/info/xsgd/3854.
33. 陈劲，阳银娟 . 协同创新的理论基础与内涵 [J]. 科学学研究，2012，30 (02)：161-164.
34. 解学梅 . 中小企业协同创新网络与创新绩效的实证研究 [J]. 管理科学学报，2010，13 (08)：51-64.
35. 同上。

36. Tether, B. Who Co-operates for Innovation, and Why. An Empirical Analysis [J].Research Policy,2002,31(6):947-967.

37. Benerjee, S, Lin, P. Vertical Research Joint Venture [J]. International Journal of Industrial Organization,2001,19(1-2):285-302.

38. 陶春 . 企业协同创新的实现途径 [J]. 中国科技论坛 ,2013(09):20-24.

39. Browning, L D, Beyer, J M, & Shetler, J C. Building Cooperation in a Competitive Industry: SEMATECH and the Semiconductor Industry [J]. The Academy of Management Journal,1995,38(1): 113-151.

40. Lee, J D, Park C. Research and Development Linkages in a National Innovation System: Factors Affecting Success and Failure in Korea [J]. Technovation,2006,26(9):1045-1054.

41. 陈劲 , 阳银娟 . 协同创新的理论基础与内涵 [J]. 科学学研究，2012，30（02）：161-164.

42. 陶春 . 企业协同创新的实现途径 [J]. 中国科技论坛，2013（09）：20-24.

43. 解学梅，左蕾蕾 . 企业协同创新网络特征与创新绩效 : 基于知识吸收能力的中介效应研究 [J]. 南开管理评论，2013，16（03）：47-56.

44. 刘丹，闫长乐 . 协同创新网络结构与机理研究 [J]. 管理世界，2013，（12）：1-4.

45. 李祖超，梁春晓 . 协同创新运行机制探析——基于高校创新主体的视角 [J]. 中国高教研究，2012，（07）：81-84.

46. 陈劲，阳银娟 . 协同创新的理论基础与内涵 [J]. 科学学研究，2012，30（02）：161-164.

47. 同上。

48. 同上。

49. 産業研究院半導體 ·LDC 産業分科委員會 . 2000 年代尖端技術産業의 비전과 發展課題 [R]. 서울 : 産業研究院，1994.

50. 산업통상자원부 , 한국공학한림원 . 한국산업기술발전사 : 전기전자

[M]. 서울 : 진한엠앤비，2020.
51. 同上。
52. 朴熙天，金錫喜，朱大永等 . 우리나라半導體産業의 現況과 育成戰略 [R]. 서울 : 韓國産業研究院，1987.
53. 채인택 . [남기고 싶은 이야기] 강기동 박사가 74 년 세운 '한국반도체' …글로벌 삼성 밀알 되다 [N/OL]. 중앙일보，2018-12-11 [2023-11-30]. https://www.joongang.co.kr/article/23197333#home.
54. 朴熙天，金錫喜，朱大永等 . 우리나라半導體産業의 現況과 育成戰略 [R]. 서울 : 韓國産業研究院，1987.
55. 산업통상자원부，한국공학한림원 . 한국산업기술발전사 : 전기전자 [M]. 서울 : 진한엠앤비，2020.
56. 同上。
57. 産業研究院半導體 ·LDC 産業分科委員會 . 2000 年代尖端技術産業의 비전과 發展課題 [R]. 서울 : 産業研究院，1994.
58. 산업통상자원부，한국공학한림원 . 한국산업기술발전사 : 전기전자 [M]. 서울 : 진한엠앤비，2020.
59. 同上。
60. 周程 . 日本官产学合作的技术创新联盟案例研究 [J]. 中国软科学 ,2008,(02):48-57.
61. 朱大永 . 半導體産業의 急激한 變化와 우리의 對應 [R]. 서울 : 韓國産業研究院，1992.
62. 和文凯，曾晓萱 . 美国半导体制造技术研究联合体——SEMATECH [J]. 科研管理，1995，(03)：58-63+28.
63. 주대영 . 한국의 4M DRAM 공동연구 개발 사례연구 (上) [J]. 반도체디스플레이기술학회지，2019，18 (1)：129-135.
64. 韓國科學技術研究院 . 特定研究開發事業의 投資成果分析模型開發 및 效率的推進을 위한管理시스템에 관한研究 [R]. 서울 : 科學技術處，1990.

65. 한국전자통신연구소 . 초고집적 반도체기술 공동개발 (1 차연도) 最終研究報告書 [R]. 서울 : 과학기술처, 1987.
66. 同上。
67. 주대영 . 한국의 4M DRAM 공동연구 개발 사례연구 (上) [J]. 반도체디스플레이기술학회지, 2019, 18 (1): 129-135.
68. 同上。
69. 한국전자통신연구소 . 초고집적 반도체기술 공동개발 (1 차연도) 最終研究報告書 [R]. 서울 : 과학기술처, 1987.
70. 韓國科學技術研究院 . 特定研究開發事業의 投資成果分析模型開發 및 效率的推進을 위한管理시스템에 관한研究 [R]. 서울 : 科學技術處, 1990.
71. 한국전자통신연구소 . 초고집적 반도체기술 공동개발 (3 차연도) 최종연구보고서 [R]. 서울 : 과학기술처, 1989.
72. 송성수 . 추격에서 선도로 : 삼성반도체의 기술발전 과정 [J]. 한국과학사학회지, 2008, 30 (2): 517-544.
73. 한국전자통신연구소 . 초고집적반도체기술 (차세대기억소자) 공동개발 (1 차년도) 總括年次研究報告書 [R]. 서울 : 상공부 , 체신부 , 과학기술처, 1990.
74. 同上。
75. 주대영 . 반도체산업의 경기변동에 따른 정부의 연구개발 정책 연구 [R]. 서울 : 韓國產業研究院, 2004.
76. 同上。
77. 한국전자통신연구소 . 초고집적 반도체기술 (차세대기억소자) 공동개발 (3 차년도) 總括年次研究報告書 [R]. 서울 : 상공부 , 체신부 , 과학기술처, 1992.
78. 송성수 . 추격에서 선도로 : 삼성반도체의 기술발전 과정 [J]. 한국과학사학회지, 2008, 30 (2): 517-544.
79. 유상운 . 국가연구개발사업의시행과 전개 반도체 개발컨소시엄을 중심

으로, 1980-2010 [D]. 서울 : 서울대학교대학원, 2019.
80. 주대영 . 반도체산업의 경기변동에 따른 정부의 연구개발 정책 연구 [R]. 서울 : 韓國產業研究院, 2004.
81. 同上。
82. 주대영 . 반도체산업의 경기변동에 따른 정부의 연구개발 정책 연구 [R]. 서울 : 韓國產業研究院, 2004.
83. 산업통상자원부 , 한국공학한림원 . 한국산업기술발전사 : 전기전자 [M]. 서울 : 진한엠앤비, 2020.
84. 同上。
85. 주대영 . 반도체산업의 경기변동에 따른 정부의 연구개발 정책 연구 [R]. 서울 : 韓國產業研究院, 2004.
86. 同上。
87. 산업통상자원부 , 한국공학한림원 . 한국산업기술발전사 : 전기전자 [M]. 서울 : 진한엠앤비, 2020.
88. 주대영 . 반도체산업의 경기변동에 따른 정부의 연구개발 정책 연구 [R]. 서울 : 韓國產業研究院, 2004.
89. 산업통상자원부 , 한국공학한림원 . 한국산업기술발전사 : 전기전자 [M]. 서울 : 진한엠앤비, 2020.
90. 주대영 . 반도체산업의 경기변동에 따른 정부의 연구개발 정책 연구 [R]. 서울 : 韓國產業研究院, 2004.
91. 산업통상자원부 , 한국공학한림원 . 한국산업기술발전사 : 전기전자 [M]. 서울 : 진한엠앤비, 2020.
92. 주대영 . 반도체산업의 경기변동에 따른 정부의 연구개발 정책 연구 [R]. 서울 : 韓國產業研究院, 2004.
93. 同上。
94. 同上。
95. 과학기술혁신을위한특별법 [EB/OL]. [2023-11-30]. law.go.kr/LSW/lsInfoP.do?lsiSeq=3906.

96. 공업발전법 [EB/OL].[2023-11-30]. law.go.kr/LSW/lsInfoP.do?lsiSeq=2566.
97. 박영준 , 성만영 , 박세근 , 김재석 . 미래 반도체 기술과 시스템 IC 2010 사업 [C]. 1999 年度大韓電子工學會 夏季綜合學術大會論文集，1999，22（1）: 233-238.
98. 주대영 . 반도체산업의 경기변동에 따른 정부의 연구개발 정책 연구 [R]. 서울 : 韓國產業研究院，2004.
99. 同上。
100. 同上。
101. 同上。
102. 문보경 . 시스템 IC2010, 팹리스 토대닦아 [N/OL]. 전자신문 , 2011-08-23 [2023-11-30]. https://www.etnews.com/201108230194.
103. 同上。
104. 同上。
105. 주대영 . 한국의 4M DRAM 공동연구 개발 사례연구（下）[J]. 반도체 디스플레이기술학회지，2019，18（2）.

（作者信息：彭晓艺，北京大学哲学系博士生；张赤东，中国科学院科技战略咨询研究院研究员；周程，北京大学哲学系教授。）

第十二章

1. Dearing, J W. Growing a Japanese Science City: Communication in Scientific Research [M]. New York: Routledge, 1995: 45-84.
2. Forsyth, A, Crewe, K. Suburban Technopoles as Places: the International Campus-garden-suburb Style [J]. Urban Design International, 2010, 15(3): 165-182.
3. 就研究方法和研究过程而言，本章作者团队中有两位曾经在日本留学，研究日本科技政策；另有一位是马来西亚籍华裔日本留学生。本研究相继持续了 3 年多时间。其间，研究团队多人次赴日本筑波进行调研走访，就相关问题通过线上线下多种形式与中日等国多位专家学者进行了多次学术研讨，以达成学术共识。当然，对于海量官方文件、研究报告和相关学术论文的阅读和分析更是本研究的基础和前提。限于篇幅，本章不再就研究过程和研究方法在此赘述。

4. 大都市城际铁路公司 . 筑波快轨机场交通［EB/OL］. (2021-2-20)［2021-11-23］. https://www.mir.co.jp/zh-cn/.
5. 筑波市政策创新司统计与数据利用推进办公室 . 统计筑波 2020［DB/OL］. (2021-5-13)［2021-8-13］. https://www.city.tsukuba.lg.jp/shisei/joho/toukei/1002336.html.
6. Fukasaku, Y, Ishizaka, S. Science and Technology Policy in Japan［M］. Oxford, UK: Eolss Publishers, 2010: 1-18.
7. 王博 . 战后日本技术创新与经济增长研究［D］. 吉林大学，2020: 25-48.
8. Harayama, Y. Japanese Technology Policy: History and a New Perspective［EB/OL］. (2001-9-1)［2021-8-13］. https://www.rieti.go.jp/en/publications/act_dp2001.html.
9. Dearing, J W. Growing a Japanese Science City: Communication in Scientific Research［M］. New York: Routledge, 1995: 45-84.
10. Forsyth, A, Crewe, K. Suburban Technopoles as Places: the International Campus-garden-suburb Style［J］. Urban Design International, 2010, 15(3): 165-182.
11. 大都市城际铁路公司 . 筑波快轨机场交通［EB/OL］. (2021-2-20)［2021-11-23］. https://www.mir.co.jp/zh-cn/.
12. 筑波市政策创新司统计与数据利用推进办公室 . 统计筑波 2020［DB/OL］. (2021-5-13)［2021-8-13］. https://www.city.tsukuba.lg.jp/shisei/joho/toukei/1002336.html.
13. Dearing, J W. Growing a Japanese Science City: Communication in Scientific Research［M］. New York: Routledge, 1995: 45-84.
14. Tatsuno, S. The Technopolis Strategy: Japan, High Technology, and the

Control of the Twenty-first Century [M]. New York: Prentice Hall, 1986: 32-51.

15. 岩崎阳一．筑波科学城城市建设的历史 [EB/OL]. (2008-3-5) [2021-8-13]. https://www.mlit.go.jp/kokudokeikaku/iten/onlinelecture/lec128.html.

16. Taubes, G. Japan Learns to Accommodate Its Global Research Partners [J]. Science, 1994, 266:1181-1183.

17. 筑波市政策创新司统计与数据利用推进办公室．统计筑波 2020 [DB/OL]. (2021-5-13) [2021-8-13]. https://www.city.tsukuba.lg.jp/shisei/joho/toukei/1002336.html.

18. 日本国家统计中心．2015 日本人口普查调查结果 [DB/OL]. (2019-1-18) [2021-8-13]. https://www.e-stat.go.jp/stat-search/files?page=1&toukei=00200521.

19. Kawada, M, Okamoto, N, Ishida, H, et al. Effects of the Tsukuba Express Project on the Residents' Travel Behavior [J]. Journal of the Eastern Asia Society for Transportation Studies, 2010, 8: 539-547.

20. 日本国土交通局．研究学园区建设计划（旧）[EB/OL]. (1980-9-24) [2021-8-13]. https://www.mlit.go.jp/crd/daisei/tsukuba/data/003.html.

21. 日本国土交通局．周边开发区维护计划（旧）[EB/OL]. (1989-5-22) [2021-8-13]. https://www.mlit.go.jp/crd/daisei/tsukuba/data/004.html.

22. 日本国土交通局．研究学园区建设计划和周边开发区维护计划 [EB/OL]. (1998-4-7) [2021-8-13]. https://www.mlit.go.jp/crd/daisei/tsukuba/city/index.html.

23. 筑波市政策创新司统计与数据利用推进办公室．统计筑波 2020 [DB/OL]. (2021-5-13) [2021-8-13]. https://www.city.tsukuba.lg.jp/shisei/joho/toukei/1002336.html.

24. González Basurto, G L. Tsukuba Science City: Between the Creation of Innovative Milieu and the Erasure of Furusato Memory [C]. //RCAPS Occasional paper AY2007 of Ritsumeikan Center for Asia Pacific Studies.

Oita, Japan: RCAPS, 2007: 1-18.
25. Harayama, Y. Japanese Technology Policy: History and a New Perspective [EB/OL]. (2001-9-1) [2021-8-13]. https://www.rieti.go.jp/en/publications/act_dp2001.html.
26. 岩崎阳一 . 筑波科学城城市建设的历史 [EB/OL]. (2008-3-5) [2021-8-13]. https://www.mlit.go.jp/kokudokeikaku/iten/onlinelecture/lec128.html.
27. 筑波政策创新部企划管理科 . 筑波市未来计划 / 战略计划 [EB/OL]. (2021-6-22) [2021-8-13]. https://www.city.tsukuba.lg.jp/shisei/joho/1005290/1005288.html.
28. 筑波政策创新部企划管理科 . 筑波市 "城市、人、工作" 的创造 [EB/OL]. (2020-8-3) [2021-8-13]. https://www.city.tsukuba.lg.jp/shisei/joho/sousei/1002330.html.
29. 大橋力 ."筑波病"与信息环境 [J]. 应用物理学 , 1990, 59(4): 466-472。
30. 大学共同利用机构是日本依照《国立大学法人法》(2004)设立的国家研究机构，用于建设和维护大学难以单独购买的昂贵研究设施，或系统收集和保存文献资料及数据，为大学等研究机构提供科研条件。大学共同利用机构为全国各大学的研究人员提供研究场所，也是培养和教育研究生、进行海外研究合作的重要机构。大学共同利用机构的设立从制度上保证了大型科研设施和平台能够被多个机构共同使用，促进了重要研究设施和资料的公开和共享，为日本的引领前沿研究做出了贡献。
31. 大学共同利用机构法人 . 大学共同利用机构法人 2021-2022 [EB/OL]. (2021-2-11) [2021-8-13]. https://www.4kikou.org/about1.html.
32. 筑波市政策创新司统计与数据利用推进办公室 . 统计筑波 2020 [DB/OL]. (2021-5-13) [2021-8-13]. https://www.city.tsukuba.lg.jp/shisei/joho/toukei/1002336.html.
33. 日本国家统计中心 . 2021 日本统计年鉴 [DB/OL]. (2020-11-18) [2021-8-13]. https://www.stat.go.jp/english/data/nenkan/70nenkan/index.html.
34. 筑波科学城网络 .2019 年筑波科学城外国研究者调查报告书 [EB/OL].

(2020-10-1)［2021-8-13］. https://www.tsukuba-network.jp/katsudo/teigen/. https://www.kek.jp/en/PublicRelations/DigitalLibrary/.

35. 筑波科学城网络每三年调查科学城内各机构外籍研究者情况，2019 年调查响应机构占全部机构数的 31.1%。

36. 高能加速器研究机构 . KEK 高能加速器研究机构 2018［EB/OL］. (2018-11-5)［2021-8-13］.https://www.kek.jp/en/PublicRelations/DigitalLibrary/.

37. Charles, D. From Technopoles to Science Cities: Characteristics of a New Phase of Science Cities［M］.// Miao, J T, Benneworth, P, Phelps, N A. Making 21st Century Knowledge Complexes: Technopoles of the World Revisited. London, UK: Routledge, 2015: 82-102.

（作者信息：葛诺，清华大学社会科学学院博士；白旭，清华大学社会科学学院助理研究员；陈政霖，东京工业大学生命理工学院博士；徐爽，北京市社会科学院助理研究员；闫亭豫，中国消防救援学院副教授；吴金希，清华大学社会科学学院教授。）

第十三章

1. 增材制造是一种依据计算机三维设计模型，通过材料逐渐累加制造实体零件的技术。这一技术不需要传统的刀具、夹具及多道加工工序，在一台设备上可快速、精密地制造出任意复杂形状的零件，从而实现“自由制造”，解决了过去难以制造的复杂结构零件的成形，并大大减少了加工工序，缩短了加工周期。该技术一出现就得到快速发展，在电子、汽车、航天航空、医疗、军工、艺术设计等多领域有广泛的应用。

2. 万勇，黄健 . 国外增材制造发展政策与研究进展概述［J］. 新材料产业，2016(06):2-6.

3. National Science and Technology Council. A National Strategic Plan for Advanced Manufacturing［R/OL］. (2012-02-01)［2020-03-20］.

https://www.whitehouse.gov/sites/default/files/microsites/ostp/iam_advancedmanufacturing_strategicplan_2012.pdf.

4. Po Young Chu, Yu Ling Lin, Hsing Hwa Hsiung, Tzu Yar Liu. Intellectual Capital: An Empirical Study of ITRI [J]. Technological Forecasting & Social Change, 2006, 73(7): 886-902.

5. 胡文国 . 创建以工业技术研究院为核心的新型技术创新联盟——以深圳工研院科技创新和产业发展为例 [J]. 科学学与科学技术管理，2009，30（03）：197-199.

6. Roberto Mazzoleni, Richard R. Nelson. Public Research Institutions and Economic Catch-up [J]. Research Policy, 2007, 36:1512-1528.

7. 汪晓光 , 夏青 . 国际产业共性技术研究科研机构的发展模式对我国的启示 [J]. 机电产品开发与创新 , 2017, 6:1-2+15.

8. Bonaccorsi, A, Piccaluga, A. A Theoretical Framework for the Evaluation of University-Industry Relationships [J]. R&D Management, 1994, 24(3):229-247.

9. 王守文 , 徐顽强 , 颜鹏 . 产业技术研究院绩效评价模型研究 [J]. 科技进步与对策，2014，31（17）：120-125.

10. 吴秀洁 , 姚庆国 . 产业技术研究院绩效评价研究 [J]. 现代商业，2017，33：108-110.

11. 吴金希 . 公立产业技术研究院与新兴工业化经济体技术能力跃迁——来自台湾工业技术研究院的经验 [J]. 清华大学学报（哲学社会科学版），2014，29（3）：136-167.

12. Mei-Chih Hu. Evolution of Knowledge Creation and Diffusion: The Revisit of Taiwan's Hsinchu Science Park [J]. Scientometrics, 2011, 88:949-977.

13. 沈和 . 管理机制历史性变革引爆技术创新集群式突破——江苏省产业技术研究院的积极探索与启示 [J]. 中国发展与观察，2018（12）：48-52.

14. 胡然，范欲晓，牛婧红，刘一红 . 武汉市工业技术研究院体制机制研究

[J]. 科技创业月刊，2018（6）：114-118.

15. Thryft, A R. NAMII Funds First Projects[J]. Design News, 2013, 68 (5):32-32.

16. Society of Manufacturing Engineers. SME to Play Key Role in National Additive Manufacturing Innovation Institute[EB/OL]. (2012-08-20) [2020-06-02]. https://www. qualitydigest. com/print/21576.

17. 李方正，胡福文，马立敏，汪小明 .“美国造”的运行机制、最新动态及启示 [J]. 工业技术创新，2018，05（04）：1-6.

18. 刘亚威 . 从“美国造”看制造业再回归 [N]. 中国航空报，2020-02-11（011）.

19. 张秋菊 . 美国增材制造创新研究所协同创新机制研究及启示 [J]. 全球科技经济瞭望，2015，30（04）：66-71.

20. 冷单，王影 .“中国制造”能向“美国制造”学什么 [J]. 中国经济周刊，2016（03）：79-80.

21. 赵纪元 . 面向国家重大需求突破行业技术瓶颈——国家增材制造创新中心建设实践与思考 [J]. 中国工业和信息化，2018（12）：34-40.

22. 黄卫东 . 建设增材制造（3D 打印）技术的科技、教育与产业发展的系统工程 [J]. 改革与开放，2014（15）：7-10.

23. 工业和信息化部 . 关于完善制造业创新体系，推进制造业创新中心建设的指导意见 [J]. 机械工业标准化与质量，2016，521（10）：7-9.

24. 中国电子信息产业发展研究院 . 美国制造创新研究院解读 [M]. 北京：电子工业出版社，2018.

25. 张秋菊 . 美国增材制造创新研究所协同创新机制研究及启示 [J]. 全球科技经济瞭望，2015，30（04）：66-71.

26. 李方正，胡福文，马立敏，汪小明 .“美国造”的运行机制、最新动态及启示 [J]. 工业技术创新，2018，05（04）：1-6.

27. 中国电子信息产业发展研究院 . 美国制造创新研究院解读 [M]. 北京：电子工业出版社，2018.

28. Tassey，G. Long-term Competitiveness: R&D Policy Issues in a Knowledge-based Economy［EB/OL］.（2003）［2020］. http://www. nist. gov/public_affairs/budget. htm.

29. 李纪珍 . 产业共性技术供给体系研究［D］. 清华大学，2002.

（作者信息：冯云昊，清华大学社会科学学院硕士生；曹迪，清华大学社会科学学院博士生；吴金希，清华大学社会科学学院教授。）

第十四章

1. 刘昌黎 . 论日本新世纪初的立国战略体系［J］. 日本学刊，2008（4）：61-72.

2. 吴金希 . 创新生态体系的内涵、特征及其政策含义［J］. 科学学研究，2014 32（1）：9.

3. 薛澜 . 中国科学技术发展与政策（1978—2018）［M］. 北京：社会科学文献出版社，2018.

4.［日］乾侑 . 日本科技政策［M］. 北京：科学技术文献出版社，1987.

5. 张利华 . 日本战后科技体制与科技政策研究［M］. 北京：中国科学技术出版社，1992.

6. 节艳丽，杨舰 . 新时期日本科技政策的转型［J］. 科学学研究，2003（6）：611-614.

7. 冯昭奎 . 高技术与日本的国家战略［J］. 中国社会科学，1991（05）：127-142.

8. 冯昭奎 . 日本的科技政策［J］. 世界科技研究与发展，1996（1）：59-62.

9. 李廷举 . 明治维新在日本科学史上的意义［J］. 北京大学学报：哲学社会科学版，1982（1）：78-86.

10. 李廷举 . 科学技术立国的日本：历史和展望［M］. 北京：北京大学出版社，1992.

11. 蔡虹，许晓雯 . 对日本科技政策形成机制改革的分析及其思考［J］. 中国软科学，2002（8）：83-86.
12. 张利华．日本战后科技政策透视［J］. 自然辩证法研究，1991（07）：58-66.
13. 周程．日本诺贝尔科学奖出现“井喷”对中国的启示［J］. 中国科技论坛，2016（12）：128-133.
14. ［日］科学技術の状況に係る総合的意識調査（NISTEP 定点調査 2019）報告書［R/OL］. 科学技術・学術政策研究所科学技術・学術基盤調査研究室，2019.
15. 龚旭．构建经济强国的科技创新体制：日本科技体制改革的政策解析［J］. 中国科技论坛，2003（6）：33-37.
16. 周程．日本诺贝尔科学奖出现“井喷”对中国的启示［J］. 中国科技论坛，2016（12）：128-133.
17. ［日］科学技術指標［R/OL］. 2019 および各年度版．科学技术・学术政策研究所、科学技術・学术基盤調査研究室（NISTEP）.

（作者信息：徐爽，北京市社会科学院助理研究员，博士；闫亭豫，中国消防救援学院副教授；吴金希，清华大学社会科学学院教授。）

第十五章

1. 姜李丹，薛澜．我国新一代人工智能治理的时代挑战与范式变革［J］. 公共管理学报，2022,19(02):1-11+164.
2. Chassagnon, G, Vakalopolou, M, Paragios, N, et al. Deep Learning: Definition and Perspectives for Thoracic Imaging［J］. European Radiology, 2020, 30(4):2021-2030.
3. Chan, L, Hogaboam, L, Cao, R. Artificial Intelligence in Credit, Lending, and Mortgage［M］. // Chan L, Hogaboam L, Cao R. Applied Artificial Intelligence in Business. Cham: Springer International Publishing, 2022:201-211.

4. 樊春良，吴逸菲．人工智能伦理治理的三维分析框架：核心要素、创新过程与主体责任［J］. 自然辩证法研究，2023，39（10）：18-24.
5. Jobin, A, Ienca, M, Vayena, E. The Global Landscape of AI Ethics Guidelines［J］. Nature Machine Intelligence, 2019, 1(9):389-399.
6. 张成洪，陈刚，陆天等．可解释人工智能及其对管理的影响：研究现状和展望［J］. 管理科学，2021，34（3）：63-79.
7. Samuel, A L. Some Studies in Machine Learning Using the Game of Checkers［J］. IBM Journal of Research and Development, 1959, 3(3):210-229.
8. Buckner, C. Black Boxes or Unflattering Mirrors? Comparative Bias in the Science of Machine Behaviour［J］. The British Journal for the Philosophy of Science,2023,74(3):681–712.
9. Buckner, C. Deep Learning: A Philosophical Introduction［J］. Philosophy Compass,2019,14(10), e12625.
10. 莫尔纳．可解释机器学习：黑盒模型可解释性理解指南［M］. 朱明超译．北京：电子工业出版社，2021.
11. 同上。
12. 同上。
13. Zerilli, J, Knott, A, Maclaurin, J, et al. Transparency in Algorithmic and Human Decision-Making: Is There a Double Standard?［J］. Philosophy & Technology,2019, 32(4):661–683.
14. Clark, A, Chalmers, D. The Extended Mind［J］. Analysis,1998, 58(1):7-19.
15. 同上。
16. Clark, A. Coupling, Constitution, and the Cognitive Kind: A Reply to Adams and Aizawa［M］// Menary R, The Extended Mind. Cambridge, MA: The MIT Press,2010:81–99.
17. Heersmink, R. Dimensions of Integration in Embedded and Extended Cognitive Systems［J］. Phenomenology and the Cognitive

Sciences,2015,14(3):577-598.

［作者信息：廖新媛，武汉大学马克思主义学院讲师，北京大学哲学系科学技术哲学专业博士；周程，北京大学哲学系教授，东京大学综合文化研究生院交叉科学系（科学史与科学哲学研究室）博士。］

第十六章

1. 吴宁，黄发林 . 论医学伦理学的自主性原则［J］. 中国医学伦理学，2006（01）：82-84.
2. 杨国利 . 简论儒家生命医学伦理学“四原则”［J］. 中国医学伦理学，2017，30（02）:178-183.
3. 叶圣龙 . 医学伦理学视角下的医患沟通反思［J］. 中国医学人文，2021，7（07）:5-7.
4. 王超 .“医患冲突”背景下医学伦理教育的检视与重构［J］. 伦理学研究，2018（01）:100-105.
5. 祝世讷，冯秀云，梁中天 . 安乐死论纲［J］. 医学与哲学，1998（07）：7-10.
6. 邱仁宗 . 克鲁珊案件的伦理和法律纠纷［J］. 医学与哲学，1991（03）：27-29.
7. 邱仁宗 . 高新生命技术的伦理问题［J］. 自然辩证法研究，2001（05）：21-27.
8. 翟晓梅，邱仁宗 . 生命伦理学导论［M］. 北京：清华大学出版社，2005.
9. Beauchamp，T，Childress，J. Principles of Biomedical Ethics, 7th Edition［M］. New York: Oxford University Press, 2013.
10. 香农 . 生命伦理学导论［M］. 哈尔滨：黑龙江人民出版社，2005.
11. 恩格尔哈特 . 生命伦理学基础［M］. 北京：北京大学出版社，2006.
12. 陈旻 . 我国干细胞治疗的现状及伦理治理的探讨［J］. 福建医科大学学报（社会科学版），2013，14（02）：31-34.

13. 王延光 . 辅助生殖技术的伦理问题与论争［J］. 中国医学伦理学，2007（01）：15-18.
14. 樊春良，张新庆，陈琦 . 关于我国生命科学技术伦理治理机制的探讨［J］. 中国软科学，2008（08）：58-65.
15. 李秋甫，李正风 . 美国“伦理委员会”的历史沿革与制度创新［J］. 中国软科学，2021（08）：53-62.
16. Montgomery, J. The Virtues of National Ethics Committees［J］. Hastings Center Report, 2017, 47: S24-S27.
17. 李真真，董永亮，高旖蔚 . 设计生命：合成生物学的安全风险与伦理挑战［J］. 中国科学院院刊，2018，33（11）：1269-1276.
18. 彭耀进 . 合成生物学时代：生物安全、生物安保与治理［J］. 国际安全研究，2020，38（05）：29-57+157-158.
19. 王国豫，马诗雯，杨君 . 生命的设计与构建——合成生物学的哲学挑战［J］. 社会科学战线，2015（02）：17-23.
20. 张慧，李秋甫，李正风 . 合成生物学的伦理争论：根源、维度与走向［J］. 科学学研究，2022，40（04）：577-585.
21. 董军，程昊 . 大数据时代个人的数字身份及其伦理问题［J］. 自然辩证法研究，2018，34（12）：76-81.
22. 唐凯麟，李诗悦 . 大数据隐私伦理问题研究［J］. 伦理学研究，2016，No.86（06）：102-106.
23. 薛孚，陈红兵 . 大数据隐私伦理问题探究［J］. 自然辩证法研究，2015，31(02）：44-48.
24. Cruft, R. Is There a Right to Internet Access?［M/OL］//Véliz, C. The Oxford Handbook of Digital Ethics. Oxford:Oxford University Press.
25. 董军，程昊 . 大数据技术的伦理风险及其控制——基于国内大数据伦理问题研究的分析［J］. 自然辩证法研究，2017，33（11）：80-85.
26. 邱仁宗，黄雯，翟晓梅 . 大数据技术的伦理问题［J］. 科学与社会，2014，4（01）：36-48.

27. Danaher, J. Automation and the Future of Work[M/OL]//Véliz, C. The Oxford Handbook of Digital Ethics.Oxford: Oxford University Press.
28. Gabriel, I, Ghazavi, V. The Challenge of Value Alignment: From Fairer Algorithms to AI Safety[M/OL]//Véliz, C. The Oxford Handbook of Digital Ethics. Oxford:Oxford University Press.
29. 刘培，池忠军 . 算法歧视的伦理反思［ J ］. 自然辩证法通讯，2019，41（10）：16-23.
30. 曹克亮 . 元宇宙：新数字劳动中的生活世界“殖民化”及其伦理审视［ J ］. 江汉论坛，2022（10）：46-52.
31. 闻骏 . 基于区块链技术的数字货币支付的伦理反思［ J ］. 昆明理工大学学报（社会科学版），2019，19（6）：18-23.
32. Keeling, G, Nyrup, R. Explainable Machine Learning, Patient Autonomy, and Clinical Reasoning[M/OL]//Véliz, C. The Oxford Handbook of Digital Ethics. Oxford:Oxford University Press.
33. 蓝江 . 云秩序、物体间性和虚体——数字空间中的伦理秩序奠基［ J ］. 道德与文明，2022（06）：136-145.
34. 刘嫱 . 主体性的缺失与重塑——智媒时代的数字伦理问题［ J ］. 青年记者，2022（21）：43-45.
35. Metcalf, J, Crawford, K. Where Are Human Subjects in Big Data Research? The Emerging Ethics Divide[J]. Big Data & Society, 2016, 3(1).
36. 杨怀中 , 朱文华 . 网络空间治理及其伦理秩序建构［ J ］. 自然辩证法研究，2018，34（02）：114-118.
37. 贾开 . 人工智能与算法治理研究［ J ］. 中国行政管理，2019，No.403（01）：17-22.
38. Coates, J F. What Is Technology Assessment?[J]. Impact Assessment, 1982, 1(1): 20-24.
39. Schot, J, RIP A. The Past and Future of Constructive Technology Assessment[J]. Technological Forecasting and Social Change, 1997,

54(2): 251-268.

40. Guston, D H, Sarewitz, D. Real-Time Technology Assessment[J]. Technology in Society, 2002: 17.
41. 廖苗 . 负责任创新的理论与实践［M］. 长沙：湖南大学出版社，2020.
42. 胡加祥 . 欧盟转基因食品管制机制的历史演进与现实分析——以美国为比较对象［J］. 比较法研究，2015（05）：140-148.
43. 张慧，闫瑞峰，邱惠丽 . 欧美合成生物学伦理治理比较及启示［J］. 科学技术哲学研究，2023，40（01）：86-93.
44. 费孝通 . 乡土中国 生育制度［M］. 北京：北京大学出版社，1998.
45. 孙立平 ."关系"，社会关系与社会结构［J］. 社会学研究，1996（5）：11.
46. 熊蕾，汪延 . 令人生疑的国际基因合作研究项目［J］. 瞭望新闻周刊，2001，（13）：24-28.
47. 柯斌铮 . 医学人文 30 年足迹 :1979—2008［M］. 北京：北京科学技术出版社，2009.
48. 奚益群，朱抗美，许蓓华等 . 开展医学伦理查房的体会［J］. 中国医学伦理学，2002，（06）：7-9.
49. 嵇承栋，刘雪莲，蒋燕 . 伦理查房的研究进展综述［J］. 中国医学伦理学，2011，24（03）：401-403.
50. William, W. FDA Ethical Requirements and the Responsibilities of an Independent IRB[M]// Bennett, P. Good Clinical and Ethics European Drug Practice in Research. Bath:Bath University Press,1994.
51. Faden, R R, Feinberg, K R, Oleinick, N L, et al. Advisory Commitee on Human Radiation Experiments: Final Report[J]. Washington, D C, 1995.
52. Hedgecoe, A. "A Form of Practical Machinery" : The Origins of Research Ethics Committees in the UK, 1967–1972［J］. Medical history, 2009, 53(3): 331-350.
53. Akabayashi, A. Bioethics across the Globe: Rebirthing Bioethics[M]. Springer Nature, 2020.

54. Statement on AI Risk [EB/OL]. (2023-05-30) [2024-02-02]. https://www.safe.ai/statement-on-ai-risk.

（作者信息：李秋甫，助理研究员，法学博士，清华大学马克思主义学院；李正风，教授，哲学博士，清华大学社会科学学院。）

第十七章

1. 赵凤 . 大数据时代信息伦理问题研究［ D ］. 成都 : 成都理工大学毕业论文，2019 : 23.
2. 许良 . 技术哲学［ M ］. 上海：复旦大学出版社，2004 : 2-8.
3. 费德丽卡・拉索 . 数字技术、伦理问题以及对信息框架的需求［ J ］. 武晨箫，刘晓青译 . 哲学探索，2021（ 2 ）: 137-150.
4. 李正风，丛杭青，王前等 . 工程伦理［ M ］. 北京：清华大学出版社，2016 : 253-266.
5. 张慧，闫瑞峰，邱惠丽 . 欧美合成生物学伦理治理比较及启示［ J ］. 科学技术哲学研究，2023，40（ 1 ）: 86-93.
6. Hellstrom, T. Systemic Innovation and Risk: Technology Assessment and the Challenge of Responsible Innovation [J].Technology in Society, 2003, 25(3): 369-384.
7. Von Schomberg, R. A Vision of Responsible Research and Innovation [M]// Owen, R, Bessant, J, Heintz, M. (eds) Responsible Innovation: Managing the Responsible Emergence of Science and Innovation in Society. Chichester: Wiley, 2013,51–74.
8. 2030 Digital Compass:The European Way for the Digital Decade [R]. Brussels: European Commission, 2021.
9. A Europe Fit for the Digital Age [EB/OL]. (2020-02-19) [2024-04-07]. https://ec.europa.eu/info/strategy/priorities-2019-2024/europe-fit-digital-age_en.

10. Shaping Europe's Digital Future—Ethics Guidelines for Trustworthy AI [EB/OL]. (2019-04-08) [2024-03-12]. https://ec.europa.eu/digital-single-market/en/news/ethics-guidelines-trustworthy-ai.
11. European Data Governance Act [EB/OL]. (2023-09-26) [2024-03-15]. https://digital-strategy.ec.europa.cu/en/policies/data-governance-act.
12. 王志丹 . 基于权利的数据伦理 [D]. 湖南师范大学，2019.
13. A Governance Framework for Algorithmic Accountability and Transparency [EB/OL]. (2019-04-04) [2024-04-02]. http://www.europarl.europa.eu/thinktank/en/document.html?reference=EPRS_STU(2019)624262.
14. Opinion of the Data Ethics Commission [EB/OL].(2018-06-05). https://www.bmi.bund.de/SharedDocs/downloads/EN/themen/it-digital-policy/datenehikkommission-abschlussgutachten-lang.pdf?__blob=publicationFile&v=5.
15. 曹建峰，方龄曼 . 欧盟人工智能伦理与治理的路径及启示 [J]. 人工智能，2019 (4) : 39-47.
16. Markopoulou, D, Papakonstantinou, V, de Hert, P. The New EU Cybersecurity Framework: The NIS Directive, ENISA's Role and the General Data Protection Regulation [J].Computer Law & Security Review, 2019, 35(6):1-11.
17. The White House. Executive Order on Maintaining American Leadership in Artificial Intelligence [EB/OL]. (2019-02-11). https://www.whitehouse.gov/presidential-actions/executive-order-maintaining-american-leadership-artificial-intelligence.
18. The White House. Guidance for Regulation of Artificial Intelligence Applications [EB/OL].(2020-01-07).https://www.whitehouse.gov/wp-content/uploads/2020/01/Draft-OMB-Memo-on-Regulation-of-AI-1-7-19.pdf.

19. 中国信息通信研究院．全球数字经济白皮书（2022）[EB/OL].(2023-06-21).http://lib.hbfu.edu.cn/res/upload/file/20230621/1687335633402067011.pdf.
20. Hartley, C.American Data Privacy and Protection Act (ADPPA) [EB/OL]. (2023-10-09) [2024-03-17]. https://www.termsfeed.com/blog/adppa/.
21. 韩昌选，乐瑶．大数据时代下信息数据安全的探讨［J］. 电子技术与软件工程，2013（24）：227-228.
22. National Security and Personal Data Protection Act of 2019, 'NSPDPA' [EB/OL].(2019-11-18) [2024-04-07]. http://www.lifanglaw.com/uploads/tmp/NSPDPA.pdf.
23. 刘杨．大数据技术的伦理反思［D］. 武汉理工大学，2016.
24. Office of Science and Technology Policy [EB/OL]. [2024-02-24]. https://www.whitehouse.gov/ostp/nstc/.
25. What the Evidence Shows About the Impact of the GDPR After One Year. [EB/OL]. (2019-06-17) [2024-04-05]. https://itif.org/publications/2019/06/17/what-evidence-shows-about-impact-gdpr-after-one-year.
26. 刘婧．风险社会与责任伦理［J］. 道德与文明，2004（6）：34-38.
27. 李秋甫，张慧，李正风．科技伦理治理的新型发展观［J］. 中国行政管理，2022（3）：74-81.
28. 韦军威．大技术应用的社会问题及治理对策［D］. 华中师范大学，2019：31.
29. 曹建峰，方龄曼．欧盟人工智能伦理与治理的路径及启示［J］. 人工智能，2019（4）：39-47.
30. 甘绍平．应用伦理学前沿问题研究［M］. 南昌：江西人民出版社，2002.
31. 崔爽．新技术引发伦理争议 专家呼吁强化全球治理［N］. 科技日报，2020-11-09（3）.

（作者信息：张慧，副教授，哲学博士，大连理工大学人文学院哲学系。）

第十八章

1. 习近平．决胜全面建成小康社会夺取新时代中国特色社会主义伟大胜利——在中国共产党第十九次全国代表大会上的报告［EB/OL］. (2017-11-01)［2024-3-16］. http://www.qstheory.cn/dukan/qs/2017-11/01/c_1121886256.htm.
2. 习近平．国家中长期经济社会发展战略若干重大问题［EB/OL］.［2024-03-16］. http://www.qstheory.cn/dukan/qs/2020-10/31/c_1126680390.htm.
3. 国家创新调查显示：我国稳居世界第二大研发投入国［EB/OL］. (2023-02-22)［2024-03-16］. https://www.gov.cn/xinwen/2023-02/22/content_5742661.html.
4. 2022 年全球创新指数报告：中国排名较去年升 1 位居第 11 位［EB/OL］. (2022-09-30)［2024-03-16］. http://finance.people.com.cn/n1/2022/0930/c1004-32537639.html.
5. 工信部：中国累计建成 5G 基站 337.7 万个［EB/OL］. (2024-01-19)［2024-03-16］. http://www.scio.gov.cn/live/2024/33205/fbyd/202401/t20240122_829438.html.
6. 中国这十年：我国成功进入创新型国家行列［EB/OL］. (2022-06-07)［2024-03-16］. https://www.gov.cn/xinwen/2022-06/07/content_5694355.htm.
7. 克里斯・米勒．芯片战争［M］. 蔡树军译．杭州：浙江人民出版社，2023.
8. 冯云昊，曹迪，吴金希．中美典型产业共性技术研究机构比较分析——以两个增材制造研究院为例［J］. 中国科技论坛，2022（03）：166-175.
9. 吴金希．论公立产业技术研究院与战略新兴产业发展［J］. 中国软科学，2014（03）：57-67.
10. 马克斯・韦伯．新教伦理与资本主义精神［M］. 康乐，简惠美译．上海：上海三联书店，2019.

11. 哈罗德·埃文斯，盖尔·巴克兰，戴维·列菲．他们创造了美国［M］．玉书，倪波，蒲定东等译．北京：中信出版社，2013.
12. 邓锋：中小企业是创新主体，为他们提供一个良好的营商环境很重要［EB/OL］．（2018-11-14）［2024-03-16］. https://www.mycaijing.com/article/detail/375347?source_id=40.
13. 范旭，李瑞娇．美国基础研究的特点分析及其对中国的启示［J］．世界科技研究与发展，2019，41（06）：634-648.
14. 2023 诺贝尔奖揭晓！盛产诺奖得主最多的全球 Top 30 大学都有哪些？［EB/OL］. (2023-10-10)［2024-03-16］. https://www.sohu.com/a/727062196_543744.
15. 徐匡迪：对颠覆性创新意愿应宽容支持［EB/OL］. (2016-08-16)［2024-03-16］. https://news.sciencenet.cn/htmlnews/2016/8/353835.shtm.
16. 理查德·R. 纳尔逊，大卫·C. 莫厄里．领先之源：七个行业的分析［M］．胡汉辉译．北京：人民邮电出版社，2003.
17. 董洁林．中国为何还没能成为世界科学的中心？［EB/OL］. (2022-06-30)［2024-03-16］. http://www.zhishifenzi.com/news/multiple/12362.html.
18. 任正非：知识产权保护有利于国家长远发展 要支持原创［EB/OL］. (2019-01-18). https://tech.ifeng.com/c/7jY7EPxAyqu.

（作者信息：吴金希，清华大学社会科学学院教授。）

第十九章

1. 习近平．高举中国特色社会主义伟大旗帜 为全面建设社会主义现代化国家而团结奋斗——在中国共产党第二十次全国代表大会上的报告［EB/OL］．［2024-03-16］. http://www.qstheory.cn/yaowen/2022-10/25/c_1129079926.htm.
2. 国家统计局网站．世界银行如何划分各经济体收入水平［EB/OL］. (2023-01-30)［2024-03-16］. https://www.stats.gov.cn/zs/tjws/tjbz/202301/

t20230101_1903742.html.

3. 苗圩 . 70 年自力更生、艰苦奋斗：我国成拥有全部工业门类的第一制造业大国［EB/OL］. (2019-09-21)［2024-03-16］. https://www.gov.cn/xinwen/2019-09/21/content_5431841.html.

4. 金壮龙 . 去年我国全部工业增加值超 40 万亿元 制造业规模连续 13 年居世界首位［EB/OL］. (2023-03-19)［2024-03-16］. https://www.gov.cn/xinwen/2023-03/19/content_5747420.htm.

5. 国家统计局 . 中华人民共和国 2022 年国民经济和社会发展统计公报［EB/OL］. (2023-02-28)［2024-03-16］. https://www.stats.gov.cn/sj/zxfb/ 202302/t20230228_1919011.html?eqid=949e1fcf000754180000000066438a780.

6. 中国汽车工业协会 . 我国新能源汽车产销连续 8 年全球第一［EB/OL］. (2023-01-24)［2024-03-16］. https://www.gov.cn/xinwen/2023-01/24/content_5738622.htm.

7. “卡脖子”的 35 项关键技术［EB/OL］. (2020-09-24)［2024-03-16］. https://www.edu.cn/rd/zui_jin_geng_xin/202009/t20200924_2016138.shtml.

8. Interbrand. Best Global Brands 2022［EB/OL］.［2023-07-18］. https://interbrand.com/best-brands/.

9. 财富 . 2022 年《财富》世界 500 强排行榜［EB/OL］.［2023-10-28］. https://www.fortunechina.com/fortune500/c/2022-08/03/content_415683.htm.

10. 清华－力拓资源能源与可持续发展联合研究中心 . 中国资源能源与可持续发展：金融碳中和战略研究专题报告［R］.2022.

11. 道格拉斯·诺思，罗伯特·托马斯 . 西方世界的兴起［M］. 厉以平，蔡磊译 . 北京：华夏出版社，2009.

12. 埃德蒙·费尔普斯 . 大繁荣：大众创新如何带来国家繁荣［M］. 余江译 . 北京：中信出版社，2018.

（作者信息：吴金希，清华大学社会科学学院教授。）

第二十章

1. 本节部分内容已在《科学学研究》第39卷第6期发表。详情为：戎珂，施新伟，周迪.如何建立计算产业第二创新生态？[J].科学学研究，2021,39(06):973-976.
2. 赛迪智库：产用峡谷是指相关核心技术从研发制造到市场化应用的过程中，由于产业链协作、利益掣肘、决策担当等形成的阻碍，详见https://mp.weixin.qq.com/s/SO6RDXRW-8wFqru84cDCsQ。
3. 新华网.中华人民共和国国民经济和社会发展第十四个五年规划和2035年远景目标纲要[EB/OL].(2021-03-11)[2024-02-20]. http://www.xinhuanet.com/2021-03/13/c_1127205564.htm.
4. Moore, J F. Predators and Prey: A New Ecology of Competition [J]. Harvard Business Review, 1993, 71(3): 75-86.
5. Iansiti, M, Levien, R. Strategy as Ecology [J]. Harvard Business Review, 2004, 82(3): 68-78, 126.
6. Rong, K, Hu, G, Lin, Y, et al. Understanding Business Ecosystem Using a 6C Framework in Internet-of-Things-based sectors [J]. International Journal of Production Economics, 2015, 159: 41-55.
7. 吴金希.创新生态体系的内涵、特征及其政策含义[J].科学学研究，2014，32（1）：44-51+91.
8. Ramezani, J, Camarinha-Matos, L M. Approaches for Resilience and Antifragility in Collaborative Business Ecosystems [J]. Technological Forecasting and Social Change, 2020, 151: 119846.
9. 吴晓波，吴东.中国企业技术创新与发展[J].科学学研究，2018, 36（12）：2141-2143+2147.
10. 路风.冲破迷雾——揭开中国高铁技术进步之源[J].管理世界，2019，35（9）：164-194+200.

11. 该数据来源于 Passmark Software: “AMD vs Intel Market Share” https://www.cpubenchmark.net/market_share.html。
12. Rochet, J-C, Tirole, J. Platform Competition in Two-sided Markets [J]. Journal of the European Economic Association, 2003, 1(4): 990-1029.
13. 杨升曦, 魏江 . 企业创新生态系统参与者创新研究 [J]. 科学学研究, 2021, 39 (02) : 330-346.
14. Cennamo, C, Santalo, J. Platform Competition: Strategic Trade-offs in Platform Markets [J]. Strategic Management Journal, 2013, 34(11): 1331-50.
15. 高良谋, 马文甲 . 开放式创新 : 内涵、框架与中国情境 [J]. 管理世界, 2014 (06) : 157-169.
16. 刘洋, 董久钰, 魏江 . 数字创新管理: 理论框架与未来研究 [J]. 管理世界, 2020, 36 (7) : 198-217+219.
17. 李稻葵 . 中国的经验: 改革开放四十年的经济总结 [M]. 上海: 上海三联书店, 2020.
18. 高良谋, 马文甲 . 开放式创新 : 内涵、框架与中国情境 [J]. 管理世界, 2014 (06) : 157-169.
19. 冯振华, 刘涛雄 . 平台型垄断与反垄断政策 [J]. 研究与发展管理, 2019, 31 (5) : 51-63.
20. 周迪, 董雪峰, 吴悠然等 . 短视频行业的平台定位模型研究——以抖音、快手为例 [J]. 研究与发展管理, 2019, 31 (5) : 37-50+159.
21. 李勇坚, 夏杰长 . 数字经济背景下超级平台双轮垄断的潜在风险与防范策略 [J]. 改革, 2020 (8) : 58-67.
22. 徐翔, 赵墨非 . 数据资本与经济增长路径 [J]. 经济研究, 2020, 55 (10) : 38-54.
23. 本节内容已于 2024 年 1 月 24 日在《科学学研究》期刊网络首发, 详情为: 戎珂, 施新伟, 吕若明 . “i7 算” 赋能 AI 产业生态可持续发展 [J/OL]. 科学学研究: 1-15 [2024-03-20].https://tlink.lib.tsinghua.edu.cn:443/

https/443/org/doi/yitlink/10.16192/j.cnki. 1003-2053. 20240023.001.

24. McCarthy, J, Minsky, M L, Rochester, N, et al. A Proposal for the Dartmouth Summer Research Project on Artificial Intelligence, August 31, 1955 [J]. AI Magazine, 2006, 27(4): 12-12.
25. 戎珂 , 施新伟 . AI 商用之 ABC 落地法 [J]. 管理视野 , 2023, (1): 67-68.
26. Quan, X I, Sanderson, J. Understanding the Artificial Intelligence Business Ecosystem [J]. IEEE Engineering Management Review, 2018, 46(4): 22-5.
27. 郭凯明 . 人工智能发展、产业结构转型升级与劳动收入份额变动 [J]. 管理世界，2019（7）：60-77.
28. 吕文晶，陈劲，刘进 . 政策工具视角的中国人工智能产业政策量化分析 [J]. 科学学研究，2019，37（10）：1765-1774.
29. Rong, K, Shi Y. Business Ecosystems: Constructs, Configurations, and the Nurturing Process [M]. London: Palgrave Macmillan, 2015.
30. Shi, X, Lei, J. Breakthroughs in Information Technology and Their Implications for Education and Health [J]. Technological Breakthroughs and Future Business Opportunities in Education, Health, and Outer Space, 2021: 83-95.
31. 苏竣，魏钰明，黄萃 . 基于场景生态的人工智能社会影响整合分析框架 [J]. 科学学与科学技术管理，2021，42（05）：3-19.
32. Villalobos, P, Sevilla, J, Heim, L, et al. Will We Run Out of Data? An Analysis of the Limits of Scaling Datasets in Machine Learning [J]. arXiv preprint arXiv:221104325, 2022.
33. 舒文韬，李睿潇，孙天祥等 . 大型语言模型：原理、实现与发展 [J]. 计算机研究与发展，2024，61（2）：351-361.
34. 罗映宇，朱国玮，钱无忌等 . 人工智能时代的算法厌恶：研究框架与未来展望 [J]. 管理世界，2023，39（10）：205-233.
35. 金陈飞，吴杨，池仁勇等 . 人工智能提升企业劳动收入份额了吗？[J]. 科学学研究，2020，38（1）：54-62.

36. Xu, Y, Ahokangas, P, Turunen, M, et al. Platform-based Business Models: Insights from an Emerging AI-enabled Smart Building ecosystem [J]. Electronics, 2019, 8(10): 1150.

37. Leone, D, Schiavone, F, Appio, F P, et al. How does Artificial Intelligence Enable and Enhance Value Co-creation in Industrial Markets? An Exploratory Case Study in the Healthcare Ecosystem [J]. Journal of Business Research, 2021, 129: 849-859.

38. Carrillo, M R. Artificial Intelligence: From Ethics to Law [J]. Telecommunications Policy, 2020, 44(6): 101937.

39. Feijóo, C, Kwon, Y. AI Impacts on Economy and Society: Latest Developments, Open Issues and New Policy Measures [J]. Telecommunications Policy, 2020, 44:101987.

40. Straub J. Consideration of the Use of Autonomous, Non-recallable Unmanned Vehicles and Programs as a Deterrent or Threat by State Actors and Others [J]. Technology in Society, 2016, 44: 39-47.

41. Furman, J, Seamans, R. AI and the Economy [J]. Innovation Policy and the Economy, 2019, 19(1): 161-191.

42. Santos, S, Kissamitaki, M, Chiesa, M. Should Humans Work? [J]. Telecommunications Policy, 2020, 44(6): 101910.

43. Teece, D J, Pisano, G, Shuen, A. Dynamic Capabilities and Strategic Management [J]. Strategic Management Journal, 1997, 18(7): 509-533.

44. Teece, D J. Profiting from Innovation in the Digital Economy: Enabling Technologies, Standards, and Licensing models in the Wireless World [J]. Research Policy, 2018, 47(8): 1367-1387.

45. Vaswani, A, Shazeer, N, Parmar, N, et al. Attention Is All You Need [J]. Advances in Neural Information Processing Systems, 2017, 30.

46. 舒文韬，李睿潇，孙天祥等．大型语言模型：原理、实现与发展［J］．计算机研究与发展，2024，61（2）：351-361.

47. 同上。
48. Xu, Y, Ahokangas, P, Turunen, M, et al. Platform-based Business Models: Insights from an Emerging AI-enabled Smart Building ecosystem [J]. Electronics, 2019, 8(10): 1150.
49. 苏竣，魏钰明，黄萃 . 基于场景生态的人工智能社会影响整合分析框架 [J]. 科学学与科学技术管理，2021，42（05）: 3-19.
50. 亿欧智库 . 2020 全球人工智能人才培养报告 [R/OL]. (2020-07-10) [2024-02-25]. https://www.iyiou.com/research/20200710718.
51. 中国人工智能学会 . 人工智能知识点全景图：迈向“智能 +”时代蓝皮书 [R/OL]. (2022-08-18) [2024-02-25]. https://www.caai.cn/index.php?s=/home/article/detail/id/2103.html.
52. Feijóo, C, Kwon, Y. AI Impacts on Economy and Society: Latest Developments, Open Issues and New Policy Measures [J]. Telecommunications Policy, 2020, 44:101987.
53. IEEE: The IEEE Global Initiative on Ethics of Autonomous and Intelligent Systems [R/OL]. (2022-02-03) [2024-03-15]. https://standards.ieee.org/wp-content/uploads/import/governance/iccom/IC16-002-Global_Initiative_for_Ethical_Considerations_in_the_Design_of_Autonomous_Systems.pdf.
54. European Commission : White Paper on Artificial Intelligence: a European Approach to Excellence and Trust [R/OL]. (2020-02-19) [2024-03-15]. https://eur-lex.europa.eu/legal-content/EN/TXT/PDF/?uri=CELEX:52020DC0065.
55. Carrillo, M R. Artificial Intelligence: From Ethics to Law [J]. Telecommunications Policy, 2020, 44(6): 101937.
56. Straub J. Consideration of the Use of Autonomous, Non-recallable Unmanned Vehicles and Programs as a Deterrent or Threat by State Actors and Others [J]. Technology in Society, 2016, 44: 39-47.

57. Quan, X I, Sanderson, J. Understanding the Artificial Intelligence Business Ecosystem [J]. IEEE Engineering Management Review, 2018, 46(4): 22-25.

58. Teece, D J, Pisano, G, Shuen, A. Dynamic Capabilities and Strategic Management [J]. Strategic Management Journal, 1997, 18(7): 509-533.

59. Rong K, Lin, Y, Du, W, et al. Business Ecosystem-oriented Business Model in the Digital era [J]. Technology Analysis & Strategic Management, 2023: 1-18.

（作者信息：戎珂，清华大学社会科学学院经济学研究所教授；施新伟，英国杜伦大学商学院助理教授；周迪，同济大学经济管理学院副研究员；李婷婷，清华大学社会科学学院经济学所博士后；吕若明，清华大学社会科学学院博士生。）

第二十一章

1. 柳卸林，常馨之 . 构建市场导向的核心技术创新生态系统 [J]. 科学学研究，2024，42（03）：614-623.

2. Hu, Y, Tian, K, Wu, T, et al. The Lose-lose Consequence: Assessing US-China Trade Decoupling through the Lens of Global Value Chains [J]. Management and Organization Review, 2021, 17(2): 429-446.

3. 张越，余江，杨娅等 . 颠覆性技术驱动的未来产业培育模式与路径研究——美国布局下一代集成电路产业的启示 [J]. 中国科学院院刊，2023，38（06）：895-906.

4. 吴晓波，付亚男，吴东等 . 后发企业如何从追赶到超越？——基于机会窗口视角的双案例纵向对比分析 [J]. 管理世界，2019，35（02）：151-167+200.

5. 辜胜阻，吴华君，吴沁沁等 . 创新驱动与核心技术突破是高质量发展的基石 [J]. 中国软科学，2018（10）：9-18.

6. 同上。
7. Zhou, K Z, Li, C B. How Knowledge Affects Radical Innovation: Knowledge Base, Market Knowledge Acquisition, and Internal Knowledge Sharing[J]. Strategic Management Journal, 2012, 33(9): 1090-1102.
8. 陈傲，柳卸林.突破性技术从何而来?——一个文献评述[J].科学学研究，2011，29（09）：1281-1290.
9. 余江，陈凤，张越等.铸造强国重器：关键核心技术突破的规律探索与体系构建[J].中国科学院院刊，2019，34（03）：339-343.
10. 辜胜阻，吴华君，吴沁沁等.创新驱动与核心技术突破是高质量发展的基石[J].中国软科学，2018（10）：9-18.
11. Jacobides, M G, Cennamo, C, Gawer, A. Towards a Theory of Ecosystems[J]. Strategic Management Journal, 2018, 39(8): 2255-2276.
12. Adner, R. Ecosystem as Structure: An Actionable Construct for Strategy[J]. Journal of Management, 2017, 43(1): 39-58.
13. Adner, R. Match Your Innovation Strategy to Your Innovation Ecosystem[J]. Harvard Business Review, 2006, 84(4): 98.
14. 柳卸林，常馨之，董彩婷.构建创新生态系统，实现核心技术突破性创新——以IMEC在集成电路领域创新实践为例[J].科学学与科学技术管理，2021，42（09）：3-18.
15. 方炜，唐路路，孙泽华，邵婧.新型举国体制下大飞机产业科技创新动力机制研究[J].中国科技论坛，2021（07）：57-65.
16. 张越，余江，杨娅等.颠覆性技术驱动的未来产业培育模式与路径研究——美国布局下一代集成电路产业的启示[J].中国科学院院刊，2023，38（06）：895-906.
17. 程红常委：破解科技经济“两张皮”现象 打造开放协同创新生态[N].人民政协报，2023-09-04（004）.
18. 柳卸林，常馨之，董彩婷.构建创新生态系统，实现核心技术突破性创新——以IMEC在集成电路领域创新实践为例[J].科学学与科学技术管理，2021，42（09）：3-18.
19. 柳卸林，常馨之．构建市场导向的核心技术创新生态系统［J］．科学学研究，2024，42（03）：614-623.
20. Tung, A C, Wan, Jr H. Organisational Investment: The Case of ASML—Can the Product Make the Producer?［J］.Foreign Trade Review, 2023, 58(1): 176-191.
21. Chuma, H. Increasing Complexity and Limits of Organization in the Microlithography Industry: Implications for Science-based Industries［J］. Research Policy, 2006, 35(3): 394-411.
22. 柳卸林，常馨之．构建市场导向的核心技术创新生态系统［J］．科学学研究，2024，42（03）：614-623.
23. 瑞尼·雷吉梅克．光刻巨人：ASML 崛起之路［M］．北京：人民邮电出版社，2020.
24. IAP 计划是 IMEC 制订和实施的一项工业合作研究计划，旨在促进工业技术创新和 R&D 成果的转让和推广。
25. 瑞尼·雷吉梅克．光刻巨人：ASML 崛起之路［M］．北京：人民邮电出版社，2020.

（作者信息：常鑫之，博士后研究员，博士，中国科学院大学经济与管理学院；胡依梅，副教授，博士，丹麦奥尔堡大学 / 中国科学院大学。）

第二十二章

1. Petricevic, O, Teece, D J. The Structural Reshaping of Globalization: Implications for Strategic Sectors, Profiting from Innovation, and the Multinational Enterprise［J］. Journal of International Business Studies, 2019, 50: 1487-1512.
2. Witt, M A, Lewin, A Y, Li, P P, et al. Decoupling in International Business: Evidence, Drivers, Impact, and Implications for IB Research［J］. Journal of

World Business, 2023, 58(1): 101399.

3. Luo, Y. Illusions of Techno-nationalism [J]. Journal of International Business Studies, 2022: 1-18.
4. Teece, D J. A Wider-aperture Lens for Global Strategic Management: The Multinational Enterprise in a Bifurcated Global Economy [J]. Global Strategy Journal, 2022, 12(3): 488-519.
5. Fatma, A, Bharti, N. Perception vs. Reality: Understanding the US-China Trade War [J]. Transnational Corporations Review, 2019, 11(4): 270-278.
6. Vertinsky, I, Kuang, Y, Zhou, D, et al. The Political Economy and Dynamics of Bifurcated World Governance and the Decoupling of Value Chains: An Alternative Perspective [J]. Journal of International Business Studies, 2023: 1-27.
7. 吴金希，孙蕊，马蕾 . 科技治理体系现代化：概念，特征与挑战 [J]. 科学学与科学技术管理，2015，36（8）: 3-9.
8. Witt, M A, Lewin, A Y, Li, P P, et al. Decoupling in International Business: Evidence, Drivers, Impact, and Implications for IB Research [J]. Journal of World Business, 2023, 58(1): 101399.
9. Witt, M A. De-globalization: Theories, Predictions, and Opportunities for International Business Research [J]. Journal of International Business Studies, 2019, 50(7): 1053-1077.
10. Hu, Y, Tian, K, Wu, T, et al. The Lose-lose Consequence: Assessing US-China Trade Decoupling through the Lens of Global Value Chains [J]. Management and Organization Review, 2021, 17(2): 429-446.
11. Fatma, A, Bharti, N. Perception vs. Reality: Understanding the US-China Trade War [J]. Transnational Corporations Review, 2019, 11(4): 270-278.
12. KIM M-H. A Real Driver of US–China Trade Conflict: The Sino–US Competition for Global Hegemony and Its Implications for the Future [J]. International Trade, Politics and Development, 2019, 3(1): 30-40.

13. Medeiros, E S. The Changing Fundamentals of US-China Relations [J]. The Washington Quarterly, 2019, 42(3): 93-119.
14. Bichler, J, Schmidkonz, C. The Chinese Indigenous Innovation System and Its Impact on Foreign Enterprises [J]. Munique, Munich Business School/ University of Applied Sciences, 2012.
15. Fu, X, Gong, Y. Indigenous and Foreign Innovation Efforts and Drivers of Technological Upgrading: Evidence from China [J]. World Development, 2011, 39(7): 1213-1225.
16. Jian, S. Reforms and Open Policy in China [J]. Science, 1985, 229(4713): 525-527.
17. Grossman, G M, Helpman, E. Globalization and Growth [J]. American Economic Review, 2015, 105(5): 100-104.
18. Chen, Y, Zhang, S, Miao, J. The Negative Effects of the US-China Trade War on Innovation: Evidence from the Chinese ICT Industry [J]. Technovation, 2023, 123: 102734.
19. WIPO:《2023PCT 年鉴摘要》, 2023, 第 2、5、6 页。https://www.wipo.int/edocs/pubdocs/zh/wipo-pub-901-2023-exec-summary-zh-patent-cooperation-treaty-yearly-review-2023-executive-summary.pdf.
20. “我国热点论文数量全球占比超 45%”, 新华网, 访问日期: 2023 年 10 月 30 日, http://finance.people.com.cn/n1/2023/1002/c1004-40088626.html.
21. “2021 年中国区域创新能力综合排名放榜，江苏排名第三”，人民资讯，访问日期: 2023 年 10 月 30 日, https://baijiahao.baidu.com/s?id=1719827411981446009&wfr=spider&for=pc.
22. Luo, Y, Witt, M A. Springboard MNEs under De-globalization [J]. Journal of International Business Studies, 2021: 1-14.
23. Bussy, A, Zheng, H. Responses of FDI to Geopolitical Risks: The Role of Governance, Information, and Technology [J]. International Business

Review, 2023, 32(4): 102136.

24. Yu, Z, Xiao, Y, Li, J. How does Geopolitical Uncertainty Affect Chinese Overseas Investment in the Energy Sector? Evidence from the South China Sea Dispute [J]. Energy Economics, 2021, 100: 105361.
25. Bussy, A, Zheng, H. Responses of FDI to Geopolitical Risks: The Role of Governance, Information, and Technology [J]. International Business Review, 2023, 32(4): 102136.
26. Al, Mamun, M, Uddin, G S, Suleman M T, et al. Geopolitical Risk, Uncertainty and Bitcoin Investment [J]. Physica A: Statistical Mechanics and Its Applications, 2020, 540: 123107.
27. Mei, D, Ma, F, Liao, Y, et al. Geopolitical Risk Uncertainty and Oil Future Volatility: Evidence from MIDAS Models [J]. Energy Economics, 2020, 86: 104624.
28. Shen, H, Fu, M, Pan, H, et al. The Impact of the COVID-19 Pandemic on Firm Performance [J]. Emerging Markets Finance and Trade, 2020, 56(10): 2213-2230.
29. Folke, C. Resilience: The Emergence of a Perspective for Social–ecological Systems Analyses [J]. Global Environmental Change, 2006, 16(3): 253-267.
30. Ortiz-de-Mandojana, N, Bansal, P. The Long-term Benefits of Organizational Resilience through Sustainable Business Practices [J]. Strategic Management Journal, 2016, 37(8): 1615-1631.
31. Hu, Y, Zhang, H, Yang, P. Resilience under Weiji: Evidence from Chinese Listed Companies [J]. Management and Organization Review, 2020, 16(4): 761-768.
32. Ortiz-de-Mandojana, N, Bansal, P. The Long-term Benefits of Organizational Resilience through Sustainable Business Practices [J]. Strategic Management Journal, 2016, 37(8): 1615-1631.

33. Rao, H, Greve, H R. Disasters and Community Resilience: Spanish Flu and the Formation of Retail Cooperatives in Norway [J]. Academy of Management Journal, 2018, 61(1): 5-25.

34. Vogus, T J, Sutcliffe, K M. Organizational Resilience: Towards a Theory and Research Agenda; Proceedings of the 2007 IEEE International Conference on Systems, Man and Cybernetics, F, 2007 [C]. IEEE.

35. 柳卸林，杨培培，常馨之 . 问题导向的基础研究与产业突破性创新 [J]. 科学学研究，2023，41（11）：2062-2072.

36. “诺奖得主哪家多？美国连续 5 年拿下诺贝尔生理学或医学奖”，中国青年报，访问日期：2023 年 10 月 30 日，https://baijiahao.baidu.com/s?id=1712686240800108242&wfr=spider&for=pc.

37. Gertner, J. The Idea Factory: Bell Labs and the Great Age of American Innovation [M]. Penguin, 2012.

38. 柳卸林，常馨之，杨培培等 . 加强企业基础研究能力，弥补国家创新体系短板 [J]. 中国科学院院刊，2023，38（6）：853-862.

39. 柳卸林，何郁冰 . 基础研究是中国产业核心技术创新的源泉 [J]. 中国软科学，2011，（4）：104-117.

40. Coase, R H. The Lighthouse in Economics [J]. The Journal of Law and Economics, 1974, 17(2): 357-376.

41. Etzkowitz, H, Leydesdorff, L. The Dynamics of Innovation: From National Systems and “Mode 2” to a Triple Helix of University–industry–government Relations [J]. Research Policy, 2000, 29(2): 109-123.

42. Leydesdorff, L, Etzkowitz, H. Emergence of a Triple Helix of University—Industry—government Relations [J]. Science and Public Policy, 1996, 23(5): 279-286.

43. Leydesdorff, L, Etzkowitz, H. The Triple Helix as a Model for Innovation Studies [J]. Science and Public Policy, 1998, 25(3): 195-203.

44. Carayannis, E G, Campbell, D F. “Mode 3” and “Quadruple Helix” :

Toward a 21st Century Fractal Innovation Ecosystem [J]. International Journal of Technology Management, 2009, 46(3-4): 201-234.

45. Von Hippel, E. Horizontal Innovation Networks—by and for Users [J]. Industrial and Corporate Change, 2007, 16(2): 293-315.

46. 柳卸林，杨培培，王倩．创新生态系统——推动创新发展的第四种力量 [J]. 科学学研究，2022，40（06）：1096-1104.

47. Carayannis, E G, Campbell, D F. “Mode 3” and “Quadruple Helix” : Toward a 21st Century Fractal Innovation Ecosystem [J]. International Journal of Technology Management, 2009, 46(3-4): 201-234.

48. Adner, R, Kapoor R. Value Creation in Innovation Ecosystems: How the Structure of Technological Interdependence Affects Firm Performance in New Technology Generations [J]. Strategic Management Journal, 2010, 31(3): 306-333.

49. 吴金希．创新生态体系的内涵、特征及其政策含义 [J]. 科学学研究，2014，32（1）：44-51.

50. 杨培培，柳卸林．制度逻辑视角下的《 中长期科技规划 》实施机制探究 [J]. 科研管理，2023，44（8）：119.

51. Thornton, P H, Ocasio, W, Lounsbury, M. The Institutional Logics Perspective: A New Approach to Culture, Structure, and Process [M]. Oxford: Oxford University Press 2012.

52. Zhou, K Z, Gao, G Y, Zhao, H. State Ownership and Firm Innovation in China: An Integrated View of Institutional and Efficiency Logics [J]. Administrative Science Quarterly, 2017, 62(2): 375-404.

53. Berggren, C, Karabag, S F. Scientific Misconduct at an Elite Medical Institute: The Role of Competing Institutional Logics and Fragmented Control [J]. Research Policy, 2019, 48(2): 428-443.

54. Dunn, M B, Jones, C. Institutional Logics and Institutional Pluralism: The Contestation of Care and Science Logics in Medical Education, 1967–2005

[J]. Administrative Science Quarterly, 2010, 55(1): 114-149.

55. Smets, M, Jarzabkowski, P, Burke, G T, et al. Reinsurance Trading in Lloyd’s of London: Balancing Conflicting-yet-complementary Logics in Practice [J]. Academy of Management Journal, 2015, 58(3): 932-970.

56. Skelcher, C, Smith, S R. Theorizing Hybridity: Institutional Logics, Complex Organizations, and Actor Identities: The Case of Nonprofits [J]. Public Administration, 2015, 93(2): 433-448.

57. Lee, M-D P, Lounsbury, M. Filtering Institutional Logics: Community Logic Variation and Differential Responses to the Institutional Complexity of Toxic Waste [J]. Organization Science, 2015, 26(3): 847-866.

（作者信息：杨培培，博士后研究员，博士，德国弗劳恩霍夫研究所；胡依梅，副教授，博士，丹麦奥尔堡大学 / 中国科学院大学。）